# עושים עניין

יוני לביא

# עושים עניין

## מסע אישי ומשפחתי
## בין הפרשה לחיים

מגיד

Rabbi Yoni Lavi
*Making It Matter: A Personal and Family Journey from the Parasha to Life*

**הרב יוני לביא**
**עושים עניין: מסע אישי ומשפחתי בין הפרשה לחיים**

עורך אחראי: ראובן ציגלר
עורכת ראשית: אוריה מבורך
עורכת משנה: אפרת גרוס
עריכה לשונית: מתן צרור
הגהה: שרה המר
עימוד: רינה בן גל
עיצוב הדף ואיורים: שמואל לעסרי
כריכה: אליהו משגב



ספרי מגיד, הוצאת קורן
ת״ד 4044 ירושלים 9104001
טל׳: 02-6330530 פקס: 02-6330534

office@korenpub.com
www.korenpub.co.il



מסת״ב: ISBN 978-965-526-409-8

Printed in Israel 2025 נדפס בישראל

# תוכן העניינים



## בראשית

## שמות



## ויקרא

## במדבר



## דברים

## מה יש לכם ביד?

"אוי להם לאנשים", הזהיר ספר הזוהר, "דְּעָבְדִין לְאוֹרַיְיתָא יָבִישְׁתָּא". אבוי לאנשים שעושים את התורה יְבֵשָׁה!

אבל בואו נהיה כנים: איך אפשר אחרת? הרי יש פער שנדמה שבלתי אפשרי לגשר עליו:

התורה נכתבה לפני אלפי שנים בעולם של מלכים, מזבחות ובארות מים,
ואנחנו חיים בעידן של רשתות חברתיות ובינה מלאכותית.

התורה מספרת על ממלכות עתיקות ונדודים במדבר,
ואנחנו מתמודדים עם חיפוש זהות, לחץ להצליח ומערכות יחסים מורכבות.

התורה מופיעה כאוסף מילים שחורות על נייר לבן,

ואילו החיים שלנו צבועים בקשת מרהיבה של גוונים.

ובכלל, האם היסטוריה ואקטואליה מסוגלות להיפגש?

התשובה המפתיעה היא: לא רק שהן יכולות, הן חייבות!

כי התורה היא אלוהית והמבט שלה הוא על־זמני.

כשאדם פותח את ספר הספרים הוא לא קורא סתם טקסט עתיק, הוא פוגש את הנצח. זה כמו לעמוד על שפת אוקיינוס אדיר. בהתחלה רק מרטיבים את הרגליים, אבל מי שמעז לצלול פנימה, מגלה עולם שלם ומופלא שחבוי מתחת לפני השטח — עולם שמדבר על האדם עצמו ועל כל אתגרי היום־יום שלו.

פרשת השבוע היא המפתח לצלילה הזאת. היא כמו מצפן מדויק שיכול להנחות אתכם בסבך המפותל של החיים האמיתיים.

לצערי פגשתי אנשים רבים שהמפגש שלהם עם התורה נחווה באופן שלילי. די להם בשמיעת המילים "ועכשיו נשמע דבר תורה על הפרשה" כדי שיתחילו לפהק ולתכנן את רשימת הקניות של השבוע הבא. נוצרה אצלם תחושה שמדובר בעיסוק טרחני בפרטים יבשים או ברעיונות מרחפים, שמנותקים מהחיים האמיתיים ומהשאלות הבוערות שמטרידות אותם. הם חיפשו מענה אמיתי לקשיים ולהתמודדויות היום־יומיות שהם חווים, אבל נותרו מאוכזבים.

הספר שבידיכם נולד כדי לתת מענה לתחושת התסכול הזו. הוא צמח מתוך ההבנה שמאחורי המילים העתיקות מסתתר אוצר מופלא שרק מחכה שנגלה אותו. תורה שאיננה מוזיאון של רעיונות מאובקים, אלא מעיין חי של השראה לחיים.

עושים עניין לא מתחמק משאלות קשות: מה קורה כשהחלומות מתנפצים לרסיסים? איך לשמור על אמונה בעולם שנראה לפעמים כל כך אכזרי? כיצד להישאר נאמנים לעצמנו כשמכל עבר לוחצים עלינו להיות כמו כולם? מה עושים כשמרגישים שהתפילות שלנו לא מגיעות לשום מקום? ואיך לחיות חיים אמיתיים בעולם שבו המסכים גונבים לנו את הרגעים האמיתיים?

בין דפי הספר הזה תפגשו סיפורים אמיתיים שיגרמו לכם לומר "היי, זה בדיוק כמו המצב שלי!" שאלות שיגרמו לכם לחשוב אחרת ורעיונות שימשיכו להדהד בראשכם הרבה אחרי שתסיימו את הקריאה.

**למי זה מתאים? כמעט לכולם.** לילד סקרן בן תשע ולסבתא חכמה בת תשעים. למתבגר ציני שחושב שהוא כבר יודע הכול ולהורה עסוק שמחפש רגע של משמעות בתוך מרוץ החיים. גם מחנכים ורבנים, מפקדים ומרצים ימצאו בו מגוון מסרים רלוונטיים ומעוררי השראה להעביר לקהל שומעיהם. הספר מתאים מאוד למשפחה המתכנסת סביב שולחן השבת ומחפשת חוט מקשר שיחבר בין כולם, אך לא פחות מזה ליחיד המבקש מילוי רוחני והטענת מצברים.

אני מאמין בכל ליבי שהעיסוק בפרשת השבוע אינו משימה בלו"ז שצריך לסמן עליה וי. זהו מרחב קסום ויפהפה שבו נפגשים התורה והחיים כל שבוע מחדש. אומנם הסיפור הגדול

של התורה התחיל בימי אבותינו, אבל מאז הוא ממשיך לזרום בכל העוצמה אל תוך חיינו. ובכל פעם שאנו פותחים את הפסוקים ומוצאים בהם את עצמנו ואת התמודדויותינו, אנחנו לא רק קוראים בתורה, אלא גם מחברים את הסיפור הגדול שלה עם הסיפור האישי של כל אחד מאיתנו ובכך נותנים לו טעם של נצח.

## מזמור לתודה

סבי, מנחם בקר ז"ל, היה מחנך מסור וסופר בחסד שהותיר אחריו כשלושים ספרים. לפני כיובל שנים יצא חיבורו "פרפראות לתורה" והפך לאורח מרכזי בשולחן השבת בבתים רבים. סבא השפיע עליי מאוד ותמיד עודד אותי לכתוב וליצור ולהשתמש בכוח המילים כדי לגעת בליבם של אנשים. הוא נפטר בטרם זכה לראות אפילו אחד משבעת ספריי, ואני רוצה להקדיש לו באהבה את הספר הזה. לפעמים אני תוהה מה היה אומר על הדרך שבה בחרתי לכתוב על פרשות השבוע, כה שונה מהסגנון של דורו. אולי היה מרים גבה למקרא הדילמות המודרניות והשפה העכשווית, אך אני מאמין שבסופו של דבר היה מחייך ואומר: "כל דור והאתגרים שלו, כל תקופה והשפה שלה. העיקר שאתה מנסה לסלול נתיבים שיחברו בין התורה לבין האנשים, בדיוק כפי שניסיתי לעשות בזמני".

תודה לצוות היקר של הוצאת מגיד, שמשלב מקצוענות עם נשמה: יהושע מילר, הרב ראובן ציגלר, הרבנית אוריה מבורך ואפרת גרוס. תודה לשמואל לעסרי על מלאכת המחשבת של עיצוב הדף ושל האיורים היפהפיים ולאליהו משגב על הכריכה הנהדרת, למתן צרור על עריכת הלשון המוקפדת, לרועי אהרוני ממדור תודעה יהודית בצה"ל על שיתוף בסיפורים, לשרה המר על הגהה מדויקת ולרינה בן גל על מלאכת העימוד.

תודה לאשתי רעות, שותפתי הנאמנה שטורחת לקרוא, לדייק ולהאיר את עיניי על כל מה שאני כותב. תודה לילדיי המקסימים: אליאור, ליאל, טליה, שיר ציון וכרמי, שהחוויה הקסומה של שולחן השבת איתם נתנה לי את הדחיפה וההשראה לספר הזה. תודה להוריי היקרים – מנחם ורחל אלטמן ולחמי וחמותי דוב ואוסנת נבטילר – על הזכות לגדול סביב שולחן השבת שלהם ולהתבשם ממנו.

ולפני ואחרי הכול תודה לבורא עולם על החיים והכוחות ועל שזיכני לעשות את הדבר שאני הכי אוהב – ללמוד וללמד ולגעת בחיים.

יוני לביא

## איך להפיק את המקסימום מהספר הזה?

לכל פרשה מוקדש פרק אחד הכולל שבעה מרכיבים שונים.

**הטור המרכזי** מתחיל בשני סיפורי חיים קצרים. אחרי קריאת כל סיפור חשבו מה דעתכם על הדברים? האם חוויתם דבר דומה? איפה זה פוגש אתכם?

אם אתם בפורום משפחתי או כיתתי — פתחו זאת לדיון ותנו לנוכחים להביע את דעתם.

### אתגר השבוע

נועד לתרגם לחיים את תובנת העומק שבטור המרכזי.

טיפ: כדי לוודא שזה אבן יקרה, אתם מוזמנים לרשום לכם את האתגר על פתק ולתלות על המקרר או כתזכורת בטלפון. מדי פעם הציצו בו והיזכרו.
כדאי גם להתרגל לפתוח כל שבוע בשיתוף קצר: איך הצלחתם ליישם את האתגר מהשבוע שעבר?

**טוב מראה עיניים:** לכל פרשה מצורף איור מקורי המבטא את הרעיון המרכזי בדרך ויזואלית. הציגו אותו לכל הנוכחים והזמינו אותם להתבונן ולשתף: מה הם רואים בו? איזה רעיון הוא מביע לדעתם?

האיורים יכולים לפתוח ערוץ תקשורת נוסף לאלו שמעדיפים חשיבה חזותית ולהעניק עומק לדיון.

### מִבְזָק: הפרשה ב־20 שניות

מופיע בהמשך הפרק, אבל ניתן גם לפתוח בו כדי לרענן את הזיכרון בנושאים שבהם עוסקת הפרשה לפני שצוללים לעומקה.

### הידעת?

כולל שלושה קטעים המעשירים בידע היסטורי, מדעי, פסיכולוגי או תורני. זוהי הזדמנות להעשיר את הדעת ולחבר את התורה לתחומי ידע נוספים.

טיפ: חלקו את הקריאה בין הנוכחים וכל אחד יקריא קטע אחד.

### מספרים ש...

הסיפורים הקצרים יכולים לשמש כפתיחה מצוינת לשיחה על ערכים, מידות ואמונות או לדיון פורה (שאלו: מה אתם הייתם עושים במצב כזה?).

### פותחים ראש
שאלות לדיון סביב השולחן

השאלות נועדו לעורר למחשבה ולדיון משפחתי או קבוצתי. לא חייבים לעסוק בכל השאלות. בחרו את אלו שמדברות אליכם.

טיפ: "תפסת מרובה — לא תפסת". אל תנסו להספיק הכול. המטרה אינה לגמור, אלא להחכים מהדיון המשותף.

**חיבור לחיי היום־יום:** נסו לקשר בין הרעיונות שעולים תוך כדי הקריאה והדיון לאירועים שקרו בשבוע שחלף — במדינה או בחייכם האישיים. זכרו שאנחנו עוסקים בנצח ואל תגלשו לפוליטיקה קטנונית. זכרו שאנחנו מבקשים לקבל השראה והכוונה לאתגרי החיים שלנו.

## למרצים, מדריכים, מפקדים, מחנכים ורבנים

1. **בנק רעיונות:** כל פרשה מכילה מגוון נושאים שניתן לפתח ולהרחיב בדרשות, שיעורים ופעולות, היכולים להתאים לקהל דתי או חילוני, צעיר או בוגר.
2. **מבנה מוכן:** הטור המרכזי בנוי במתכונת מושלמת לשיעור. הוא מכיל פתיחה עם סיפורים מחיי היום־יום, גוף הפרק המרחיב ומעמיק את הרעיון, וסיום עם יישום מעשי.
3. **רוצים לעורר קבוצה לשיח תוסס?**
שני המונולוגים שבפתיחה מצוינים לכך, וכך גם השאלות במדור "פותחים ראש".

**ומה אם הגבאי התקשר רבע שעה לפני שבת והתקיל אותך באמירת דבר תורה?**

אין בעיה. קח את הרעיון של הטור המרכזי בפרשה והפוך אותו לדבר תורה של 7 דקות. לחלופין, בחר אחת מפינות "הידעת" והרחב אותה מעט.

**מחפשים סיפור השראה לעונג שבת או לסעודה שלישית?**

מצוין! במדור "מספרים ש..." תמצאו סיפורים קולעים ומרגשים שייגעו בלב של האנשים.

## טיפים נוספים

**דיאלוג, לא מונולוג:** מטרת עושים עניין אינה רק להעביר ידע, אלא "לעשות עניין". ליצור שיח משמעותי המחבר את התורה לחיים ומעצים את הקשר בין הנוכחים.

עודדו שאלות ודעות מגוונות. הקפידו שכל משתתף יוכל להביע את דעתו, כולל הקטנים והביישנים. אתגרו את הדוברים לנמק את דבריהם ולפתח אותם ולא להישאר ברמה של "סיסמאות".

**גמישות מלאה:** אל תתעקשו להספיק את כל התוכן על הפרשה בארוחה אחת. זכרו, יש שלוש סעודות בשבת.

כל פינה עומדת בפני עצמה ואפשר לדלג ביניהן, או לקרוא פרשות אחרות לפי העניין והרלוונטיות לחייכם.

טיפ: בחרו זמן קבוע בשולחן השבת המשפחתי לקריאה מהספר. מתי תעדיפו: בין המרק לעוף או לפני הקינוח?

**הספר נכתב לטווח גילים רחב:** מגיל הנעורים המוקדם ועד זקנה מופלגת. עם צעירים התמקדו יותר בסיפורים ובמדור "הידעת?", ועם מתבגרים ומבוגרים העמיקו בדילמות ובסוגיות המורכבות.

**איך ייראה שולחן השבת שלך?**
עוד רעיונות מעשיים וטיפים לשדרוג המפגש השבועי המשפחתי סביב השולחן מחכים לכם בפרק הבא: שיא השבוע: המדריך השלם לשדרוג שולחן השבת.

ומילה לסיום: הזכרנו את אזהרתו של ספר הזוהר לא לעשות את התורה "יבשה". הספר הזה הוא הזמנה להחזיר לתורה את הלחלוחית שלה ולגלות שהמים, גם אחרי אלפי שנים, עדיין צלולים, מרעננים ומחיים. במפגש הזה לא רק התורה מתעוררת לחיים, אלא גם אנחנו.

בהצלחה ו...תעשו עניין!

## שיא השבוע: המדריך השלם לשדרוג שולחן השבת

דמיינו לעצמכם סמארטפון חדיש – מסך איכותי, מעבד מתקדם, מצלמה משוכללת.

אדם אחד רכש אותו באלפי שקלים, אך משתמש בו רק לשיחות ומסרונים, בדיוק כמו בטלפון הנוקיה הישן מלפני עשרים שנה.

השני כבר צועד קדימה – מצלם, משתמש בניווט ומקבל עדכונים בקבוצה המשפחתית בווטסאפ. הוא בהחלט מנצל את המכשיר יותר מהראשון, אך עדיין מגרד רק את קצה הפוטנציאל שלו.

השלישי, לעומת זאת, הפך את אותו מכשיר **למקפצה שמשנה את חייו**. הוא מנהל דרכו עסק שלם, מקיים "חברותא דיגיטלית" עם הנכדים שלו בניו־יורק, ובזכות עשר דקות יומיות באפליקציה רכש את השפה הערבית מספיק כדי לסגור עסקאות בדובאי. ויודעים מה הפלא הגדול ביותר? בכל בוקר בדרכו לעבודה הוא מאזין לשיעורי תורה, וכך הפך את הפקקים המתסכלים לנקודת אור. אחרי שבע וחצי שנים חגג סיום ש"ס שלם שנלמד כולו בנסיעות!

בידיו, אותו מכשיר בדיוק הפך מכלי תקשורת, למחולל פלאים שמעשיר את חייו בכל ממד אפשרי.

### שולחן השבת הוא בדיוק כזה!

אותו שולחן, אותן מנות, אותם אנשים – אבל אפשרויות שימוש שונות לגמרי שהופכות סולם שמוצב ארצה לכזה שראשו מגיע השמיימה.

ארוחות השבת יכולות להיות מפגש של "תן את החלה... תעביר את הסלט", בליווי פטפוטים קלים על השבוע שחלף או על החדשות האחרונות.

אבל אז מחמיצים דבר ענק. כי האמת היא, מבלי להישמע כפוי טובה כלפי כל מי שמשקיע בבישולים ביום שישי, שהאוכל הוא רק תירוץ. מה שמתרחש סביב שולחן השבת יכול להיות גדול בהרבה:

מפגש מרתק שמגשר על פערי גילים ותפיסות עולם, מחבר את כל בני המשפחה ומאפשר שיחות ייחודיות והעברת ערכים ואמונות. זוהי חוויה רוחנית שתותיר חותם עמוק ותטעין את המצברים לקראת שבוע חדש של עשייה.

שולחן השבת, כמו הסמארטפון היקר, יכול להיות עוד ארוחה ויכול להיות עמוד השדרה, הליבה הגרעינית שהכול מושפע ממנה.

במי זה תלוי? התשובה היא אחת: **בנו**. רק בנו.

אך כדי שנצליח במשימה, חשוב לשים לב למכשולים שעלולים להפריע בדרך.

### למה זה עלול להתפספס?

ארבעה מכשולים גורמים למשפחות רבות להחמיץ את הקסם של שולחן שבת:

- **תסמונת סוף השבוע**

  אחרי שישה ימים מתישים, אנחנו מגיעים לשולחן שבת כמו לקו הסיום של מרתון. גמורים.

  הפיהוקים מתחילים כבר בקידוש, במרק כבר מתנמנמים ובגדול נראים כמו טלפון שנותרו לו 2 אחוזים בסוללה.

  יש כאלו שנכנעים למצב ומבחינתם השבת נועדה להשלמת שעות שינה חסרות. אצלם היום הקדוש בשבוע חולף כשהאדם עושה בטן־גב במיטה.

  איזו טעות! לא תאמינו, אבל הרבי מלובביץ' נהג שלא לישון כלל בשבתות, גם לא בלילה. הוא נימק זאת באומרו: "זה הזמן הכי יקר בשבוע. איך אפשר לבזבז אותו בשינה?"

אז אל דאגה, לא באנו להציע לכם לילה לבן. מה כן? לחשוב: מה עושים כדי לא להגיע לשבת בסמרטוט ולבלות אותה בין השמיכה לכרית? עוד רגע נציע כמה רעיונות מעשיים לזה.

**אתגר הגילים**
מכשול שני הוא: איך יוצרים שיחה שתצליח לרתק במקביל ילד בן 5, מתבגרת בת 15 והורים בני 40? הרי מורה שעומד מול שלושים תלמידי כיתה ד׳ מתקשה לייצר מכנה משותף שיתאים לכולם, למרות שכולם בני 9. מה הסיכוי שלנו לחבר את כל הנוכחים סביב השולחן — אנשים בשלבי חיים שונים לחלוטין, עם תחומי עניין שלא תמיד חופפים?

**המתחרים הסמויים**
מכשול שלישי: האלטרנטיבות — המשחקים קורצים לקטנים, החברים למתבגרים, וערמת העיתונים להורים. אומנם הסמארטפון כבוי, אבל המחשבות ממשיכות לקפץ בראשנו כמו פופקורן בסיר לוהט.

**שגרה שהופכת לשחיקה**
בניגוד לליל הסדר שמגיע בחגיגיות רק פעם בשנה, שולחן השבת חוזר לנו 52 פעמים. איך שומרים על רעננות ומונעים את תחושת ה"עוד פעם אותו דבר"? איך הופכים כל שבת לאירוע מיוחד למרות שיש לנו כל כך הרבה ממנו?

## המטמון שמתחת האף שלנו

למרות האתגרים שתיארנו, שולחן השבת הוא נכס משפחתי ורוחני שאנחנו לא יכולים להרשות לעצמנו לאבד. חשבו רגע על העולם שאנו חיים בו: בעידן שבו הכול מצפצף, מהבהב ודורש את תשומת לבנו המיידית, נפתח לנו פעם בשבוע מרחב קסום של שקט שבו אפשר באמת להקשיב זה לזה. הטלפון כבוי, הנשמה דלוקה, ובתוך האוקיינוס הסוער של החיים המודרניים מבצבץ אי של שלווה ורוגע.

בבתים רבים זו גם הפעם היחידה בשבוע שבה המשפחה כולה נפגשת באמת. לא מעבירים מסרים דרך הווטסאפ, לא צועקים "אני אוכל בחדר!", אלא מסתכלים בעיניים, שומעים את הקול, מרגישים את הנוכחות. אין תחליף למפגש יקר ערך כזה! בלי מסכים וקיצורי דרך. רק אנחנו, יחד, עכשיו.

וכמובן, כל העוצמה הזו הולכת ומצטברת: חשבו על 52 שבתות בשנה, כפול 20 שנה בערך שהילדים בבית. זה מסתכם לכדי יותר מ־3,000 סעודות שבת! כל אחת כמו חלקיק אחד, אבל ביחד הן יוצרות פאזל מרהיב של חוויות, ערכים ואמונות שיעצבו את זהותם של הילדים לכל חייהם. אין כלי חינוכי אחר עם עוצמת השפעה כזו כמו שולחן השבת!

## איך עושים את זה? הנה המתכון:

### א. העיקרון המנחה

הילדים לא ירצו לעזוב את השולחן – לא מפני שאנחנו כופים עליהם להישאר, אלא כי הם לא מוכנים להחמיץ את מה שמתרחש שם. אם שומעים יותר מידי את המשפט "אבא, אפשר כבר לקום?" כנראה פספסנו משהו. השאיפה היא ליצור אווירה שגורמת לכולם להרגיש שמי שלא נמצא איתנו פה פשוט מפסיד.

### ב. להתארגן מראש

חז"ל קבעו: "מי שטרח בערב שבת, יאכל בשבת" (עבודה זרה ג ע"א). ומי שלא? כנראה יאכל אותה בשבת... התוכן הרוחני של הסעודה דורש "בישול" לא פחות ממה שזקוק לו האוכל שיעלה לנו על הצלחת. אם היינו משקיעים עשירית מהזמן שמוקדש להכנת המזון וסידור הבית, לפן הרוחני והמשפחתי – הארוחה הייתה נראית אחרת לגמרי.

### מה זה אומר?

1. **תהיו אספנים:** נתקלתם במהלך השבוע בסיפור מרגש? ברעיון שעורר בכם השראה? בדילמה מעניינת? אל תסמכו על הזיכרון. רשמו לעצמכם פתק תזכורת לשתף בו את כולם בשולחן שבת.
2. **הבידול הקסום:** דאגו לכך שיהיו דברים מסוימים (ממתקים, שתייה מיוחדת, פיצוחים, כלי הגשה יפים) שיופיעו רק בסעודות השבת. הבלעדיות יוצרת ציפייה ומייקרת את האירוע בעיני האנשים. "את הצ'יפס הזה כבר אכלנו אתמול", לעומת "וואו, הפיסטוקים המיוחדים של שבת!".
3. **"אימא, אני רעעעעב...":** תנו לילדים משהו קל לאכול לפני הסעודה. אם ביום חול הם רגילים לארוחת ערב בשבע, בשבת זה יהיה לא הוגן להרעיב אותם עד תשע, בעיקר בשבתות הקיץ. העיקרון הזה נכון, אגב, גם למבוגרים: כשהקיבה מקרקרת, הקליטה הרוחנית מושבתת. גם את הספר הזה אל תביאו לשולחן לפני שאכלו את המנה הראשונה.
4. **נוחו לפני:** מומלץ מאוד לחטוף תנומה קלה ביום שישי בצוהריים ולשלוח גם את הילדים למיטה. זו אולי ההכנה החשובה ביותר לשבת ובזכותה נשב עם המלכה רעננים וערניים ולא ניראה כמו סמרטוטים עייפים.
5. **אסטרטגיית הישיבה:** עניין טכני אבל משמעותי: מי יושב ליד מי. פורמט המקומות הקבועים עדיף בדרך כלל, וחוסך הרבה ויכוחים טרחניים. עם זאת, ניתן לשקול לרענן את האווירה לפעמים ולהחליף כדי לשבור שגרה.

אם זכיתם לאורחים, שקלו היטב היכן להושיב אותם. ילד ביישן ליד אורח שמרבה לשאול שאלות זה לא בדיוק שידוך מוצלח.

## ג. הסעודה עצמה!

אין כמו לפתוח ב**סבב פרגונים מתוק** על הצלחות והישגים של בני המשפחה בשבוע החולף וכמובן על השותפות בהכנות לשבת. זו עובדה: כשמתחילים בחיובי, קשה יותר לגלוש אחר כך ללשון הרע או להקנטות ולוויכוחים בין הנוכחים. המוח שלנו מתרגל ל"מסלול החיובי" ונוטה להישאר עליו.

**טיפ שהוא חובה**: אל תוותרו על ברכת הילדים — המנהג היפהפה שבו ההורים מניחים את ידיהם על ראש הילדים ומברכים אותם. לא משנה כמה מעצבנים הם היו השבוע (הקטן שפך קטשופ על הספה הלבנה והגדול "לא ראה" את העמוד כשעשה רוורס בחניה), שבת מזמינה אותנו לפתוח דף חדש ולחבק ולנשק אותם (כולל את המתבגרים, שבימות החול מתייחסים להצעת חיבוק הורי כאילו הציעו להם לאכול ברוקולי) ולאחל להם רק טוב.

### מה עוד?

- **שיתוף חוויות:** "מי רוצה לספר על דבר מעניין שקרה לו השבוע?" אל תסתפקו בתשובות קצרות כמו "היה בסדר". העמיקו: "מה היה הרגע הכי מצחיק בשבוע שלך?" או "איזה דבר קטן הפתיע אותך לטובה?"
אפשר גם לשאול מליל הסדר את "מה נשתנה?", ולשאול: "מה השתנה אצלך השבוע?"
- **הימנעו מתכנים שליליים:** תכנונים של חול, רכילות או התעסקות בפוליטיקה נמוכה הם כמו להכניס חול לסלט פירות. סעודת השבת היא ההזדמנות להתרומם קצת מעל היום־יום.
- **שירה:** דבק נהדר שמחבר בין בני כל הגילים. יש המשלבים בין זמירות מסורתיות לשירים ישראליים עכשוויים, וכל משפחה מוזמנת לעצב את הפלייליסט השבתי המתאים לה.

  טיפ: תנו לילדים להציע שירים שהם אוהבים, ותראו איך הם מתלהבים ומתחברים.
- **צ'ופרים קטנים, השפעה גדולה:** לא תאמינו איזה כוח אדיר יש לעדשים משוקולד או סוכריות גומי קטנות. אלו אמצעים רבי עוצמה שמדרבנים ילדים צעירים להישאר סביב השולחן ולהשתתף בשירה ובדיונים. אל תקראו לזה שוחד. זה פשוט תמריץ חיובי.

# שאלות מהשטח ותשובות מעשיות

## האם לקצר את הסעודה כשיש בבית גם ילדים קטנים?

ילדים קטנים לא בנויים לישיבה ממושכת באותו מקום. אם יש בבית מנעד רחב של גילים – שִׁקלו לערוך סעודה דו־שלבית: ראשית, סבב מהיר שכולל קידוש ואוכל בשילוב שירה ודיבורים קצרים יחסית, באופן שמותאם לקטנים. כשהם פורשים למשחקים (או לספה, או להתגוששות הקבועה של "הוא נגע בי", "הוא הסתכל עליי!"), אפשר להישאר עם הגדולים לשיחה ברמה גבוהה יותר ולדבר על נושאים שמעניינים אותם.

האם כדאי להזמין אורחים בכל שבת?

הכנסת אורחים היא מצווה נפלאה, אבל בדיוק כמו תבלין טוב, המינון הוא קריטי. יותר מדי – והתבשיל נהרס. יש ילדים שנהנים מנוכחות אורחים ופורחים בחברה, ויש שטוב להם יותר במרחב המשפחתי האינטימי. מצאו את האיזון הנכון למשפחה שלכם. אולי שבת אחת עם אורחים ואחת למשפחה בלבד? אולי סעודת הלילה רק אנחנו, ובבוקר עם השכנים?

## איך מתמודדים עם מתבגרים שקשה להם לקום בשבת בבוקר?

נפריד לשניים: התפילה היא עניין אישי בין המתבגר לבורא עולם. איננו רוצים (ולרוב גם לא יכולים) להכריח אותו לעשות זאת. ההשתתפות במפגש השבועי סביב השולחן, לעומת זאת, היא מרכיב בסיסי בהיותך חלק מהמשפחה.

הנה פתרון מעשי: כשאתם חוזרים מהתפילה עשו קידוש וטעמו משהו, וקבעו את הארוחה המשפחתית לשעה מאוחרת יותר, נגיד 12:00, כך שגם "דובי החורף" יצליחו לקום. אפשר להוסיף תמריצים מתאימים שיעזרו להם להיפרד מהכרית – מעדן מיוחד, להזמין חבר או חברה לארוחה וכדומה.

ואם שום דבר לא עוזר – זכרו: זה שלב חולף. גם אתם הייתם מתבגרים פעם, לא?

## מה עושים כשמתארחים אצל אחרים?

בואו עם "מתנה רוחנית" קטנה – רעיון יפה, סיפור קצר או חידה מעניינת שקשורה לפרשה. השתלבו באלגנטיות מבלי להשתלט על שולחן השבת (כולנו מכירים את האורח שלא מפסיק לדבר...).

אם תרצו, אפשר לעשות "תיאום מוקדם".

שאלו את המארחים: "בא לכם שאכין משהו קצר לשולחן שבת?" לרוב הם יקפצו על ההזדמנות לגיוון. כמובן, התאימו את התוכן לאופי המשפחה המארחת. מה שעובד אצלכם בבית לא בהכרח יתאים למשפחה אחרת.

## רגע, ומה עם פרשת השבוע?

בואו נודה באמת: לא מעט אנשים, בעיקר צעירים, רק שומעים את המילים "דבר תורה על פרשת השבוע" — והאוזניים שלהם נסגרות אוטומטית.

ולא באשמתם. לרבים מאיתנו המפגש עם הפרשה נצרב מילדות כחוויה משעממת, בנלית, חוזרת על עצמה ומנותקת מהחיים. הרגשנו כאילו אנחנו נמצאים בהרצאה טרחנית שלא מדברת אלינו: "כתוב בפרשה... מקשה רש"י... מבאר הרמב"ן...", מבלי לראות כל קשר בין זה למה שעובר עליהם.

וזו החמצה ענקית. כי פרשת השבוע, כשניגשים אליה נכון, היא לא רק טקסט עתיק, אלא בעיקר מצפן לחיים, מעיין נובע של חוכמה ומקור אינסופי להשראה, לדיון ולצמיחה.

כאן בדיוק נכנס לתמונה הספר שבידיכם. עושים עניין מנסה להפגיש את חוכמת הנצח של עם ישראל עם שאלות החיים של העידן המודרני, ומלווה אתכם במסע מרתק דרך פרשות השבוע, עם סיפורים מהחיים האמיתיים, תובנות עומק וכלים מעשיים.

בפרק הקודם הסברנו כיצד להשתמש בכל אחד מהמדורים באופן מיטבי. אבל גם זו לא נוסחה מחייבת. אתם יכולים פשוט לדפדף, למצוא מה שמדבר אליכם ולצלול אל תוכו בסקרנות ובאהבה.

אז בואו נצא יחד לדרך חדשה. הפכו את הדף ונתחיל מבראשית...

חומש

# בראשית

# בראשית

## מי אחראי פה?

"איך הגעתי לכאן?" אומר יניב (24) ומביט סביבו בחצר הכלא. "זה מאוד פשוט. לא נולדתי, כמוך, למשפחה טובה ברמת השרון. האחים שלי היו עבריינים והשכונה שלנו מלאה סוחרי סמים. מה ציפית, שאצא ילד טוב ירושלים? שאסיים בגרות בהצטיינות ואלמד רפואה באוניברסיטה? כן, יצאתי עבריין. זו לא אשמתי".

"למה איחרתי?" שאל אבי (37) במבוכה והציץ בשעונו בפתח חדר הישיבות, "כי **ככה** אני, מאחר כרוני. נולדתי באיחור, תוך יומיים חטפתי צהבת והברית נדחתה בשבועיים. אפילו לחתונה שלי הגעתי עשרים דקות אחרי השעה שכתובה בהזמנה. כשקובעים איתי פגישה, צריך המון סבלנות. אין מה לעשות, זה בגֵנים אצלי. יש לי קצב משלי".

### המדריך למנכ"ל הכושל

דורון התמנה למנכ"ל חברת הייטק מצליחה. בתום פגישת החפיפה, קודמו בתפקיד נתן לו שלוש מעטפות סגורות.

"שמור אותן בכספת", אמר לו, "אם יום אחד תִקָלַע לצרות – פתח אחת מהן".

חצי שנה עברה בשקט, אבל אז החלו להתעורר בעיות וחיצי הביקורת הופנו כלפי המנכ"ל. בלית ברירה ניגש דורון אל הכספת ושלף ממנה מעטפה ראשונה. בתוכה היה פתק: "האשם את קודמך בתפקיד".

הוא התפלא על העצה המוזרה, אך לא היה לו רעיון אחר. בישיבת הדירקטוריון הבאה טען בלהט לפני חֶבֶר המנהלים: "קיבלתי חברה בניהול כושל. אני עסוק בתיקון הנזקים שגרם קודמי".

זה עבד! הביקורת שככה ודורון המשיך בעבודתו.

כעבור חצי שנה שוב צצו בעיות. דורון נאלץ לפתוח את המעטפה השנייה: "האשם את הממשלה".

בישיבה הבאה הוא תקף את מדיניות שר האוצר והמצב הכלכלי במשק.

שוב זה הצליח, והוא המשיך לשבת על כיסא העור המרופד במשרד המנכ"ל למשך עוד כמה חודשים.

אבל בפעם השלישית, כשהבעיות חזרו, הבין דורון שהוא ייאלץ לפתוח את המעטפה האחרונה. בחיל ורעדה הוא ניגש אל הכספת, הקיש את הקוד ושלף משם את המעטפה המלבנית.

על הפתק שבתוכה היו רשומות שלוש מילים: "הכן שלוש מעטפות".

### מה רוצים ממני?

דורון לא המציא את השיטה להאשים מישהו אחר כדי להתחמק מאחריות. היא עתיקת יומין ומתחילה כבר מאדם הראשון.

כשאלוקים שאל אותו: "למה?! בסך הכול ביקשתי לא לאכול מעץ אחד. לא יכולת להתאפק?!", האדם השיב: "היא האשמה! האישה שנתת לי שכנעה אותי לאכול מהפרי".

כשאלוקים פנה לחווה גם היא מיהרה לגלגל אחריות: "זה הנחש הערמומי. הוא פיתה אותי לקחת ביס. זו לא אשמתי".

וזה לא נגמר שם. התופעה חוזרת שוב אצל קין, הרוצח הראשון. כשאלוקים התעניין לאן נעלם אחיו, הבחור היתמם: "השומר אחי אנוכי?! מה אני, הבייביסיטר שלו? מאיפה אני יודע לאן הוא הלך?!".

התוצאה ידועה: אדם וחווה גורשו מגן עדן, וקין נענש להיות נע ונד לנצח.

למרבה הצער, האנושות לא למדה את הלקח.

מאז ועד היום בני אדם ממשיכים לגלגל אחריות: הבוס, הממשלה, הַגֶּנִים שנולדנו איתם, ההורים, החמות ואפילו מזג האוויר. כולם אשמים חוץ מאחד: אני.

יש רק בעיה קטנה. לא כך מתקדמים בחיים! ככה נשארים תקועים ולא מצליחים להיחלץ מהבעיות. לא במקרה תפילת יום כיפור מלאה וידויים — "אשמנו, בגדנו, גזלנו". המטרה אינה לדכא אותנו, אלא לעודד אותנו לקבל אחריות. זה לא קל, אבל זו הדרך היחידה להשתפר ולהתקדם.

אז בפעם הבאה שתיכנסו לחדר מבולגן, זכרו, יש לכם שתי אפשרויות: האחת היא להגיד "מי לכלך פה?" השנייה היא לשאול "איפה המטאטא?"

## אתגר השבוע

בחרו תחום אחד בחייכם שבו אתם נוטים לגלגל אחריות על אחרים (לימודים, קשרים חברתיים או משפחתיים, החלטות משפחתיות וכדומה) והחליטו על צעד **אחד קטן** המבטא קבלת אחריות, והתמקדו בו השבוע. לדוגמה: השלימו מטלה בעצמכם מבלי להאשים נסיבות חיצוניות.

## אפקט הצופה מהצד

קיטי ג'נובזה נרצחה ליד ביתה. היא גרה ברובע קווינס בניו־יורק, ובליל 13 במרץ 1964 היא נדקרה למוות על ידי אלמוני.

שבועיים לאחר מכן חשף תחקיר של עיתון ה"ניו יורק טיימס" ש־38 משכניה של ג'נובזה היו עדים לאירוע! התקיפה נמשכה כחצי שעה, אך למרות הזעקות איש לא התערב או הזעיק עזרה.

האירוע הוביל למחקר פסיכולוגי על "אפקט הצופה מהצד". החוקרים ניסו להבין איך ייתכן שאנשים שלנגד עיניהם מתרחש פשע נוהגים באדישות ונמנעים מלעזור.

האם השתיקה הכללית גורמת להם לחשוב שהמצב אינו חמור? האם הם מניחים שמישהו אחר כבר מטפל בעניין? כך או אחרת, אף אחד לא עזר לקיטי ג'נובזה.

ומה אתכם? אם הייתם שם, הייתם פועלים אחרת?

## מספרים ש...

### איפה אתה בסיפור הזה?

לפני 250 שנה, רבי שניאור זלמן מליאדי, מייסד חסידות חב"ד, נעצר על ידי השלטון הרוסי. האשמה: הפצת יהדות – פשע חמור בברית המועצות של הימים ההם.

בחקירתו שאל אותו הקצין הרוסי שהיה איש משכיל: "בתנ"ך כתוב שאחרי שהאדם אכל מעץ הדעת אלוקים שאל אותו '**אַיֶּכָּה?**' – איפה אתה? זה מוזר מאוד... הרי אלוקים אמור לדעת הכול, וכי לא ידע היכן נמצא האדם?" הרבי ענה: "השאלה אינה על מיקומו הגיאוגרפי של אדם הראשון. זו שאלה עמוקה הרבה יותר, והיא מופנית לא רק אליו אלא אל כל אדם מאז ועד היום:

איפה אתה, בן אדם? האם אתה יודע למה נבראת? מה התפקיד שלך? האם אתה ממלא אותו כמו שצריך? אַיֶּכָּה?"

## מִבְזָק: הפרשה ב־20 שניות

אלוקים בורא את העולם בשישה ימים ונח בשביעי ◂ הוא יוצר את האדם בצלמו ומניח אותו בגן עדן ◂ אדם וחווה מתפתים לעצת הנחש, אוכלים מפרי העץ האסור ומגורשים מגן עדן ◂ שני בניהם מביאים קורבנות לה' וקין מתוסכל מכך שקורבנו נדחה ◂ הרצח הראשון בהיסטוריה: קין הורג את הבל אחיו ◂ האנושות מתדרדרת מוסרית לאורך עשרה דורות ◂ אלוקים מחליט להביא מבול ולמחות את העולם.

## הידעת?

### הסיפור ששינה את העולם

לשעון של התורה קצב משלו: פרשת בראשית מכסה תקופה של כ־1,500 שנה – מבריאת העולם ועד הולדת בני נח. שאר התורה כולה עוסקת ב־1,000 שנים נוספות בלבד.

בתרבויות העתיקות של מצרים ובבל נמצאו לוחות המספרים על בריאת העולם - אלים נלחמים זה בזה, הורגים ומתנקמים, ומגופותיהם נוצר העולם. האדם, לפי סיפורים אלו, נברא כעבד לשרת את האלים. לעומתם, התורה מציגה תפיסה מהפכנית: בורא אחד שיצר את העולם בחוכמה, ואדם שנברא בצלם אלוקים ומקבל אחריות להיות שותף במעשה בראשית. רעיון זה של אל אחד ואדם בעל ערך אינסופי שינה את פני העולם והשפיע על כל התרבות האנושית.

### ילדים זה שמחה

המצווה הראשונה בתורה היא "פרו ורבו" – להביא ילדים לעולם. עם ישראל מתייחס למצווה הזו ברצינות והוא אוהב מאוד ילדים. מדינת ישראל מובילה במספר ילדים למשפחה בקרב מדינות ה־OECD (המדינות המפותחות), ושיעור הפריון אצלנו הוא 3.1 מתוקים למשפחה, לעומת 1.6 בממוצע במדינות האחרות. החוקרים מכנים זאת "הפרדוקס הישראלי": בכל העולם, ככל שאנשים משכילים ועשירים יותר, הם יולדים פחות ילדים. אצלנו זה הפוך. דווקא המשפחות המבוססות והמשכילות שמחות בילדים רבים.

### אור של השראה

הביטוי "אור לגויים" מופיע בהפטרת הפרשה (ישעיהו מב, ו) ומתאר את התפקיד המיוחד של עם ישראל בעולם. יש בו חידוש גדול: בעוד כל העמים הגדולים – מצרים, בבל, יוון ורומא – ניסו להשפיע בכוח החרב, התורה הציעה דרך אחרת: להשפיע דרך דוגמה אישית ומופת מוסרי. ואכן, אין עוד עם קטן שהשפיע כל כך על העולם כמו עם ישראל: עשרת הדיברות שלו הפכו לבסיס המוסרי של האנושות, ורעיונות כמו קדושת החיים, השאיפה לשלום עולמי, הדאגה לחלש ואפילו צער בעלי חיים – מקורם בתורת ישראל. מעניין שדווקא היום, כשהעולם מבין שאי אפשר לכפות דעות בכוח, הדרך הזו של השפעה דרך דוגמה אישית מתגלה כחכמה ונכונה מתמיד.

## פותחים ראש
## שאלות לדיון סביב השולחן

**הכול טוב?** – **"וַיַּרְא אֱלֹהִים אֶת כָּל אֲשֶׁר עָשָׂה וְהִנֵּה טוֹב מְאֹד"** (א, לא)

נראה שכשאלוקים סיים לברוא את העולם הוא היה מרוצה מאוד. האם זה מפתיע אתכם? הרי העולם שלפנינו רחוק משלמות: יש בו מלחמות ואסונות טבע, רעב ומגפות, פשע ואלימות. בדירוג מ־1 עד 10, איזה ציון הייתם נותנים לו? איך אפשר להסביר את הפער בין ההערכה שלכם לזו של אלוקים?

**שבת** – **"וַיְבָרֶךְ אֱלֹהִים אֶת יוֹם הַשְּׁבִיעִי וַיְקַדֵּשׁ אֹתוֹ"** (ב, ג)

"שבת היא דבר גאוני", אמר פעם מישהו, "אם היא לא הייתה כתובה בתורה, היה צריך להמציא אותה". אך לא כולם מרגישים כך. יש מי שחש ביום הזה מועקה וקושי בגלל ההגבלות והאיסורים ("אוף, מתי כבר יוצאת שבת?! אין ווטסאפ, לא שומעים מוזיקה, ואפילו ללכת לקניון אי אפשר"). מהי שבת עבורכם? מה היא נותנת לכם?

**לבוש** – **"וַיַּעַשׂ ה' אֱלֹהִים לְאָדָם וּלְאִשְׁתּוֹ כָּתְנוֹת עוֹר וַיַּלְבִּשֵׁם"** (ג, כא).

מתברר ש"מעצב האופנה" הראשון היה לא אחר מאשר אלוקים. מאז ועד היום בני אדם מייחסים חשיבות רבה לבגדים ותעשיית הביגוד מגלגלת מיליארדים. אנשים משקיעים אנרגיה עצומה וכסף רב כדי להיראות טוב וליצור הופעה מרשימה.

מה המקום שהלבוש תופס בחיים שלכם? עד כמה אתם שופטים אנשים על פי הַנִּרְאוּת שלהם? עד כמה ההופעה החיצונית שלכם משקפת את מי שאתם באמת?

# נֹחַ

## כל עבכה לטובה?

"אוף. כבר קיוויתי שהפעם אני עובר", מספר אוהד (17) ומשפיל מבט. "הטסט הלך ממש טוב והבוחן לא בלם אותי אפילו פעם אחת. יצאתי אופטימי וקיוויתי שזהו: הטסט השישי יהיה גם האחרון! עכשיו קיבלתי הודעה — **שוב נכשלתי**! די. מה יהיה? למה אני לא עובר כבר טסט?!"

"ביום הולדת עשרים שלי יצאתי לדייט ראשון", מספרת ענבל ומערבבת שוב את הקפה, "אתמול, איריס ודנה, השותפות שלי לדירה, עשו לי מסיבת הפתעה ליום הולדת 28. ולא, אני עדיין לא נשואה. אל תשאל מה עברתי בדרך. עם כמה בחורים יצאתי, כמה פעמים חשבתי ש'זה-זה' ועוד מעט גם אני אלבש שמלת כלה. והנה שוב אני חוגגת יום הולדת בלי הנסיך שלי. עד מתי?! מתי אני כבר אתחתן?"

נֹחַ היה מתוסכל מאוד, ואפשר להבין למה. רק לפני כמה שנים אשתו חגגה לו 500. היו עוגה ומתנות והרבה איחולים, אבל אף ילד לא הצטרף לשמחה, ועל נכדים אין בכלל מה לדבר.

"משהו פה לא הגיוני, נעמה", אמר במבט נוגה, "הרי כולם פה רשעים ורודפי בצע. רק אנחנו מתאמצים להיות טובים וצדיקים. איך ייתכן שלכל אחד פה יש עשרות ילדים ומאות נכדים, ורק את ואני נותרנו ערירים?"

כמה שנים לאחר מכן נולדו שם, חם ויפת, וקול צחוק של ילדים מילא את הבית.

אך עדיין הקושיה לא נעלמה. איך להסביר את הפער בין הצדיק התמים בדורותיו שקיבל משפחה זערורית, ולעומתו חמולות ענק של כל הרשעים שידיהם מלאות חמס.

ביום הולדתו ה-600 של נח נפתרה התעלומה — התחיל המבול! הוא אסף במהירות את משפחתו אל התיבה והעולם הקודם נחרב עד היסוד.

בראשו של נח התחילה לחלחל ההבנה: אילו היה לו שבט ענק כמו לכל השאר, הרגע של המבול היה עבורו **אסון גדול**.

אם צאצאיו הרבים היו רשעים — הם היו נכחדים וליבו היה נשבר לראותם טובעים במים.

אם הם היו צדיקים — לא היה לו שום סיכוי להכניס אותם אל התיבה הקטנה ולהציל אותם איתו.

משמיים סידרו שיהיו לו שלושה ילדים. רק שלושה. וברגע האמת הוא הצליח לקחת אותם איתו ולהתחיל את העולם מחדש.

* * *

"כל עכבה לטובה" הוא פתגם ישן שחביב על הסבתות.

והן צודקות! אמונה באלוקים אין פירושה רק שפעם לפני אלפי שנים היה מישהו שברא את העולם.

אמונה משמעותה שמאז ועד היום יש מישהו למעלה שמנהל את העניינים. הכול גלוי לפניו והוא יודע בדיוק מה נכון ואיך נכון לעשות.

אומנם אנחנו לא תמיד מבינים את הנהגותיו, אבל אנחנו משתדלים להתחזק באמונה שהכול מדויק עד הפרט האחרון. וכל עוד האדם בעצמו לא מעכב את הדברים בגלל התנהלות רשלנית ולא אחראית, מה שצריך לקרות יקרה בדיוק ברגע הנכון: נעבור את הטסט, נתקבל לעבודה, נמצא חתן, נזכה להיריון.

ואם בינתיים זה לא קרה? נתחזק עוד באמונה ונתאזר בסבלנות. כי כל עכבה היא תמיד לטובה.

## אתגר השבוע

נסו להיזכר בדבר שקרה לכם פעם וציער אתכם מאוד. "למה, אלוקים? למה זה קרה לי?", תמהתם בכאב. אלא שהזמן חלף, והיום אתם רואים את העניין אחרת. היום אתם מבינים שדווקא טוב שזה לא הלך בזמנו, כי בזכות זאת התרחשו דברים חשובים שקידמו אתכם.

יש לכם דוגמה כזו? האם זה יוכל לעזור בפעם הבאה שתוכניות לא יסתדרו כמו שרציתם?

## מספרים ש...

### העיכוב הקריטי

עידו וקרן היו נשואים חמש שנים ולמרות שרצו מאוד – לא זכו לילד. קרן הרגישה צביטה בלב בכל פעם שראתה בגינה את חברותיה משחקות עם הקטנים שלהן ורק היא עדיין מחכה. הזוג פנה לטיפולי פוריות יקרים, אך גם אז עברו עוד שלוש שנים עד שקרן נכנסה להיריון.

בשעה טובה הלידה עברה בהצלחה והשמחה הייתה בשמיים.

אלא שכעבור שעה ניגש אליהם ראש המחלקה ופניו רציניות. "יש לי בשורה רעה ובשורה טובה", אמר להם, "ממה להתחיל?"

הזוג החוויר. "מה קרה, דוקטור טמיר?", קרן שאלה בקול רועד, "הכול בסדר עם הילד?"

"בדקנו את התינוק שלכם", אמר הרופא, "ומתברר שיש לו מום נדיר בלב. זו בעיה שעלולה לגרום למוות בתוך ימים מעטים". קרן נראתה כאילו היא עומדת להתעלף. "אז מה עושים, דוקטור? אתם חייבים להציל את הילד".

"כאן מגיעה הבשורה הטובה", הוסיף הרופא, "בדיוק לפני חודש הסתיים בשבדיה מחקר שארך 8 שנים ופיתח טיפול חדשני להתמודדות עם הבעיה הזו. סיכויי ההצלחה הם כמעט מאה אחוז! אתם הרי אנשים מאמינים, לא? בעזרת השם, נצליח לעזור גם לילד שלכם".

עידו וקרן הביטו זה בזו בהתרגשות. כל השנים הקשות של ההמתנה התבהרו ברגע אחד – אילו התינוק היה נולד שנה קודם, לא היה קיים עדיין הטיפול שיציל את חייו. התזמון היה מושלם והעכבה הייתה טובה.

## מִבְזָק: הפרשה ב־20 שניות

האנושות השחיתה את דרכה ואלוקים החליט למחות את העולם ◂ נח היה צדיק תמים וה' ציווה עליו לבנות תיבה ולהכניס אליה את משפחתו ואת בעלי החיים ◂ המבול שטף את הארץ ◂ נח שלח את העורב והיונה לבדוק אם כבר יבשה הארץ ◂ לאחר כשנה ניתן היה לצאת החוצה ◂ נח הקריב קורבנות וה' נתן את הקשת כסימן לכך שלא יביא עוד מבול ◂ נח נטע כרם, השתכר והתגולל באוהלו ◂ האנושות מתפתחת מחדש ודור הפלגה מנסה להקים מגדל שראשו בשמיים ◂ ה' בולל את שפתם ומפזר אותם בכל הארץ ◂ חולפים עשרה דורות מהולדתו של נח עד הולדתו של אברהם.

## הידעת?

### עלילות גילגמש

הוא אפוס (יצירה ספרותית רחבת יריעה) בבלי בן 4,000 שנה שהתגלה חרוט על לוחות אבן בעיר נינווה. בלוחות כתובים סיפורים מיתולוגיים שהדמות המרכזית בהם היא גלגמש. בין השאר מתוארת בו דמות בשם אותנפישתים שניצל יחד עם משפחתו מהמבול.

נשמע מוכר? זה לא מפתיע. בתרבויות עתיקות ניתן למצוא מקבילות לסיפור התנ"כי על נח. אין בכך קושי, אדרבה, זה היה מוזר אם לא היה כל אזכור לאירוע כה משמעותי לאנושות מלבד בתנ"ך.

הדבר המעניין הוא לנתח את ההבדלים ביניהם. אצל הבבלים הסיבה למבול היא הרעש שעשו בני האדם שהפריע את מנוחתם של האלים (אל תצחקו, זה בדיוק מה שכתוב שם). בסיפור התורה הסיבה לחורבן היא שחיתות מוסרית.

בסיפור הבבלי נאמר לאותנפישתים לשמור בסוד את בוא המבול, ואילו לפי המסורת היהודית נח נצטווה לבנות תיבה במשך 120 שנה בפומבי כדי לעורר את בני דורו לעשות תשובה ולתקן את דרכיהם.

### שבע מצוות בני נח

הוא אומנם לא קיבל תורה ולא הוטלו עליו תרי"ג מצוות, אבל בניו זכו לשבע מצוות שהן **קוד בסיסי להתנהגות אנושית מוסרית**. למשל, להימנע מעבודה זרה, גילוי עריות ושפיכות דמים, לא לגזול ולא לאכול אבר מן החי.

בשנת 1914 הוקם ארגון "ברית עולם" שנותן הדרכה לגויים בנוגע לשבע המצוות שלהם. מאז הוקמו בעולם 56 קהילות של בני נח שמצהירות על מחויבותן למצוות הללו.

### אפשר שווארמה?

לא תאמינו אבל אדם הראשון היה צמחוני. הותר לו לאכול רק פירות וירקות. רק אחרי המבול אִפשר אלוקים לנח ולצאצאיו לאכול בשר.

הרב קוק מסביר שהאידיאל הוא שהאדם לא יצטרך ליטול חיים של יצורים אחרים כדי למלא את כרסו. אבל אחרי שהאנושות הסתאבה והתקלקלה, החליט אלוקים שעדיף שאת מעט ההתחשבות המוסרית שיש לבני אדם הם ישמרו לאנשים אחרים ולא לחיות.

מה יהיה בעתיד? האם נחזור להיות צמחוניים? תצטרכו להמתין ולראות...

## אני רק שאלה

**הקשת היא תופעה פיזיקלית. מה הקשר למבול?**

**שאלה:** אף פעם לא הבנתי את הסיפור של הקשת. בתורה כתוב שהיא סימן לכך שאמור לבוא שוב מבול אבל זה לא יקרה כי ה' נשבע שלא ישמיד שוב את העולם. אבל כל מי שלמד קצת פיזיקה יודע שקשת היא לא נס רוחני אלא תופעת טבע. היא מתרחשת בחורף כשהאוויר לח וקרני השמש נשברות במפגש עם טיפות המים ויוצרות קשת יפה. איך שני הדברים מסתדרים?

עדי

**תשובה:** שלום עדי. בואי נדייק ונשים לב מה אומר הפסוק: "אֶת קַשְׁתִּי נָתַתִּי בֶּעָנָן וְהָיְתָה לְאוֹת בְּרִית בֵּינִי וּבֵין הָאָרֶץ" (בראשית ט, יג). כלומר, אותה קשת שנתתי כבר בענן בבריאת העולם כתופעה טבעית, תשמש מכאן ואילך כסימן להתחייבות ה' שלא יביא שוב מבול.

למה נבחרה דווקא הקשת לסימן הזה?

הרמב"ן מסביר שבימים עברו כשצבאות נלחמו בעזרת חץ וקשת, הפיכת הקשת כך שרגליה יהיו כלפי מטה הייתה מקובלת כסימן לשלום (כמו בימינו שמרימים ידיים או מניפים דגל לבן), בייחוד אם לקשת גם לא היה מיתר שמאפשר לה לשגר חץ.

לכן, עדי, אינך צריכה לפחד בכל פעם שאת רואה קשה יפה. נצלי את ההזדמנות כדי לברך את הברכה המיוחדת שלה: "ברוך אתה ה' זוכר הברית. ונאמן בבריתו וקיים במאמרו".

## פותחים ראש

### שאלות לדיון סביב השולחן

**מהו אדם?** – **"יֵצֶר לֵב הָאָדָם רַע מִנְּעֻרָיו"** (ח, כא).

מה דעתכם, האם האדם מטבעו טוב או רע? אם צריך לדרג את הגורמים המשפיעים על האדם – איך תסדרו את הרשימה הבאה: האופי הבסיסי, ההורים, החברים, בית הספר, החברה? מה הגורמים שהשפיעו עליכם יותר מכול?

**לשים סוף לחיים?** – **"וְאַךְ אֶת דִּמְכֶם לְנַפְשֹׁתֵיכֶם אֶדְרֹשׁ"** (ט, ה)

רש"י מסביר שהפסוק עוסק במי ש"שופך דם עצמו", כלומר, שם קץ לחייו.

התקשורת דיווחה בשנים האחרונות על כמה אנשים ידועים שהתאבדו. איך החברה מתייחסת למעשה כזה? מה דעתכם על כך? כיצד זה משפיע על אחרים שנמצאים במצב דומה לשלו? מה הייתם אומרים לחבר שמספר לכם שרע לו והוא לא רואה עוד טעם בחייו?

**זהירות! התמכרות** – **"וַיָּחֶל נֹחַ אִישׁ הָאֲדָמָה, וַיִּטַּע כָּרֶם"** (ט, ב)

מייד אחרי המבול נח נוטע כרם, משתכר מהיין ומאבד שליטה. האם לדעתכם יש קשר בין אסון המבול לבין השתייה של נח? מה מביא אדם לצרוך חומרים לא בריאים או להתנהג באופן מזיק (סיגריות, אלכוהול, אינטרנט, הימורים, אכילה, כסיסת ציפורניים ועוד)? ושאלת מיליון הדולר – האם יש דרך יעילה לצאת מזה?

# לך לך

## מוביל או נגרר

"ידעתי שזה לא טוב לי ושאני אתחרט על זה אחר כך", אומר דביר (16). "אבל מה לעשות, היה לי קשה לומר להם לא. זו לא פעם ראשונה שזה קורה לי. כזה אני. טיפוס 'נגרר': מסתכל מה אחרים עושים ומצטרף אליהם".

"לפעמים כשאני עם עצמי אני חושב: 'מה נסגר איתך, דביר? אתה סמרטוט?! אין לך אופי? לא יכולת לעצור לרגע ולהגיד להם שזה לא בסדר?' אבל ברגע האמת קשה לי להיות שונה מאחרים. אני לא רוצה שיצחקו עליי ושיתרחקו ממני, אז זרמתי איתם".

אחד המחקרים המפורסמים בהיסטוריה נערך על ידי הפסיכולוג סלומון אָש. בשנת 1951 הוא הכניס לחדר 7 אנשים. אחד מהם היה הנבדק והשאר "שתולים" ששיתפו פעולה עם החוקר.

הוצגו מולם קווים באורכים שונים והם נשאלו איזה מבין שלושת הקווים הימניים דומה באורכו לקו שבאיור השמאלי.

התשובה הייתה פשוטה (C), אבל סלומון אָש סידר את הדוברים כך שהנבדק יענה שישי, ולפניו יהיו חמישה דוברים שיענו בכוונה תשובה לא נכונה.

התברר שברוב המקרים הנבדק ענה תשובה שגויה לגמרי, רק כי כך אמרו הקודמים.

במחקר התברר דבר נוסף: די היה בכך שאדם אחד בקבוצה, מלבד מאותו נבדק, יצדד בעמדתו ויאמר את הדבר הנכון לגבי הקווים, כדי שגם הוא יקבל את האומץ לעמוד מול הקונצנזוס.

* * *

לא נעים לומר, אבל יש משפט שקוף שתקוע בראש שלנו ומשפיע על דרך ההתנהגות שלנו: "אם כולם עושים משהו, סימן שזה נכון/ כדאי/ צודק".

חברות הפרסום משתמשות בו כל הזמן כדי לשכנע אותנו לקנות דברים שאנחנו לא ממש צריכים. לא מזמן כשעצרתי ברמזור הבחנתי במודעת פרסום ענקית על המשאית שלידי. הייתה שם תמונה של מוצרי ניקוי לבית של חברה מסוימת ולצידה הכיתוב: "מיליוני אנשים לא טועים!"

האם המשפט הזה בהכרח נכון? האם לא ייתכן שהרבה אנשים יטעו, ייסחפו או יתבלבלו? לא יהיה חבל אם גם אני איגרר אחריהם?

### האומץ להיות שונה

אברהם אבינו מכונה בתורה "אברהם העברי". חז"ל מסבירים שהייתה לו היכולת המופלאה להיות מעבר אחד של העולם, בעוד כל שאר האנושות נמצאת בצד השני.

חשבו רגע, איזה מזל שהוא לא קם בבוקר ואמר לעצמו: "אם מיליארד אנשים משתחווים לפסלים וסוגדים לשמש

ולירח – כנראה זו האמת. מה, אני יותר חכם מכולם?" איזה מזל שהוא דפק על השולחן באומץ ואמר: "זו טעות! יש אלוקים בשמיים והפסלים הם סתם עץ ואבן". כיום, מיליארדי אנשים בעולם – יהודים, נוצרים ומוסלמים – צועדים בעקבותיו. אבל הוא היה הראשון שהעז באומץ להתייצב כנגד המוסכמות של החברה.

גם בימינו אדם דתי עשוי למצוא עצמו פעמים רבות בחברה שונה ממנו – בצבא, באוניברסיטה, בעבודה. האם יהיה לו האומץ להיות נאמן לערכים שלו ולאמת שהוא מאמין בה, או שהוא יתקפל בפני החברה ויישר איתה קו? האם הוא יהיה מוביל ומנהיג או סתם נגרר?

והנה טיפ קטן לסיום: הניסיון מגלה שבסופו של דבר החברה מעריכה הרבה יותר אדם שיש לו עמוד שדרה ודרך יציבה, גם אם הם שונים מהמקובל, מאשר אדם שמתקפל ונסחף אחרי האופנות המתחלפות. לא כולם יסכימו איתו, אבל הם יכבדו אותו.

## אתגר השבוע

נסו לחשוב באילו תחומים בחייכם אתם מתנהגים כמו הסביבה שלכם והיכן אתם שונים ממנה. בחרו דבר אחד שאותו אתם עושים "כמו כולם" והתבוננו בו מחדש – האם תרצו להמשיך לעשות אותו, או שאולי יהיה נכון לחשב מסלול מחדש ולעשות קצת אחרת?

## מספרים ש...

### מה שכולם אומרים

לפני שנים רבות התחתן זוג צעיר, והחגיגה לכבודם נערכה בעיר הגדולה. בתום שבעת ימי המשתה פנו החתן הטרי וכלתו לשוב חזרה אל כפר מגוריהם. הם לקחו איתם את מיטלטליהם המועטים וחמור אחד.

כשיצאו לדרך, התיישב החתן על החמור ואשתו צעדה אחריהם ברגל. חלפה על פניהם קבוצה של אנשים. אמרו האנשים לעצמם: "לא יפה! כך מתייחסים לכלה שבוע אחרי החתונה? הוא על החמור והיא ברגל? בושה!" אמר החתן לעצמו: "צודקים!" ירד מעל החמור, הזמין את אשתו לעלות עליו, וכך המשיכו בדרכם כשהיא רוכבת והוא צועד רגלית מאחוריהם.

חלפה על פניהם עוד קבוצת אנשים. "תראו מה זה", אמרו האנשים לעצמם, "רק שבוע מהחתונה וכבר הוא נותן לה להיות כמו מלכה והוא נסחב אחריה כמו איזה מסכן. אם זאת ההתחלה, אוי ואבוי מה יהיה לו בהמשך". "צודקים!", אמר החתן הטרי לעצמו, "רדי!", מיהר לצוות על אשתו, והמסע נמשך כשהחמור הולך בראש ושניהם צועדים אחריו ברגל.

חלפה על פניהם קבוצת אנשים. אמרו האנשים לעצמם: "תראו איזה טיפשים! יש להם חמור, והם הולכים ברגל".

"גם הם צודקים", אמר החתן לעצמו. "קדימה, עולים", פקד על אשתו ושניהם טיפסו על החמור.

המסע נמשך עד שחלפה על פניהם עוד קבוצת אנשים. אמרו האנשים לעצמם: "מסכן החמור שבכה אתם מתעללים בו. הוא בקושי מצליח לסחוב שני אנשים. עוד רגע נשבר לו הגב". אמר החתן לעצמו: "צודקים!", והוא וכלתו ירדו מהחמור והרימו אותו על כתפיהם.

חלפה על פנים עוד קבוצת אנשים. "תראו", לחשו האנשים זה לזה, "הנה שלושה חמורים..."

## מִבְזָק: הפרשה ב־20 שניות

אלוקים מצווה על אברם לעזוב את מולדתו ולצאת במסע אל הארץ המובטחת ◄ בהמשך בעקבות הרעב אברם נאלץ לרדת למצרים ולהתחזות לאח של שרה כדי שלא יהרגו אותו ◄ רועי לוט רבים עם רועי אברם ונפרדים אלה מאלה ◄ מלחמת ארבעת המלכים נגד החמישה ◄ לוט נופל בשבי ואברם יוצא לחלץ אותו מידי ארבעת המלכים ◄ שרי עקרה ואברם נושא את הגר ◄ הגר בורחת מפני שרי גבירתה וכשחוזרת נולד ישמעאל ◄ ברית בין הבתרים ◄ אברם מצטווה על ברית המילה, שמו משתנה לאברהם ושרי הופכת לשרה.

## הידעת?

**למה 8? — "וּבֶן שְׁמֹנַת יָמִים יִמּוֹל לָכֶם כָּל זָכָר לְדֹרֹתֵיכֶם"** (יז, יב)

אברהם היה הראשון, ומאז ועד היום כל זכר יהודי עובר ברית מילה ביום השמיני. למה דווקא אז?

המהר"ל מסביר שלכל דבר בעולם יש שישה צדדים: צפון, דרום, מזרח, מערב, למעלה ולמטה. באמצע נמצאת הנקודה השביעית, הלב, שסביבו הכול מתרחש. לכן יש לשבוע שש ימי מעשה ולאחריהם היום השביעי שהוא ה"נשמה" של השבוע. זו גם הסיבה שלמנורה שהייתה במקדש היו שבעה קנים.

אך כל זה שייך לעולם הטבע שנברא בשבוע אחד. המספר שמונה מבטא את הממד שמעבר לטבע. לכן, חנוכה שהתרחש בו נס, נחגג שמונה ימים ומדליקים בו חנוכייה עם שמונה קנים. ברית המילה נעשית ביום השמיני כדי לבטא את השאיפה של היהודי לא להסתפק בטבע כמו שהוא, אלא להיות מסוגל להתגבר עליו. האדם אינו עוד חיה המנוהלת על ידי אינסטינקטים. הוא נברא בצלם אלוקים ומסוגל להתעלות אל ממד גבוה יותר.

## איך משחררים שבויים?

**"וַיִּשְׁמַע אַבְרָם כִּי נִשְׁבָּה אָחִיו וַיָּרֶק אֶת חֲנִיכָיו יְלִידֵי בֵיתוֹ שְׁמֹנָה עָשָׂר וּשְׁלֹשׁ מֵאוֹת וַיִּרְדֹּף עַד דָּן"** (יד, יד)

לוט, אחיינו של אברהם, נפל בשבי של ארבעת המלכים ודודו המסור יצא לחלץ אותו. לכל אורך ההיסטוריה ובפרט בימי הגלות הארוכים, עם ישראל התמודד עם חטיפות של שבויים ולרוב נאלץ לפדות אותם בסכומי עתק.

כדי למנוע מהגויים להפוך זאת לשיטה לסחוט יהודים קבעו חז"ל: "אין פודין את השבויים יותר על כדי דמיהן מפני תיקון העולם" (משנה גיטין ד, ו). מאז שהוקמה מדינת ישראל נפתחה לנו אפשרות נוספת: לחלץ שבויים במבצע צבאי.

הדוגמא המפורסמת ביותר לכך היא "מבצע יונתן", שבו הצליח צה"ל לשחרר 105 בני ערובה במרחק אלפי קילומטרים מהארץ, באנטבה שבאוגנדה.

### והנה חידה

אברהם עזב את הארץ וירד למצרים בגלל הרעב הכבד. אילו עוד 3 אנשים בתנ"ך ירדו מהארץ בגלל רעב?

## פותחים ראש

### שאלות לדיון סביב השולחן

**מחיר האמונה** – **"וַיֹּאמֶר ה' אֶל אַבְרָם: לֶךְ לְךָ מֵאַרְצְךָ וּמִמּוֹלַדְתְּךָ וּמִבֵּית אָבִיךָ"** (יב, א)

כמה רחוק תהיו מוכנים ללכת ואיזה מחיר תסכימו לשלם עבור דבר שאתם מאמינים בו? לעזוב את מולדתכם ולצאת לשליחות בארץ אחרת? להיפרד ממשפחתכם לתקופה ממושכת? לוותר על נוחות כלכלית ומעמד בחברה?

**גלות** – **"לֶךְ לְךָ... אֶל הָאָרֶץ אֲשֶׁר אַרְאֶךָּ"** (יב, א)

רובו של עם ישראל עדיין מתגורר בחוץ לארץ וישנם ישראלים רבים היורדים מן הארץ בכל שנה. כיצד ניתן להבין זאת אחרי כל מה שסבלנו בגלות באלפיים השנים האחרונות ולאור האנטישמיות המרימה ראש גם בימים אלו? באילו דרכים ניתָן לעודד עלייה לארץ?

**יופי** – **"הִנֵּה נָא יָדַעְתִּי כִּי אִשָּׁה יְפַת מַרְאֶה אָתְּ"** (יב, יא)

איך להתייחס ליופי? מצד אחד שלמה המלך אומר "שקר החן והבל היופי" (משלי לא, ל). מצד שני התורה טורחת לציין את יופיין של אימותינו שרה, רבקה ורחל, ובבית המקדש הושקעו משאבים אדירים כדי להפוך אותו לאחד המקומות היפים בעולם.

**שבוי** – **"וַיִּשְׁמַע אַבְרָם כִּי נִשְׁבָּה אָחִיו; וַיָּרֶק אֶת חֲנִיכָיו יְלִידֵי בֵיתוֹ... וַיִּרְדֹּף עַד דָּן"** (יד, יד)

במקום שלא מתאפשר לבצע פעולה צבאית לחילוץ בני ערובה או שהמחיר שלה עלול להיות גבוה מאוד, האם על מדינת ישראל להסכים לשחרור מחבלים מהכלא תמורת בני ערובה יהודים?

# וירא

## אלוקים, אתה שומע אותי?

"בשעה שלוש סבתא שלי נכנסה לניתוח", מספר איתן (15) ואצבעותיו מרפרפות על ספר התהילים המרופט. "ישבתי בחדר ההמתנה וגמרתי את כל התהילים מכריכה לכריכה. התפללתי כמו שבחיים לא התפללתי וקיוויתי שהכול יעבור בשלום ושסבתא תבריא.

בערך בשבע הרופא יצא והודיע שהם סיימו ונראה שהכול עבר בהצלחה. הייתי מאושר עד השמיים. אבל במהלך אותו לילה המצב התדרדר פתאום. מערכות הגוף קרסו ולפנות בוקר סבתא נפטרה. התפרקתי לרסיסים.

לאן הלכו התפילות שלי? מה עשו עם כל פרקי התהילים ועם הדמעות? מה, הכול הלך לפח?! סתם ביקשתי, התחננתי ובכיתי ולא יצא מזה כלום?"

"אשאל אתכם חידה", אמרתי לקבוצת תיכוניסטים, "מי יודע מה הייתה התפילה הראשונה בהיסטוריה?" "של משה?" ניסה אחד מהם לנחש.

"אולי של יעקב?" הציע חברו.

"לא", אמרתי להם, "התשובה היא: אברהם שהתפלל להצלת סדום. ודווקא היה מישהו לפניו שחבל מאוד שלא התפלל. קראו לו נח. האיש ששמע שמבול נוראי עומד להשמיד את העולם, הוא בונה תיבה כדי להציל את עצמו ומשפחתו, אבל לא מקדיש אפילו תפילה אחת כדי לנסות לעצור את ההשמדה. יש לכם מושג למה?"

הם הביטו בי בדממה.

"ובכן, נח לא חשב שיש בכך טעם", הסברתי, "הוא אמר: 'אם אלוקים החליט — הסיפור גמור. מה יעזור שאני אבקש?'

אברהם, לעומתו, האמין בכוח של התפילה והשתמש בה כדי להציל את סדום".

"אבל, הרב", אמר לי אחד הנערים, "זה לא עבד לו. בבוקר שלמוחרת הוא כבר גילה שסדום נחרבה. אז אולי בכל זאת נח צדק?"

"זה לא מדויק", אמרתי, "אומנם סדום נחרבה עד היסוד, אבל תפילתו של אברהם הועילה שניצל משם אחיינו, לוט — 'ויזכור אלוקים את אברהם וישלח את לוט מתוך ההפכה' (יט, כט). אך הסיפור לא נגמר כאן", המשכתי, "ללוט נולד בן שהפך ברבות הימים לעם גדול ושמו מואב. יצאה ממנו אישה מופלאה שבחרה להצטרף לעם ישראל ולהתגייר: רות. את הנין שלה כולכם מכירים: דוד מלך ישראל. ועכשיו, תגידו לי בבקשה: כמה זמן חלף בין התפילה ה'כושלת' של אברהם על סדום לבין דוד המלך?"

החבר'ה ניסו לנחש אבל היו רחוקים. "התשובה היא תשע מאות שנה!" אמרתי להם, "לא מעט זמן, ובכל זאת: בשביל אדם ענק כמו דוד המלך שחיבר לנו את ספר תהילים, כמה שנים הייתם מוכנים לחכות?"

### גדודים של מלאכים

תחושת האכזבה של איתן מובנת מאוד. מצטרף אליה גם הגעגוע הגדול לסבתו האהובה. למה היא לא קמה בריאה מהניתוח? נסתרות דרכי השם ואיננו יודעים סודות של נשמות ומתי מגיע זמנו של אדם להיפטר מהעולם — "כִּי גָבְהוּ שָׁמַיִם מֵאָרֶץ כֵּן גָּבְהוּ דְרָכַי מִדַּרְכֵיכֶם וּמַחְשְׁבֹתַי מִמַּחְשְׁבֹתֵיכֶם" (ישעיהו נה, ט). ובכל זאת דבר אחד אפשר לומר בביטחון: כמו שיש בפיזיקה חוק שימור החומר, כך יש ברוחניות חוק שימוש הרוח.

שום דבר מכל הטוב שאיתן עשה למען סבתו לא ירד לטמיון! כל התפילות,

הדמעות ופרקי התהילים פעלו ופועלים טוב למען עם ישראל.

חז"ל קובעים שאין תפילה שחוזרת ריקם. נכון, לא תמיד יקרה מה שביקשנו, כמו שלא כל דבר שילד מבקש מאבא שלו הוא מקבל מייד. אבל ודאי שכל תפילה משפיעה ופועלת. לעיתים נראה את התוצאות מייד ולפעמים לאחר זמן. לעיתים התפילות יועילו למה שרצינו, ולפעמים הן תעזורנה לדברים אחרים. רק ריבון העולמים יודע היכן המקום המתאים ביותר בפאזל לשבץ בו את התפילה המאירה שלנו. עצוב להיפרד מאדם שהיה יקר לליבנו, אבל אולי נחמה קטנה יוכל איתן לקבל מהמחשבה על קבלת הפנים הגדולה שסבתו זכתה לה בשמיים, כשמאות מלאכים שנבראו מכל התפילות ופרקי התהילים שלו ליוו אותה כמשמר כבוד היישר לגן עדן.

## אתגר השבוע

נסו לחשוב על אדם שאתם מכירים ומתמודד עם קושי מסוים: רווקה שכבר שנים רוצה להתחתן, בחור שסיים לימודי מקצוע לפני הרבה זמן ומאז עדיין מחפש עבודה, אדם שהתגלתה אצלו מחלה קשה.

בימים הקרובים הקדישו בתוך התפילה שלכם זמן מיוחד כדי לבקש מעומק הלב שיזכה לישועה בקרוב.

## מספרים ש...

### השרפה שהצילה

מיכאל כבר לא זכר מתי טבעה ספינתו. הוא ניצל בקושי והגיע אל האי הבודד. כל ההשקעות שהשקיע בעסקיו ובהקמת חברת הַסַּפָּנוּת "אל הים" ירדו לטמיון.

עם הזמן התרגל לחיות לבדו על האי. אומנם הוא התגעגע לביתו ולבני משפחתו, אבל התנחם בינתיים בבקתת העץ הקטנה שבנה ביגיע כפיים. הוא השקיע בה את כל זמנו והיא הייתה לו לבית ומחסה מפגעי הטבע והזמן.

לילה אחד היה קר במיוחד אבל מיכאל נאלץ לצאת אל הים ולדוג כדי לא לרעוב. הוא שב אל החוף כשבגדיו הרטובים דבוקים לגופו הרועד. הוא אסף מעט קרשים והדליק מדורה על ידי חיכוך שתי אבנים. הוא החל להתחמם לאורה, אך ברגע אחד האש התפשטה אל כמה גזרי עצים שהיו מונחים לידה. לפני שמיכאל הספיק לעשות משהו בקתתו האהובה עלתה באש.

הוא לא האמין למראה עיניו. אחרי כל האסונות שפקדו אותו, גם הדבר היחיד שהיה ברשותו איננו עוד... הוא הביט בטרוניה כלפי השמיים וזעק: "למה, אלוקים? למה זה מגיע לי?!"

כל הלילה מירר בבכי עד שלפנות בוקר נראתה באופק ספינה. היא הייתה ענקית ועל הדופן שלה רשומות המילים המוכרות: "אל הים".

הספינה התקרבה ועגנה סמוך לחוף. המלחים בישרו למיכאל שההשקעה הגדולה שביצע בעבר הניבה פירות ועכשיו הוא עומד בראש עסק ענקי.

"איך מצאתם אותי?" שאל בהתרגשות כשדמעות גיל שוטפות את לחייו.

"מה זאת אומרת?" ענה לו רב החובל, "בזכות האש הגדולה שהדלקת כדי להזעיק אותנו".

## מִבְזָק: הפרשה ב־20 שניות

אברהם מארח שלושה אנשים המתגלים כמלאכים ומבשרים על לידת יצחק ◂ סדום ועמורה נהפכות, ורק לוט ובנותיו ניצלים משם. אשת לוט הופכת לנציב מלח ◂ אברהם הולך לארץ פלישתים בגלל הרעב, אבימלך לוקח את שרה ונאלץ להחזירה ◂ הולדת יצחק ◂ אברהם מגרש את ישמעאל והגר ◂ אבימלך כורת ברית עם אברהם ◂ ניסיון עקדת יצחק.

## הידעת?

**אשת לוט – "וַתַּבֵּט אִשְׁתּוֹ מֵאַחֲרָיו וַתְּהִי נְצִיב מֶלַח"** (יט, כו)

קראו לה עירית, והיא הייתה בת למשפחה סדומית. חז"ל מספרים שכשהגיעו מלאכים לביתה, היא הלכה לשכנותיה וביקשה "תנו לי מלח, יש לנו אורחים" ביודעה שבכך היא בעצם מלשינה על האורחים. כשברחה מסדום והביטה לאחור, היא הפכה לנציב מלח – מידה כנגד מידה. המלח הפך לסמל עמוק: ים המלח שליד סדום הוא הים היחיד בעולם שדגים לא יכולים לחיות בו, כי ריכוז המלח שבו גבוה מדי. כך גם חברה שאין בה חסד והכנסת אורחים אינה יכולה להתקיים לאורך זמן, כמו שאמר דוד המלך "עוֹלָם חֶסֶד יִבָּנֶה" (תהילים פט, ג). העולם בנוי על חסד ובלעדיו אין חיים. להלכה נפסק בשולחן ערוך שמי שרואה את אשת לוט מברך "ברוך דיין האמת" (שולחן ערוך אורח חיים ריח, ח)

מרק א' ווילסון (Wilson44691)

בתמונה: צוק המלח שבשיפולי הר סדום שמכונה "אשת לוט". על פי התיארוך של פחמן 14 גילו כ־4,000 שנה – תקופת האבות.

**ילד מצחיק – "וַיִּקְרָא אַבְרָהָם אֶת שֶׁם בְּנוֹ הַנּוֹלַד לוֹ, אֲשֶׁר יָלְדָה לּוֹ שָׂרָה, יִצְחָק"** (כא, ג)

הוא נולד כשאבא שלו היה בן 100 ואימו בת 90. אלוקים קבע שיקראו לו יצחק. למה? כי יש בו משהו "מצחיק", הזוי ובלתי צפוי. כי מה הסיכוי שבגיל כה מבוגר פתאום ייוולד לראשונה ילד? מה הסיכוי שייצא ממנו עם שישפיע על העולם כולו? רבים הסתכלו על יצחק וצחקו בזלזול. אבל צוחק מי שצוחק אחרון – עם ישראל שיצא ממנו חי וקיים וכל אלו שלעגו לנו הפכו לאבק בין דפי ההיסטוריה.

## אני רק שאלה

### למה לפגוע בתינוק מושלם?

**שאלה:** אני לא מבינה את הקטע של ברית המילה. הרי אין דבר יותר יפה בעולם מתינוק. הוא פשוט יצור מתוק ומושלם. למה לפגום בו? למה לקחת סכין ולחתוך בבשר ולא להשאיר אותו שלם כמו שהוא?
אביטל

נ.ב האם זה לא מסוכן? האם לא עלול להיגרם לתינוק דימום או זיהום קטלני?

**תשובה:** שלום אביטל.

את מצוות ה' אנחנו מקיימים מתוך אמונה שלמה, בין שאנחנו מבינים אותן ובין שלא. אני מסכים איתך שמצוות המילה אינה קלה לקיום, ויותר נוח לנו עם מצוות כמו השבת אבדה לבעליה או הדלקת נרות יפים בחנוכה.

ולמרות זאת לאורך כל ההיסטוריה עם ישראל מסר את נפשו על מצוות מילה ואפילו בתקופות קשות כמו בימי האינקוויזיציה והשואה, יהודים עשו מאמצים עילאיים ואף סיכנו את חייהם כדי למול את בניהם.

אחד ההסברים שנתנו חכמים למצווה הזו טוען בדיוק את ההפך ממה שאמרת, אביטל. תינוק אינו שלם כמו שהוא. הטבע שאיתו נולדנו הוא רק נקודת הפתיחה של מסע החיים שלנו. כיהודים אנו מאמינים שיש כוח ויכולת באדם להתעלות מעליו. להתגבר על מידות לא טובות, לשנות הרגלים ולזכור שאנחנו לא עוד בעל-חיים, אלא יש בנו נשמה עליונה ושאיפות גבוהות.יש המסבירים שהמילה נעשית דווקא באיבר הברית כדי לומר לנו שאפילו את יצר המין, היצר העוצמתי ביותר באדם, ניתן לרומם, והאדם יכול לשלוט עליו ולכוון אותו למקום הנכון.

דרך אגב, ברית מילה נפוצה מאוד לא רק אצל יהודים אלא גם אצל מוסלמים והיא מקובלת בכמה ארצות בעולם המערבי מסיבות בריאותיות, כי הסרת העורלה מונעת כמה מחלות ודלקות.

בנוגע לחשש הבריאותי – אל דאגה. אם את הברית עושה מוהל מוסמך הנוקט באמצעי זהירות והיגיינה, הסיכון הוא אפסי.

## פותחים ראש
שאלות לדיון סביב השולחן

**היחס לזולת** – **"וְהִנֵּה שְׁלֹשָׁה אֲנָשִׁים נִצָּבִים עָלָיו וַיַּרְא וַיָּרָץ לִקְרָאתָם מִפֶּתַח הָאֹהֶל וַיִּשְׁתַּחוּ אָרְצָה"** (יח, ב)

מה הייתם מוכנים לעשות עבור אדם שאינכם מכיר והוא מבקש את עזרתכם? להלוות לו כסף (כמה?), להשאיל לו ספר, בגד, מכונית או דירה לשבת? איפה עובר הגבול בין הרצון לעזור ולסייע למי שנמצא במצוקה לבין חובת הזהירות מאנשים לא הגונים? מבין כל הפונים אלינו בבקשת צדקה האם יש דרך לזהות מי רמאי ומי נזקק באמת?

**מה הם אשמים?** – **"זַעֲקַת סְדֹם וַעֲמֹרָה כִּי רָבָּה וְחַטָּאתָם כִּי כָבְדָה מְאֹד"** (יח, כ)

מה הטענה הגדולה כלפי סדום? הרי עדיין לא ניתנה התורה, מניין להם לדעת מה מותר ומה אסור? האם המצפון האנושי הוא כוח מספיק חזק ומחייב כדי לקבוע כיצד יש להתנהג? ואם כן, מה באה להוסיף עליו התורה?

**צדיקים בסדום** – **"אוּלַי יֵשׁ חֲמִשִּׁים צַדִּיקִם בְּתוֹךְ הָעִיר"** (יח, כד)

**א.** איך ייתכן שבעיר שלמה לא יימצאו אפילו כמה צדיקים? מה גורם לאנשים רבים כל כך להתנהג באותה הצורה מבלי שאיש יפצה פה?

**ב.** אם אתם, למשל, הייתם גרים בעיר הזו, מה הייתם עושים? אילו תכונות ויכולות צריך אדם כדי להשפיע על מקום מושחת? באיזו גישה כדאי לו לפעול?

# חיי שרה

## לקום ולהמשיך הלאה

"אני מרגיש כמו כלום", אומר עידו (17) ומביט בטלפון שלו, "תבין, שנתיים עבדתי על אפליקציה שתעזור לתלמידים להתכונן לבגרויות. למדתי תכנות לבד, גייסתי חמישה חברים שיעזרו לי בעיצוב ובבנייה, השקעתי בזה כל רגע פנוי. היו כבר 20 אלף הורדות והתחלתי להרוויח יפה. ופתאום חברה גדולה השיקה בדיוק את אותו רעיון, רק עם משאבים של מיליונים. תוך חודש כולם עברו אליהם ואני נשארתי בלי כלום. איך מתחילים הכול מההתחלה?"

"אני יודעת שצריך להמשיך הלאה", מירי מוחה דמעה. "כולם אומרים לי: 'עברה שנה, מספיק להתאבל, תחזרי לעצמך'. אבל הם לא מבינים. אחרי עשרים וחמש שנים בבית הספר, פתאום לפרוש בגלל המחלה... הייתי מורה בנשמה. בשבילי זה לא היה סתם מקצוע - זו הייתה השליחות שלי. עכשיו אני מסתכלת במראה ושואלת את עצמי: מי אני בכלל בלי זה?"

היה זה ליל חורף קר בדצמבר 1914. תומס אדיסון, הממציא הפורה ביותר בהיסטוריה עם 1,093 פטנטים רשומים על שמו, עמד וצפה במעבדתו העולה בלהבות. האיש שנתן לעולם את הנורה החשמלית, הפונוגרף (מכשיר הקלטה והשמעה), מצלמת קולנוע ועוד המצאות רבות ששינו את פני האנושות, ראה לנגד עיניו עשר שנות מחקר, מאות ניסויים והמצאות פורצות דרך - עולים באש. הנזק הוערך במיליון דולר (כ-27 מיליון דולר במונחי ימינו).

בעוד כולם עומדים מסביב מזועזעים, קרא אדיסון לבנו צ'רלס: "לך מהר לקרוא לאימא שלך. היא לעולם לא תראה שרפה כזו שוב".

הבן הביט באביו בתדהמה.

"אסון גדול הוא גם הזדמנות גדולה", אמר אדיסון בשלווה, "כל הטעויות שלנו נשרפו, תודה לא־ל. נתחיל מחדש מחר בבוקר..."

למחרת, בגיל 67, כשרוב האנשים היו מרימים ידיים, אדיסון החל לשקם את המעבדה. תוך שלושה שבועות היא כבר חזרה לפעול חלקית, והוא המשיך להמציא ולחדש במשך עוד 17 שנים, עד יומו האחרון, והוסיף מאות פטנטים לאוסף ההמצאות הגדול בהיסטוריה.

* * *

תגידו, לא נראה לכם מוזר שלפרשה המתארת את מות שרה, קוראים "חיי שרה"? נכון, צמד המילים האלו מופיע בפסוק הראשון בפרשה, אבל אדרבה, האם לא היה ראוי לנסח אותו אחרת: "ויהיו ימי שרה מאה שנה ועשרים שנה ושבע שנים, ותמות שרה"? למה נותנים כותרת של חיים לסיפור של מוות?

ייתכן שהתורה מלמדת כאן מסר עמוק:

גם אחרי מותה של שרה — החיים המשיכו! בעלה, אברהם, עם כל הקושי והכאב, קם מאבלו והתחיל לפעול: ראשית דאג לקבור בכבוד את אשתו במערת המכפלה; אחר כך דאג לחתן את יצחק עם רבקה; ובסוף, למרות גילו המופלג, התחתן עם קטורה והביא לעולם עוד שישה ילדים.

כל זה לא מובן מאליו. אברהם ושרה היו הרי זוג מיוחד במינו. במשך עשרות שנים הם צעדו יחד במסע מהפכני והתמודדו עם ניסיונות אדירים. הם זכו בגיל מופלג להביא לעולם את הילד שממנו תיבנה אומה שתפיץ את שם ה' בעולם.

ואז שרה מתה, ואברהם נותר לבד.

איך אפשר להמשיך אחרי אובדן כזה? איך לקום למוחרת ולתפקד כשהכול נראה פתאום אחרת?

התשובה טמונה בשם הפרשה: "חיי שרה". כי גם כשנפרדים מאדם יקר או נאלצים לעזוב מקום או תפקיד שאהבנו, צריך לזכור:

החיים לא נגמרים. הם רק מקבלים צורה חדשה.

נכון, זה לא פשוט. הלב כואב, הגעגועים צורבים והדרך נראית ארוכה. אבל אברהם אבינו מלמד אותנו שאפשר לקום ולהמשיך – "ויקם אברהם מעל פני מתו". לא לשקוע בצער ולוותר על העתיד, אלא להתחיל פרק חדש. כך עשו ניצולי שואה שקמו מאפר הכבשנים, עלו לארץ ובנו אותה והקימו משפחות לתפארת. כך עושים אנשים בכל דור, כולל בימינו, שמתמודדים עם משברים גדולים וקטנים: הם לא מוותרים על החיים. הם מוצאים להם משמעות חדשה.

## אתגר השבוע

חשבו על תחום בחיים שלכם שבו חוויתם כישלון או נפילה.

השבוע, החליטו על צעד קטן אחד שיכול להוביל להתחלה חדשה בתחום הזה – שיחת טלפון שדחיתם, קורס שרציתם להירשם אליו, או רעיון חדש שחששתם לנסות. בהצלחה!

## מִבְזָק: הפרשה ב־20 שניות

שרה נפטרת בגיל 127 ◄ אברהם קונה את מערת המכפלה מעפרון החיתי ◄ אברהם שולח את אליעזר לחרן למצוא אישה ליצחק ◄ אליעזר פוגש את רבקה ליד הבאר ומבחין במידותיה הטובות ◄ רבקה מסכימה לבוא ולהינשא ליצחק ◄ יצחק נושא את רבקה ומתנחם בה אחרי מות אימו ◄ אברהם נושא את קטורה ומוליד ממנה עוד שישה בנים ◄ אברהם נפטר בשיבה טובה בגיל 175 ונקבר במערת המכפלה ◄ התורה מונה את צאצאי ישמעאל ומספרת על מותו בגיל 137.

## מספרים ש...

### האוטובוס האחרון

**"וְהָיָה הַנַּעֲרָ אֲשֶׁר אֹמַר אֵלֶיהָ... וְאָמְרָה: 'שְׁתֵה וְגַם גְּמַלֶּיךָ אַשְׁקֶה' - אֹתָהּ הֹכַחְתָּ לְעַבְדְּךָ לְיִצְחָק"** (כד, יד)

השעה הייתה אחת אחר חצות. ברק הלך במהירות ברחוב החשוך, מפחד להחמיץ את האוטובוס האחרון הביתה. הוא לא ידע איך יבלה כאן את הלילה אם לא יספיק לעלות עליו.

כשחצה את הרחוב ראה אדם על כיסא גלגלים. "סליחה, אדוני", פנה אליו האיש, "אתה יכול לקחת אותי לתחנה של אוטובוס 45?" ברק הציץ בשעונו. יש לו עוד חצי דקה. הוא התלבט לשנייה אך גם ידע שלא יוכל לנהוג אחרת. הוא החל מסיע את האיש, עד שראה מרחוק את האוטובוס מתקרב לתחנה.

"רוץ אחריו", אמר האיש. ברק עזב את האיש ורץ אחרי האוטובוס. כשהגיע, מתנשף, אמר לנהג: "בבקשה, חכה עוד רגע! יש פה מישהו על כיסא גלגלים שצריך לעלות. תן לי שתי דקות ואביא אותו".

הנהג הסתכל על ברק ונהם בכעס: "יש לי לוח זמנים ואני לא מחכה לאף אחד! או שאתה עולה עכשיו או שאני נוסע".

מרחוק, האיש על כיסא הגלגלים סימן לברק לעלות.

"לא, אני לא עולה בלעדיו", אמר.

הנהג לא חשב פעמיים, סגר את הדלת והמשיך בנסיעה.

ברק הביט באוטובוס המתרחק. השעה מאוחרת והרחוב חשוך, ושום מוצא לא נראה באופק. אבל משום מה, הוא הרגיש שלם עם ההחלטה שלו. הוא חזר אל האיש וטייל עימו מעט בקרבת התחנה.

לפתע, הלא ייאמן קרה. אוטובוס נוסף הופיע בקצה הרחוב.

"בחורים, אתם רוצים לעלות?" אמר הנהג.

"כמובן", שמח ברק, "חשבתי שהאוטובוס הקודם היה האחרון".

"גם אני חשבתי כך, עד שראיתי אתכם מחלון ביתי והבנתי שהוא לא האוטובוס האחרון. אחריו אני בא, באוטובוס המהיר, לאסוף את אלה שאכפת להם".

## הידעת?

**אין על מה להתווכח – "וַיָּקָם אֶת הַמְּעָרָה אֲשֶׁר בּוֹ וְאֶת הַשָּׂדֶה מֵאֵת בְּנֵי חֵת"** (כג, כ)

על שלושה מקומות אומרים חז"ל שאין לגויים שום יכולת לטעון בַּעֲלוּת עליהם. למה? כי קנינו אותם בכסף מלא: מערת המכפלה (שקנה אברהם מעפרון), קבר יוסף (שקנה יעקב בשכם), ומקום בית המקדש (שקנה דוד מארוונה היבוסי).

אך באופן מפתיע, על שלושת המקומות האלה ניטש הוויכוח הגדול ביותר בנוגע לבעלים שלהם: עד היום מערת המכפלה מחולקת בין יהודים למוסלמים; קבר יוסף שוחרר, ולאחר שנים ננטש ונשרף והתנהלו עליו קרבות עזים; ובנוגע להר הבית – נו, כל מילה מיותרת.

## איך מוצאים כלה (או חתן)?

יש כל מיני דרכים:

יצחק ורבקה הכירו בעזרת שדכן – אליעזר.

אצל יעקב ורחל זו הייתה אהבה ממבט ראשון על הבאר.

על אברהם ושרה לא כתוב איך הכירו, אך אנו יודעים שהיו קרובי משפחה כך שיש סיכוי שהמפגש התרחש באופן טבעי באחד האירועים המשפחתיים. מה המסקנה? יש הרבה שבילים שמובילים אל פסגת הר האהבה. כדאי לבוא פתוחים כדי לגלות מה הנתיב המתאים לנו.

## "הסכמי אברהם" (נחתמו בשנת 2020) – מכאן זה התחיל!

אומנם ישמעאל גורש מבית אברהם בגלל התנהגותו הבעייתית, אבל עם השנים משהו אצלו השתנה. אחרי פטירתו של אברהם ליוו אותו למנוחות שני בניו, כשיצחק בראש ואחריו ישמעאל – "וַיִּקְבְּרוּ אֹתוֹ יִצְחָק וְיִשְׁמָעֵאל בָּנָיו" (כה, ט). חז"ל מגלים שישמעאל שב בתשובה באחרית ימיו. אולי יש בכך רמז לעתיד, שיום יבוא וצאצאיו של ישמעאל יכירו במעלתו של העם שיצא מיצחק, ויהיה שלום בין שני בניו של אברהם.

## פותחים ראש

### שאלות לדיון סביב השולחן

**קברים** – "וְאַחֲרֵי כֵן קָבַר אַבְרָהָם אֶת שָׂרָה אִשְׁתּוֹ אֶל מְעָרַת שְׂדֵה הַמַּכְפֵּלָה" (כג, יט)

קברים היו מאז ומעולם מוקד משיכה ועלייה לרגל, בדתות ובתרבויות שונות בכל העולם.

מה עומד מאחורי התופעה? מה יחס היהדות אליה? אל מי בדיוק פונים וממי מבקשים על הקבר? מה הסיבה שדווקא מקום קבורתו של המנהיג הגדול מכולם, משה רבנו, נסתר מאיתנו – "וְלֹא יָדַע אִישׁ אֶת קְבֻרָתוֹ עַד הַיּוֹם הַזֶּה" (דברים לד, ו)?

**היכרויות** – "כִּי אֶל אַרְצִי וְאֶל מוֹלַדְתִּי תֵּלֵךְ וְלָקַחְתָּ אִשָּׁה לִבְנִי לְיִצְחָק" (כד, ד).

אברהם שולח את אליעזר עבדו למצוא אישה ליצחק. מה דעתכם על השימוש בשדכנים כדרך למציאת בן או בת זוג? מה היתרונות והחסרונות שיש בשיטה הזו לעומת השיטות האחרות?

אליעזר מְאַתֵּר את הכלה על ידי בחינת טוב ליבה ומוצאה המשפחתי. איפה הייתם ממקמים את שני הקריטריונים האלו בתוך רשימת החיפוש המקובלת כיום? מהם ארבעת הדברים החשובים ביותר שצריך לדעתכם לחפש בבן/בת הזוג?

**ישראל והעולם הערבי** – "וַיָּמָת אַבְרָהָם בְּשֵׂיבָה טוֹבָה... וַיִּקְבְּרוּ אֹתוֹ יִצְחָק וְיִשְׁמָעֵאל בָּנָיו" (כה, ח–ט).

היחסים בין עם ישראל, בניו של יצחק, לבין העולם הערבי, צאצאיו של ישמעאל, נמצאים בדורות האחרונים במשבר מתמשך. האם אתם רואים דברים שמשותפים לנו ולהם ומבדילים אותנו מן העולם הנוצרי או מתרבות המזרח? מהו לדעתכם שורש הסכסוך – ויכוח טריטוריאלי, מלחמה דתית או משהו אחר? האם אתם רואים תקווה שעוד בימינו יהיה שלום אמיתי בין הצדדים?

# תולדות

## כשאחים רבים

"לפעמים אני שואל את עצמי אם אנחנו בכלל אחים", אומר עידו (15) ומביט בצילום המשפחתי התלוי בסלון. "כאילו אני ואח שלי נולדנו בכוכבים שונים. הוא ספורטאי, אני חובב מחשבים. הוא חברותי ומקובל, אני מעדיף להיות לבד עם הספרים שלי. כל שיחה בינינו נגמרת בוויכוח. אתמול רבנו בגלל שהוא רצה לראות כדורגל ואני סדרה. נשמע מטופש, נכון? אבל זה תמיד ככה..."

"ת-ע-ו-ף מהחדר שלי!" צועקת נועה על אחיה הקטן שנכנס בלי לדפוק. "כמה פעמים אמרתי לך שאני לא רוצה שתיכנס לפה?!" היא טורקת את הדלת בכעס, אבל אחרי רגע מרגישה לא נעים. היא נזכרת איך לפני שנתיים הם היו חברים כל-כך טובים, צוחקים ומשחקים יחד בכיף. מה קרה?

בשנת 1924 הקימו יחד האחים אדי ורודי דאסלר מפעל קטן לייצור נעלי ספורט. החיבור ביניהם היה מושלם. אדי היה הגאון היצירתי שתכנן את הנעליים, רודי היה איש המכירות המבריק. הם עבדו קשה, המפעל שגשג, והנעליים שלהם הפכו למבוקשות בקרב ספורטאים מובילים בעולם.

אבל אז התחילו חילוקי דעות קטנים. מריבות על ניהול, טענות על כסף. עד שיום אחד, ב־1948, הם פשוט לא יכלו יותר. המפעל התפצל לשניים: אדי הקים את חברת "אדידס" (שנקראה על שמו), ורודי – את חברת "פומה". שתי החברות פעלו באותה עיר קטנה בגרמניה, הרצוגנאוראך, משני צידי הנהר. התחרות העסקית ביניהם הייתה קשה, אבל המשבר האישי היה עמוק הרבה יותר. עד יום מותם הם לא דיברו זה עם זה.

* * *

מתברר שמריבות בין אחים אינן דבר חדש. הן עתיקות כמו האנושות עצמה. כבר בפרשה הראשונה בתורה מסופר על האחים קין והבל, שהמריבה ביניהם הסתיימה ברצח. ספר בראשית ממשיך לספר על יצחק וישמעאל, יעקב ועֵשׂו, יוסף ואחיו – שורה של סכסוכים כואבים שגרמו למרחק גדול בין אחים.

היו לכך מגוון סיבות: מאבק על הברכות, תחרות על הבכורה, קנאה על אהבת הא־ל או על אהבת ההורים. אך מה שהתחיל בתוך המשפחה התגלגל למאבקים גדולים שהפכו ליריבות בין עמים. האם זוהי גזרת גורל? האם בין אחים חייבים להיות מתח ויריבות?

לא בהכרח. ספר בראשית מגלה גם צד שני למטבע. חז"ל מספרים שרחל ויתרה על אהבת חייה ומסרה ללאה את הסימנים כדי למנוע ממנה בושה והשפלה. יוסף, למרות כל מה שעשו לו אֶחיו – סלח להם בלב שלם ודאג לכל מחסורם.

ספר שמות הוא דוגמה טובה עוד יותר. שם כבר הופיע דגם חדש לגמרי של יחסי אחים: מרים שעושה הכול למען אחיה התינוק משה, אהרון משמש דובר של אחיו הצעיר ומפרגן לו על שנבחר להיות המוביל, ושלושתם – מרים, אהרון ומשה – מנהיגים יחד את העם במדבר.

כל אלה מלמדים אותנו דבר חשוב: אומנם מריבות בין אחים הן דבר טבעי, אבל הן לא חייבות להסתיים בקרע ולהתדרדר למלחמה. הבחירה שלנו היא אם להישאר במאבק או לאפשר לאחווה לִגבור.

## אתגר השבוע

חשבו על דבר אחד שאתם יכולים לעשות כדי לשפר את היחסים עם האח או האחות שלכם. אפילו משהו קטן: לשתף אותם במשחק שאתם אוהבים, להקשיב להם בלי להתווכח, לוותר להם על דבר שחשוב להם. לפעמים דווקא הצעדים הקטנים מובילים לשינויים גדולים.

## מספרים ש...

### המתנה שבשוני

מייקל ודניאל גרינברג היו תמיד הפכים מוחלטים. מייקל היה הילד המצליח, מצטיין בלימודים מילדות ועד לדוקטורט במדעי המוח. דניאל היה ה"בעייתי". הוא התקשה להתרכז בלימודים והתגלגל מעבודה לעבודה. "אין לנו שום דבר במשותף", אמר פעם מייקל, "מלבד שם המשפחה".

כשמייקל התחיל לחקור הפרעות קשב וריכוז במעבדה שלו באוניברסיטת סטנפורד, הוא הזמין את אחיו להיות הראשון שייבדק. "זו לא בדיוק הייתה מחמאה", צחק דניאל, "הוא חיפש מישהו עם כל הסימפטומים".

אבל התוצאות לימדו את שניהם משהו מפתיע: המוח של דניאל עבד אומנם בצורה שונה, אבל לא פחות מוצלחת. בתחומים מסוימים, כמו יצירתיות וחשיבה מחוץ לקופסה, הוא אפילו הצטיין יותר מאחיו.

המחקר הוביל את מייקל לפיתוח שיטות טיפול חדשניות בהפרעות קשב, המשלבות את החוזקות הייחודיות של כל מטופל. דניאל, שתמיד אהב לצייר, גילה שהכישרון האומנותי שלו הוא לא סתם תחביב, והיום הוא מעצב גרפי מצליח שעובד עם חברות טכנולוגיה מובילות.

"דווקא השוני בינינו", אומר מייקל, "עזר לי להבין שלפעמים צריך להסתכל על דברים אחרת. אח שהוא בדיוק כמוך — זה כמו להסתכל במראה. אתה רואה את מה שאתה כבר מכיר, בלי שום הפתעות או גילויים חדשים. אבל אח שונה ממך — זה כמו להסתכל דרך חלון, ולגלות עולם שלם שלא הכרת. היום אני מבין שהשוני בינינו לא היה מכשול, הוא היה מתנה."

## מִבְזָק: הפרשה ב־20 שניות

אחרי היריון מוזר נולדים לרבקה תאומים — יעקב ועשו ◄ הילדים גדלים ומתגלה ההבדל ביניהם ◄ יעקב קונה מעשו את הבכורה בנזיד עדשים ◄ יצחק גר בארץ פלישתים וסובל מהצקותיהם ◄ יצחק הזקן מבקש לברך את בניו, ויעקב "מתחזה" לעשׂו ונוטל את ברכת הבכורה ◄ שילוח יעקב לחרן.

## הידעת?

**מזל טוב כפול — "וַיִּמְלְאוּ יָמֶיהָ לָלֶדֶת, וְהִנֵּה תוֹמִם בְּבִטְנָהּ"** (כה, ד)

בכל 100 לידות בעולם, יש שלושה זוגות תאומים. בשנים האחרונות המספר אף עלה מעט בגלל טיפולי פוריות.

מתוך כל התאומים, רק כשליש הם תאומים זהים (שנוצרו מביצית אחת שהתפצלה). אך על אף שהם נקראים "זהים", מחקרים מראים שהם אינם זהים לגמרי. יש להם טביעות אצבע שונות, דפוסי התנהגות שונים ולעיתים אפילו גובה ומשקל שונים.

### התאומים השונים בעולם

איך קורה שבמשפחה אחת גדלים שני ילדים (ועוד תאומים!) שונים כל כך זה מזה? היו להם אותם זוג הורים, הם למדו באותו גן, חיו באותה סביבה, ובכל זאת יעקב ועשו יצאו שונים כל כך.

נראה שלמרות ההשפעה הגדולה של הטבע הגנטי של האדם, של הסביבה שבה צמח ושל הבית שהוא נולד בו – הדבר המרכזי שקובע איזה בן אדם הוא יהיה, נמצא במקום אחר לגמרי. קוראים לזה "בחירה חופשית".

אחת המתנות הגדולות שאלוקים נתן לאדם היא היכולת לבחור כיצד ייראו חייו. אומנם נתוני הפתיחה יכולים להשפיע במידת מה – הם עשויים להקשות או להקל, לקדם או להפריע – אבל הם לא יוכלו לעצור אדם מלהגיע לאן שהוא באמת רוצה.

### שקר לבן

יש אנשים שמרשים לעצמם לומר לפעמים "שקר לבן" – כזה שנועד למנוע פגיעה או אי נעימות. מעניין שדווקא השקרן הגדול בתנ"ך נקרא לבן. הרמאות של לבן הארמי הייתה אפילו בשם שלו: הוא הציג את עצמו כאדם זך וטהור, "לבן", אבל הוא היה נוכל ערמומי שליבו שחור משחור. השיא היה בשרימה את יעקב אחיינו והחליף את כלתו בליל החתונה לאחר שבע שנות עבודה מפרכות. תארו לעצמכם מה היה קורה אם לבן היה מעז לעשות תרגיל כזה לעשָׂו...

## פותחים ראש

### שאלות לדיון סביב השולחן

**אחים שונים** – **"וַיִּגְדְּלוּ הַנְּעָרִים, וַיְהִי עֵשָׂו אִישׁ יֹדֵעַ צַיִד אִישׁ שָׂדֶה וְיַעֲקֹב אִישׁ תָּם יֹשֵׁב אֹהָלִים"** (כה, כז)

כיצד להורים צדיקים כמו יצחק ורבקה יוצא בן רשע כמו עשו? מה גורם לכך שבמשפחה דתית פתאום אחד הילדים בוחר בדרך אחרת לגמרי?

**שקרים** – **"תִּתֵּן אֱמֶת לְיַעֲקֹב"** (מיכה ז, כ)

כיצד מסוגל יעקב המכונה בתורה "איש תם" לשקר לאביו, להתחזות לאחיו, ולקחת ממנו במרמה את הברכה? האם בחיים יש לדבוק באמת בכל מצב או יש מקרים שבהם ניתן לשנות מן האמת ולשקר? נסו להיזכר במקרה שבו בחרתם לדבוק באמת למרות המחיר הגבוה שהיה לכך.

**"גנֵבת" הברכות**

האם יצחק לא הכיר ברשעותו של עשו? או אולי ידע בדיוק את אופיו של בנו הגדול אך הייתה לו סיבה לקרב דווקא אותו? מדוע רבקה ויצחק לא מדברים ביניהם על הבנים ולמי מביניהם ראוי לתת הברכה, ורבקה צריכה לסובב את בעלה בכחש? וחוץ מזה, איך אפשר בכלל "לגנוב" ברכה, הרי מדובר בעניין רוחני של שפע משמיים שמגיע למיועד לו?

# ויצא

## למי יש סבלנות?

"אני לא מאמין שלא עבר אפילו חודש מאז שהתחילה הטירונות", אמר אריאל (18) בתסכול, "והתכוננתי! עשיתי המון אימוני כושר וריצות לאורך חודשים. אבל לא דמיינתי שזה יהיה עד כדי כך קשה. ורק לחשוב על זה שנותרו לי עוד שלושה חודשים עד שהסיוט הזה יסתיים".

"אומנם אני כבר לא תלמידה בבית ספר", נאנחת מירי (23) ומביטה בערמת ספרי החשבונאות על שולחנה, "אבל לקראת המבחן הגדול של סיום התואר בהנהלת חשבונות גם אני עשיתי לוח 'ספירת הגומר'. נמאס לי כבר מפתרון תרגילים וטבלאות נתונים. אם רק הייתה איזו מכונת זמן שתקפיץ אותי ליום שאחרי המבחן, הייתי מוכנה לשלם הרבה בשבילה. הסבלנות שלי מזמן נגמרה".

אתם בטח מכירים את זה: כשאתם מחכים שדבר מסוים יקרה — נדמה שהזמן מתקדם לאט בכוונה, וכל דקה נראית כמו שנה. למשל, כשאתם מצפים שיסתיימו הלימודים ותצאו לחופש, או כשאתם בדרך למצוא עבודה או להתחתן, או אפילו סתם כך ביום רגיל בעת המתנה לאוטובוס או שיגיע התור שלכם בסופר.

אבל משום מה אצל יעקב אבינו זה עבד אחרת: "וַיַּעֲבֹד יַעֲקֹב בְּרָחֵל שֶׁבַע שָׁנִים וַיִּהְיוּ בְעֵינָיו כְּיָמִים אֲחָדִים בְּאַהֲבָתוֹ אֹתָהּ" (כט, כ).

אתם קולטים? שבע שנים ארוכות הוא עבד כדי לזכות ברחל אהובתו. 364 שבועות, 2,548 ימים. 61,152 שעות. איך ייתכן שהזמן הארוך הזה עבר עליו כאילו היה "ימים אחדים"?

התשובה טמונה בשתי המילים האחרונות: "**באהבתו אותה**". יעקב ידע שההמתנה הארוכה הזו לא נועדה להביא לסתם נישואים של גבר לבחירת ליבו. היא תוביל לחתונה של יעקב, בנם של יצחק ורבקה, עם רחל הצדיקה. יחד הם יקימו את בית ישראל וימשיכו את השליחות הגדולה של אברהם ליצור את העם שיתקן את העולם.

ממילא ברור שכשעוסקים במטרה גדולה כל כך, הדרך אליה תהיה ארוכה, אבל מצד שני שווה לעבור אותה. כי הרי מה הן שבע שנים לעומת הנצח?

העיקרון הזה נכון גם לגבינו.

אישה שיודעת שהיא תצטרך לעבור תשעה חודשים לא פשוטים של היריון ובחילות והקאות, אבל בסופן היא תחזיק בידיה תינוק מתוק שיקרא לה "אימא" — הידיעה הזו נותנת לה כוח לעבור את התקופה הזו.

הפילוסוף ניטשה ניסח זאת כך: **מי שיש לו "למה" שלמענו יחיה, יוכל לשאת כל "איך"**.

ובעברית פשוטה: מי שמבין את גודל המטרה, מקבל כוח לצלוח את הדרך אליה.

### הערך של ההווה

והנה תשובה נוספת: בכל אותן שבע שנים, כשיעקב סבל מכפור בלילה ושרב ביום, כשנאלץ להתמודד עם שודדים ועם זאבים שרצו לחטוף את צאנו, הוא זכר דבר אחד: אני נמצא כאן בעצם במקומה. שהרי לפני בואו לחרן, רחל היא זו שרעתה את צאן אביה. למעשה יעקב החליף אותה ברעיית הצאן. וממילא, כל קושי שהוא עבר בדרך, הוא ידע שהוא חוסך אותו ממנה. בזכות מאמציו רחל אהובתו יכולה עכשיו לישון בשלווה ובביטחון במיטתה.

באופן הזה יעקב הרגיש טעם מתוק וערך גם בהווה ולא רק חיכה שהכול כבר ייגמר.

### מה זה אומר לנו?

מדינת ישראל נמצאת כבר עשרות שנים במערכה קשה נגד אויבים שזוממים לכלות אותה. מה יעזור לנו בהתמודדות? אם נאמץ את שני העקרונות: 1. נדע את גודל המטרה – ניצחון על הרשעה וחיסול הטרור. 2. אם הלוחמים בחזית יזכרו שברגעים האלו שהם נלחמים, המשפחות שלהם ואיתן כל עם ישראל, יכולים לשכון בשקט ובביטחון בעורף – הדבר ייתן להם כוח אדיר להתאזר בסבלנות בחזית ולנצח.

את השיטה הזו נוכל ליישם בכל המצבים בחיים שבהם אנו צריכים להמתין:

א. לזכור את הערך של המטרה הסופית.

ב. למצוא משמעות גם ברגעי ההווה.

כשעושים זאת, גם שבע שנים יכולות להיות כמו "ימים אחדים".

## אתגר השבוע

נסו לחשוב על אתגר גדול שהצבתם לעצמכם ועדיין לא השגתם (לגמור פרויקט, לסיים מסכת, לרדת במשקל וכדומה). כתבו לעצמכם שלוש סיבות שבגללן הדבר הזה חשוב לכם ואתם מתאמצים למענו, והוסיפו עוד שני דברים טובים שעצם ההתמודדות הזו בונה בכם.

## מִבְזָק: הפרשה ב־20 שניות

בדרכו לחרן יעקב חולם על הסולם והמלאכים, וה׳ מתגלה אליו ומבטיח לו שישמור אותו ◂ בחרן הוא פוגש את רחל ומציע ללבן שיעבוד עבורו שבע שנים תמורת הזכות לשאת אותה לאישה ◂ בליל הכלולות לבן הרמאי מחליף את רחל בלאה ◂ כדי לשאת גם את רחל יעקב מסכים לעבוד שבע שנים נוספות ◂ לאה יולדת ארבעה בנים ורחל עדיין עקרה ◂ יעקב נושא את בלהה וזלפה, ונולדים עוד שישה שבטים למשפחה ◂ רחל יולדת את יוסף ◂ יעקב ומשפחתו נמלטים מבית לבן, ורחל גונבת את התרפים של אביה ◂ לבן רודף אחרי יעקב אך לבסוף כורת עימו ברית.

## אני רק שאלה

### מה פתאום שתי נשים?!

**שאלה:** אני ממש לא מבינה איך יעקב אבינו התחתן עם שתי נשים (או בעצם ארבע, כי מלבד רחל ולאה, הצטרפו גם בלהה וזלפה). כל מי שקצת מבין בתחום יודע שזוגיות טובה זה כשיש גבר אחד ואישה אחת. אני בחיים לא הייתי מסכימה שלבעלי תהיה עוד בת־זוג. איך יכול להיות שהתורה תומכת בדבר כזה? אפילו החוק בישראל אוסר זאת (קוראים לזה ביגמיה)!

אביגיל

**תשובה:** שלום אביגיל,

התורה ממש לא בעד דבר כזה וגם יעקב אבינו לא רצה בכך. יעקב עבד שבע שנים כדי להתחתן עם רחל, ואז בא לבן הרמאי והחליף את הכלה. יעקב לא ויתר על אהבתו לרחל והתעקש לשאת גם אותה. בהמשך, בגלל בעיית העקרות, נכנסו גם בלהה וזלפה לסיפור. אבל ברור שהכול היה בדיעבד וגם התוצאות לא היו טובות. הדבר גרם למתח בין האימהות, שהמשיך אפילו בדור הבא והשתקף במה שקרה בין האחים לבין יוסף.

לכן, אביגיל, את צודקת לגמרי שזוגיות אמיתית היא דווקא בין גבר אחד לאישה אחת. כך בדיוק מציגה התורה את הזוגיות הראשונה בהיסטוריה – אדם וחווה בגן עדן, שהפכה להיות המודל לכל שאר הזוגות. כך גם אנו מאחלים לזוג בחופה: שיהיו "כשמחך יצירך בגן עדן מקדם". כמו אז, איש אחד, אישה אחת ואהבה ביניהם.

אלא מה, כיוון שלפעמים היה צורך גדול בדבר, התורה לא רצתה לאסור זאת באופן מוחלט, אבל מכל הדוגמאות שבהן זה קרה, רואים שזה היה בלית ברירה והדבר השתקף גם בתוצאות. למשל, שרה העקרה הביאה את הגר לאברהם כדי שיהיה לפחות ילד אחד למשפחה, אך לבסוף הוא נאלץ להרחיק את ישמעאל והגר בגלל התנהגות בעייתית.

לפני כאלף שנה אחד מגדולי חכמי ישראל באירופה, רבינו גרשום מאור הגולה, קבע תקנה שאף יהודי לא יישא אישה שנייה. למעשה, הוא רק שיקף בזה את המצב שהיה מצוי בעם ישראל, שבכל משפחה יש גבר אחד ואישה אחת.

## מספרים ש...

### בעבור כוס חלב

ילד עני נהג למכור סחורה מדלת לדלת כדי לממן את לימודיו בבית הספר. יום אחד כשנקש על דלת אחד הבתים חש צמא גדול והחליט לבקש כוס מים. נערה צעירה פתחה את הדלת, ובתגובה לבקשתו הביאה לו כוס חלב גדולה.

הוא שתה באיטיות ואז שאל: "כמה אני חייב לך?"

"אתה לא חייב לי דבר", ענתה, "אימא לימדה אותנו שלא לקבל תשלום תמורת חסד".

"אם כך", אמר, "אני מודה לך מעומק ליבי".

שנים רבות לאחר מכן, אותה נערה חלתה באופן אנוש במחלה נדירה. הרופאים המקומיים לא מצאו מזור למחלתה ושלחו אותה לבית החולים שבעיר הגדולה. ד"ר מייקל סטון נקרא לחדר המומחים. כאשר הוא שמע מאיזו עיר הגיעה הנערה, זיק מיוחד נדלק בעיניו. הוא הלך לחדרה וזיהה אותה מייד. הוא חזר לחדר המומחים כשהוא נחוש לעשות כמיטב יכולתו להציל את חייה. מאותו יום והלאה הוא ייחס תשומת לב מיוחדת למקרה שלה.

לאחר מאבק ממושך הם ניצחו והיא הבריאה. ד"ר סטון ביקש שיעבירו אליו מהמשרד את החשבון הסופי לצורך אישור.

הוא הסתכל בו, רשם משהו בצד, והחשבון נשלח לחדרה. היא חששה לפתוח אותו, משום שהייתה בטוחה שתיאלץ לשלם אותו עד סוף חייה.

בסופו של דבר היא הסתכלה ושמה לב למילים הרשומות בצד החשבון: "שולם במלואו בכוס חלב אחת, ד"ר מייקל סטון".

## הידעת?

### למה שונאים אותנו?

קשה לתאר כמה סבלנו מהאנטישמיות וכמה דם יהודי נשפך בגללה. השורש שלה נמצא בפרשה שלנו, כשבני לבן מאשימים את יעקב שהוא התעשר על חשבונם: "לָקַח יַעֲקֹב אֵת כָּל אֲשֶׁר לְאָבִינוּ וּמֵאֲשֶׁר לְאָבִינוּ עָשָׂה אֵת כָּל הַכָּבֹד הַזֶּה" (לא, א).

אומנם, שונאי ישראל שבכל הדורות, לא עשו זאת רק מפני שהיינו עשירים. הם רדפו אותנו גם כשהיינו עניים. הם נאבקו בנו כשניסינו להשתלב ולהיות חלק מהם, ושנאו אותנו כשניסינו להתרחק ולהתבדל. בזמן השואה זה הגיע לשיא כשהנאצים ניסו להשמיד אפילו יהודים מתבוללים שהולכים לכנסייה, אבל סבא שלהם היה יהודי.

אחרי הקמת מדינת ישראל, האנטישמיות המסורתית עברה שינוי מסוים וכעת היא ממקדת את החיצים שלה במדינת ישראל. תודה לא-ל שעכשיו יש לנו סוף-סוף בית וכוח כדי להגן על עצמנו מפניהם.

### מותר לעקוף את האח הגדול?

לבן הִצדיק את התרגיל הנבזי שעשה ליעקב והחליף את כלתו בליל החתונה באומרו: "לֹא יֵעָשֶׂה כֵן בִּמְקוֹמֵנוּ, לָתֵת הַצְּעִירָה לִפְנֵי הַבְּכִירָה" (כט, כו).

יש המסבירים שהוא "עקץ" את יעקב, והתכוון לרמוז לו: "לא יודע למה אצלכם בכנען האח הצעיר עוקף את הבכור וגונב לו את הברכה. אצלנו הולכים לפי סדר הגיל".

מכל מקום, האם מבחינת ההלכה חשוב להקפיד להתחתן דווקא לפי הסדר?

הפוסקים כתבו שלא צריך לחשוש לכך, ואין לעכב נישואי אח או אחות צעירים רק בגלל שהמבוגר טרם התחתן. אומנם אם שני אחים כבר התארסו, יש עניין לתת לגדול את הזכות להתחתן קודם ומייד אחריו אחיו.

## פותחים ראש
### שאלות לדיון סביב השולחן

**חלומות** – **"וַיַּחֲלֹם וְהִנֵּה סֻלָּם מֻצָּב אַרְצָה"** (כח, יב)

איך צריך להתייחס לחלומות? האם הם חושפים אמיתות נסתרות על העתיד או שהם דמיונות והבל?

איפה בתנ"ך מצאנו חלומות ומה היה היחס אליהם? האם יש הבדל בין החלומות הללו לחלומות שלנו?

מה אתם עושים כשאתם חולמים חלום רע?

**הארץ המובטחת** – **"הָאָרֶץ אֲשֶׁר אַתָּה שֹׁכֵב עָלֶיהָ לְךָ אֶתְּנֶנָּה וּלְזַרְעֶךָ... וְנִבְרְכוּ בְךָ כָּל מִשְׁפְּחֹת הָאֲדָמָה"** (כח, יג–יד)

גולדה מאיר, ראש ממשלת ישראל אמרה פעם בחיוך: "דבר אחד יש לנו הישראלים נגד משה: הוא הוביל אותנו במשך ארבעים שנה, אבל לקח אותנו למקום היחיד במזרח התיכון שאין בו נפט..."

ההבטחה של ארץ ישראל לעם ישראל חוזרת אצל האבות שוב ושוב. למה זה כל כך חשוב? מדוע צריך שתהיה לעם ישראל דווקא ארץ מסוימת? האם ההשפעה הרוחנית והמוסרית שלנו על העולם לא תהיה גדולה יותר דווקא כשנהיה מפוזרים בכל הארצות ובין כל העמים?

**היכרויות** – **"לֹא יֵעָשֶׂה כֵן בִּמְקוֹמֵנוּ לָתֵת הַצְּעִירָה לִפְנֵי הַבְּכִירָה"** (כט, כו)

מה דעתכם על מוסכמות בתחום ההיכרויות שגורמות לאנשים לפסול מראש קשרים: נישואין בין עדות שונות (פולנייה עם מרוקאי) או מגזרים שונים (היא גדלה בבני עקיבא והוא חרדי), הבדלים מנטליים (הוא צבר והיא עולה חדשה מקנדה), פערים בהשכלה (לה יש תואר שני והוא בקושי סיים תיכון)? ומה תגידו על מקרה שבו הגבר צעיר מהאישה או נמוך ממנה?

אתם הייתם מוכנים להיפגש עם מישהו או מישהי איכותיים, אבל יש ביניכם אחד או יותר מהפערים האלה?

**המטרה מקדשת את האמצעים?** –
**"וַתִּגְנֹב רָחֵל אֶת הַתְּרָפִים אֲשֶׁר לְאָבִיהָ"** (לא, יט)

האם למען מטרה טובה מותר לעשות דבר לא כשר? אם לא – מדוע? אם כן – היכן עובר הגבול?

האם נכון לעבור על החוק או על ההלכה למען מטרה שנראית לך חשובה לכלל ישראל?

# וישלח

## מי שמאמין לא מפחד?

"אתם לא תבינו, אבל אני פשוט לא מסוגלת" נאנחת מירי (16) בפני חברותיה, "לישון בחדר חשוך? הדמיון שלי מתחיל לעבוד שעות נוספות, כל רשרוש קטן נשמע לי כמו מפלצת. אני יודעת שזה נשמע ילדותי, אבל אני חייבת שיהיה אור קטן דולק. אפילו בטיול השנתי ויתרתי על המסע הלילי בגלל הפחד".

""דחיתי את הביקור אצל רופא השיניים", הודיע אבי (45) לאשתו, ענבל. "אין לי זמן השבוע, וגם הכאב לא כזה נורא. פשוט אקח עוד אקמול". ענבל הביטה בו במבט חודר. היא ידעה שזה לא באמת בגלל העומס בעבודה. "בסדר", הוא נכנע, "אני יודע שזה לא הגיוני. אני מנהל עסק, אחראי על עשרות עובדים, אבל הכיסא הזה והמקדח בתוך הפה שלי... זה פשוט משתק אותי!"

האם אי פעם חששתם לפעול ובגלל זה פספסתם הזדמנות? האם תחושת הפחד יכולה להיות גם חיובית?

ומה עושים כשהיא משתקת אותנו?

ובכן, הסקרים מראים ש־75 אחוז מהאנשים סובלים מפחד כלשהו. הפחדים הנפוצים ביותר הם פחד ממקומות גבוהים (אקרופוביה), פחד ממקומות סגורים (קלאוסטרופוביה), ופחד מעכבישים (ארַכנופוביה). אצל ילדים נפוץ מאוד פחד מחושך וממים, ואצל רווקים — פחד מלהתחתן.

המעניין מכולם הוא פחד הקהל (גלוסופוביה). במחקר מפתיע שנערך באוניברסיטת צפון קרוליינה הצהירו רוב המשתתפים שהיו מעדיפים להיות המת שבתוך הארון מאשר לשאת בלוויה את ההספד שלו בפני כל הקהל...

מסתבר שאנחנו בחברה טובה. אם יש בתנ"ך דמות שמתמודדת עם פחדים שוב ושוב, זהו לא אחר מאשר יעקב אבינו.

הוא פחד מקללת אביו ומנקמתו של עשו אחיו, הוא ירא מהסולם שראה בחלום וחשש מלבן הארמי שרדף אחריו. אפילו כשהיה כבר מבוגר ומנוסה אומרת התורה "וַיִּירָא יַעֲקֹב מְאֹד וַיֵּצֶר לוֹ" (לב, ח). כנראה זו הסיבה לפיוט שנהוג לשיר במוצאי שבת "אל תירא עבדי יעקב, אל תירא".

שאלת מיליון הדולר היא: מה עושים עם הפחד הזה? האם יש דרך לנטרל אותו? להתגבר עליו?

מצד אחד הוא מנגנון הגנה בריא שנועד לשמור עלינו מפגעים. מצד שני, יש לו נטייה להתנפח ולהשתלט ולשתק את האדם.

הרב קוק זצ"ל, הרב הראשי הראשון לישראל ומגדולי החכמים בדורות האחרונים, מציע הבחנה מאירת עיניים: "אין לאדם לפחד כלל כי אם להיזהר" (מידות הראי"ה פחד, ד).

כלומר, הפחד הוא רגש שצריך לכוון אותו למקום הנכון. במקום שיגרום לחרדה משתקת, עלינו לתעל אותו לזהירות בריאה, זהירות שיוצרת דריכות, ערנות ונקיטת אמצעים, בדיוק כמו שעשה יעקב בשנקט שלוש דרכי פעולה: דורון, תפילה ומלחמה.

לעומת זאת, פחד עמום וחסר מטרה עלול להוביל לשיתוק ולחוסר אונים.

הרב קוק ממשיך ומעניק לנו גם כלי מעשי להתגבר על הפחד: "הפחדים רק צבעים פזורים מציור גדול שצריכים להשלימו".

במילים אחרות, ההתמודדות מול תחושות הפחד אינה באמירה שהן משקרות, אלא שהן **חלקיות** ומתארות רק רסיסי תמונה. אך כשמרימים את המבט ורואים את התמונה הגדולה, גם ההרגשה משתנה.

הנה דוגמה מצויה: משפחה מתלבטת אם לנסוע לשבת אצל קרובים ביישוב ביהודה ושומרון.

מצד אחד, הפחד מפיגוע בדרך מכרסם בלב – ואם פתאום מחבלים יירו עלינו? ואם ישליכו על הרכב שלנו אבנים או בקבוק תבערה?

מצד שני, כשמסתכלים על התמונה המלאה מבינים: אנחנו לא בתקופת השואה בגרמניה או תחת שלטון קומוניסטי ברוסיה.

תודה לה', יש לנו מדינה, צבא וכוחות ביטחון, כבישים ראשיים מאובטחים ומערכת התרעה משוכללת. אומנם לצערנו יש לפעמים פיגועים, אבל הם נדירים מאוד ביחס למאות אלפי הנסיעות שמתקיימות מדי יום.

כל זה לא מעלים לגמרי את הפחד, אבל בהחלט יכול למתן אותו.

**ומה לגבי האמונה? האם נכון לומר ש"מי שמאמין לא מפחד"?**

האמת היא שהתנ"ך מספר על גדולי הצדיקים שכן פחדו: אברהם ואליהו הנביא, דוד המלך ואסתר המלכה.

האמונה לא מעלימה את הפחד, אבל היא מעניקה כוח להתמודד איתו. כי כשאנחנו יודעים שיש בורא לעולם והכול תחת השגחתו וגם ברגעי החושך הגדולים יש מי שמלווה אותנו – אנחנו מקבלים כוחות להתמודד עם הפחד ולא לאפשר לו להשתלט על חיינו, וכדברי דוד המלך "גַּם כִּי אֵלֵךְ בְּגֵיא צַלְמָוֶת, לֹא אִירָא רָע כִּי אַתָּה עִמָּדִי" (תהילים כג, ד).

## אתגר השבוע

בחרו מצב אחד בחיים שמעורר בכם פחד או חשש גדולים.

1. רשמו על דף מה בדיוק מפחיד אתכם – למשל: פחד מריאיון עבודה: מה אם איכשל?
2. מול כל חשש, כתבו את "התמונה הגדולה":
   - מה באמת יכול לקרות במקרה הכי גרוע (למשל: לא יקבלו אותי לאותה עבודה, ואז אישאר במצב שבו אני נמצא היום).
   - כמה אנשים עוברים קושי כזה בכל יום (אלפי אנשים עוברים ראיונות עבודה ומתקבלים למשרות חדשות).
   - אילו אמצעים יכולים לעזור להתכונן (תרגול מול המראה, הכנת תשובות מראש).
3. קבעו לעצמכם צעד קטן להתמודדות עם הפחד הזה השבוע. למשל: קביעת ריאיון קצר לתרגול עם חבר.

זכרו: המטרה אינה להעלים את הפחד, אלא לראות אותו בפרספקטיבה נכונה ולפעול בתבונה.

## מספרים ש...

### אקדח אחד, שני עולמות

רוסיה, 1920. במסדרונות "חצר המוות" הובל רבי יוסף יצחק שניאורסון, מנהיגה של חסידות חב"ד. הבניין האפל הזה, מפקדת המשטרה החשאית בפטרוגרד, היה ידוע לשמצה — רבים שנכנסו בשעריו לא יצאו חיים. זה היה כבר מעצרו השישי בידי השלטון הקומוניסטי, שראה בו אויב בגלל מאבקו העיקש על שמירת הגחלת היהודית.

באולם הגדול והקודר המתין לו שולחן ארוך. בראשו ישבו שני חוקרים מ"ועד מבקרי הדתות" — גוף שהוקם במיוחד כדי להילחם בדת היהודית. משני צידי הרבי ניצבו שלושה שומרים חמושים באקדחים.

"ספר לנו על תורת הקבלה והחסידות", דרשו החוקרים. הרבי שתק.

"אתה מסרב?" התפרץ אחד מהם, שלף את אקדחו וכיוון היישר אל מצחו של הרבי. "הצעצוע הזה", סינן בארסיות, "יודע לפתוח את הפה גם לאילמים".

חיוך קל עלה על פניו של הרבי. "צעצוע כזה", הוא השיב בשלווה, "מפחיד רק אנשים שחיים בעולם אחד ומאמינים בהרבה אלים. אבל לנו יש אלוקים אחד ושני עולמות. הצעצוע שלך לא רק שאינו מבהיל, הוא אפילו לא עושה רושם".

מה התכוון הרבי לומר במילים החידתיות הללו?

כשאדם רואה בכסף, בכוח או בחיים עצמם ערך מוחלט, הוא חי בפחד מתמיד מאובדנם; אבל מי שמאמין שיש בורא אחד שהכול בשליטתו, ושהעולם הזה הוא רק פרוזדור לעולם הבא — גם אקדח מכוון למצח כבר לא מפחיד כל כך.

אגב, הרבי שוחרר לבסוף ואף ניצל מגזר דין מוות. גזר הדין הומר לשלוש שנות גלות, וגם הן בוטלו. הוא המשיך להנהיג את חסידות חב"ד עד לפטירתו בשנת 1950.

## מִבְזָק: הפרשה ב־20 שניות

יעקב עושה את דרכו חזרה לארץ ושומע שעשו אחיו יוצא לקראתו ◄ ההכנות לפגישה — דורון, תפילה ומלחמה ◄ בלילה יעקב נותר לבדו ונאבק עם איש מסתורי ◄ לפני שהם נפרדים יעקב מקבל ממנו שם חדש: ישראל ◄ שני האחים נפגשים ומתחבקים ◄ יעקב בארץ כנען: מעשה דינה — החטיפה, האונס ונקמת שמעון ולוי באנשי שכם, בניית המזבח בבית אל, ה' קורא את שמו ישראל ומברכו ◄ רחל מתה בלדתה בדרך לבית לחם ונקברת שם ◄ יעקב חוזר לאביו אחרי 36 שנות פרידה ◄ יצחק מת בן 180 ◄ תולדות עשו.

## הידעת?

### איך מחלצים שבויים? — "וַיִּקְחוּ אֶת דִּינָה מִבֵּית שְׁכֶם וַיֵּצֵאוּ" (לד, כו)

המבצע הצבאי הראשון בתנ"ך היה חילוץ השבויים הנועז של אברהם. הוא יצא עם 318 אנשיו ושחרר את לוט אחיינו שנפל בשבי ארבעת המלכים. מסורת זו המשיכה אצל נכדיו כששמעון ולוי חילצו את דינה משכם. אלפי שנים אחר כך, במדינת ישראל, התפתחה מומחיות מיוחדת בתחום: ב־1972 השתלטו לוחמי סיירת מטכ"ל על מטוס סבנה החטוף, וב"מבצע יונתן" המפורסם (1976) חולצו 102 בני ערובה ממטוס שנחטף לאוגנדה, במבצע נועז שבו נפל המפקד יוני נתניהו.

**מתנה מלכותית – "וַיִּקַּח מִן הַבָּא בְיָדוֹ מִנְחָה לְעֵשָׂו אָחִיו"** (לב, יד)

המנחה ששלח יעקב לעשו – מאות ראשי צאן ובקר – לא הייתה סתם עדר בהמות. לפי מחירי התקופה, שנמצאו בלוחות חרס עתיקים, שווי המנחה היה עצום: גמל אחד היה שווה למשכורת של חצי שנה, ויעקב שלח שלושים גמלים! עם מאות ראשי הצאן והבקר, שווי המתנה כולה היה שווה ערך לעשרות שנות עבודה! בעולם העתיק היה מקובל שמנהיגים מחליפים ביניהם מתנות יקרות ערך כדי לבטא כבוד הדדי ורצון לשלום.

**נביא קצר, מסר גדול – "חֲזוֹן עֹבַדְיָה. כֹּה אָמַר ה' לֶאֱדוֹם"** (א, א)

ספר עובדיה, ההפטרה של פרשתנו, הוא הקצר בספרי התנ"ך – פרק אחד בלבד ובו 21 פסוקים. המעניין הוא שעובדיה עצמו היה גר שהתגייר מאדום, צאצאי עשו. דווקא הוא נבחר לנבא על נפילתה של אדום, שהפכה לסמל של שנאת ישראל, ועל הניצחון הסופי של עם ישראל: "ועלו מושיעים בהר ציון לשפוט את הר עשו והייתה לה' המלוכה" (כא).

## אני רק שאלה

### ישראל או יִתַּבֵל?

למה קוראים לנו "ישראל"? השם הזה מספר הרבה יותר ממה שנדמה לנו.

הכול התחיל באותו לילה דרמטי, כשיעקב אבינו נאבק עם האיש המסתורי עד עלות השחר. אחרי שהצליח לגבור עליו, הוא זכה לברכה מפתיעה: "לֹא יַעֲקֹב יֵאָמֵר עוֹד שִׁמְךָ, כִּי אִם יִשְׂרָאֵל, כִּי שָׂרִיתָ עִם אֱלֹהִים וְעִם אֲנָשִׁים וַתּוּכָל" (לב, כט).

אבל רגע, אם רצו להדגיש את הניצחון, היה מתאים יותר לקרוא לנו "יִתַּבֵל" - על שם ה"ותוכל", הניצחון הסופי.

אבל לא. השם שנבחר, ישראל, מדגיש דווקא את ה"שרית", את **עצם המאבק וההתמודדות**.

וטמון פה מסר עמוק לחיים: בסיפור של עם ישראל, כמו בחיים של כל אחד מאיתנו, לא תמיד מנצחים, אבל תמיד נלחמים. מתמודדים. מנסים. לא מוותרים.

הבנה זו משנה את כל הדרך שבה אנחנו מסתכלים על החיים:

בשמקבלים מבחן – האם להסתכל רק על הציון או גם על המאמץ שהושקע בדרך?

בשמתפללים – האם העיקר שסיימנו את התפילה, או כמה כוונה והשתדלות היו בה?

כשעושים מצווה – האם חשובה רק התוצאה המושלמת, או גם הניסיון והרצון הטוב?

אנחנו נקראים על שם המאבק, לא על שם הניצחון. כי בעוד התוצאה לא תמיד בשליטתנו, המאמץ – תמיד כן.

אנחנו כאן לא רק כדי לנצח, אלא בעיקר כדי להילחם על מה שחשוב באמת.

## פותחים ראש
### שאלות לדיון סביב השולחן

**יחסים בינלאומיים** – **"וָאֶשְׁלְחָה לְהַגִּיד לַאדֹנִי לִמְצֹא חֵן בְּעֵינֶיךָ"** (לב, ה)

מה לדעתכם צריכה להיות מדיניותה של ממשלת ישראל כלפי מדינות המתייחסות אלינו באופן לא הגון ואף משמיצות אותנו בפורומים בינלאומיים? האם לנתק איתן יחסים, להחזיר שגרירים ולהפסיק את המסחר איתן, או שעדיף לוותר על הכבוד ולהתעלם כדי לא להפסיד את היתרונות שביחסים איתן, ולקוות שבהמשך ישתפר המצב?

**התרמית** – **"וַיְהִי בַיּוֹם הַשְּׁלִישִׁי בִּהְיוֹתָם כֹּאֲבִים וַיִּקְחוּ שְׁנֵי בְנֵי יַעֲקֹב שִׁמְעוֹן וְלֵוִי אֲחֵי דִינָה אִישׁ חַרְבּוֹ"** (לד, כה).

כיצד נכון להתייחס לתרמית שעשו בני יעקב? האם הריגת כל אנשי שכם הייתה צעד ראוי? מה סיבת הביקורת של יעקב אבינו כלפיהם? איפה יש בהצהרתם "הַכְזוֹנָה יַעֲשֶׂה אֶת אֲחוֹתֵנוּ" (פסוק לא) תשובה לחששו של יעקב – "עֲכַרְתֶּם אֹתִי, לְהַבְאִישֵׁנִי בְּיֹשֵׁב הָאָרֶץ, בַּכְּנַעֲנִי וּבַפְּרִזִּי, וַאֲנִי מְתֵי מִסְפָּר, וְנֶאֶסְפוּ עָלַי וְהִכּוּנִי, וְנִשְׁמַדְתִּי אֲנִי וּבֵיתִי" (לד, ל)? האם יש משהו בסיפור הזה שניתן לגזור ממנו השלכות לימינו?

# וישב

## מה עושים עם חלומות רעים?

"מה שקרה אתמול בלילה ממש מטריד אותי" משתפת רחלי (32) את חברתה הטובה. "חלמתי שאני מדברת עם אבא שלי שנפטר לפני שנה. הוא נראה עצוב ואמר לי שהוא מבקש שאתרום אלף שקלים לבית הכנסת בשכונה שלו. התעוררתי בבהלה ומאז אני לא מצליחה להירגע. אולי זה באמת מסר ממנו? האם אני חייבת לעשות את מה שהוא ביקש?"

"אני בלחץ לא נורמלי" מתוודה אלעד (27) באוזני יאיר, חברו. "שלושה ימים לפני שקבעתי להציע לדינה נישואין, הופיעו אצלי חלומות מוזרים שאנחנו מתחתנים והכול הולך גרוע. בחלום האחרון ראיתי את עצמי עומד מתחת לחופה ופתאום מגלה שזו בכלל לא דינה אלא מישהי אחרת. תקשיב, אחי, אני מכיר אותה כבר שנתיים, בטוח שהיא האחת. אבל החלומות האלה משגעים אותי... אולי זה סימן משמיים שאני עושה טעות?"

"אתם היהודים הרי חכמים גדולים", אמר הקיסר הרומאי לרבי יהושע בלעג, "אולי תצליח לנחש על מה אחלום הלילה?"

רבי יהושע לא היסס. הוא תיאר לקיסר בפרטי פרטים חלום מטלטל: "אדוני הקיסר, אתה תחלום שאתה מפסיד בקרב נגד הפרסים ונופל בידם בשבי. הם גוזלים את כל רכושך ומכריחים אותך לרעות חזירים במקל מזהב".

הקיסר המופתע חשב על התיאור המוזר הזה כל היום. ובאותו לילה... ניחשתם נכון: הוא חלם בדיוק את מה שרבי יהושע תיאר!

* * *

מחקרים מראים שכ-85 אחוז מהאנשים זוכרים לפחות חלום אחד בשבוע. כשליש מהאנשים מדווחים שחלומותיהם משפיעים על ההחלטות שלהם בחיים.

בפרשת השבוע אנחנו פוגשים לא פחות מארבעה חלומות: יוסף חולם על אלומות ועל כוכבים, ובהמשך הוא פותר את חלומותיהם של שר המשקים ושר האופים.

בסופו של דבר כל ארבעת החלומות התגשמו.

מה כל זה אומר על החלומות שלנו? האם ניתן לראות בהם מעין נבואה?

המקורות מגלים יחס מורכב.

מצד אחד, חלום הוא אחת הדרכים של הקב"ה לתקשר עם נביאיו – "בַּחֲלוֹם אֲדַבֶּר בּוֹ" (במדבר יב, ו). התנ"ך מלא בחלומות נבואיים, מהסולם של יעקב ועד חלום שלמה המלך. חז"ל אף קבעו ש"חלום הוא אחד משישים בנבואה" (ברכות נז ע"ב).

אבל מצד שני, חז"ל הדגישו ש"אין חלום בלא דברים בטלים" (ברכות נה ע"ב). הנביא זכריה אף הכריז "וַחֲלֹמוֹת הַשָּׁוְא יְדַבֵּרוּ" (י, ב). כשאדם בא וטען שאביו המנוח התגלה אליו בחלום עם הוראות מיוחדות – פסקו חכמים שאין לכך שום תוקף הלכתי (בבא בתרא י ע"א).

בימינו, כשאנו חשופים לאינספור גירויים – חדשות, סרטים, רשתות חברתיות – טבעי שהמוח "יעלה גֵירה" בזמן השינה בצורת חלומות מוזרים ולפעמים מטרידים.

אז מה לעשות כשמופיע לנו בלילה חלום מפחיד? הדבר הנכון ביותר הוא פשוט להתעלם ממנו.

למי שבכל זאת מוטרד, הציעו חז"ל דרכי הרגעה: לעשות "הטבת חלום" בפני שלושה חברים או לומר תפילה מיוחדת בזמן ברכת כוהנים.

בסופו של דבר, כדאי לזכור את מה

שלימד רבי יהושע את הקיסר: אנחנו לא במדרגה הרוחנית של יוסף או של שלמה. החלומות שלנו הם בעיקר השתקפות של המחשבות והחששות שלנו. לכן, במקום לפחד מהם, עדיף להתמקד במה שחשוב באמת – המעשים שלנו בעולם האמיתי.

## אתגר השבוע

שבו לרגע עם עצמכם וחשבו על חלום גדול שיש לכם. לא כזה שמגיע בלילה, אלא כזה שמלווה אתכם ביום – שאיפה אמיתית שאתם רוצים להגשים בחייכם. שאלו את עצמכם: האם החלום הזה באמת שלי? האם הגשמתו תמלא אותי אושר וסיפוק, או אולי הוא נולד מציפיות של המשפחה, מלחץ חברתי, מהשפעות של הסביבה?

אם אתם מרגישים שזהו באמת החלום שלכם, כתבו אותו על דף, הכניסו למעטפה וציינו עליה את התאריך של עוד שנה מהיום. שמרו במקום בטוח. כשתפתחו אותה בעוד שנה, אתם עשויים לגלות שעצם הכתיבה והמחויבות כבר התחילו להניע אתכם לכיוון ההגשמה.

## מספרים ש...

### החלום שלא נרפא

אלי ויזל – הסופר, העיתונאי וחתן פרס נובל לשלום – אמר פעם שאומנם בנימין זאב הרצל, חוזה מדינת היהודים וזיגמונד פרויד, הפסיכואנליטיקאי המפורסם, גרו תקופה מסוימת באותו רובע בווינה באוסטריה, אבל למזלנו הם לא נפגשו.

תארו לכם מה היה קורה אילו שוחחו, והרצל היה אומר "יש לי חלום על מדינה יהודית!" פרויד היה עונה: "ספר לי, הֶר הרצל, ממתי אתה חולם את החלום הזה? בוא שכב על הספה, נעשה לך פסיכואנליזה וארפא אותך". הרצל היה נרפא מחלומותיו, והמדינה היהודית לא הייתה קמה.

למזלנו, הם לא נפגשו ולשמחתנו עם ישראל אף פעם לא נרפא מחלומותיו הגדולים (ע"פ שיח ושיג א, הרב יונתן זקס, עמ' 109)

## מִבְזָק: הפרשה ב־20 שניות

יעקב מעניק יחס מיוחד ליוסף ועושה לו כתונת פסים ◂ יוסף חולם על מלכות והאחים מקנאים בו ושונאים אותו ◂ האחים משליכים את יוסף לבור ומוכרים אותו לישמעאלים ◂ במצרים יוסף מצליח בבית פוטיפר ועומד בניסיון הפיתוי של אשת אדונו ◂ אשת פוטיפר מעלילה עליו והוא מושלך לכלא ◂ מעשה יהודה ותמר, וההודאה של יהודה "צדְקה ממני" ◂ יוסף פותר את חלומותיהם של שר המשקים ושר האופים בכלא, אך שר המשקים שמשתחרר שוכח אותו.

## הידעת?

### איך מטיבים חלום רע?

כפי שאמרנו, אין לייחס משמעות רבה מדי לחלומות שלנו. מי שבכל זאת מוטרד מאוד בגלל חלום, יכול להשתמש בעצה של חז"ל (ברכות נה ע"ב) ל"הטבת חלום". איך עושים את זה? בזמן חזרת הש"ץ, בעת שהכוהנים נושאים את כפיהם, אומרים את התפילה:

"רִבּוֹנוֹ שֶׁל עוֹלָם, אֲנִי שֶׁלָּךְ וַחֲלוֹמוֹתַי שֶׁלָּךְ. חֲלוֹם חָלַמְתִּי וְאֵינִי יוֹדֵעַ מַהוּ, בֵּין שֶׁחָלַמְתִּי אֲנִי לְעַצְמִי וּבֵין שֶׁחָלְמוּ לִי אֲחֵרִים. אִם טוֹבִים הֵם, חַזְּקֵם וְאַמְּצֵם כַּחֲלוֹמוֹתָיו שֶׁל יוֹסֵף הַצַּדִּיק, וְאִם צְרִיכִים רְפוּאָה, רְפָאֵם כְּמֵי מָרָה עַל יְדֵי מֹשֶׁה רַבֵּנוּ עָלָיו הַשָּׁלוֹם, וּכְמֵי יְרִיחוֹ עַל יְדֵי אֱלִישָׁע, וּכְמִרְיָם מִצָּרַעְתָּהּ, וּכְנַעֲמָן מִצָּרַעְתּוֹ, וּכְחִזְקִיָּהוּ מֵחָלְיוֹ. וּכְשֵׁם שֶׁהָפַכְתָּ קִלְלַת בִּלְעָם הָרָשָׁע לִבְרָכָה, כֵּן הֲפוֹךְ כָּל חֲלוֹמוֹתַי עָלַי וְעַל כָּל יִשְׂרָאֵל לְטוֹבָה. וְתִרְצֵנוּ בְּרַחֲמֶיךָ הָרַבִּים. יִהְיוּ לְרָצוֹן אִמְרֵי פִי וְהֶגְיוֹן לִבִּי לְפָנֶיךָ, ה' צוּרִי וְגֹאֲלִי".

### כתונת פסים – "וְיִשְׂרָאֵל אָהַב אֶת יוֹסֵף מִכָּל בָּנָיו כִּי בֶן זְקֻנִים הוּא לוֹ, וְעָשָׂה לוֹ כְּתֹנֶת פַּסִּים" (לז, ג)

לא רק יוסף התהדר בכתונת פסים, כסמל של ייחוד. בטבע בעלי חיים רבים מתהדרים בפסים, והדוגמה הבולטת ביותר היא הזברה. חוקרי הטבע תוהים עד היום בנוגע לתועלת האבולוציונית של הפסים בגופה, כי נדמה שהם מקילים על הטורפים שלה לזהות אותה. אחד ההסברים הוא שהפסים של הזברה מסייעים לה להגן על עצמה: כשהזברות נעות יחד בעדר, הפסים שלהן משתלבים זה בזה ויוצרים טשטוש שגורם לטורפים להתבלבל. הסבר נוסף הוא שהפסים יוצרים מעין שכבת הגנה מפני חרקים טפילים, כמו זבובי הצה־צה, הנמנעים מלהתקרב בגלל הטשטוש שיוצרים הפסים בתנועה.

גם בעולם האנושי הפסים הפכו לסמל ייחודיות. בתרבויות עתיקות כמו יוון ורומא, הבגדים המפוספסים היו שמורים למעמד הגבוה ולמשפחות אצולה. צבעים עזים, כמו סגול או ארגמן, שנחשבו יקרים לייצור, שולבו לעיתים קרובות בבגדים מפוספסים והיו סימן לעושר ומעמד.

### שכם: סחר עבדים ופורענות – "וַיִּשְׁלָחֵהוּ מֵעֵמֶק חֶבְרוֹן, וַיָּבֹא שְׁכֶמָה" (לז, יד)

שכם העתיקה הייתה צומת דרכים חשוב ומרכז של סחר עבדים במזרח הקדום. לא במקרה זה המקום שבו אחי יוסף מכרו אותו לישמעאלים – שיירות רבות עברו דרכה, ובהן סוחרי עבדים.

חז"ל מתארים את שכם כמקום של פורענות: כאן חטף שכם בן חמור את דינה, ובעקבות כך נקמו שמעון ולוי באנשי העיר. מאוחר יותר הוביל בה ירבעם בן נבט את פילוג המלוכה בישראל והופך אותה לבירת ממלכת יהודה. פילוג זה הביא להחלשת העם, להתדרדרות רוחנית של ממלכת ישראל ולבסוף לחורבנה.

## אני רק שאלה

### אני אחיך, אל תשכח

**שאלה:** בכל שנה כשאני קוראת את פרשת וישב אני מרגישה צביטה בלב. איך ייתכן שבני יעקב הצדיקים שמהם נבנה עם ישראל היו מסוגלים להרחיק את אחיהם מהמשפחה ולמכור אותו לעבדות? איך אפשר להבין התנהגות אכזרית כל כך? זה פשוט לא מסתדר לי.

קרן

**תשובה:** זו שאלה נוקבת וחשובה, קרן. בואי ננסה לראות את הדברים מזווית שונה:

אנחנו שופטים את המעשה בחומרה כי אנחנו כבר מכירים את סוף הסיפור. אבל הבה נביט בתמונה דרך עיניהם של בני יעקב:

אם נסתכל על מה שקרה בדורות הקודמים נגלה שהתרחש תהליך נוקב של בירור והפרדה בין טוב לרע. לאברהם אבינו היו שני בנים, אבל רק אחד מהם היה הממשיך שלו. ישמעאל התגלה כ"מקולקל" והורחק, ויצחק זכה להיות היורש של אביו.

גם בדור הבא הדבר חזר על עצמו. ליצחק שני בנים – יעקב ועשו. יעקב זכה לקבל את ברכת הבכורה ולהמשיך את דרכו של אברהם, ואילו עשו הרשע הסתפק בברכה משנית ועזב לארץ אחרת.

אצל בני יעקב, נדמה שהסיפור חוזר על עצמו בשלישית.

הפעם יש שנים עשר אחים וביניהם מתחולל מאבק – מי ראוי להיות ממשיך הדרך של המשפחה, ומי יתגלה בתור "הבן הרע" ויורחק.

בשתי הפעמים הקודמות האֵם שבסיפור עמדה על המשמר ובירדה את הבן הראוי, ודווקא האב נטה לאחר. שרה התעקשה על גירוש ישמעאל, ורבקה דאגה שיעקב ייכנס לאביו ראשון ויקבל את ברכת הבכורה.

הפעם נדמה היה לאחים ששוב האב מצדד בבן הסורר והולך שבי אחריו. למרות חלומות הגדלות של יוסף, הדיבה שהביא על אחיו ועוד התנהגויות מוחצנות – יעקב מקרב דווקא אותו ועושה לו כתונת פסים. הפעם קולה של האם שיציל את המצב לא נשמע, ובני יעקב חששו שהולכת להיות כאן טעות איומה עם השלכות היסטוריות. אחיהם ה"סורר" ישתלט עליהם ויגשל אותם, והאב יעקב רק תומך בו ומגבה אותו.

הם חשו שאין להם ברירה. כדי להגן על עצמם ועל עתיד בית ישראל, הם מוכרחים להרחיק את "הבן הרע" מהמשפחה.

זו לא הייתה קנאה ילדותית, אלא מלחמה על עתידו של בית ישראל

מה שהם לא ידעו הוא שהבירור בין האחים הסתיים בדור הקודם. הפעם, **כל** בני יעקב כשרים וראויים להמשיך את מסורת המשפחה ולכל אחד מהם יש חלק חשוב ותפקיד ייחודי בבנייה של עם ישראל.

## פותחים ראש
### שאלות לדיון סביב השולחן

**התערבות בענייני אחרים** – "וַיָּבֵא יוֹסֵף אֶת דִּבָּתָם רָעָה אֶל אֲבִיהֶם" (לו, ב)

איזו אחריות מוטלת עלינו ביחס למעשים רעים שאחרים עושים? אם ראיתְ תלמידה אחרת מעתיקה במבחן, אם אתה נתקל בשני נערים המתקוטטים בהפסקה או אם אתם שומעים צעקות חריגות בין בני הזוג בבניין הסמוך וצליל של משהו נשבר – האם תצלצלו למשטרה? איפה עובר הגבול בין "לדחוף את האף" ולהתערב בעניינים של אחרים, לבין אכפתיות ואחריות?

**כל אחד מיוחד** – "וְיִשְׂרָאֵל אָהַב אֶת יוֹסֵף מִכָּל בָּנָיו כִּי בֶן זְקֻנִים הוּא לוֹ וְעָשָׂה לוֹ כְּתֹנֶת פַּסִּים" (לו, ג).

ילדים שונים זה מזה. לכל אחד נפש ייחודית, צרכים מיוחדים וקשיים האופייניים דווקא לו. כיצד הורֶה או מחנך יוכל לתת לכל אחד את היחס המיוחד לו מבלי לגרום לקנאה?

**מחלוקות** – "וַיִּשְׂנְאוּ אֹתוֹ וְלֹא יָכְלוּ דַּבְּרוֹ לְשָׁלֹם" (לז, ד).

מאז ומעולם עם ישראל "הצטיין" בריבוי מחלוקות. במדינה ענקית כמו ארה"ב יש שתי מפלגות בלבד, ורוב הישראלים מתקשים להסביר מה בדיוק ההבדל ביניהן. במדינתנו הקטנטונת, לעומת זאת, יש עשרות מפלגות עם הבדלים תהומיים בין הקצוות. מה גורם לכך? האם אפשר למצוא נקודה חיובית בתופעה הזו? מה נדרש כדי שמחלוקת לא תגלוש לפסילה אישית ולפסים אלימים?

# מקץ

## להשקיע בעתיד

"מי היה מאמין שזה יכול לקרות לי?", נאנח דרור (52) ומביט בתמונות מהמסעדה שהייתה לו פעם. "עשר שנים הכול רץ מצוין, המקום היה מפוצץ בלקוחות, הכסף זרם. הרווחתי יפה, אבל הכול הלך על בית גדול יותר, רכב חדש, חופשות בחו"ל. כשדני, רואה החשבון שלי הציע לשים קצת בצד, להקים "קרן חירום", צחקתי: 'בשביל מה? העסק פורח!' ואז הגיעה הקורונה... הייתי צריך להמשיך לשלם משכורות, שכירות, ספקים, ולא היה לי גב כלכלי. נאלצתי לפטר עובדים ובסוף לסגור. היום אני עובד כשכיר במסעדה של מישהו אחר."

"אני עובד כבר שנתיים כטכנאי מחשבים", מספר אורן (23), "מרוויח משכורת סבירה, יש לי קביעות, מסודר. החברים שלי אומרים שאני משוגע לעזוב הכול וללכת ללמוד הנדסת תוכנה. ארבע שנים של לימודים קשים, להיכנס לחובות, לחיות בצמצום. 'תישאר איפה שאתה', הם אומרים, 'בשביל מה להתאמץ כל כך?' אבל אני רואה את המהנדסים בחברה - התפקידים שלהם הרבה יותר מעניינים, המשכורות גבוהות פי שלושה. אני רק מפחד שבסוף אשבר באמצע. מה אתה אומר? ללכת על זה?"

בשנת 1985 חווה סטיב ג'ובס את הרגע הקשה בחייו. הוא פוטר מחברת אפל – החברה שהוא עצמו הקים והפכה למובילה בתחום המחשבים האישיים. במקום לשקוע בייאוש, הוא החליט לנצל את הזמן ללמוד דברים חדשים. הוא נרשם לקורס בעיצוב כתב יד אומנותי. "בשביל מה אתה מבזבז על זה את הזמן?" שאלו אותו חבריו, "מה הקשר בין זה להייטק?"

עשר שנים מאוחר יותר, כשחזר לנהל את אפל, הידע הזה התגלה כמכריע. בזכותו, המקינטוש היה המחשב הראשון שהציע עיצוב אותיות יפה ומגוון סגנונות כתיבה. זה היה אחד היתרונות שהפכו את המחשב להצלחה עצומה. היום אפל היא אחת החברות הגדולות בעולם, שווה יותר מטריליון דולר, והמוצרים שלה – מהאייפון ועד המקבוק – משלבים טכנולוגיה עם עיצוב מוקפד.

בנאום המפורסם שנשא בפני בוגרי אוניברסיטת סטנפורד בשנת 2005, אמר ג'ובס: "ככל שאתה לומד יותר, מתנסה יותר, צובר יותר ידע וכלים – כך אתה מוכן טוב יותר לאתגרים שיבואו. לא תמיד תדע מראש איזה ידע יהיה שימושי, אבל ההשקעה בלמידה אף פעם לא הולכת לאיבוד."

* * *

ובמעבר חד – לפרשת השבוע: תגידו, חשבתם פעם ממה בעצם התפעל פרעה? הרי העצה שנתן לו יוסף היא בסיסית. האם צריך להיות גאון בשביל לחשוב על ה"הברקה" לחסוך בשנות השבע לטובת שנות הרעב? חייבים להיות "אִישׁ אֲשֶׁר רוּחַ אֱלֹהִים בּוֹ", כמו שאמר פרעה, בשביל להגות רעיון כזה?

אפשרות אחת היא לומר שמלך מצרים לא התפעל מעצם הרעיון, אלא מהתוכנית המפורטת והמקיפה שהציג יוסף: איך לאסוף את התבואה ("וחימש את ארץ מצרים"), איך לאחסן אותה ("ויצברו בר"), ואיך לנהל את כל המערכת ("ויפקד פקידים").

אבל נראה שיש כאן דבר עמוק יותר.

אומרים בשם ר' מנחם מנדל מקוצק, שהמרחק בין המוח ללב גדול יותר מהמרחק בין השמיים לארץ. כולנו יודעים שצריך לחסוך לפנסיה – אבל כמה באמת עושים זאת? כולנו יודעים שחשוב לעשות ספורט – אבל כמה באמת קמים מהספה ומתחילים לרוץ? כולנו יודעים שכדאי ללמוד דברים חדשים – אבל כמה משקיעים בזה זמן ומאמץ?

במחקר המפורסם שנקרא "ניסוי המרשמלו" (1970), הושיבו ילדים מול מרשמלו אחד והבטיחו להם שאם יתאפקו כמה דקות מלאכול אותו יקבלו שניים. שני שליש מהילדים לא הצליחו להתאפק, ואצל מבוגרים התוצאות לא בהכרח יהיו שונות באופן ניכר.

מתברר שהיכולת לדחות סיפוקים, להשקיע היום כדי להרוויח מחר – היא נדירה ויקרה.

ואולי זה מה שפרעה ראה ביוסף שהרשים אותו כל כך: לא רק את החוכמה להבין מה נכון לעשות, אלא גם את היכולת לממש את זה בפועל. לקחת את הרעיון ולהפוך אותו למציאות. להתכונן נכון היום למה שיקרה מחר.

כיהודים מאמינים ייתכן שנוכל למצוא כאן מסר נוסף: כשאלוקים נותן לנו תקופות טובות בחיים, זו לא סתם מתנה – זו הזדמנות. הזדמנות לבנות, לצבור כוחות, להתכונן לאתגרים שיבואו.

השאלה שניצבת לפתחנו היא האם אנחנו מנצלים את ההזדמנויות האלה, או שאנחנו פשוט נהנים מהן ושוכחים להתכונן למחר?

## אתגר השבוע

בחרו תחום אחד בחיים שלכם שבו אתם נמצאים כרגע ב"שנות השובע" – תקופה טובה של בריאות, פנאי, כסף או כוחות. חשבו על דבר אחד קטן שאתם יכולים להתחיל לעשות כבר השבוע כדי להשקיע בעתיד: להירשם לקורס, להתחיל לחסוך, ללמוד מיומנות חדשה, או סתם לשים קצת כסף בצד ל"יום סגריר".

## מספרים ש...

### לראות את המחור

ב-1968 התקבל למעבדות חברת Bell בניו ג'רזי מדען צעיר בשם דניס ריצ'י. באותה תקופה כל החברות הגדולות התמקדו בפיתוח תוכנות שאפשר למכור מייד ולהרוויח מהר. אבל ריצ'י ראה את התמונה הגדולה יותר. "המחשבים של היום מסורבלים מדי", הסביר לעמיתיו, "אנחנו צריכים לפתח שפה חדשה שתהיה פשוטה, גמישה, ותאפשר למחשבים לתקשר זה עם זה. בעתיד, כשהמחשבים יהיו בכל מקום, זה יהיה קריטי".

"אתה חי בסרט", צחקו עליו, "מחשבים בכל מקום? אנחנו צריכים לחשוב על הרווחים של היום, לא על חלומות באוויר".

אבל ריצ'י לא ויתר. יחד עם חברו הטוב, קן תומפסון, הם עבדו שעות ארוכות על פיתוח דרך חדשה לגמרי לתכנות מחשבים.

חמישים שנה אחר כך, החזון שלו התגשם מעבר לכל דמיון. על הטכנולוגיות שהוא פיתח מבוססות מערכות ההפעלה במחשבים, בטלפונים חכמים ואפילו במכשירי חשמל ביתיים.

כשקיבל את פרס טיורינג, הנחשב ל"נובל" של עולם המחשבים, חייך ריצ'י ואמר: "מי היה מאמין ש'בזבוז הזמן' של היום ישנה את העולם מחר?"

## מִבְזָק: הפרשה ב־20 שניות

פרעה חולם שני חלומות מסתוריים על פרות ושיבולים ◄ יוסף נקרא מהכלא לפתור אותם ומסביר שצפויות שֶׁבע שנות שָׂבע ושֶׁבע שנות רעב ◄ פרעה ממנה את יוסף למשנה למלך ולאחראי על צבירת המזון ◄ בשנות הרעב אחי יוסף יורדים למצרים לקנות אוכל ◄ יוסף מזהה אותם, אך הם לא מכירים אותו ◄ הוא מאשים אותם בריגול וכולא את שמעון עד שיביאו אליו את בנימין ◄ כשהם חוזרים עם בנימין, יוסף מצווה לטמון את גביעו באמתחתו ◄ הפרשה מסתיימת כשבחיפוש הגביע מתגלה אצל בנימין.

## הידעת?

### שבע שנים של רעב

בעולם העתיק, בצורת הייתה אסון נורא. בתקופה שבה כולם היו תלויים בחקלאות, שנה ללא גשמים הייתה מביאה למוות המוני מרעב. לכאורה, מצרים הייתה צריכה להיות מחוסנת מפני בעיה זו – היא לא הייתה תלויה בגשם אלא בנהר הנילוס, שהיה עולה על גדותיו מדי שנה ומשקה את השדות. אבל מחקרים ארכיאולוגיים מצאו עדויות לבצורת ממושכת במצרים העתיקה בתקופה המשוערת של יוסף (סביב 1850 לפנה"ס). הסיבה: כשמפלס הנילוס לא עלה מספיק בעונת ההצפה השנתית, השדות לא קיבלו את המים החיוניים והיבול נפגע קשות.

### אתגר האחסון הגדול

כיום אנחנו מאחסנים מזון בקירור עמוק, באריזות ואקום ועם חומרים משמרים. אבל איך הצליחו במצרים העתיקה לשמור תבואה למשך שנים? ארכיאולוגים גילו שיטות מתוחכמות להפליא: מחסנים ענקיים שנבנו כך שיאפשרו אוורור טבעי ומנעו רטיבות; מערכת של כדי חרס מיוחדים שמנעו חדירת מזיקים; ושיטות לייבוש התבואה בשמש לפני האחסון. המצרים גם פיתחו חומרי איטום מיוחדים למחסנים ושיטות מתקדמות לבקרת לחות. בזכות השיטות האלה, יוסף הצליח לאגור כמויות עצומות של תבואה שהצילו מרעב לא רק את מצרים, אלא גם את העמים השכנים.

## אני רק שאלה

### מתי אפשר לחזור הביתה

**שאלה:** איך אפשר להבין את ההתנהגות של יוסף? כשהוא פוגש את אחיו אחרי 22 שנה, במקום לגלות להם מי הוא ולשלוח מייד שליח לאבא שלו שיגיד לו "הבן שלך חי!" יוסף "משחק איתם משחקים": מאשים אותם בריגול, אוסר את שמעון, דורש להביא את בנימין ואז מסבך גם אותו. למה? זו הייתה נקמה על כל מה שעוללו לו? הוא רצה לסגור חשבון על כך שהרסו את חייו? ואם לא – מדוע לא לשים סוף לסבל של אביו הזקן לפני שיהיה מאוחר מדי, ולהודיע לו שהוא בסדר?

אבנר

**תשובה:** אבנר היקר,

יוסף לא היה מוּנָע מנקמנות אלא ראה את התמונה הגדולה. אילו היה שולח שליח לאביו ומגלה שהוא חי ושהאחים מכרו אותו לעבד, זה היה מנפץ לרסיסים את בית ישראל. יעקב היה אולי מקבל בחזרה בן אחד, אך היה מאבד עשרה. איך נראית משפחה שמתגלה בה שאחים מכרו את אחיהם הקטן לעבד? איזו שנאה ואילו משקעים היו מלווים אותם מאז?

לכן יוסף המתין בסבלנות. הוא חיכה להזדמנות שתאפשר לאחים תהליך של תיקון אמיתי. בתחכום רב הוא יצר מצב דומה לזה שהיה לפני 22 שנה: שוב בן של רחל (הפעם בנימין) בסכנה, ושוב האחים יכולים להציל את עצמם על חשבונו. אבל הפעם הם עמדו בניסיון. יהודה, שבעבר הציע למכור את יוסף, הוא זה שהציע את עצמו כעבד במקום בנימין.

רק כשהושלם התיקון הזה, כשהאחים הוכיחו שהשתנו, יוסף ידע שאפשר לאחד מחדש את המשפחה, והפעם על בסיס של אמון ואהבה אמיתית, בלי משקעי העבר.

## פותחים ראש

### שאלות לדיון סביב השולחן

**חסרונות וטעויות** – **"וַיְדַבֵּר שַׂר הַמַּשְׁקִים אֶת פַּרְעֹה לֵאמֹר, אֶת חֲטָאַי אֲנִי מַזְכִּיר הַיּוֹם"** (מא, ט)

שנתיים לקח לשר המשקים למצוא את הרגע הנכון להזכיר את חטאיו ולספר על יוסף, הנער העברי שפגש בכלא. להודות בחולשה, להכיר בטעות ולהפגין חסרונות הם אתגרים לא פשוטים, ודורשים הרבה אומץ וכוחות נפש. אֵילו מחסומים עומדים בדרכו של אדם הרוצה לעשות את הצעד הזה? איך מתגברים עליהם? איזה מחיר משלם אדם שמסרב להודות בטעויותיו? כיצד הסביבה מגיבה לאדם שמודה בטעות? אתם מכירים מישהו כזה?

**כוח ואחריות** – **"וַיִּתֵּן אֹתוֹ עַל כָּל אֶרֶץ מִצְרָיִם"** (מא, מג)

מה קורה לאדם שמקבל פתאום כוח עצום לידיו? איך יוסף הצליח להישאר צנוע ומוסרי למרות העוצמה האדירה שקיבל? האם אתם מכירים דוגמאות לאנשים שהכוח "עלה להם לראש"? מה הסוד לשימוש נכון בכוח?

**לחכות לרגע הנכון** – **"וְלֹא יָכֹל יוֹסֵף לְהִתְאַפֵּק"** (מה, א)

מתי כדאי להתאפק ולחכות עם משהו שאנחנו רוצים לעשות, ומתי עדיף לפעול מייד? איך יודעים מתי הגיע הרגע הנכון? האם יש דברים שחיכיתם איתם והתברר שזו הייתה טעות?

# ויגש

## איך הופכים קושי למקפצה?

"אני לא מאמין שזה קורה לי", לוחש רועי (17) ומביט בתוצאות הבדיקות, "כל החיים התאמנתי, חלמתי על קרבי, הייתי מצטיין בכושר. ועכשיו, חודשיים לפני הגיוס, מגלים בעיה בלב שפוסלת אותי מכל היחידות הקרביות. כל החברים שלי יתגייסו לצנחנים, לסיירות ואני... פתאום צריך לחשוב על כיוון אחר לגמרי. אני מרגיש כאילו הכול התהפך עליי."

"זה קרה ככה, בלי שום הכנה", אומרת דנה (42), מביטה בתמונת המשפחה התלויה על הקיר. "אחרי עשרים שנה של נישואים, שלושה ילדים, בית, משכנתא – בעלי פתאום מחליט שהוא רוצה 'לחיות את החיים' ועוזב. נשארתי לבד עם כל האחריות, החובות, והילדים המבולבלים. איך בונים את החיים מחדש אחרי כזה משבר?"

### מכאב ללהיט

בשנות התשעים עבד יוסי גיספן כרפד בשכונת התקווה בתל-אביב. הפרנסה הייתה דחוקה, אבל הוא אהב את העבודה והתמיד בה. יום אחד, ב־1995, בזמן שסחב ריפוד כבד, נפלה עליו חבילה של מזרוני ג'ודו מגובה של 3 מטרים ופגעה ישירות בראשו. הפציעה הייתה חמורה והוא נאלץ להפסיק לעבוד.

"הייתי מרותק לבית", הוא נזכר, "בלי יכולת עבודה, בלי הכנסה ועם כאבים שלא נגמרים. הרגשתי שהחיים נעצרו".

דווקא אז, כשהכול נראה חשוך, הציע לו חבר לנסות לכתוב שירים. בלית ברירה, כשהשעות הארוכות בבית נמשכו, החל לשפוך את רגשותיו על הדף.

להפתעת כולם, המילים זרמו. הכאב הפך למנגינה, והתסכול – לשירים. מאז כתב יותר מ־1,150 שירים שהוקלטו וחלקם היו ללהיטי ענק: "מי שמאמין לא מפחד", "כשהלב בוכה", "לראות את הכאב", "אין עוד מלבדו". כולם נולדו מתוך אותה פציעה שבתחילה נראתה חסרת מוצא.

"היום אני מבין", אומר גיספן, "שדווקא התאונה שנראתה כמו האסון הכי גדול שלי, פתחה לי דלת לעולם חדש לגמרי". מה שנראה תחילה כמשבר נורא, חשף קול פנימי שהיה חבוי בתוכו כל השנים ומאז מרטיט לבבות של רבים.

### הדרך המפותלת לארמון המלך

מסלול חייו היה רצוף טרגדיות וכאב. בגיל תשע התייתם מאימו האהובה. בנעוריו סבל מהתעללות מצד אחיו שקינאו בו ושנאו אותו. כשיצא בשליחות אביו לראות את שלום אחיו, במקום שיתקיים בו "לְמַעַן יַאֲרִכוּן יָמֶיךָ", הוא כמעט איבד את חייו. אחיו השליכו אותו לבור ולבסוף מכרו אותו לעבד.

גם במצרים הצרות לא הרפו ממנו: כנער בן שבע עשרה עמד בגבורה בניסיון הקשה מול אשת פוטיפר – ובמקום לקבל על כך שכר, מצא את עצמו עמוק בבור הכלא בעקבות עלילת שווא.

גם בכלא, כשכל אחד עסוק במלחמת הישרדות, הוא דווקא שם לב למצוקתם של אחרים ועוזר לשר המשקים, אבל הוא "לא זכר את יוסף, וישכחהו".

אדם רגיל שעובר מסכת ייסורים כזו בקלות היה הופך למריר ומתוסכל, שונא אדם ורוצה רק נקמה. לא מעטים היו גם מאבדים את אמונתם.

אבל לא יוסף. הוא דווקא צמח מכל משבר והפך לאחד האנשים האציליים והמרשימים בתנ"ך. השיא הגיע כשפגש את אֶחיו אחרי עשרים ושתיים שנות פרידה. כשנחשף בפניהם ואמר "אני יוסף", הם התמלאו חרדה – בטוחים שהמשפט הבא יהיה: "ועכשיו תבוא הנקמה האכזרית על

כל מה שעשיתם לי!" הם היו בהלם לגלות שבמקום זאת קיבלו ממנו חיבוק ומילות ניחומים.

איך הוא עשה את זה? איך אדם שחווה כל כך הרבה בגידות וכאב, במקום להיסגר בתוך עצמו ולהתמלא במרירות, דווקא פותח את ליבו לאחרים? והאם גם אנחנו יכולים ללמוד ממנו?

התשובה טמונה במשפט מפתח אחד שאומר יוסף ומקפל בתוכו את כל תפיסת עולמו:

**"וְעַתָּה אַל תֵּעָצְבוּ וְאַל יִחַר בְּעֵינֵיכֶם כִּי מְכַרְתֶּם אֹתִי הֵנָּה, כִּי לְמִחְיָה שְׁלָחַנִי אֱלֹהִים לִפְנֵיכֶם"** (מה, ה).

אני לא כאן כי מכרתם אותי, אומר יוסף, אלא כי אלוקים שלח אותי.

אני לא קורבן של החיים – אני פה בתפקיד.

מעניין לגלות שכל מה שנראה בזמנו כמו אסון התברר בהמשך כמקפצה בדרך להגשמת הייעוד:

המכירה למצרים הובילה אותו למקום בו יציל אומה שלמה מרעב.

העלילה הובילה אותו לכלא, אך הוא התגלה רק כשלב ביניים בדרך לכס המלוכה.

ואפילו העובדה ששר המשקים שכח אותו למשך שנתיים התבררה כמושגחת – כך הוא נזכר בו דווקא ברגע הקריטי, כשפרעה נזקק לפותר חלומות.

המסר של יוסף נוגע לכל אחד ואחת מאיתנו: אי אפשר לבחור את הקשיים שפוקדים אותנו. אפשר בהחלט לבחור איך להתמודד איתם. ההבדל בין מי שנשבר ממשבר למי שצומח ממנו, נעוץ לעיתים קרובות בנקודת המבט: האם אני רואה את עצמי כקורבן של הנסיבות, או כמי שקיבל תפקיד מאתגר?

על הדרך אנו עשויים לגלות שלפעמים דווקא הקשיים שנראו הכי גדולים, הולידו את הפריצות הכי משמעותיות, ובתוך המשבר התגלו הזרעים של צמיחה חדשה.

## אתגר השבוע

בחרו אתגר או קושי גדול שאתם מתמודדים איתו כרגע. ציירו קו אנכי באמצעו של דף נייר חלק וכתבו: בצד ימין – מה הקושי לוקח ממני. בצד שמאל – מה הקושי מלמד אותי. אילו כוחות, כישורים ותובנות הוא מצמיח בי?

השבוע, בכל פעם שהקושי מציף אתכם, הביטו בדף והוסיפו נקודה לצד השמאלי

## מספרים ש...

### המדרגות שבתוך הבאר

בחצר האחורית של חוות משפחת צ'אנג עמדה באר עתיקה. יום אחד נפל לתוכה הפרד הזקן של המשפחה. קולות הנעירה העצובים שעלו מהבור שברו את לב המשפחה, אבל לאחר שבדקו את עומק הבאר ואת גילו המתקדם של הפרד, החליטו שאין טעם לנסות ולחלץ אותו. "בואו נגאל אותו מייסוריו", אמר האיכר הזקן בעיניים דומעות, "נקבור אותו בכבוד בתוך הבאר."

השכנים התגייסו למשימה העצובה והחלו להשליך עפר אל תוך הבאר. בתחילה נשמעו נעירות מצמררות מתוך הבור – הפרד הזקן הבין שמנסים לקבור אותו חי. אבל אז קרה דבר מופלא: בכל פעם שחופן עפר נחת על גבו, הפרד ניער אותו מעליו וטיפס על הערמה שנוצרה. ערמה אחר ערמה, הוא הפך את מה שנועד לקבור אותו למדרגה שתעלה אותו מעלה.

כעבור שעה, להפתעתם המוחלטת של האיכר ושכניו, הופיע ראשו של הפרד מעל שפת הבאר ומבט ניצחון בעיניו. מה שנועד להיות קברו, הפך בזכות נחישותו למדרגות שחילצו אותו והצילו את חייו.

## מִבְזָק: הפרשה ב־20 שניות

יהודה נושא נאום מרגש להצלת בנימין ◄ יוסף מתוודע אל אחיו ◄ משפחת יעקב יורדת למצרים ויוסף מתאחד עם אביו ◄ פרעה פוגש את יעקב ואת בניו ◄ יוסף מנהל את משבר הרעב ומחזק את שלטון פרעה.

## הידעת?

### דמעות של שמחה – "וַיִּתֵּן אֶת קֹלוֹ בִּבְכִי" (מה, ב)

יוסף הוא שיאן התנ"ך בבכי. בפרשות האחרונות הוא בוכה לא פחות מחמש פעמים. מחקרים שערך ד"ר ויליאם פרי מאוניברסיטת מינסוטה גילו שדמעות רגשיות שונות באופן מהותי מדמעות שמגיבות לגירוי פיזי (כמו חיתוך בצל). הן מכילות חומרים מיוחדים שמפחיתים מתח ומשחררים הורמונים מרגיעים. בתרבויות עתיקות נהגו לאסוף דמעות בבקבוקונים מיוחדים והאמינו שיש להן סגולות ריפוי, וארכיאולוגים מצאו בקבוקונים כאלה במצרים העתיקה ובתרבויות המזרח הקדום. להבדיל, בספר תהילים מבקש דוד המלך: "שִׂימָה דִמְעָתִי בְנֹאדֶךָ" – שמור את דמעות תפילותיי אצלך.

### אריכות ימים – "כַּמָּה יְמֵי שְׁנֵי חַיֶּיךָ" (מז, ח)

פרעה מופתע לראות גילו המופלג של יעקב ושואל: בן כמה אתה, ויעקב משיב: 130 שנה. מספר מכובד בהחלט אם כי נמוך מאביו יצחק (180) ומסבו אברהם (175). השיא המתועד והמאומת של אריכות ימים בהיסטוריה המודרנית שייך לצרפתייה ז'אן לואיז קלמנט, שחיה 122 שנה ו־164 ימים (1875–1997). לפי נתוני ארגון הבריאות העולמי, תוחלת החיים הממוצעת בעולם עלתה מ־48 שנים ב־1950 ל־73 שנים ב־2024. מדינת ישראל היא מהמובילות בעולם בתוחלת החיים, בדיוק כמו שמבטיחה התורה "לְמַעַן יִרְבּוּ יְמֵיכֶם וִימֵי בְנֵיכֶם עַל הָאֲדָמָה אֲשֶׁר נִשְׁבַּע ה' לַאֲבֹתֵיכֶם" (דברים יא, כא).

**כוחה של סליחה — "וְעַתָּה אַל תֵּעָצְבוּ"** (מה, ה)

יוסף הוא הראשון בתנ"ך שמתועד כמי שסולח סליחה מלאה ומוחלטת. מחקר שנערך ב־2011 במרכז הרפואי ג'ונס הופקינס מצא קשר ישיר בין היכולת לסלוח לבין בריאות פיזית ונפשית: אנשים שהתקשו לסלוח סבלו מרמות גבוהות יותר של דלקת כרונית ולחץ דם גבוה. ספר בראשית מלא במריבות בין אחים. הראשונים שמתרחש ביניהם פיוס מלא וסליחה שלמה הם יוסף ואחיו. יתרה מזו: בכל ספר בראשית לא מצאנו אף בקשת סליחה מאלוקים. רק בספר שמות, אחרי שיוסף לימד את כוחה של סליחה בין אדם לחברו, מופיעה לראשונה גם בקשת סליחה מאלוקים — כשמשה מבקש מחילה על חטא העגל ואלוקים נעתר לו. מתברר שאחרי שבני אדם לומדים לסלוח זה לזה, נפתח הפתח גם לבקשת סליחה מאלוקים.

## פותחים ראש

### שאלות לדיון סביב השולחן

**ארץ ישראל** — **"מַהֲרוּ וַעֲלוּ אֶל אָבִי וַאֲמַרְתֶּם אֵלָיו כֹּה אָמַר בִּנְךָ יוֹסֵף... רְדָה אֵלַי אַל תַּעֲמֹד"** (מה, ט)

האם יש משהו שיכול לגרום לכם לעזוב את הארץ, ואפילו לזמן מוגבל — למשל לטיול, לקידום בעבודה, להיחלצות ממצוקה כלכלית חריפה או מסכנה ביטחונית גדולה?

**בחירת מקצוע** — **"וַיֹּאמֶר פַּרְעֹה אֶל אֶחָיו מַה מַּעֲשֵׂיכֶם, וַיֹּאמְרוּ אֶל פַּרְעֹה רֹעֵה צֹאן עֲבָדֶיךָ גַּם אֲנַחְנוּ גַּם אֲבוֹתֵינוּ"** (מו, ג)

מה השיקולים שצריכים להנחות אותנו בבחירה של מקצוע לחיים — משהו שמעניין אותי, שמרוויחים בו הרבה כסף, מקצוע שקל למצוא בו עבודה, מקצוע שיש בו שעות עבודה נוחות שיאפשרו להקדיש זמן למשפחה או מקצוע שעם ישראל זקוק לו במיוחד? מהו סדר החשיבות שבו אתם מדרגים את הרשימה הזו?

**סיכונים** — **"וּלְקַחְתֶּם גַּם אֶת זֶה מֵעִם פָּנַי וְקָרָהוּ אָסוֹן"** (מד, כט).

רש"י: "שהשטן מקטרג בשעת הסכנה".

איפה עובר הגבול בין הסתכנות סבירה שהיא חלק מהחיים לבין הסתכנות מוגזמת ולא אחראית — נסיעה בטרמפים, נהיגה בעייפות, פגישה עם מישהו שהכרתם באינטרנט, קפיצה C לבריכת היהודייה, טיול בדרום אמריקה?

**אנשי רוח** — **"רַק אַדְמַת הַכֹּהֲנִים לֹא קָנָה כִּי חֹק לַכֹּהֲנִים מֵאֵת פַּרְעֹה וְאָכְלוּ אֶת חֻקָּם אֲשֶׁר נָתַן לָהֶם"** (מז, כא–כב)

האם לדעתכם מדינה כיום צריכה לתת יחס מיוחד לאנשי הרוח שלה — להעניק להם הטבות והקלות, תמיכה כלכלית או פטור משירות צבאי?

# ויחי

## לחיות בלי להתחרט

"אתמול ביקרתי את הדוד שלי, אלי, בבית החולים", מספר יובל (17). "ישב שם אדם שתמיד הערצתי – מנהל חברת הייטק, בית מדהים ברמת השרון, טיולים בעולם. פתאום אני רואה אותו במיטה, חלש אחרי התקף לב שכמעט הרג אותו ובעיניים שלו מבט עצוב. 'יובל', הוא אמר לי, 'אל תעשה כמוני. כל החיים דחיתי את הדברים החשובים באמת. חלמתי להתנדב עם נוער בסיכון – אבל הייתי עסוק מדי. חלמתי לכתוב ספר, להצטרף לשיעור דף יומי, ללמוד לצייר – אבל תמיד היה משהו יותר דחוף. אמרתי כל הזמן – עוד מעט, כשאצא לפנסיה... עכשיו אני תוהה אם בכלל אספיק. אין לנו הזדמנות שנייה לחיות את החיים הנכונים'".

"היום אני כבר לא מחכה", מחייכת רותי (45). "לפני שנתיים, אחרי שנים של עבודה במשרד עורכי דין מצליח, עזבתי הכול והלכתי ללמוד חינוך מיוחד. החברים חשבו שהשתגעתי – לעזוב משכורת גבוהה בשביל להיות מורה? אבל הרגשתי שאם לא אעשה את זה עכשיו, אתחרט על כך כל החיים. היום אני קמה בבוקר עם חיוך, עם תחושת שליחות, ומרגישה שאני סוף־סוף חיה את החיים שתמיד רציתי".

### אם רק הייתה לך הזדמנות

היא פגשה אנשים רגע לפני שהם נפרדים מהעולם. חולים סופניים שהרפואה הרימה ידיים מלהציל אותם, ולא נותר להם אלא לשוב הביתה כדי למות בחברת בני משפחתם. קראו לה ברוני וור, והיא הייתה אחות אוסטרלית שטיפלה באנשים כאלו בשבועות האחרונים לחייהם במטרה להקל על סבלם.

בשיחות האישיות שניהלה איתם היא שאלה איתם דבר אחד: על מה אתם מתחרטים? לו הייתה לכם הזדמנות לחיות מחדש, מה הייתם עושים אחרת?

היא הופתעה לגלות שאותן תשובות חזרו שוב ושוב.

אף אחד מהם לא אמר לה: "תראי, לא עבדתי מספיק קשה" או "חבל שלא עשיתי יותר כסף". לא היה אדם שאמר "לא טסתי מספיק לחו"ל" או "חבל שלא ביליתי יותר במסעדות יוקרה".

**מה הם כן אמרו?**

ובכן, כמעט כולם אמרו: **הלוואי שהיה לי את האומץ לחיות את חיי מתוך נאמנות לעצמי ולא למה שאנשים אחרים ציפו ממני.**

התשובה השנייה שברוני שמעה הייתה: **הלוואי שלא הייתי עובד כל כך קשה.**

היא ציינה שלא היה גבר אחד שלא אמר את התשובה הזו. הם החמיצו את הילדות של ילדיהם ואת הקרבה לבת זוגם.

התשובה השלישית שחזרה שוב ושוב הייתה: **הלוואי שהיה לי אומץ לבטא את רגשותיי.**

אנשים מדחיקים רגשות והופכים את הלב שלהם למחסן מבעבע של תחושות שליליות. חלקם אף מפתחים מחלות הקשורות לכעס ולמרירות שנשאו בליבם. גם תחושות טובות נשארו לעיתים טמונות בפנים, במקום לצאת החוצה ולשמח את הלב של עוד אנשים.

התשובה הרביעית הייתה: **הלוואי שהייתי שומר על קשר עם החברים שלי.**

אנשים היו כה עסוקים בקריירה שהזניחו חברויות ותיקות ונתנו להן לדעוך. לפני מותם הם התגעגעו מאוד לאנשים שפעם היו יקרים לליבם.

התשובה החמישית שברוני שמעה ממטופליה הייתה: **הלוואי שהייתי מרשה לעצמי לשמוח יותר.**

לא חסרות סיבות לשמוח ולהכיר תודה על הטוב שיש לנו. אבל אנשים כה עסוקים במרוץ החיים ומתמקדים במה שעוד אין להם, שאינם זוכרים לשמוח בכל הטוב שיש.

* * *

יעקב אבינו מלמד אותנו שאפשר לחיות אחרת.

הוא לא ליקק דבש וחייו לא היו קלים – בריחה מעשו, התמודדות עם לבן הרמאי, אובדן רחל האהובה, שנים של אבל על יוסף. אבל הוא חי אותם מתוך תכלית ושליחות. בסוף ימיו, אומרים חז"ל, "מיטתו הייתה שלמה" – כל בניו, למרות השוני ביניהם, המשיכו את דרכו. סביב מיטתו התאספו שנים עשר בנים שונים זה מזה, אך כולם מאוחדים במטרה אחת – להמשיך את מורשת אברהם, יצחק ויעקב.

אנחנו לא צריכים לחכות לרגעים אחרונים כדי לחשוב על החיים שלנו. דווקא עכשיו, כשיש לנו כוח ואפשרויות, זה הזמן לשאול את עצמנו: האם אנחנו חיים את החיים שתמיד רצינו? האם יש חלומות שדחינו יותר מדי זמן? מה נרצה שיזכרו מאיתנו כשנלך מהעולם?

## אתגר השבוע

קחו דף וסמנו קו באמצעו. בצד אחד כתבו שלושה דברים שאתם חולמים לעשות "יום אחד". בצד השני כתבו צעד קטן אחד שאתם יכולים לעשות כבר השבוע כדי להתקדם לעבר כל אחד מהחלומות האלה.

למשל: אם החלום הוא ללמוד לנגן, כתבו לעצמכם להתקשר השבוע למורה למוזיקה ולקבוע שיעור ניסיון.

בסוף השבוע בדקו: האם עשיתם לפחות אחד מהצעדים הקטנים האלה?

## מספרים ש...

### מה חשוב באמת?

"אבא שלנו נפטר אמש", קולה של רונית רעד מעט בטלפון. "הוא היה בן 82 אבל בריא לגמרי, ופתאום קיבל שבץ ובתוך דקות נפטר. אומנם אנחנו משפחה חילונית, אבל חשוב לנו מאוד שתהיה הלוויה יהודית. הרב, האם תוכל לערוך את הטקס היום בחמש?"

נעניתי לבקשה וקבעתי להיפגש עם בנותיו של האיש רבע שעה לפני ההלוויה. רציתי לשמוע מעט על הנפטר כדי שבזמן הטקס וההספדים אוכל לספר קצת בשבחו.

כשהגעתי, כבר החלו האנשים להתאסף. פגשתי שלוש אחיות בשנות הארבעים והחמישים לחייהן. "אני משתתף בצערכן", אמרתי, "תוכלי לספר לי קצת על אבא?"

"הוא היה אוהד שרוף של הפועל חולון", פתחה הבכורה, "לא החמיץ אף משחק! היה יושב עם חולצת הקבוצה והצעיף הסגול־צהוב ביציע וצועק עד שגרונו היה נעשה צרוד".

הנהנתי. "מה עוד?"

"המוּסַקה עגְל שלו!" קפצה האחות השנייה, "אין, זה היה משהו מיוחד. השכנים היו עומדים בתור כדי לבוא לטעום. היו מלקקים את האצבעות".

חייכתי בנימוס. "יש אולי עוד משהו שתוכלו לספר עליו?"

האחות הצעירה השפילה מבט ואז אמרה בשקט: "אימא נפטרה כשהיינו קטנות. היינו שבורות לגמרי. מאז אבא היה בשבילנו הכול – גם אבא וגם אימא. תמך, הקשיב, חיבק, ליווה. הוא פשוט... עשה הכול. תמיד. בזכותו גדלנו להיות מי שאנחנו".

הרגשתי שהלב שלי רוטט. ידעתי על מה אני הולך לספר בהלוויה.

כי מול המוות – המסכות נופלות. ברגע כזה מתברר מה מהותי ומה סתם תפאורה. לא הקבוצה שעודדת, לא המתכונים שבישלת – אלא האהבה שנתת, הלב שפתחת, החיים שהענקת לאחרים. זה מה שנשאר. זה מה שחשוב באמת.

## מִבְזָק: הפרשה ב־20 שניות

יעקב מרגיש שימיו ספורים ומשביע את יוסף שלא יקבור אותו במצרים ◄ הוא מברך את יוסף ומעניק מעמד מיוחד לנכדיו, אפרים ומנשה, שייחשבו כמו שני שבטים ◄ בברכת הנכדים יעקב משׂכל את ידיו ומעדיף את הצעיר ◄ הוא מכנס את כל הבנים ומעניק לכל אחד ברכה מותאמת אישית – לטוב ולמוטב ◄ יעקב נפטר בגיל 147 ◄ האחים חוששים שעכשיו יוסף ינקום בהם אבל הוא מרגיע ומבטיח לדאוג להם ◄ יוסף נפטר בגיל 110 ומשביע שיעלו את עצמותיו בבוא הזמן לארץ ישראל.

## הידעת?

**קברי אבות – "וַיִּקְבְּרוּ אֹתוֹ בִּמְעָרַת שְׂדֵה הַמַּכְפֵּלָה"** (נ, יג)

מערת המכפלה היא אחד האתרים רבי־המשמעות ביותר בתולדות עם ישראל. זהו מקום קבורתם של אבות האומה ואימהותיה.

בעוד בדתות אחרות פולחן קברים הוא תופעה נפוצה, ביהדות הגישה שונה. העיסוק במתים מטמא ולא מאפשר להיכנס למקדש ללא תהליך של היטהרות. עם זאת, יש מקורות לתפילה על קברי צדיקים, אך יש לעשות אותה באופן נכון. הפוסקים נחלקו כיצד: יש אומרים שפונים לצדיקים לבקש שיהיו מליצי יושר עבורנו בשמיים, ויש הסוברים שמתפללים לה' שיושיע אותנו בזכות הצדיק. כולם מסכימים שאין לבקש ישועה מהצדיק עצמו – התפילה היא רק לה', שהוא לבדו בעל הכוח להושיע.

## המילה האחרונה – "וַיְצַו אוֹתָם וַיֹּאמֶר אֲנִי נֶאֱסָף אֶל עַמִּי" (מט, כט)

מאז ומעולם נהגו אנשים להותיר צוואה לילדיהם לפני פטירתם. כך עושה יעקב לבניו בפרשה, כך עשה משה רבנו בסוף ימיו כשבירך את ישראל, וכך גם הוריש דוד המלך לשלמה בנו (בהפטרה). מעניין שבעוד שבימינו צוואה עוסקת בעיקר בחלוקת רכוש, בתנ"ך הדגש הוא על העברת ערכים ומסרים לדור הבא. במשפט הישראלי המודרני צוואה בעל פה תקפה רק בתנאים מיוחדים (כמו "שכיב מרע" – אדם הנוטה למות), אך דווקא הצוואות המוסריות שבתורה, שנמסרו בעל פה, השפיעו על עם ישראל יותר מכל מסמך כתוב. מחקרים פסיכולוגיים מראים שמילים אחרונות של הורים נחקקות עמוק בזיכרון הילדים ומשפיעות על התנהגותם לאורך שנים.

יש אנשים הנרתעים מכתיבת צוואה וחוששים שזה יביא להם מזל רע, אך השל"ה הקדוש (נפטר לפני כ־400 שנה) רואה בכך דווקא סגולה לאריכות ימים. ומה איתכם? כתבתם כבר צוואה?

## חזק חזק ונתחזק!

בסיום כל ספר מחומשי התורה אנחנו מכריזים "חזק חזק ונתחזק!" זהו לא סתם מנהג יפה, אלא תפיסת עולם. בעוד בתרבות המערבית נהוג לחגוג סיום ו"לנוח על זרי הדפנה", ביהדות רגע הסיום מזמין להתחלה חדשה. לכן בשמחת תורה גומרים לקרוא את התורה ומייד מתחילים שוב מבראשית. כך גם בלימוד התלמוד – כשמסיימים מסכת אומרים "הַדְרָן עֲלָךְ" – כלומר, נחזור עלייך, כי תמיד יש עוד מה לגלות. המדרש אומר: "הפוך בה והפוך בה, דכולא (שהכול) בה" – גם אחרי אלפי שנות לימוד, עדיין מוצאים בתורה תובנות חדשות.

## פותחים ראש
### שאלות לדיון סביב השולחן

**אריכות ימים** – "וַיְחִי יַעֲקֹב בְּאֶרֶץ מִצְרַיִם שְׁבַע עֶשְׂרֵה שָׁנָה וַיְהִי יְמֵי יַעֲקֹב שְׁנֵי חַיָּיו" (מז, כח)

לו הייתם מקבלים אפשרות לחיי נצח בעולם הזה – הייתם מסכימים? אם הייתם יכולים לעצור את הזמן – באיזה גיל הייתם בוחרים לעשות זאת ולמה?

אם חלילה הייתם מגלים שנותרה לכם עוד שנה אחת בלבד לחיות – מה הייתם עושים בה אחרת ממה שאתם עושים עכשיו?

**העתיד** – "וַיִּקְרָא יַעֲקֹב אֶל בָּנָיו וַיֹּאמֶר הֵאָסְפוּ וְאַגִּידָה לָכֶם אֵת אֲשֶׁר יִקְרָא אֶתְכֶם בְּאַחֲרִית הַיָּמִים" (מט, א)

איך אתם מדמיינים את "אחרית הימים"? מה יהיה שונה? מה מביא אתכם לדמיין כך את העתיד?

לו הייתה לכם הבחירה להיוולד בתקופה אחרת ובנסיבות אחרות, איך ומתי הייתם רוצים להופיע בעולם?

**ברכה של צדיק** – "וַיְבָרֶךְ אוֹתָם אִישׁ אֲשֶׁר כְּבִרְכָתוֹ בֵּרַךְ אֹתָם" (מט, כח)

איך "עובדת" ברכה של צדיק? האם זו תפילה שאולי תיענה או גזירה שבוודאי תתרחש?

מה דעתכם על התופעה הנפוצה היום של נהירה אל צדיקים לקבלת ברכות וקמעות? מה הטוב והבעייתי בזה?

כשאתם בצרה – האם אתם פונים אל צדיק שיברך אתכם? פועלים בדרך אחרת? למה?

ח ו מ ש

# שמות

# שמות

## לא לעמוד מנגד

"זה קרה לפני שבועיים", משתף אמיר (42), מנהל צוות בחברת הייטק. "שמעתי צעקות ממשרד המנכ"ל. הוא האשים את העובדת מחברת הניקיון, עולה מאתיופיה, בגניבת כסף מהמגירה שלו. היא בכתה והתחננה שלא עשתה דבר. ידעתי שהיא צודקת — חצי שעה קודם ראיתי אותו מוציא משם את כל הכסף, כשקנה מתנה למזכירה. יכולתי להגיד משהו, אבל... המנכ"ל הוא איש קשה שהכבוד שלו מאוד חשוב לו ולא שוכח מי נגדו. בדיוק החודש אמור להיחתם הקידום שלי ויש לי ארבעה ילדים לפרנס, משכנתא... "עמדתי שם, ראיתי את הדמעות שלה, ו... שתקתי. הוא פיטר אותה במקום. למוחרת, כשמצא את הקבלה על המתנה בכיס, הבין את טעותו. אבל היה מאוחר מדי — אישה מבוגרת ומסורה איבדה את פרנסתה בגלל חשד שווא. אני לא מצליח לסלוח לעצמי על השתיקה הזו".

"הייתי בדרך לפגישה הכי חשובה בקריירה שלי", מספרת דנה (34), "הצעת עבודה בחברה שחלמתי עליה שנים!

בתחנת הרכבת ראיתי אישה מבוגרת נאבקת עם שתי מזוודות כבדות במדרגות. עשרות אנשים חלפו על פניה ממהרים. גם אני כמעט והמשכתי, אבל משהו בפנים צבט לי בלב. עצרתי לעזור, ובגלל זה פספסתי את הרכבת. כשהגעתי באיחור של 40 דקות, המנהלת הבהירה שמי שלא מכבד את הזמן שלה בריאיון, כנראה גם לא יכבד אותו בעבודה. כל ההסברים שלי לא עזרו. לא התקבלתי.

לפעמים אני תוהה: אולי הייתי צריכה להמשיך ללכת. בטח מישהו אחר היה עוזר לה, לא?"

### כשהעולם שותק

בשנת 1944, כשהיה בן 32 בלבד, נכנס ראול ולנברג לגוב האריות. הוא יכול היה לבחור בחיים שלווים בשוודיה. בהיותו בן לאחת המשפחות המכובדות והעשירות במדינה, עם נכסים והשקעות בתחומי הבנקאות והתעשייה, עתידו הכלכלי היה מובטח. כמו רבים אחרים, הוא היה יכול להתרחק מצרות העולם ולהמשיך בחייו הנוחים.

אבל לא. כשהעולם כולו שתק, ולנברג בחר אחרת. הוא הגיע לבודפשט שבהונגריה הכבושה על ידי הנאצים כדיפלומט, והפך מייד ל"צבא של איש אחד".

בתושייה ואומץ לב יוצאי דופן הנפיק אלפי דרכונים שוודיים מזויפים שהגנו על יהודים מגירוש. הוא יצר "בתים מוגנים" שהוכרזו כשטח תחת חסות שוודית, ואף העז לקפוץ על גגות של רכבות בדרכן לאושוויץ כדי לחלק ליהודים מסמכי חסות.

בפעולותיו הנועזות הציל כשלושים אלף יהודים מציפורני הנאצים!

בינואר 1945 נעצר ולנברג על ידי הצבא הסובייטי, שכבש את הונגריה וחשד בו בריגול. הוא נלקח לברית המועצות ומאז נעלמו עקבותיו.

בשנת 1986 העניקה לו מדינת ישראל אזרחות כבוד — אות שניתן למעטים בלבד — כהוקרה על אומץ ליבו יוצא הדופן.

### האיש שסר לראות

באותו יום, כשנסיך מצרים יצא מהארמון, הוא הבחין בנוגש מצרי מכה באכזריות עבד עברי. זה לא היה מחזה חריג. כך התנהלו החיים במצרים העתיקה. הנסיך הביט ימינה ושמאלה — "וַיִּפֶן כֹּה וָכֹה וַיַּרְא כִּי אֵין אִישׁ" (שמות ב, יב). רגע, איך ייתכן שלא היה שם איש? הרי באתרי הבנייה של הפירמידות עבדו אלפי אנשים. פועלים, מנהלי עבודה, נוגשים.

ייתכן שכוונת הפסוק היא שאכן היו שם המון אנשים. אבל לא היה שם אפילו איש אחד שיהיה מוכן לעשות משהו. כולם העדיפו להביט לכיוון השני ולהמשיך בדרכם.

ליבו של משה, לעומת זאת, לא אִפשר לו לעמוד מהצד. הוא מיהר להתערב. גם למוחרת, כשראה שְׁנֵי אֲנָשִׁים עִבְרִים נִצִּים, הוא היה יכול לומר לעצמו — נו, זה עניין פנימי שלהם, למה להתערב? אבל לא, משה התערב בשנית.

המחיר היה כבד: הלשינו עליו והוא נאלץ לברוח ממצרים.

גם במדיין, כשראה רועים מגרשים את בנות יתרו מהבאר, שוב לא היה יכול לעמוד מנגד. הפעם אלו היו זרים לגמרי — לא בני עמו, לא מכרים, סתם נערות נוכריות שסבלו מבריונות. אך משה לא "למד את הלקח" ממה שקרה לו במצרים, והוא נחלץ לעזרתן.

חז"ל מוסיפים סיפור רביעי: כשרעה את צאן יתרו, טלה קטן ברח. משה רץ אחריו עד שמצא אותו שותה מים. "לא ידעתי שברחת כי היית צמא", אמר וחיבק אותו, "בוא, אשא אותך בחזרה".

אמר הקב"ה: "יש לך רחמים לנהוג צאנו של בשר ודם כך — אתה תרעה את צאני, ישראל".

לכן כשכתוב במעמד ההתגלות האלוקית בסנה "וַיַּרְא ה' כִּי סָר לִרְאוֹת", אין הכוונה רק שמשה סר לראות את השיח הבוער.

הקב"ה ראה שזה איש ש**תמיד סר לראות**. זה לא תיאור של מעשה, אלא של תכונה. משה לא ממשיך בדרכו באדישות, אלא עוצר, מתבונן ומתערב.

ומה איתנו? האם גם אנחנו יכולים להיות כאלו?

נדמה שהאתגר היום גדול במיוחד. כי בעידן המסכים התרגלנו לעמדה נפשית של **צופים מן הצד**: לצלם במקום לעזור, לעשות לייק במקום לקום ולעשות, לשתף במקום להשתתף.

אך דווקא בעידן שבו קל כל כך להסתתר מאחורי המסכים ולהיות "צופה מן הצד", אולי הגיע הזמן לשאול את עצמנו:

מתי בפעם האחרונה "סרנו לראות"? מתי עצרנו, התבוננו — ובחרנו לפעול? כי גם פעולה קטנה יכולה לשנות עולמות.

## אתגר השבוע

בחרו מקום אחד בחיים שלכם (בית, עבודה, בית ספר) שבו אתם בדרך כלל "צופים מהצד". השבוע, כשתראו שם מישהו שצריך עזרה — אל תחכו שמישהו אחר יעשה משהו. קומו והיו אתם ה"מישהו" הזה.

## מספרים ש...

**שתהיה מישהו!**

הייתי אחד מעשרות האורחים שהגיעו לחגוג עם משפחת כהן את בר המצווה של בנם הבכור, יוני. האווירה באולמי "פנינת השרון" הייתה נהדרת, המוזיקה נעימה, והרב שלום, אבי בר המצווה, עלה לבימה לשאת דברים.

עמדתי שם בצד, וציפיתי לשמוע את הברכות הרגילות: שיגדל בתורה, שיצליח בחיים, שימצא אושר. אבל מה שקרה הפתיע מאוד, לא רק אותי: "יוני היקר שלי", פתח האב את דבריו, "אני רוצה לאחל לך דבר אחד – שתהיה מישהו!"

הבטתי סביבי וראיתי שלא רק אני לא הבנתי. האולם השתתק לחלוטין וניסה להבין מה נאמר פה. איזו מין ברכה זו? מה זאת אומרת "להיות מישהו"?

הרב כהן המשיך והסביר: "בכל פעם שמשהו צריך להיעשות – כשצריך להוריד את הפח, לערוך שולחן, למלא קנקן מים או לעזור לקשיש – כולם אומרים ש"מישהו צריך לעשות את זה". אני רוצה לאחל לך, בני היקר, שאתה תהיה ה"מישהו" הזה, האדם שקם ועושה, גם כשכולם רק מדברים".

ראיתי את העיניים של יוני נדלקות בהבנה, וחשבתי לעצמי שזו אחת הברכות העמוקות והמשמעותיות ביותר שפגשתי בחיי. לא סתם עוד נאום בר מצווה, אלא רגע שבו אב העביר לבנו מסר שעשוי לשנות את חייו.

## מִבְזָק: הפרשה ב־20 שניות

בני ישראל מתרבים במצרים ופרעה מטיל עליהם עבודות ועינוי ◂ הוא פוקד על המיילדות העבריות להמית את הזכרים הנולדים, אך הן לא מקיימות את ציוויו ◂ פרעה גוזר להשליך את הזכרים הנולדים ליְאור ◂ משה נולד, מוסתר ביאור ונאסף על ידי בת פרעה שמאמצת אותו כבן ◂ משה גדל ויוצא לראות בסבל אחיו ◂ הוא מציל עברי ממצרי והורג אותו ונאלץ לברוח כשמלשינים עליו ◂ משה מגיע למדין, מציל את בנות יתרו ונושא את ציפורה ◂ ה' מתגלה למשה בסנה ושולח אותו לגאול את ישראל ◂ משה ואהרון באים לפני פרעה, אך הוא מכביד את ליבו ואת העבודה והעם מתלונן.

## הידעת?

**מה פתאום משה? – "וַתִּקְרָא שְׁמוֹ מֹשֶׁה, כִּי מִן הַמַּיִם מְשִׁיתִהוּ"** (שמות ב, י)

שמתם לב שבת פרעה נתנה לילד שמצאה ביאור שם עברי? איך זה קרה?

יש המסבירים שהיא ידעה שהתינוק שמצאה הוא עברי, ולכן התייעצה עם יוכבד, מניקתו (שבמקרה גם הייתה אימו), כיצד מתאים לקרוא לו.

הסבר אחר הוא שהמילה "מסס" במצרית העתיקה פירושה "ילד" או "בן" (כמו שמופיע בשם רעמסס, שמשמעו "בן האל רַע"). בת פרעה העניקה למשה שם מצרי, והתורה נתנה לשם משמעות עברית. מעניין שדווקא השם הזה אינו מדויק לגמרי. כי לכאורה היה צריך לקרוא לו "מָשוּי", שהרי היא משתה אותו מן המים. רש"ר הירש מציע הסבר יפהפה: נסיכת מצרים בחרה בכוונה בשם "משה" כדי להעביר לבן שאימצה מסר לחיים:

ילדי היקר, כשם שמשיתי אותך מן המים, כך תהיה אתה כל חייך – מושה ומציל אחרים.

ואכן, אם נרצה לתמצת את עניינו של משה במילה אחת היא תהיה: מושה. האיש שהציל עברי מנוגש מצרי, הושיע את בנות יתרו מהרועים, ולבסוף משה את עם ישראל מים העבדות במצרים.

**הבת של היטלר – "וַתִּרְאֵהוּ אֶת הַיֶּלֶד וַתַּחְמֹל עָלָיו"** (שמות ב, ו)

מרוב שהתרגלנו לסיפור אנחנו לא מרגישים את הפלא שבו: בת פרעה, בתו של הצורר שציווה להשמיד כל בן עברי, מצילה תינוק יהודי ומגדלת אותו בארמון אביה! רק נסו לדמיין את הבת של היטלר מצילה ילד יהודי ומגדלת אותו בטירה של אביה בברלין. נשמע לכם הגיוני?

בת פרעה הייתה הראשונה בשרשרת ארוכה של "חסידי אומות העולם" – אנשים שבחרו לעמוד לצד המוסר ולהגן על העם היהודי, גם במחיר אישי כבד.

עד היום הוכרו כ־28,000 חסידי אומות העולם, בהם, כאמור, ראול ולנברג השבדי, ואיתו למשל קרל לוץ השווייצרי, שהנפיק אלפי דרכונים מצילי חיים והציל כ־62 אלף יהודים בהונגריה; צ'יאונה סוגיהארה היפני, שפעל בליטא והציל כ־6,000 יהודים, העניק להם אשרות מעבר יפניות ואפשר להם לברוח; והתעשיין הגרמני אוסקר שינדלר שסיפורו הונצח בסרט זוכה האוסקר "רשימת שינדלר". הם היו מעטים, אך הוכיחו שגם בזמן האפל ביותר, צלם אלוקים שבאדם לא כבה לגמרי.

**לסרב פקודה – "וַתִּירֶאןָ הַמְיַלְּדֹת אֶת הָאֱ־לֹהִים וְלֹא עָשׂוּ כַּאֲשֶׁר דִּבֶּר אֲלֵיהֶן מֶלֶךְ מִצְרָיִם"** (שמות א, יז)

המושג "פקודה בלתי חוקית בעליל" התגבש במשפטי נירנברג אחרי השואה, כשקצינים נאצים רבים טענו להגנתם שהם "רק מילאו פקודות". בית המשפט קבע שהתירוץ הזה אינו קביל. יש פקודות לא מוסריות שחובה לסרב להן.

הראשונות שעשו זאת היו המיילדות שפרה ופועה (שנחלקו המפרשים אם היו עבריות, או מצריות שיילדו את העבריות). הן סירבו לפקודה הנוראית של פרעה להמית תינוקות יהודים.

בצה"ל זהו עקרון יסוד: חייל חייב לציית לפקודות. אך אם הפקודה היא בלתי מוסרית בעליל – "דגל שחור" מתנוסס מעליה, והחובה המוסרית גוברת על החובה לציית. המיילדות האמיצות לימדו את העולם שיש ערכים שעומדים מעל כל חוק אנושי.

## פותחים ראש

### שאלות לדיון סביב השולחן

**'דרוש מנהיג'** – **"וְעַתָּה לְכָה וְאֶשְׁלָחֲךָ אֶל פַּרְעֹה וְהוֹצֵא אֶת עַמִּי בְנֵי יִשְׂרָאֵל מִמִּצְרָיִם"** (ג, י)

מהן התכונות המאפיינות את האיש שנשלח לגאול את ישראל ולהנהיגם? איזה משקל אתם נותנים ליכולת הרטורית, לנראוּת ולהופעה החיצונית של מנהיגים, שגרירים או נואמים, לעומת עצם אישיותם ומידותיהם?

מה פשר העובדה שדווקא מנהיג ישראל גדל כילד בביתו של פרעה, ובילה את רוב שנותיו כְּרוֹעֵה צאן בארץ זרה?

**יאללה מכות יאללה** – **"וַיֹּאמֶר לָרָשָׁע לָמָּה תַכֶּה רֵעֶךָ"** (ב, יג)

מה גורם לחברה בישראל להיות כה אלימה? מה מביא ילד לסגל לעצמו את הכוחנות והאגרסיביות כשיטה לפתרון בעיות?

האם אלימות מילולית חמורה בעיניכם פחות מאלימות פיזית? מדוע?

איך לדעתכם נכון להתמודד עם העניין – ענישה מחמירה, הגבלה על פרסום תכנים אלימים במדיה, חינוך לסובלנות או דרכים אחרות?

**מקדש מעט** – **"כִּי הַמָּקוֹם אֲשֶׁר אַתָּה עוֹמֵד עָלָיו אַדְמַת קֹדֶשׁ הוּא"** (ג, ה)

איך משלבים בין הצורך החברתי לפגוש חברים בבית הכנסת לבין שמירה על קדושת המקום כך שלא יהפוך למוקד דַּבֶּרֶת בלתי פוסק וקבינט מדיני־ביטחוני־כלכלי רועש?

האם הקושי להתחבר לתפילה, שמתבטא באיחורים ובעלעול בעלונים, הוא הבעיה עצמה או סימפטום לדבר עמוק יותר?

# וארא

## לא מובן מאליו

"החלטתי להפתיע את בתי ליום הולדתה ה־16", משתפת דנה (42). "חודש שלם תכננתי: תיאמתי עם 30 חברות, שכרתי אולם, הזמנתי צלם מגנטים, הכנתי סרטון הפתעה עם ברכות מכל המשפחה. אפילו לקחתי יום חופש מהעבודה לטובת הארגונים. "בערב המסיבה כשהכול היה מושלם, הבת שלי נכנסה, חייכה, אמרה 'וואי איזה כיף' ורצה לרקוד עם החברות. למוחרת ראיתי אותה מעלה תמונות לאינסטגרם: 'ערב מדהים עם החברות הכי טובות בעולם'. הרגשתי צביטה בלב. ומה איתי? אפילו מילה אחת של תודה לאימא שלה לא הייתה שם..."

"לא ציפיתי שזה יקרה אחרי 15 שנה", אומר עמית (38). "הייתי סטודנט לרפואה, ובדרך עצרתי לעזור למישהו שנתקע עם הרכב בגשם. השבוע קיבלתי הודעה מפתיעה: 'אתה בטח לא זוכר אותי, אבל אני חייב לך תודה ענקית. הייתי בדרך לריאיון עבודה חשוב ונתקעתי עם הסובארו הישנה שלי. עזרת לי להתניע והגעתי בזמן. התקבלתי לעבודה, שם הכרתי את מי שהיום היא אשתי, הקמנו משפחה נפלאה והעסק שלנו משגשג. שנים חיפשתי דרך לומר תודה, אבל לא ידעתי איפה למצוא אותך. אתמול ראיתי כתבה בעיתון על המחלקה החדשה שאתה מנהל בבית החולים, והשם שלך צד את עיניי. פשוט רציתי לומר תודה ושתדע כמה הטוב שעשית השפיע על החיים שלי'".

### לדעת להודות

דניאל (28) היה בדייט הראשון שלו עם מירב בבית קפה שכונתי. הם סיימו לשתות והתעטפו במעילים לפני היציאה אל הלילה הגשום. "חכה לי רגע", היא אמרה לו, ניגשה לדלפק. וביקשה מהמלצרית עוד כוס קפה. דניאל היה מבולבל. 'מה פתאום קפה, הרי סיימנו?' הוא חשב, אבל אז הוא ראה אותה מתקרבת לסרגיי, המאבטח המבוגר שישב בכניסה. "תודה שאתה שומר עלינו", אמרה לו בחיוך והושיטה את הכוס החמה. "שיהיה לך ערב חמים ונעים". פניו של האיש האירו ועיניו ברקו. "תשע שנים אני עובד פה", הוא אמר בקול רועד במבטא רוסי כבד, "ואף אחד אף פעם לא עשה בשבילי דבר כזה". באותו רגע דניאל הבין משהו עמוק על הבחורה שנפגש איתה. יש לה יכולת מופלאה להבחין במי שבדרך כלל "שקוף" בעיני רוב האנשים, והיא יודעת להעריך את מה שרובנו מקבלים כמובן מאליו. "מאז חלפו כמה שנים", הוא מספר, "היום אנחנו גרים בירושלים ומירב היא אמא של שלושת הילדים המתוקים שלנו".

### המתכון לאריכות ימים

המילה הראשונה שיהודי אומר כשהוא פוקח את עיניו בבוקר היא "תודה" — "מודה אני לפניך מלך חי וקיים".

למעשה, כולנו קרויים יהודים, על שם יהודה, שנקרא כך בגלל התודה שהביעה אימו כשנולד.

מתברר שלתחושות חיוביות ולהכרת תודה יש השפעה גדולה מכפי שדמיינו. היא מקרינה אפילו על תוחלת החיים של האדם.

כך עולה מ"מחקר הנזירות" המפורסם של ד"ר דייוויד סנודן מאוניברסיטת קנטקי. הוא וצוותו עקבו במשך כ־20 שנה אחר נזירות ממסדר "האחיות של בית ספר נוטרדאם" ובחנו את יומני הנעורים שלהן, תוך ניתוח התכנים שכתבו בגיל צעיר. מן המחקר עלה ממצא מדהים: נזירות שביטאו ביומניהן רגשות חיוביים כמו הכרת תודה, חיו בממוצע 7 שנים יותר מעמיתותיהן. נוסף לאריכות הימים, נמצא שהן נהנו גם מאיכות חיים גבוהה יותר ורמות נמוכות של מחלות כמו דמנציה ואלצהיימר.

### מה אכפת לעפר?

ומכאן התשובה לתעלומה בפרשה. באופן מפתיע שלוש המכות הראשונות — דם, צפרדע וכינים — לא בוצעו על ידי משה.

אומנם הוא הוביל את המהלך, אבל לביצוע המשימה בפועל שיגר את אהרון אחיו. למה?

חז"ל מסבירים שמשה חש הכרת הטוב כלפי היאור שהציל את חייו בינקותו כשהוחבא בתיבה בין הקנים, וכלפי העפר שעזר לו להסתיר את המצרי שהרג. אומנם עברו עשרות שנים מאז, אבל משה לא רצה להיות כפוי טובה כלפיהם ולפגוע בהם בעצמו, ולכן שלח את אחיו לחולל את המכה.

ואנחנו שואלים: נו באמת, זה משנה ליאור מי מכה אותו?! האם לעפר הארץ יש רגשות שעלולים להיפגע?!

והתשובה היא: אולי להם זה לא משנה. אבל למשה זה משנה מאוד. כי הכרת הטוב אינה רק חובה כלפי מי שהיטיב עימנו. היא בראש ובראשונה מעצבת את האישיות שלנו, את היכולת שלנו להבחין בטוב, להוקיר אותו ולא לקחת שום דבר כמובן מאליו.

**אתגר השבוע**

בחרו שלושה אנשים שעשו למענכם דבר בעל משמעות, ושלחו להם הודעה אישית וכנה. ספרו להם מה המעשה שלהם עשה עבורכם ואיך הוא השפיע על חייכם.

## מספרים ש...

### מה שוות שתי ידיים?

לא תיארתי לעצמי שמשחק כדורסל שגרתי יסתיים בשתי ידיים שבורות. הייתי אז בכיתה י"א ואחר צהריים אחד יצאתי לשחק במגרש עם חברים. הכדור היה בידיי בדרך לסל. שחקן מהקבוצה השנייה בא מאחוריי ובאופן בלתי ספורטיבי בעליל דחף אותי. נפלתי אחורה ובאופן אינסטינקטיבי שלחתי את שתי הידיים אחורה כדי לבלום את הנפילה. המכה הייתה חזקה וצילומי הרנטגן שנעשו בחדר המיון גילו ששתי הידיים נשברו.

יצאתי משם כעבור כמה שעות עם גבס מימין וגבס משמאל.

לראשונה בחיי התחלתי להבין מה זו "מוגבלות". פעולות יומיומיות הפכו פתאום למשימות בלתי אפשריות – להחזיק מזלג, לקשור שרוכים, לצחצח שיניים, להתלבש. דברים שעשיתי אלפי פעמים בלי לחשוב הפכו לאתגר מתסכל. והבגרויות? כולן נאלצו להידחות לשנה הבאה שהפכה עבורי לעמוסה כפליים.

אבל דווקא בתקופה הזו קיבלתי מתנה יקרת ערך שמלווה אותי עד היום – היכולת להעריך את הפלא שבשתי ידיים בריאות. זו תובנה שקשה להגיע אליה בדרך אחרת. כי לפעמים דווקא כשדבר נלקח מאיתנו, אנחנו מתחילים סוף־סוף להבין את ערכו. כמו שאומרים: לא מעריכים את הבריאות עד שחולים ואת המים עד שהבאר מתייבשת. ובאמת, רק כשאיבדתי את היכולת הפשוטה לקשור שרוכים, התחלתי להבין כמה ברכה יש בדברים שקיבלנו תמיד כמובנים מאליהם.

## מִבְזָק: הפרשה ב־20 שניות

אחרי ש"נכשלה" השליחות הראשונה לפרעה והוא הכביד את העבודה, אלוקים מחדש את השליחות ומחזק את משה ואהרון במשימתם ◂ שמות צאצאי השבטים ראובן, שמעון ולוי והייחוס של משה ואהרון ◂ שבע המכות הראשונות למצרים: היאור הופך כולו לדם ◂ צפרדעים מציפות את הארץ ◂ כינים עולות מן העפר ◂ חיות טורפות פולשות לארץ ◂ דֶבר ממית את הבהמות ◂ שחין מכסה את המצרים בפצעים מכף רגל ועד ראש ◂ ברד אדיר מכה במצרים ומשמיד את היבול ◂ בכל פעם פרעה כמעט נשבר ומבטיח לשלח את העם, אך ברגע שהמכה מסתיימת הוא חוזר בו.

## הידעת?

**נס קצר מועד – "וַיַּרְא פַּרְעֹה כִּי הָיְתָה הָרְוָחָה וְהַכְבֵּד אֶת לִבּוֹ וְלֹא שָׁמַע אֲלֵהֶם"** (שמות ח, יא)

זהו פרדוקס מרתק: פרעה ראה לנגד עיניו ניסים אדירים, אבל השפעתם דעכה במהירות ותוך זמן קצר הוא שוב הכביד את ליבו וסירב לשלח את ישראל. מחקרים בפסיכולוגיה מצביעים על תופעה המכונה "הסתגלות הֶדוֹנִית" (מהמילה הֶדוֹנִי – קשור להנאה ועונג), כלומר יכולתו של המוח האנושי להתרגל במעט לכל דבר, חיובי או שלילי, כך שהרושם הראשוני הולך ונמוג.

כך היה אצל בני ישראל במעמד הר סיני המרשים, שזמן לא ארוך אחריו הם ריקדו סביב העגל והכריזו "אֵלֶּה אֱ־לֹהֶיךָ יִשְׂרָאֵל". וכך היה, להבדיל, אצל פרעה. כל מכה יצרה זעזוע עמוק, אך במהירות השפעתה דעכה והוא שב לסורו.

**היאור האלוהי – "הִנֵּה אָנֹכִי יֹצֵא הַמַּיְמָה"** (שמות ז, טו)

פרעה יצא מדי בוקר ליאור לא רק כדי להתרענן. המצרים העתיקים ראו בנילוס ישות אלוהית. בפפירוסים עתיקים הוא מכונה "חאפי" – אל הפריון והשפע. ההצפה השנתית של הנילוס, שהותירה אחריה אדמה פורייה, נחשבה למתת אל והייתה חלק מרכזי בפולחן הדתי המצרי. ארכיאולוגים מצאו מקדשים רבים לאורך הנהר, וטקסי פולחן מיוחדים נערכו בעת עליית המים.

בחירת היאור כמטרה למכה הראשונה העבירה למצרים מסר ברור: הנהר שסגדתם לו הפך לדם, כדי שתבינו שהוא רק צינור להעברת השפע. מקור הברכה האמיתי הוא ה' לבדו.

**המאבק בכינים – "וַתְּהִי הַכִּנָּם בָּאָדָם וּבַבְּהֵמָה"** (שמות ח, יג)

תופעת הכינים מלווה את האנושות אלפי שנים. נמצאו מומיות מצריות בנות כ־3,000 שנה עם עדויות להימצאות כינים. המצרים הקדמונים ניסו להיפטר מהן באמצעות משחות שהכילו דם צבים ושמן דקלים. כיום, מחקרים מראים שהכינים מפתחות עמידות לחומרי הדברה מסוימים בקצב מהיר. מחקר מאוניברסיטת תל־אביב מצא שבכ־98 אחוז ממקרי הכינים בישראל, הכינים עמידות לתכשירים מבוססי פרמתרין – החומר הפעיל הנפוץ בשמפו נגד כינים. מתברר דבר מדהים: לא רק המצרים העתיקים נכשלו במאבקם בכינים בעזרת משחות ולחשים, גם המדע המודרני עם כל הישגיו עדיין מתקשה להכריע את היצור הקטן.

## פותחים ראש
### שאלות לדיון סביב השולחן

**הולכים לעבודה – "וְלֹא שָׁמְעוּ אֶל מֹשֶׁה מִקֹּצֶר רוּחַ וּמֵעֲבֹדָה קָשָׁה"** (ו, ט)

האם העבודה המודרנית מאפשרת לנו להקשיב ולחשוב? מה ההבדל בין לעבוד קשה לבין להיות עבד? האם הזמינות התמידית שלנו היא ברכה או קללה? ואם יכולתם לבחור מחדש, באיזו עבודה הייתם בוחרים, ולמה?

**עבדים היינו – "וְהוֹצֵאתִי אֶתְכֶם מִתַּחַת סִבְלֹת מִצְרַיִם"** (ו, ו)

מדוע העם היהודי היה צריך להתחיל את דרכו כעם עבדים? איך השפיע השעבוד על התודעה הלאומית שלנו? האם יש לכך השלכות על היחס שלנו לחלשים בחברה?

**מוגבלויות – "הֵן אֲנִי עֲרַל שְׂפָתַיִם וְאֵיךְ יִשְׁמַע אֵלַי פַּרְעֹה"** (ו, ל)

מדוע דווקא אדם כבד פה נבחר להיות הדובר של עם ישראל? איך אנחנו מתייחסים לאנשים עם מוגבלות במרחב הציבורי ובמקום העבודה? הייתם מקבלים לעבודה אדם כזה – מזכירה מגמגמת, מתכנת מחשבים כבד שמיעה וכדומה? האם החברה שלנו באמת נגישה לכולם?

**על טבעי – "וַיַּעֲשׂוּ גַם הֵם חַרְטֻמֵּי מִצְרַיִם בְּלַהֲטֵיהֶם כֵּן"** (ז, יא)

האם אתם מאמינים במציאות של כוחות על־טבעיים? כיצד אתם מתייחסים לסיפורי מופתים והצלחות של "בעלי כוחות" על־טבעיים? האם בעת מחלה, התלבטות לגבי לימודים או עבודה, קשיים בבחירת בן או בת זוג תהיו מוכנים להיעזר באדם כזה שמבטיח להשפיע לטובה על עתידכם?

# בֹּא

## פרעה הקטן שבתוכנו

"אני יודע שאני טועה", מספר יואל (46), מנהל בכיר בחברת הייטק. "הילדים גדלים בלי שאני שם. בשבוע שעבר הבן שלי זכה בתחרות רובוטיקה, אבל הייתי 'תקוע' בפגישה חשובה. אשתי מתחננת שאקח תפקיד פחות תובעני – 'יש לנו מספיק כסף', היא אומרת ובלב אני יודע שהיא צודקת. אבל בכל פעם שאני חושב על זה, משהו בתוכי מתקומם: 'מה פתאום לוותר על המעמד? על ההשפעה? על הכוח?' ואז אני נשאר, למרות שאני רואה את המחיר שהמשפחה משלמת".

"הרופא שוב הזהיר אותי", משתף דוד (58), נהג משאית ותיק. "הראה לי את הצילומים של הריאות. 'או שאתה מפסיק לעשן, או שאתה גומר את עצמך'. נבהלתי, זרקתי את כל הקופסאות. שבועיים הייתי נקי. "ואז השיעול קצת נחלש, הרגשתי יותר טוב והתפתיתי – 'נו, רק סיגריה אחת, בשביל להירגע'. תוך יומיים חזרתי לקופסה שלמה. זה הסיפור שחוזר על עצמו כבר שש פעמים! כשמפחיד – אני מפסיק, כשמשתפר – אני חוזר".

### כוחו של הרגל

מה גורם לאנשים חכמים ומוצלחים להיתקע בהרגלים הרסניים? מה מביא אותם לחזור על דפוסים שליליים גם כשהם יודעים שהם פועלים לרעתם?

תשובה מפתיעה לכך הגיעה מניסוי שערך ב־1942 הפסיכולוג האמריקאי אברהם לוּכִינְס. הוא ביקש מנבדקים לפתור חידות של העברת מים בין כלים. בתחילה הם קיבלו בעיות שדרשו פתרון מורכב – שימוש בשלושה כלים בסדר מסוים.

אחרי שהתרגלו לדרך הזו, הוא הציג להם בעיה שאפשר היה לפתור בקלות בדרך הרבה יותר פשוטה. אך למרבה ההפתעה רוב הנבדקים המשיכו להשתמש בדרך המסורבלת והמוכרת.

חוקרי מוח גילו שכשאנחנו חוזרים על התנהגות מסוימת, נוצרים במוח "שבילים" עצביים קבועים. כמו דרך שנסללת ביער – ככל שיותר אנשים הולכים בה, היא נעשית ברורה יותר, וקשה יותר לסטות ממנה.

זו הסיבה שעל אף שאנחנו מבינים שדרכנו שגויה, אנחנו ממשיכים בה. כי ההרגל, פיזי או נפשי, אינו רק דפוס התנהגות – הוא הופך למעין כלא שקוף שמשכנע אותנו שאין דרך אחרת, שזה פשוט "מי שאנחנו" ורק כך צריך לפעול. ואז גם אם הדלת פתוחה – קשה להעז לצאת.

### סיפור ישן, מסר חדש

יש הרואים בתורה ספר היסטוריה עתיק – אומנם חשוב, אבל כזה שמספר על דברים שקרו פעם. אין טעות גדולה מזו!

בשביל היסטוריה יש ויקיפדיה. התורה, לעומת זאת, אומנם משתמשת באירועי העבר, אבל עוסקת בהווה – הכוחות, הנטיות והדפוסים שכל אחד מאיתנו פוגש בחייו.

וכך גם הדמויות שבה. לא מדובר רק על אנשים שחיו פעם. אלו קולות שקיימים בתוכנו היום. מי שמסגל את המשקפיים האלו, מגלה שהתורה מדברת אליו – כאן ועכשיו.

רוצים דוגמה? הביטו למשל על פרעה מלך מצרים. במבט ראשון דמות רחוקה ודוחה – שליט אכזר, רודף בצע, עקשן והפכפך.

אבל במבט עמוק יותר – בכל אחד מאיתנו מסתתר "פרעה קטן".

כמה מוכר הדפוס: כשהמכה מכה –

מבטיחים לשנות. "חטאתי הפעם. ה' הצדיק", מכריז פרעה. אך כשהלחץ יורד — חוזרים להרגלים הישנים — "ויכבד לב פרעה".

בדיוק כמו המעשן שנשבע להפסיק כשהוא חולה, או המכור לעבודה שמבטיח לשנות כשהמשפחה מתפרקת.

אבל יש גם בשורה גדולה בפרשה: לצד פרעה שבתוכנו, ניצבים גם משה ואהרון. הקולות של האמת, של החמלה, של החופש. והבשורה הגדולה של יציאת מצרים היא שתמיד אפשר להשתחרר. תמיד אפשר לצאת מהמֵצָרִים.

כי בסופו של דבר, גם פרעה הגדול ביותר נכנע. גם ההרגל העמוק ביותר יכול להשתנות. מעבר להקשבה לקול פנימי — נדרשים גם אומץ להודות בטעות, נכונות לשלם מחיר, ובעיקר התמדה. כי פרעה לא מוותר בקלות, וכל שינוי אמיתי כרוך במאבק יומיומי.

אבל כמו יציאת מצרים, הדרך לחירות מתחילה בהחלטה אחת אמיצה, ומשם — צעד אחר צעד, מכה אחר מכה — אפשר להגיע עד לקריעת ים סוף. אתם מאמינים בזה?

**אתגר השבוע**

זַהו את "פרעה הקטן" שלכם — הרגל או דפוס שאתם יודעים שפוגע בכם או בסביבתכם. כתבו לעצמכם: מתי הוא מופיע? מה המכות שהוא מביא עליכם? ומה הקול של משה אומר?

בחרו צעד קטן אחד לשינוי והתמידו בו שבוע.

## מספרים ש...

**יש לי חלום!**

ערב אחד באוגוסט 1963 ישב מרטין לותר קינג בחדרו במלון וילרד בוושינגטון. למוחרת היה אמור לשאת נאום בפני מאות אלפים ב"צעדת השוויון הגדולה".

הוא התלבט מה לומר. איך מעוררים תקווה כשהמציאות קשה כל כך? איך מדברים על חופש כשהגזענות משתוללת באמריקה והשחורים סובלים מקיפוח וניצול? פתאום הוא נזכר בסיפור על יציאת מצרים. על עם של עבדים שהעז לחלום על חופש, ועל מנהיג שהתייצב מול השליט החזק בעולם והכריז "שלח את עמי". על חושך שהפך לאור גדול.

למוחרת, כשעלה לבמה, דיבר על החלום שלו. "יש לי חלום", הכריז בקול רועם, "שיום אחד ילדים שחורים ולבנים יחזיקו ידיים כאחים". הוא דיבר על תקווה, על אמונה, על הכוח לשנות.

חמש שנים אחר כך, באפריל 1968, בנאום שנשא יום לפני הירצחו, אמר: "כמו משה, גם אני ראיתי את הארץ המובטחת".

הוא לא זכה להיכנס אליה, אך החלום שלו, כמו חלום החירות של בני ישראל, היה חזק יותר מכל הדיכוי וההשפלה.

ארבעים שנה אחר כך נבחר הנשיא השחור הראשון בתולדות ארצות הברית.

## מִבְזָק: הפרשה ב־20 שניות

שלוש המכות האחרונות מכות במצרים: ארבה מכסה את הארץ ומשמיד כל צמח ◂ חושך מוחלט משתק את מצרים לשלושה ימים ◂ ה' מצווה על קורבן פסח ומכת בכורות ◂ ההכנות ליציאה: מצוות קידוש החודש, מצוות קורבן הפסח ◂ המצרים מגרשים את ישראל ומעניקים להם כלי כסף וכלי זהב ◂ עם ישראל יוצא ממצרים ביום ט"ו בניסן, אחרי 210 שנות שעבוד ◂ מצוות הפסח לדורות: מצה, מרור, סיפור יציאת מצרים ◂ מצוות התפילין ◂ קידוש הבכורות ופדיונם

## הידעת?

**המצווה הראשונה – "הַחֹדֶשׁ הַזֶּה לָכֶם רֹאשׁ חֳדָשִׁים, רִאשׁוֹן הוּא לָכֶם לְחָדְשֵׁי הַשָּׁנָה"** (שמות יב, ב)

המצווה הראשונה שקיבלו ישראל במצרים הייתה קידוש החודש. הלוח היהודי משלב באופן ייחודי את שנת הירח (החודשים) עם שנת השמש (העונות). בעוד הנוצרים עוקבים רק אחר מחזור השמש והמוסלמים רק אחר מחזור הירח, היהדות משלבת ביניהם, ומגשרת על הפער בין הלוחות על ידי עיבור השנה והוספת חודש מדי כמה שנים.

בעבר היו מקדשים את החודש על פי עדים שראו את הירח החדש, אך בשנת 359 לספירה תיקן נשיא הסנהדרין הלל השני את הלוח המחושב שאנו משתמשים בו עד היום.

**התפילין המודרניות – "וְהָיָה לְאוֹת עַל יָדְכָה וּלְטוֹטָפֹת בֵּין עֵינֶיךָ"** (שמות יג, טז)

עד לפני כמאה שנה היו מייצרים את התפילין בעיקר מעור כבשים. המהפכה הגיעה כשהרב נתנאל תפילינסקי פיתח שיטה לייצור תפילין מעור בהמה גסה, שהן חזקות ויציבות הרבה יותר. התפילין המיוצרות כיום הן המהודרות ביותר בהיסטוריה היהודית – תהליך ייצורן נמשך כשנה שלמה וכולל עיבוד במלח, גופרית וסיד, הקצעה, הטבעה ודחיסה. מעניין שבחפירות במערות בר כוכבא נמצאו תפילין שנעשו דווקא מעור עגל, בדיוק כמו התפילין המהודרות של ימינו.

**הארבה: מכה שעדיין איתנו – "וַיְכַס אֶת עֵין כָּל הָאָרֶץ וַתֶּחְשַׁךְ הָאָרֶץ וַיֹּאכַל אֶת כָּל עֵשֶׂב הָאָרֶץ"** (שמות י, טו)

בשנת 2013 חוותה ישראל את אחד מנחילי הארבה הגדולים ביותר שפקדו את האזור, כאשר מיליוני חרקים כיסו את שמי הנגב ואיימו על החקלאות המקומית.

נחיל ארבה מדברי ממוצע מכיל כ־40 מיליון חרקים, מכסה שטח של כ־100 קילומטרים רבועים ויכול לצרוך ביום כמות מזון השווה למשקלם של 2,500 בני אדם – מה שהופך את הארבה לאחד המזיקים החקלאיים הקשים בעולם.

בקהילות יהודי תימן, שהתמודדו עם נחילי ארבה במשך הדורות, למדו לזהות את מיני הארבה הכשרים לפי ההלכה – כלומר אלו שעומדים בארבעת הסימנים המוזכרים בתורה. הם נהגו לצוד את הארבה, לטגן ולאכול אותו, והמסורת הזו נשמרת עד היום בקרב חלק מיוצאי תימן בישראל, הרואים בו מקור מזון עתיר חלבון ומעדן ייחודי.

כיום, חוקרים משתמשים בלוויינים וכלים טכנולוגיים כדי לעקוב אחרי תנועת נחילי הארבה באזורים המועדים, במטרה לצמצם את הפגיעה בחקלאות.

## אני רק שאלה

### מה פתאום שני זוגות?

**שאלה:** בבית הכנסת ראיתי מישהו מחליף את התפילין שלו באמצע התפילה לזוג אחר. מה העניין בזה? האם לא מספיק זוג אחד של תפילין?

אבנר

**תשובה:** מה שראית הוא מנהג עתיק הקשור לאחת המחלוקות המרתקות בהיסטוריה היהודית. שני ענקי תורה – רש"י ורבנו תם (שהיה נכדו) – נחלקו בשאלה כיצד יש לסדר את ארבע הפרשיות בתוך בתי התפילין. רש"י סבר שיש להניחן לפי סדר הופעתן בתורה, ואילו רבנו תם סבר שיש לסדרן באופן שונה.

המעניין הוא שהמחלוקת הזו קדומה בהרבה משניהם: בחפירות במערות קומראן, מתקופת מרד בר כוכבא מלפני אלפיים שנה, נמצאו תפילין משני הסוגים.

המקובלים מסבירים שאין כאן טעות – שתי הצורות ניתנו למשה בסיני, האחת (של רש"י) לכלל ישראל, והשנייה (של רבנו תם) ליחידי סגולה.

ישנו סיפור מופלא על חכם שניסה להכריע בשאלה באמצעות "שאלת חלום" (שאלה שמפנים לשמיים בחלום). התשובה שקיבל הייתה מפתיעה: גם בשמיים יש מחלוקת בעניין. פמליה של מעלה פוסקת כרש"י, אך הקב"ה בעצמו פוסק כרבנו תם...

לכן יש הנוהגים להניח את שניהם – קודם כול את תפילין של רש"י, שהן העיקר להלכה, ואחר כך, כחומרא, את זוג התפילין של רבנו תם.

## פותחים ראש
### שאלות לדיון סביב השולחן

**עבודה משפחתית** – **"בִּנְעָרֵינוּ וּבִזְקֵנֵינוּ נֵלֵךְ, בְּבָנֵינוּ וּבִבְנוֹתֵנוּ... כִּי חַג ה' לָנוּ"** (י, ט)

האם לדעתכם נכון להביא ילד קטן לבית כנסת, על אף שעדיין אינו יודע לקרוא ולהתפלל? כיצד ניתן ליצור חוויה רוחנית שכל בני המשפחה יהיו שותפים לה?

**עושים עלייה** – **"וְגַם עֵרֶב רַב עָלָה אִתָּם"** (יב, לח)

מדינת ישראל משקיעה מאמצים רבים לעודד עלייה לארץ. בעשורים האחרונים הגיעו לארץ מאות אלפי יהודים מרוסיה, מאתיופיה וממקומות אחרים בעולם. רבים מהעולים אינם מוגדרים יהודים על פי ההלכה ועלו בזכות "סעיף הנכד" שמאפשר לכל מי שסבו יהודי לעלות. הדבר יוצר בעיה קשה של נישואי תערובת. כיצד נוכל להתמודד עם הבעיה הזו? האם לדעתכם נכון להעלות מי שסבו יהודי גם אם הוריו גויים?

**יחסים משפחתיים** – **"וְהָיָה כִּי יִשְׁאָלְךָ בִנְךָ מָחָר לֵאמֹר"** (יג, יד)

האם יחסי הורים וילדים היום שונים מאשר היו לפני חמישים שנה? האם התקשורת הדיגיטלית שיפרה והעמיקה את הקשר שלנו עם האנשים הקרובים אלינו או לא? מתי יצא לכם בפעם האחרונה לשוחח שיחה עמוקה עם אבא, אימא או אחיכם הגדול? מה חסר כדי שזה יקרה?

# בשלח

## מול הרוע המוחלט

9 באוגוסט 1945, השעה 11:02. מייג'ור צ'רלס סוויני היישיר מבט אל העיר נגסאקי שנראתה מתחת למפציץ ה B-29 שלו. שלושה ימים קודם לכן הוטלה פצצת האטום הראשונה על העיר הירושימה וגרמה הרס אדיר.

אך למרות אזהרות חוזרות ונשנות, יפן ממשיכה לסרב להיכנע וקשה היה לראות סוף למלחמה. בידיו של צ'רלס האפשרות להכריע את המערכה ולשנות את פני ההיסטוריה. הוא לחץ על הכפתור האדום ו־"Fat Man", כפי שכונתה הפצצה השנייה, השתחררה מבטן המטוס. סוויני משך את המטוס בחדות כלפי מעלה והחל להתרחק במהירות. בעבור 43 שניות נשמע רעם אדיר ופטריית ענק אדומה היתמרה מאחוריו.

"המטרה הייתה ביתו של סלאח שחאדה, מפקד הזרוע הצבאית של חמאס, במרכז עזה", כך סיפר סא"ל ע' (42), טייס חיל האוויר. "המודיעין הצביע על נוכחות אזרחים בבניין, אבל גם על כך שהאיש הזה אחראי אישית לרצח של מאות ישראלים ומתכנן גל פיגועים נוסף. הפצצה במשקל טון פגעה במטרה בדיוק מושלם. ארבעה עשר אזרחים שהיו במקום נהרגו באופן מיידי. כשחולצו הגופות מבין ההריסות מצאו בתוכם גם את רב המחבלים סלאח שחאדה".

### הצייד

שמעון ויזנטל, אדריכל במקצועו, שכב על מיטת בית החולים הצבאי האמריקאי. התאריך היה 26 במאי 1945, ורק יומיים קודם הוא שוחרר ממחנה מאוטהאוזן. משקלו עמד אז על 41 קילו בלבד.

הרופא הפציר בו לנוח, אבל הוא ביקש נייר ועיפרון.

"מה אתה עושה?" שאלה האחות.

"רושם שמות", הוא ענה, "של רוצחים".

כך החל המסע. ויזנטל הקים בעיר לינץ שבאוסטריה, משרד קטן שהפך למרכז תיעוד. בחדר צפוף, עמוס תיקים ונייררת, הוא רקם את הרשת שתפרוש את חוטיה על פני העולם כולו.

במשך למעלה מחמישים שנה הוא איתר יותר מ־1,100 פושעי מלחמה נאצים. בין הבולטים שבהם: אדולף אייכמן, פרנץ שטנגל מפקד טרבלינקה, וקרל זילברבאואר – "המלאך מלבוב".

כשנשאל מה מניע אותו, ענה: "כשאני פוגש ניצול שואה אחר, הוא שואל אותי על פריז או לונדון. אני שואל אותו על אושוויץ ומאוטהאוזן. הוא רוצה לשכוח, אבל אני נשבעתי לזכור ולהבטיח שהרוע המוחלט הזה לא יחזור לעולם".

### ההיסוס שהוליד אסון

לפני כשלושת אלפים שנה עמד שאול, המלך הראשון של ישראל, בפני משימה מאתגרת: להשמיד את עמלק.

הנביא שמואל מסר לו את הצו האלוקי – מלחמת חורמה טוטלית. אבל שאול היסס. המדרש חושף את המחשבות שהתרוצצו בראשו: "ומה אם על נפש אחת אמרה תורה הבא עגלה ערופה, כל הנפשות הללו על אחת כמה וכמה! ואם אדם חטא, בהמה מה חטאה? ואם גדולים חטאו, קטנים מה חטאו?" (יומא כב ע"ב).

התוצאה: הוא חמל על אגג מלך עמלק והשאיר אותו בחיים.

האם באמת היה בכך סיכון כה גדול? כדי להבין את התוצאה הנוראה של החמלה הזו, הבה נדלג כמה מאות שנים קדימה, אל שיחה דמיונית בשושן הבירה.

"אבא", שאל הנער תוך כדי ארוחת הערב, "למה אנחנו צריכים לזכור את מה שעמלק עשה לנו? זה היה לפני כל כך הרבה דורות. העולם השתנה, האנשים השתנו. היום כולם מדברים על שלום ואחווה".

האב פתח את פיו להשיב, אבל באותו רגע נפתחה דלת הבית בסערה. בפתח עמד הדוד שמריה ופניו חיוורות.

"גְזֵרָה נוראה!" הוא קרא בקול רועד, "המן האגגי, השר החדש, הוציא צו מלכותי: להשמיד להרוג ולאבד את כל היהודים, מנער ועד זקן, טף ונשים, ביום אחד".

הנער הביט באביו בעיניים קרועות לרווחה. מתברר שעמלק שוב כאן, והפעם בדמותו של המן, צאצא אגג שעליו חמל שאול.

## להילחם עד הסוף

פרשת בשלח מלמדת אותנו דבר שבהיותנו יהודים לא קל לנו לעכל: יש בעולם סוג של רוע שאין לו תקנה. רוע מזוקק ומוחלט שכל מטרתו להשמיד ולכלות.

שימו לב שעמלק לא נלחם בישראל על שטח או משאבים. לא תקפנו אותו ולא פלשנו לנחלתו. הוא פשוט רצה להרוס ולהזיק, ובחר לתקוף דווקא את החלשים — "וַיְזַנֵּב בְּךָ כָּל הַנֶּחֱשָׁלִים אַחֲרֶיךָ" (דברים כה, יח).

זהו אותו רוע שראינו בנאצים, שהקדישו משאבים אדירים להשמדת יהודים גם כשהפסידו בכל החזיתות. וזה אותו רוע שנגלה לעינינו בשמחת תורה תשפ"ד, כשמחבלי חמאס טבחו, אנסו ושרפו חפים מפשע רק בגלל היותם יהודים.

חלק מייעודו של עם ישראל הוא להיות אור לגויים גם במלחמה נגד הרוע. להראות לעולם שמול רוע מוחלט אסור להסס. כי רוע כזה הוא כמו גידול ממאיר — אם לא כורתים אותו בזמן, הוא מתפשט ומסכן את הכול. ההיסוס של שאול הוביל אל המן, וההתעלמות מהנאציזם בתחילת דרכו הובילה לשואה.

אך יש בפרשה גם בשורה של תקווה: "מָחֹה אֶמְחֶה אֶת זֵכֶר עֲמָלֵק מִתַּחַת הַשָּׁמָיִם" (שמות יז, יד).

בסופו של דבר הרוע המוחלט תמיד מובס. כי כוחות החיים, הצדק והמוסר חזקים יותר. צריך רק את האומץ והנחישות להילחם בו, ללא היסוס וללא פשרות, עד לניצחון.

## אתגר השבוע

כולנו מכירים את הרגעים האלו: לראות עוול ולהתלבט אם להתערב, לשמוע על סבל ולהרגיש שאין ביכולתנו לשנות, להבחין ברוע ולהישאר מהצד.

השבוע, נסו להוציא את ה"משה" שבכם — האדם שבוחר שלא לעמוד מנגד. חפשו רגע אחד שבו אפשר לעשות את ההבדל: לעזור למי שנפגע, להרים את קולכם מול אי־צדק, או פשוט לחזק מישהו שנמצא במצוקה. כי המלחמה ברוע מתחילה בצעד קטן.

## מספרים ש...

### צדק בירושלים

בפרבר שקט של בואנוס איירס חי איש בשם ריקרדו קלמנט. פקיד שקט בחברת מרצדס, שכן מהשורה. איש לא העלה בדעתו שמאחורי החזות התמימה מסתתר אדולף אייכמן – אחד מגדולי פושעי המלחמה הנאצים.

אבל עיניו של המוסד היו פקוחות. אחרי מבצע מורכב של מעקב וזיהוי, צוות מיוחד חטף את אייכמן בדרכו לביתו. אנשי המוסד הלבישו לו תחפושת של דייל חולה, והוא הוברח במטוס אל על מארגנטינה לישראל, שם הוא הועמד למשפט.

בית העם בירושלים, 11 באפריל 1961. אייכמן, האיש שתכנן את "הפתרון הסופי", יושב בתא זכוכית משוריין. התובע הכללי גדעון האוזנר קם ממקומו, קולו רעד מהתרגשות:

"עומד אני כאן לפניכם, שופטי ישראל, להאשים את אדולף אייכמן. אך לא לבדי עומד אני כאן. עמדי ניצבים כאן, ברגע זה, שישה מיליון קטגורים. אך הם לא יוכלו לקום על רגליהם. להצביע באצבע מאשימה ולזעוק 'אני מאשים', כי עפרם נערם בין גבעות אושוויץ ושדות טרבלינקה..."

ב־15 בדצמבר 1961 נחרץ דינו למוות. אייכמן, הנאצי הבכיר היחיד שהועמד לדין בישראל, נתלה בכלא רמלה ב־31 במאי 1962. גופתו נשרפה ואפרו פוזר הרחק בים, מחוץ למים הטריטוריאליים של ישראל. האיש שמנע מקורבנותיו מקום קבורה, לא זכה גם הוא למנוחה על אדמת הארץ.

## מִבְזָק: הפרשה ב־20 שניות

עם ישראל יוצא ממצרים בליווי עמוד אש וענן ◂ פרעה מתחרט ורודף אחרי בני ישראל עם צבאו ◂ ישראל נלחצים בין המצרים לים ◂ נס קריעת ים סוף: המים נבקעים והעם עובר ביבשה ◂ המצרים באים אחריהם וטובעים בים ◂ משה ובני ישראל שרים את שירת הים ◂ מרים מובילה את הנשים בשירה ובמחולות ◂ העם צמא במדבר והמים במרה מתמתקים ◂ ירידת המן והשְׂלָיו ◂ עמלק תוקף ויהושע מנצח במלחמה כשידי משה מורמות.

## הידעת?

**ותודה לציפורים – "אָז יָשִׁיר מֹשֶׁה וּבְנֵי יִשְׂרָאֵל"** (שמות טו, א)

שבת פרשת בשלח נקראת **"שבת שירה"** על שם שירת הים שנקראת בה. מנהג עתיק הוא לפזר בשבת זו פירורי לחם לציפורים. המקור למנהג קשור למן: כשמשה אמר לעם שבשבת לא ירד מן, דתן ואבירם פיזרו מן בליל שבת בשדה כדי להראות שמשה טעה. אך הציפורים אכלו את כל המן לפני הבוקר ושמרו בכך על כבודו של משה. כאות תודה נהגו להאכיל אותן בשבת זו.

## איך שורדים במדבר? – "וַיַּסֵּב אֱלֹ־הִים אֶת הָעָם דֶּרֶךְ הַמִּדְבָּר" (שמות יג, יח)

המדבר הוא אחד מאזורי המחיה הקשים בעולם. מחקרים מראים שבקיץ הטמפרטורה יכולה לזנק ל־50 מעלות ביום ולצנוח ל־0 בלילה. אדם הצועד במדבר מאבד בממוצע 10–12 ליטר מים ביום דרך זיעה ונשימה, וללא מים הוא עלול לאבד הכרה תוך שש שעות. שיירות מסחר בעת העתיקה תכננו את מסלולן בקפידה מבאר לבאר, ונשאו עימן כ־15 ליטר מים לאדם ליום הליכה. גמל יכול לשאת כ־100 ליטר, המספיקים לשלושה אנשים ליומיים בלבד. על רקע זה מתבהר הנס העצום: הישרדות של עם שלם – מיליוני אנשים, נשים וטף, עם עדרי צאן ובקר – במשך 40 שנה במדבר הצחיח.

## אוכל פלאי – "הִנְנִי מַמְטִיר לָכֶם לֶחֶם מִן הַשָּׁמָיִם" (שמות טז, ד)

באזורי מדבר שונים בעולם מוכרת תופעה של "מן מדברי" – הפרשה של פטריות זעירות על סלעים, שמתייבשת לפתיתים לבנים. הבדואים בסיני קוראים לו עד היום "מִן א־סַמַאְ" (מן השמיים). המן שירד לישראל היה שונה לחלוטין – הוא ירד בכמות מדויקת, עומר לגולגולת, שישה ימים בשבוע במשך ארבעים שנה. הוא נמס בחום היום, ובשבת לא ירד כלל. חז"ל מספרים שטעמו היה פלאי – כל אחד טעם בו את המאכל שחשק בו: הצעירים טעמו לחם, הזקנים דבש, והתינוקות שמן. לו יכולתם, איזה טעם אתם הייתם בוחרים עבורו?

## פותחים ראש
### שאלות לדיון סביב השולחן

**במי זה תלוי** – **"ה' יִלָּחֵם לָכֶם וְאַתֶּם תַּחֲרִשׁוּן"** (יד, יד)

בים סוף נדרשו בני ישראל "להיות בשקט" ולתת לה' להילחם. מתי נכון "לזוז הצידה" ולתת לה' לפעול, ומתי עלינו להשתדל בכל כוחנו? איך מחליטים מתי להגביר מאמץ ומתי דווקא "להרפות"? האם יש הבדל בין תחומים שונים בחיים – פרנסה, זוגיות, בריאות?

**תפילה אמיתית** – **"וַיֹּאמֶר ה' אֶל מֹשֶׁה: מַה תִּצְעַק אֵלָי, דַּבֵּר אֶל בְּנֵי יִשְׂרָאֵל וְיִסָּעוּ"** (יד, טו)

מתי הפעם האחרונה שהתפללתם באמת מעומק הלב? האם דווקא ברגעי משבר אנחנו מתחברים לתפילה, או שאפשר להתפלל באותה עוצמה גם מתוך שמחה והודיה? איך הופכים את התפילה מקריאת טקסט לשיחה אמיתית עם הקב"ה?

**פרנסה מן השמיים** – **"הִנְנִי מַמְטִיר לָכֶם לֶחֶם מִן הַשָּׁמָיִם וְיָצָא הָעָם וְלָקְטוּ דְּבַר יוֹם בְּיוֹמוֹ"** (טז, ד)

אילו כל צרכינו היו מסופקים באופן פלאי כמו המן, איך היינו בוחרים לחיות? האם העבודה היא רק אמצעי להשגת פרנסה או שיש בה ערך בפני עצמה? מה היינו עושים עם הזמן והאנרגייה שהיו מתפנים לנו?

# יתרו

## עומס יתר

"אני חייבת לעצור", מספרת רונית (43), אם לארבעה ומנהלת משאבי אנוש בחברת הייטק. "בבוקר אני מתעוררת בחמש וחצי כדי להכין לכל ילד ארוחת בוקר בדיוק כמו שהוא אוהב. בשש וחצי מעירה את כולם, מתלבשת בחופזה, מכניסה מדיח, מקפלת את הכביסה של אתמול. בשבע ורבע מסיעה לגנים ולבתי הספר, משם לעבודה. כל היום זמינה בטלפון – גם לילדים וגם לעובדים. אחר הצהריים חוגים, שיעורי בית, קניות, בישולים... השבוע, באמצע נסיעה הביתה, נרדמתי לשנייה על ההגה. התעוררתי ברגע האחרון כשהרכב סטה מהדרך והתנגש במעקה הבטיחות. בנס לא נפגעתי באופן חמור. הרופא היה נחרץ: 'את חייבת להוריד רגל מהגז. אי אפשר לחיות בעומס כזה!'"

"זה היה אמור להיות הערב המושלם", מספר עידו (24), סטודנט למנהל עסקים. "נבחרתי לארגן את אירוע סוף השנה של החוג – ערב שכולם מחכים לו. רציתי שהכול יהיה מושלם! כמה חברים הציעו לעזור, אבל העדפתי לקחת על עצמי את הכול – תכנון התפריט, עיצוב ההזמנות, תיאום עם הספקים, סידור האולם. הייתי בטוח שככה אוכל לשלוט בכל פרט ולעשות אותו הכי טוב שאפשר. בסוף, הערב היה כישלון – הקייטרינג איחר בשעתיים, המצגת נתקעה באמצע, והתוכנית השתבשה לגמרי. מאתיים סטודנטים ישבו רעבים ומתוסכלים, ואני עמדתי שם לבד, מרגיש איך כל מה שתכננתי קורס לי מול העיניים".

### איזה עומס

"במאה השנים האחרונות הטכנולוגיה התפתחה באופן מדהים, ובזכות זה החיים שלנו נעשו קלים ונוחים יותר משל אבותינו".

האם האמירה הזו נכונה?

ובכן, מחקר מקיף של אוניברסיטת סטנפורד (2019) מגלה תמונה מפתיעה: למרות הקדמה הטכנולוגית – רמות הלחץ והעומס בחיינו גבוהות פי שלושה מרמתן לפני 50 שנה!

הסיבה המרכזית היא "עומס יתר של מידע ואפשרויות". אדם ממוצע היום מקבל ביום אחד יותר מידע ממה שאדם במאה ה־15 קיבל בכל חייו.

ולא רק כמות המידע השתנתה. מחקר של מכון גאלופ (2022) מצא שהאמריקאי הממוצע מקבל 120 החלטות מודעוֹת ביום – מה לאכול, מה ללבוש, איך להגיע לעבודה, במה להשקיע, איזה מסלול לימודים לבחור. ב־1980 המספר עמד על 40 החלטות ביום בלבד.

העלייה החדה הזו גורמת ל"עייפות החלטות" – תופעה שבה איכות קבלת ההחלטות שלנו יורדת ככל שהיום מתקדם.

וזה לא הכול. על פי ארגון הבריאות העולמי, תשישות ושחיקה הפכו למגפה של המאה ה־21. 76 אחוז מהעובדים בעולם המערבי מדווחים על תחושת עומס קבועה, ו־89 אחוז מההורים מרגישים שהם לא מצליחים לעמוד בכל המשימות. כל אלה מביאים לעלייה חדה בדיכאון, בחרדה ובבעיות בריאות הקשורות ללחץ.

אז מה הפתרון, אתם שואלים? יש סיכוי להרגיע קצת את הלחץ המטורף הזה?

### עצת הזהב של יתרו

עוד כשהייתי ילד התפלאתי במה זכה כוהן מדייני, שהפרשה החשובה המתארת את המעמד המכונן של עם ישראל – מתן תורה – נושאת את שמו. אומנם אומרים שהעצה שנתן למשה למנות עוד שופטים ולא לעשות הכול בעצמו, העניקה לו את הכבוד הגדול. אבל האם צריך להיות גאון מבריק בשביל זה? הרי כל אדם עם שכל ישר מבין שמנהל סוּפֶר לא סוחב בעצמו ארגזים, מסדר מדפים ועושה חשבונות בקופה. הוא מעסיק הרבה עובדים ומנהל אותם מלמעלה. רק ככה המערכת יכולה לתפקד. האם מגיע "פרס ישראל" למי שהציע למשה לעשות את אותו הדבר עם שפיטת העם?

התשובה היא זו: משה, מתוך מסירותו האינסופית לעם ישראל ומתוך הבנה עמוקה של אחריותו הכבירה, נשא לבדו בעול המשפט. הוא הרגיש שאם ה' נתן לו את התפקיד, זו ודאי המשימה הנכונה עבורו. אך דווקא יתרו, במבט צלול מבחוץ, זיהה כאן הזדמנות ללמד את כולנו שיעור נצחי.

ישנם שלושה דפוסים אנושיים שמלווים אותנו עד היום: הצורך העז להיות בשליטה מלאה, ההתעקשות לעשות הכול לבד, והרצון להיות מושלמים בכל תחום. כמה מאיתנו מכירים את התחושה הזו – ההורה שמתקשה להאציל סמכויות, המנהל שלא סומך על עובדיו, או בן הזוג שחייב לעשות הכול בעצמו "כי רק כבה זה יהיה מושלם".

התורה מספרת לנו בכוונה על עצתו של יתרו, לא רק כדי שנדע מה היה פעם. מילותיו מהדהדות דרכה עד היום: "נָבֹל תִּבֹּל" – אתה תקרוס! לא משנה כמה אתה חזק, כמה אתה מוכשר, כמה אתה מָסוּר – בסוף תישבר.

מה האלטרנטיבה, אתם שואלים? איך לעשות זאת אחרת?

## להוריד את מפלס העומס

התורה ובעקבותיה חז"ל מציעים שלושה כלים:

1. **לא לבד:** "וְאַתָּה תֶחֱזֶה מִכָּל הָעָם, אַנְשֵׁי חַיִל יִרְאֵי אֱ-לֹהִים... וְהָקֵל, מֵעָלֶיךָ, וְנָשְׂאוּ אִתָּךְ" (יח, כא–כב). יתרו ובעקבותיו כל היועצים העסקיים טוענים שחייבים להאציל סמכויות. לא הכול חייב לעבור דרכנו. צריך ללמוד לבטוח באחרים, לתת להם לגדול ולהבין שלפעמים דווקא כשמשחררים שליטה ומשתפים עוד אנשים, העסק מתפקד טוב יותר.

2. **להיות אנושיים:** להבין שלא הכול חייב להיות מושלם ובצורה הכי מדויקת שאפשר. מסכת אבות מלמדת ש"לא עליך המלאכה לגמור" (ב, טז). יש הקלה גדולה בהבנה שלא כל ארוחת בוקר חייבת להיות כמו במסעדת שף, ולא כל אירוע חייב להיראות מתוקתק כמו טקס האוסקר. אפשר להוריד קצת את הרף וזה עדיין יהיה בסדר.

3. **להקשיב לעצות:** החכם באדם אמר "וּתְשׁוּעָה בְּרֹב יוֹעֵץ" (משלי יא, יד) – חשוב להקשיב לקולות שסביבנו. לפעמים דווקא המבט מבחוץ – של חבר, יועץ או בן משפחה – יכול לעזור לנו לראות את מה שאנחנו, בתוך המרוץ, לא מצליחים לראות ולעשות שינוי. והנה הפלא: דווקא כשאנחנו מעיזים לשחרר, להיעזר באחרים ולוותר על השאיפה למושלמות – לא רק הלחץ יורד, אלא המשימות מתבצעות ביעילות רבה יותר, אנשים מוכשרים חדשים צומחים לצידנו, ונוצרת אווירה של שותפות ואמון. האם אנחנו מוכנים לנסות?

## אתגר השבוע

קחו דף ועט וכתבו את כל המשימות שלכם לשבוע הקרוב. סמנו באדום את אלו שרק אתם יכולים לבצע, ובכחול את אלו שאפשר לשתף עם אחרים או להיעזר בטכנולוגיה כדי לבצע. מצאו לפחות משימה אחת "כחולה" — ותנו אותה למישהו אחר. אולי עוד תופתעו לגלות איך צעד קטן של שחרור יכול להשפיע על כל התמונה

## מספרים ש...

### הכלים החדשים

"אני לא מאמין שאני עושה את זה", מספר רועי (52), מחנך כיתה י' ורכז שכבה. "תמיד התנגדתי לכל הטכנולוגיה הזאת. הרי כל המהות של החינוך זה הקשר האישי, המגע האנושי. אני כותב לכל תלמיד הערכה אישית בתעודה, מכין כל מערך שיעור בעצמי, בונה לבד את המצגות לאספות הורים. כן, זה לוקח לי המון זמן, אבל ככה אני מרגיש שאני באמת נותן את הלב". אבל יובל, הבן שלו בן ה־16, לא הרפה. "אבא", הוא אמר לו, "אתה יושב עד אחת בלילה על המחשב במקום להיות איתנו. בוא תן לי להראות לך משהו". הוא פתח את ChatGPT והקליד: "אני מחנך שרוצה לכתוב מערך שיעור על מנהיגות דרך דמותו של דוד המלך". תוך שנייה הופיעה על המסך רשימת רעיונות והצעה למתווה מפורט. "תראה", המשיך יובל, "עכשיו אתה לוקח את זה ומדייק, מוסיף, מכוון, וכמובן מצרף את הסיפורים האישיים שלך ודוגמאות מהחיים. זה כמו לקבל עוזר שעושה את העבודה הבסיסית ואתה מוסיף את הנשמה".

"לאט־לאט התחלתי להיפתח", מספר רועי. "גיליתי שבעזרת הבינה המלאכותית אני יכול לקבל רעיונות ראשוניים למערכי שיעור, ואז להפוך אותם למשהו שלי. התחלתי להשתמש ב־Canva ליצירת תמונות ואפילו מצגות שלמות — ובמקום שעתיים של עיצוב, אני מקבל תוצאה יפהפייה בעשר דקות. אפילו בהכנת דפי עבודה ומבחנים אני נעזר בטכנולוגיה — היא עוזרת לי לגוון את השאלות ולחשוב על תרגילים מאתגרים. מה שהכי הפתיע אותי הוא שדווקא נהייתי מורה טוב יותר. במקום לבלות שעות בעיצוב מצגת, אני משקיע יותר זמן בחשיבה איך להעביר את המסר בצורה שתיגע בלב התלמידים. במקום להתעייף מעומס טכני, יש לי יותר אנרגייה להקשיב, לייעץ, להיות שם בשבילם. היום כשמורים שואלים אותי אם זה לא פוגע באותנטיות של ההוראה, אני אומר להם: להפך! הטכנולוגיה לא מחליפה אותנו, היא משחררת אותנו להתמקד במה שבאמת חשוב — ביצירת קשר אמיתי, בהענקת השראה, בחינוך.

## מִבְזָק: הפרשה ב־20 שניות

יתרו כהן מדין שומע על ניסי מצרים ומגיע עם ציפורה ובניה למחנה ישראל ◄ הוא מייעץ למשה למנות שופטים כדי להקל מהעומס שהוא שרוי בו ◄ ישראל מגיעים להר סיני ◄ "שלושה ימי הגבלה" והכנה למעמד הגדול ◄ מעמד הר סיני: קולות וברקים, שופר, עשן וקול ה' ◄ עשרת הדיברות ניתנים לעם ◄ העם נרתע מעוצמת המעמד ומבקש ממשה שיהיה המתווך ◄ ציווי על בניית מזבח אבנים.

## הידעת?

**אור ורעש מן השמיים – "וַיְהִי קֹלֹת וּבְרָקִים וְעָנָן כָּבֵד עַל הָהָר"** (שמות יט, טז)

הקולות והברקים במעמד הר סיני היו תופעה ניסית, אבל בחיי היומיום אנו מכירים תופעה דומה. ברק נוצר כשמטען חשמלי של כ־300 מיליון וולט נפרק בין העננים לקרקע, מגיע לטמפרטורה של כ־30,000 מעלות צלזיוס (פי חמישה מהטמפרטורה על פני השמש!) ומחמם את האוויר במהירות כה גבוהה שנוצר גל הדף – הרעם. מדי שנה נפגעים בעולם כ־24,000 איש מברקים.

בשנת 1752 ערך בנג'מין פרנקלין ניסוי מסוכן שהוביל להמצאה מצילת חיים. בזמן סופה, הוא העיף עפיפון שבקצה החוט שלו קשר מפתח מתכת. כשהברק פגע בעפיפון, ניצוצות קפצו מהמפתח – כך הוכיח שברק הוא למעשה זרם חשמלי ענק. תגלית זו הובילה להמצאת כליא הברק: מוט מתכת גבוה המחובר לאדמה, המושך אליו את הברק ומוביל אותו בבטחה לקרקע.

**עשרת הדיברות והאנושות – "וַיְדַבֵּר אֱלֹ־הִים אֵת כָּל הַדְּבָרִים הָאֵלֶּה"** (שמות כ, א)

עשרת הדיברות עיצבו את התפיסה המוסרית של העולם המערבי. עד היום הם מוצגים בבניין בית המשפט העליון בוושינגטון ובאולם המליאה של הקונגרס האמריקאי, כהכרה בתרומתם ליסודות המשפט והצדק.

ג'ון אדמס, הנשיא השני של ארה"ב, כתב: "כל החוקים המוסריים של העולם המתורבת נשענים על עשרת הדיברות". החוקר הבריטי פול ג'ונסון הרחיב: "התרומה הגדולה ביותר של היהדות לאנושות היא הרעיון שיש חוק מוסרי אוניברסלי המחייב את כולם – מהמלך ועד העבד".

רעיון זה היה מהפכני בעולם העתיק, שבו המלכים והשליטים ראו עצמם מעל לחוק. עשרת הדיברות הציבו לראשונה סטנדרט מוסרי אחיד שחל על כולם, ללא הבדל מעמד או מוצא, והשפעתם ניכרת עד ימינו בחוקי המדינות המתוקנות.

**אפשר לשלוט ברגשות? – "לֹא תַחְמֹד"** (שמות כ, יד)

איך אפשר לצוות על אדם לא לחמוד? זה הרי רגש! טבעי מאוד שאדם שרואה דבר שמוצא חן בעיניו, יתעורר בליבו רצון שגם לו יהיה כזה. אפשר בכלל לשלוט על כך? מחקרים פורצי דרך בתחום הפסיכולוגיה הקוגניטיבית מגלים: המחשבות שלנו יכולות לעצב את רגשותינו. ד"ר אהרון בק, אבי הטיפול הקוגניטיבי־התנהגותי (CBT), הראה שעל ידי שינוי דפוסי חשיבה אפשר להשפיע על תחושות ורגשות. התורה הקדימה את המדע המודרני באלפי שנים בשלימדה שאפשר לשלוט על הרגשות דרך המחשבות. כשאדם מַפְנים שכל אחד מקבל בדיוק מה שנכון עבורו, וששום דבר בעולם לא מגיע במקרה – הקנאה והחמדה מאבדות את כוחן מאליהן.

## פותחים ראש
## שאלות לדיון סביב השולחן

**עובדים זרים** – **"שֵׁם הָאֶחָד גֵּרְשֹׁם כִּי אָמַר גֵּר הָיִיתִי בְּאֶרֶץ נָכְרִיָּה"** (יח, ג)

במדינת ישראל יש כיום כ־250 אלף עובדים זרים (חלקם מועסקים באופן בלתי חוקי), ובערך אותו מספר של ישראלים מובטלים. מה היחס בין שני הנתונים? מי הסיבה ומי התוצאה? איך לדעתכם צריך להתייחס לילדי עובדים זרים שנולדו וגדלו בארץ, מדברים עברית, למדו בגן ישראלי לכל דבר ואפילו משרתים בצבא?

**עם סגולה** – **"וִהְיִיתֶם לִי סְגֻלָּה מִכָּל הָעַמִּים... וְאַתֶּם תִּהְיוּ לִי מַמְלֶכֶת כֹּהֲנִים וְגוֹי קָדוֹשׁ"** (יט, ה–ו)

מה המשמעות של היותנו עם סגולה? האם זה דבר שנולדנו איתו וטבוע לנו בגֵנים או שהוא תלוי במעשים שלנו?

מה היחס בין התפיסה של "עם נבחר" לבין תפיסות גזעניות שהולידו במהלך ההיסטוריה סבל ושפיכות דמים רבים?

למה בכלל צריך שיהיה "עם נבחר" אחד ואי אפשר שהאנושות כולה יחד תעבוד את ה'? איך אתם רואים את היחסים בין ישראל לבין שאר העמים לעתיד לבוא?

**אנחנו וה"גדולים"** – **"לֹא יִהְיֶה לְךָ אֱלֹהִים אֲחֵרִים עַל פָּנָי"** (כ, ב)

מה מביא בני נוער רבים להיות אוהדים ואף מעריצים של דמויות מעולם הבידור והטלוויזיה? האם כשמדובר בדמויות ערכיות וחיוביות יותר כמו רבנים התופעה חיובית? מה החסרונות שלה?

נסו לחשוב על דמות שאתם מעריכים מאוד. מה מצאתם בה? לאן מביא אתכם הקשר עם האדם הזה?

# משפטים

## לפעמים מותר לשקר?

"זו דילמה קשה", מספרת שרה (58), שדכנית ותיקה. "יש לי בחורה מקסימה, פרח ממש, שלפני חודש חגגה שלושים. מאלו שאתה שואל את עצמך 'איך לא חטפו אותה בגיל עשרים?!'. הניסיון שלי מלמד שאם אומר שהיא כבר בת שלושים – חצי מההצעות יורדות מהפרק. אבל אם 'אעגל' קצת למטה ואגיד שהיא בת 29 – יהיו הרבה יותר אפשרויות טובות.

"אפשר להתעצבן ולהאשים את הגברים בבררנות, אבל בשורה התחתונה השאלה היא אם מותר לי 'לשנות' קצת כדי לעזור לה להתחתן? להקים בית בישראל זו מטרה חשובה, לא?"

"תראי איזו חולצה מהממת קניתי!" התלהבה נעמה (17) והציגה בפני חברתה הטובה את הקנייה החדשה. רותי הביטה בחולצה וחשכו עיניה. זה היה אחד הדברים המכוערים שראתה. "ועוד במבצע מטורף", המשיכה נעמה, "במקום 280 שקל שילמתי רק 200! נכון שזה שווה כל שקל?" רותי הייתה נבוכה. מצד אחד היא משתדלת תמיד לומר רק אמת. מצד שני – חברה טובה לא פוגעת. "נו, מה את אומרת?" לחצה נעמה.

### איך מזהים שקרן?

סרט אמריקאי מפורסם "שקרן שקרן" מספר על עורך דין שהפך את השקר לכלי העבודה המרכזי שלו. בעבודה, בבית, עם חברים. בזכות זה הוא מצליח להשיג את מטרותיו ולחפות על כישלונותיו. אך יום אחד, כשהחמיץ את מסיבת יום ההולדת של בנו בן החמש ושוב המציא תירוץ שקרי, איחל הילד המאוכזב שאביו לא יוכל לשקר במשך יום אחד. כשהמשאלה התגשמה באורח קסום, חייו של עורך הדין קרסו – הוא גילה שכבר אינו מסוגל לתפקד בלי שקרים.

בעולם האגדות, לפחות היה קל לזהות שקרנים. כולנו מכירים את פינוקיו, בובת העץ שֶׁאַפָּהּ התארך בכל פעם ששיקרה.

בחיים האמיתיים, מה לעשות, זה מורכב יותר. מחקר מקיף באוניברסיטת מישיגן (2018) חשף שאנשים משקרים בממוצע פעמיים ביום, אך ישנה דרך לזהות את השקרים. החוקרים זיהו "טביעות אצבע" התנהגותיות של שקרנים: שפשוף העיניים, הזזת הראש לצדדים, משחק בשיער.

ב־1921 פותח מכשיר הפוליגרף ("מכונת אמת") המזהה שינויים בדופק, לחץ דם והזעה בזמן אמירת שקר. וחוקרים מהרווארד גילו שבזמן שקר המוח עובד קשה במיוחד, הוא צריך להמציא סיפור ולוודא שכל הפרטים מסתדרים.

### מדוע "תרחק"?

בפרשת השבוע מופיע ציווי יוצא דופן "מִדְּבַר שֶׁקֶר תִּרְחָק" (שמות כג, ז). אם תבדקו תגלו שבשום מקום אחר בתורה לא מצאנו חובה להתרחק מעבירה – לא מגנבה, לא מרצח ואפילו לא מעבודה זרה.

מדוע דווקא כאן יש הנחיה מיוחדת להתרחק?

ייתכן שזה מפני שאנו עוסקים כאן בדבר שהוא יסוד הקיום: **האמת** היא אחד משלושת הדברים שהעולם עומד עליהם (אבות א, יח). חז"ל מוסיפים ש"חותמו של הקב"ה אמת" (שבת נה ע"א) והשקר שנוא בעיני ה' - "דֹּבֵר שְׁקָרִים לֹא יִכּוֹן לְנֶגֶד עֵינָי" (תהילים קא, ז).

וייתכן שיש סיבה נוספת להתרחקות הזו: השקר הוא פיתוי שקשה לעמוד בפניו. בניגוד לגנבה שדורשת מעשה ומשאירה עקבות, שקר יכול לצאת מהפה בקלות וקשה יותר לחשוף אותו. הוא "פותר

בעיות" במהירות, חוסך אי־נעימות מביכה, ומבטיח דרך קצרה אל היעד.

וכמו כל דבר שקל להשיג – קל גם להתמכר אליו, והוא הופך במהירות מתחביב מקומי לשיטה קבועה.

לכן התורה מזהירה: התרחק! אל תיתן לו דריסת רגל בחייך.

### כשערכים מתנגשים

ולמרות כל זאת, האם תמיד צריך לומר רק את האמת? ומה נעשה כשהאמת מתנגשת בערכים חשובים אחרים?

קחו לדוגמה את רותי מהסיפור בתחילת דברינו. לדעתה החולצה שחברתה קנתה באמת מכוערת. אבל האם לומר לה זאת ולפגוע בה? התשובה היא לא. חז"ל מלמדים שיש דברים שחשובים יותר מאמירת האמת המדויקת. השלום, למשל. "גדול השלום", אומרת הגמרא, "שאפילו הקב"ה שינה בו" (יבמות סה ע"ב). מתי זה קרה? כשהמלאכים בישרו לשרה שתלד, היא צחקה ואמרה "ואדוני זקן". אך כשה' סיפר זאת לאברהם, הוא שינה ואמר שהיא אמרה "ואני זקנתי" – כדי לא לפגוע בשלום הבית ביניהם.

וכך גם בעוד תחומים: כשאדם חוזר מטיפול פסיכולוגי ופוגש שכן ששואל "איפה היית?" הוא יכול לענות "הייתי בסידורים במרכז העיר" – כי ענייני בריאות הנפש הם אישיים ופרטיים ואין חובה לחשוף אותם. גם בענייני צניעות, כבוד הבריות, מניעת מחלוקת וכמובן ביטחון המדינה נכון לפעול באופן דומה.

עם זאת, גם כשמותר לשנות מהאמת, עדיף לעשות זאת בצורה "רכה". במקום להמציא שקר מוחלט, אפשר למצוא ניסוח שיש בו גרעין של אמת. רותי יכולה למצוא משהו חיובי בחולצה – "הצבע מיוחד", "הבד נראה נעים" – ולהתמקד בו.

ואולי זו בדיוק המשמעות של "תרחק" – התורה לא אוסרת לחלוטין לשנות מהאמת, כי לפעמים ערכים אחרים גוברים עליה. אבל גם אז – שמור מרחק: חפש את הדרך העדינה, המינימלית, שתשיג את המטרה בלי להתמסר לשקר.

### אתגר השבוע

בחרו יום אחד בשבוע הקרוב שבו תתעדו כל מקרה שבו הייתם רוצים לשנות מהאמת. בסוף היום התבוננו ברשימה: מה המניע העיקרי לשקרים שלנו? נוחות? פחד? רצון לרצות? ההבנה הזו יכולה לעזור למצוא דרכים להתמודד איתו.

## מספרים ש...

### הנחתום ועיסתו

הטלפון הציבורי בישיבת "אור התורה" בבני ברק צלצל. אחד הבחורים שחלף לידו הרים את השפופרת. "שלום, סליחה שאני מפריע", נשמע הקול מעבר לקו, "אבל רציתי לברר בנוגע לבחור מסוים שהציעו לבתי להשתדך איתו. מישהו מסר לי את הטלפון הזה לבירורים. אפשר?" הבחור התפלא שמסרו לאדם דווקא את מספר הטלפון הציבורי בישיבה, אבל נעתר לבקשה. "תאמר לי את שמו ואספר לך מה אני יודע עליו", הציע. "דוד הורביץ משיעור ה'", אמר האב. הבחור כמעט שמט את הטלפון מידו. דוד הורביץ זה... הוא, ובדיוק אתמול פנו אליו בהצעת שידוך. "האמת שאני מכיר אותו היטב. מקרוב ממש", אמר במתק לשון, "הוא בחור מצוין. למדן, בעל מידות. בחור מאוד חברותי, מלא מרץ. ממש שופרא דשופרא". האב שמח מאוד לשמוע את הדברים. "יופי. ומה בנוגע למשפחה שלו? אתה מכיר אותם?" "אוהו, משפחה מצוינת. ההורים אנשים נהדרים, ידועים כבעלי חסד גדולים". ליבו של האב הודה לה' על שזימן לו את הבחור הנכון שיספק את המידע הנצרך, ורק שאלה אחת עדיין הטרידה אותו: "תאמר לי בבקשה, מה לגבי התפילה של דוד הורביץ? הוא מקפיד להתייצב כל יום בזמן לתפילות?" ליבו של הבחור החסיר פעימה. תפילה הייתה נקודת התורפה שלו. הוא אומנם היה בחור ירא שמיים ואוהב תורה, וגם המחמאות האחרות שאמר על עצמו קודם לא היו מופרכות, אבל היה לו קושי לקום בבקרים ולעיתים הגיע באיחור רב לשחרית בישיבה. לפעמים אף הפסיד אותה לגמרי ונאלץ לחפש מניין מאוחר בבית כנסת אחר. "תראה", אמר בזהירות לאב המתעניין, "קשה לי יותר לענות על השאלה הזו, כיוון שלצערי הגעה לתפילה בזמן היא נקודה קצת חלשה אצלי. אבל דבר אחד אני יכול לומר לך בביטחון: בכל פעם שאני מגיע לתפילה בישיבה, דוד הורביץ נמצא שם!"

## מִבְזָק: הפרשה ב־20 שניות

משה מלמד את ישראל את משפטי התורה ◄ רוב הפרשה עוסקת בענייני בין אדם לחברו ◄ דיני עבדים, רוצח, חובל ומזיק, הלכות שומרים, השבת אבדה, איסור הונאת גר ועינוי אלמנה ויתום, דיני הלוואה וריבית ◄ מצוות נוספות: שמיטה ושבת ◄ שלושת הרגלים ◄ הבטחה על כיבוש הארץ ◄ ברית בין ה' לישראל עם זריקת דם על המזבח ◄ משה עולה להר לארבעים יום לקבל את לוחות הברית.

## הידעת?

### שקר ללא גבולות – "מִדְּבַר שֶׁקֶר תִּרְחָק" (שמות כג, ז)

אם פעם היה קשה להבחין בין אמת לשקר, התפתחות הטכנולוגיה והופעת הבינה המלאכותית מציבות אתגרים חדשים לגמרי. טכנולוגיית ה־Deep Fake (זיוף עמוק) מאפשרת היום ליצור סרטונים מזויפים שבהם אישי ציבור "אומרים" דברים שמעולם לא אמרו, בקול ובתנועות שפתיים מושלמות. תמונות יכולות להיווצר יש מאין, וקולות מזויפים נשמעים אותנטיים לחלוטין. מחקר מ־2023 מצא ש־90 אחוז מהאנשים יתקשו להבחין בין תמונה אמיתית לכזו שנוצרה על ידי בינה מלאכותית (AI). מומחי אבטחת מידע מזהירים כי זוהי מהפכה שמשנה את כללי המשחק וכי העולם חייב להיערך למציאות שבה לא נוכל עוד לסמוך על העיניים והאוזניים שלנו, כי השקר ייראה אמיתי לגמרי.

## מעבדות לחירות – "כִּי תִקְנֶה עֶבֶד עִבְרִי" (שמות כא, ב)

העבדות ליוותה את האנושות אלפי שנים. במצרים העתיקה שליש מהאוכלוסייה היו עבדים, וברומא העתיקה – כ־40 אחוז מהאוכלוסייה. בארצות הברית רק ב־1865 נאסרה העבדות סופית בתיקון ה־13 לחוקה, אחרי מלחמת אזרחים עקובה מדם שגבתה כ־600 אלף קורבנות. אברהם לינקולן, שהוביל את המלחמה בעבדות, נרצח חמישה ימים אחרי הניצחון ולא זכה לראות את פירות מאבקו. אבל למרבה הזעזוע, גם היום חיים בעולם כ־40 מיליון בני אדם בתנאי עבדות מודרנית, רובם במדינות מתפתחות. התורה, אלפי שנים לפני שהעולם הכיר בזכויות אדם, הציבה סטנדרטים מהפכניים ביחס לעבדים: זכויות, מנוחה בשבת, הגבלת שנות העבדות ועוד. זה היה צעד ראשון בדרך ארוכה להגשמת החזון – עולם של חירות וכבוד לכל אדם באשר הוא.

## מרופאי אליל לרפואה מודרנית – "וְרַפֹּא יְרַפֵּא" (שמות כא, יט)

חז"ל למדו מפסוק זה ש"ניתנה רשות לרופא לרפאות" (בבא קמא פה ע"א). לאורך ההיסטוריה האנושית, הרפואה נעה בין אמונות תפלות לבין מדע. במצרים העתיקה האמינו שמחלות הן עונש מהאלים, ובימי הביניים עדיין טיפלו במגפת הדבר באמצעות הקזת דם. מעניין שדווקא בעולם היהודי צמחו רופאים מפורסמים כמו הרמב"ם, שספרי הרפואה שלו הנחו רופאים במשך מאות שנים; הרמב"ן (רבי משה בן נחמן), שנודע כרופא מיומן, והרלב"ג (רבי לוי בן גרשום), שהצטיין במדע וברפואה כאחד.

כיום הרפואה מצליחה לרפא מחלות שנחשבו חשוכות מרפא ולהחליף איברים שנפגעו. בעתיד הלא רחוק, מדענים עובדים על טכנולוגיות חדשניות כמו הדפסת איברים בתלת־ממד מתאי גזע, כך שאפשר יהיה ליצור רקמות ואיברים מותאמים אישית לכל חולה.

## פותחים ראש
### שאלות לדיון סביב השולחן

**להיות עבד** – "וְאִם אָמֹר יֹאמַר הָעֶבֶד אָהַבְתִּי אֶת אֲדֹנִי... לֹא אֵצֵא חָפְשִׁי" (כא, ה)

איך אפשר להבין אדם שמציעים לו להיות חופשי והוא בוחר להישאר עבד לאדונו? אילו עוד סוגים של "עבדות" אתם מכירים מהחיים שלנו? (כיוון למחשבה: הרגלים, מסגרות חברתיות, שעבודים כלכליים, תדמיות). מה דעתכם על אדם שבוחר לגור בדירה גדולה ומפוארת אך מתחייב לשלם במשך שלושים שנה משכנתא חונקת, או אדם שמרבה לצאת לבלות ולנסוע לחו"ל אך כדי לממן זאת נאלץ להתמסר לעבודה תובענית ומרובת שעות?

**תפקידים בבית** – "שְׁאֵרָהּ כְּסוּתָהּ וְעֹנָתָהּ לֹא יִגְרָע" (כא, י)

מה לדעתכם צריכה להיות חלוקת התפקידים בין הגבר לאישה בתוך המשפחה? מה עושים כאשר שני בני הזוג רוצים לפתח קריירה מחוץ לבית? האם החלוקה בין מטלות "גבריות" למטלות "נשיות" מוצדקת בעיניכם? האם אתם מכירים משפחות שבהן הגבר נמצא רוב הזמן בבית, מבשל ומטפל בילדים, והאישה יוצאת לעבוד? מה דעתכם על כך?

**המאבק בגנבים** – "אִם בַּמַּחְתֶּרֶת יִמָּצֵא הַגַּנָּב וְהֻכָּה וָמֵת אֵין לוֹ דָּמִים" (כב, א)

האם מותר לאדם להתקין מערכת אבטחה קטלנית בביתו כך שגנב שינסה לפרוץ ייפגע קשה (למשל, יקבל מכת חשמל)? מה דעתכם על המקרה של החוואי שי דרומי (בשנת 2007 שירה למוות בערבי שפרץ אל החווה שלו כדי לגנוב?

**היחס למהגרים** – "וְגֵר לֹא תוֹנֶה וְלֹא תִלְחָצֶנּוּ כִּי גֵרִים הֱיִיתֶם בְּאֶרֶץ מִצְרָיִם" (כב, כ)

האם מדינת ישראל צריכה להסכים להיות מקום מפלט למהגרים מסודן או ממקומות אחרים? האם יש הבדל בין מי שבא לחפש עבודה לבין אלו שנתונים בסכנת חיים? אחרי אסון רעידת האדמה בהאיטי (2010) הביעו משפחות ישראליות נכונות להביא משם יתומים ולאמץ אותם. מה דעתכם על כך? הייתם מוכנים לדבר כזה?

# תרומה

## לבנות משכן בלב

"בכל בוקר אני נזכר בתקופה בישיבה", מספר איתן (28), שותף במשרד עורכי דין. "איך הייתי קם כמו אריה בחמש וחצי לוותיקין ומרגיש חיבור עמוק בתפילת שמונה עשרה. היום, כשהעומס בעבודה גדול — וזה קורה לא מעט — אני מוצא את עצמי מניח תפילין בחופזה בבית ומתפלל בקצרה. אשתי שואלת למה אני לא מזמין חברים לסעודות שבת כמו פעם. האמת? כי אז הרגשתי שאני מארח את השכינה. היום זו סתם ארוחת ערב".

"אני עושה הכול כמו שצריך", אומר עידו (17). "מתפלל שלוש פעמים ביום, לומד טוב בישיבה, שומר על כל ההלכות. אבל אני מרגיש שזה טכני. כמו שיעור מתמטיקה או אזרחות. יש לי חבר טוב, דניאל, ואני רואה איך הוא מתחבר ללימוד, איך העיניים שלו נדלקות כשהוא מבין סוגיה. אני עושה הכול כמו רובוט. כאילו יש מחיצה שקופה ביני לבין אלוקים ואני לא מצליח לפרוץ אותה".

### דבר אחד נשאר

זה היה בשנת תש"ה, מייד אחרי השואה. האדמו"ר מצאנז-קלויזנבורג, רבי יקותיאל יהודה הלברשטאם, עמד מול קהל גדול בתל-אביב. האיש הזה איבד בשואה את אשתו ואת אחד עשר ילדיו, שרד במחנה הריכוז גרוס-רוזן, במחנה העבודה מאוטהאוזן ובצעדת המוות הקשה לאוסטריה. כשהשתחרר, היה אוד מוצל מאש — שלד אדם, חולה וחלש, בודד בעולם.

אבל הוא קם מן האפר והתחיל מחדש. הוא נישא בשנית והביא לעולם עוד שבעה ילדים. הוא הקים מחדש את חסידות צאנז, ייסד את מפעל הש"ס העולמי, הקים את בית החולים לניאדו בנתניה ועוד מוסדות תורה וחסד רבים.

"רבי", שאל אחד הנוכחים בקול רועד, "אחרי כל מה שעבר עליכם, איך יכולת להמשיך?"

פניו של הרבי הרצינו. "איבדתי את משפחתי. איבדתי את הכול", הוא השיב, "אבל **את אלוקים לא איבדתי**".

המילים הללו נחקקו בלב השומעים. הרבי לימד אותם שיעור עמוק: לא מספיק להגיד שמאמינים באלוקים, צריך לחיות איתו.

אבל איך עושים את זה בפועל? איך מרגישים את החיבור לאלוקים בתוך חיי היום-יום?

### יש מקום לאינסוף?

תארו לעצמכם שמישהו היה מציע לכם לבנות בית לאוקיינוס. נשמע הזוי, נכון? איך אפשר להכניס משהו עצום כזה לתוך מבנה מוגבל?

זו בדיוק השאלה שמתעוררת כשקוראים את הציווי בפרשה: "וְעָשׂוּ לִי מִקְדָּשׁ" (שמות כה, ח). איך בכלל אפשר לבנות בית לקב"ה? הרי הוא אינסוף! גם שלמה המלך, כשעמד מול בית המקדש המפואר שבנה, הרגיש את הפרדוקס הזה: "הִנֵּה הַשָּׁמַיִם וּשְׁמֵי הַשָּׁמַיִם לֹא יְכַלְכְּלוּךָ, אַף כִּי הַבַּיִת הַזֶּה אֲשֶׁר בָּנִיתִי" (מלכים א ח, כז).

אבל יש סוד גדול שמסתתר בין המילים. לא כתוב "ושכנתי בתוכו" (במשכן) אלא "בתוכם" — בתוך כל אחד ואחת מאיתנו. כי המטרה איננה רק לבנות בית מאבנים. כל זה הוא רק אמצעי כדי לבנות משכן **בלב**.

עניין זה מסביר עוד תעלומה: למה אלוקים היה צריך לבקש מאיתנו תרומות למשכן? הרי מי שקרע את ים סוף והוריד מן ושליו למיליוני אנשים בוודאי יכול היה "לארגן" קצת זהב וכסף לטובת הקמת איזה אוהל נייד. "לִי הַכֶּסֶף וְלִי הַזָּהָב" (חגי ב, ח), אומר

הקב"ה. אז למה לטרוח ולאסוף נדבות מאיתנו?

### המתכון

התשובה היא זו: כדי שהמשכן ייבנה בתוכנו, אנחנו צריכים לפתוח את הכיס ואת הלב, להשקיע, לתת מעצמנו. להקריב כדי להתקרב.

איך בונים משכן בלב? הנה ארבעה צעדים מעשיים:

1. **משריינים זמן קבוע:** כמו שקובעים פגישה חשובה, כך צריך לקבוע זמן יומי לתפילה וללימוד. לא "כשיהיה זמן", אלא לשבץ בתוך הלו"ז משבצת מוגדרת וקבועה.

2. **יוצרים מרחב פנימי:** המשכן היה בנוי מחדר חיצוני וחדר פנימי. גם אנחנו צריכים ליצור בחיים שלנו "חדר פנימי" – זמן של שקט, של התבוננות, של שיחה אישית עם הקב"ה.

3. **מכניסים הביתה:** במשכן היו שולחן ומנורה, בדיוק כמו בבית. ואולי יש פה מסר שגם הבית שלנו יכול להיות 'משכן': לקבוע זמן לימוד קבוע בסלון, להכין את השולחן לשבת בשמחה ובהידור, להדליק נרות שבת מוקדם וליצור אווירה מיוחדת, לברך בקול ובכוונה, לשתף בארוחה ברעיון מעניין על הפרשה, לקבל אורחים בסבר פנים יפות. להפוך את הבית שלנו למעון לשכינה.

4. **משקיעים:** כמו שבני ישראל תרמו זהב וכסף למשכן, גם אנחנו צריכים להשקיע מעצמנו זמן, מאמץ וכסף. להקדיש זמן להכנה לפני התפילה, לתת מעשר, לקנות תשמישי קדושה מהודרים.

בסופו של דבר, כמו במשכן, גם בליבנו צריך מקום קבוע לשכינה. והמקום הזה נבנה לא בבת אחת, אלא נדבה אחר נדבה, רגע אחר רגע, מעשה אחר מעשה. מקריבים ומתקרבים.

### אתגר השבוע

בחרו שלושה זמנים קבועים ביום – אפילו חמש דקות כל אחד – והקדישו אותם ל"בניית המשכן" שלכם: אחד לתפילה מעומק הלב, אחד ללימוד תורה, ואחד להתבוננות ושיחה אישית עם הקב"ה.

נסו להתמיד בזה שבוע שלם ותראו איך החיבור והקשר שלכם עם הקב"ה מתעצם ומעמיק.

## מִבְזָק: הפרשה ב־20 שניות

הציווי על בניית המשכן – בית לה' בתוך מחנה ישראל ◂ עם ישראל נקרא להביא תרומות ולהיות שותף בבנייה: זהב, כסף, נחושת, תכלת וארגמן ◂ כלי המשכן: ארון העדות מצופה זהב ◂ כרובי הזהב על הכפורת ◂ שולחן לחם הפנים ◂ מנורת הזהב בעלת שבעת הקנים ◂ עשר יריעות המשכן ◂ קרשי המשכן ואדניו ◂ הפרוכת המבדילה בין הקודש לקודש הקדשים ◂ המזבח החיצון וחצר המשכן.

## מספרים ש...

### האוצר האמיתי

לפני כאלפיים שנה, בממלכת חדייב שבצפון עיראק העתיקה, התכנסו בדחיפות שרי הממלכה לישיבת חירום. השמועה שהגיעה אליהם הייתה מדאיגה: המלך מונבז השני מחלק את אוצרות הממלכה לעניים! הסיבה: שנתיים של בצורת קשה פקדו את הארץ. בשווקים לא נמצא מזון, והמחירים האמירו. המלך הורה לפתוח את אוצרות המלוכה כדי לקנות תבואה ממדינות שכנות ולחלק אותה לנזקקים. הוא גם הקים בתי מחסה ומטבחים ציבוריים בכל רחבי הממלכה.

"זה טירוף!" זעק איזאטס אחיו, "אבא שלנו עמל כל חייו לצבור את האוצרות האלה. וסבא לפניו. ואתה... אתה פשוט מחלק הכול!"

מונבז הביט בו ברוגע. "תגיד לי", אמר, "איפה אתה שומר את הדברים היקרים לך?"

"בכספת המלכותית, כמובן", ענה איזאטס, "במרתפים השמורים ביותר."

"אתה רואה?" חייך מונבז, "אתה חושב כמו סוחר. אני חושב כמו מלך. סוחר שומר את אוצרותיו במרתף. מלך אמיתי בונה את אוצרו בלב העם שלו."

"אבל הכסף..." התערב אחד השרים.

"כסף?" השיב מונבז, "כסף בא והולך. אבל כשאתה מציל משפחה מרעב, כשאתה נותן תקווה לאדם שאיבד הכול – אתה בונה אוצר שאף גנב לא יכול לגנוב, ושום שרפה לא תוכל לכלות".

"אבותיי אגרו למטה", המשיך מונבז, "ואני אוגר למעלה. הם שמרו את כספם בכספת, אני משקיע אותו במקום שמצמיח פירות. כי כשאתה נותן לחם לרעב, אתה לא רק מציל אותו היום, אלא גם מאפשר לו להתחזק, לעבוד, לגדל משפחה. זה אוצר שמוליד עוד אוצרות".

באותה תקופה מעטים הבינו את גודל מעשיו של מונבז. אבל העם מעולם לא שכח את המלך שהתגייר עם אימו הלני המלכה ובחר לבנות אוצר אחר – אוצר של חסד שפירותיו נמשכים עד היום (ע"פ בבא בתרא יא ע"א).

## הידעת?

**מאיפה הזהב? – "וְכָל אִישׁ אֲשֶׁר הֵנִיף תְּנוּפַת זָהָב לַה'"** (לה, כב)

מאיפה היה לחבורת אנשים שעד לא מזמן היו עבדים כמות כה גדולה של זהב עבור המשכן? ובכן, מחקרים ארכיאולוגיים גילו שמצרים העתיקה הייתה מעצמת זהב אדירה. במכרות נוביה שבדרום מצרים לבדם הופקו כ־1,500 קילוגרם זהב מדי שנה! כשיצאו ישראל ממצרים, כפי שהובטח לאברהם, הם לא יצאו ריקם. המצרים "השאילו" להם כלי כסף וזהב, ולאחר מכן התווספה ביזת ים סוף שהמצרים טבעו בו. מעניין שגם כיום מצרים היא יצרנית הזהב הגדולה באפריקה, עם הפקה של כ־7.5 טון בשנה.

**הרבה לפני איקאה – "וַיָּקֶם מֹשֶׁה אֶת הַמִּשְׁכָּן"** (מ, יח)

תארו לעצמכם מבנה בגודל של בית, שמתקפל לחבילות ונבנה מחדש תוך שעות. נשמע כמו המצאה מודרנית? ובכן, זה בדיוק מה שהיה המשכן – המבנה המודולרי הראשון בהיסטוריה. הוא שקל 13 טון, ותוכנן בתחכום מדהים: כל קרש, וו ויתד חושבו כך שיתאימו לנשיאה ולהרכבה מהירה. שש עגלות רתומות לשנים עשר שוורים הובילו את החלקים, ובכל חניה המבנה הוקם מחדש.

מהנדסים מודרניים שחקרו את המבנה נדהמו מהתכנון המתקדם שלו – החיבורים המיוחדים אפשרו לו לעמוד ביציבות בתנאי מדבר קיצוניים, ובה בעת להתפרק בקלות למסע. עקרונות דומים משמשים היום בהקמת בתי חולים ניידים באזורי אסון, תחנות חלל מתקפלות, ואפילו בעיצוב רהיטים להרכבה עצמית. מסתבר שהמשכן במדבר היה חלוץ החדשנות ההנדסית של העולם העתיק.

**היכן ארון הברית? – "וְעָשׂוּ אֲרוֹן עֲצֵי שִׁטִּים"** (כה, י)

גורלו של ארון הברית מעסיק ארכיאולוגים וחוקרים מאות שנים. לפי המסורת היהודית, המלך יאשיהו הסתיר אותו במנהרות מתחת להר הבית לפני חורבן בית ראשון. אחרים משערים שנלקח כשלל על ידי שישק מלך מצרים, או שהוברח לאתיופיה (שם טוענים עד היום שהוא שמור בכנסיית מרים מציון באקסום). הפופולריות של הארון בתרבות המערבית הגיעה לשיא בסרט "שודדי התיבה האבודה" (1981), שם הנאצים מנסים להניח את ידם על הארון כדי לנצח בעזרתו את אויביהם. אך בניגוד לסרט, היהדות מעולם לא ייחסה לארון עצמו כוחות מאגיים. קדושתו נבעה מהיותו מקום משכן התורה וסמל הברית בין ה' לעם ישראל. מעניין שדווקא היעלמותו המסתורית של הארון העצימה את מעמדו, והוא הפך לאחד הסמלים היהודיים המוכרים ביותר בעולם.

## פותחים ראש
### שאלות לדיון סביב השולחן

**"כבר תרמנו..."** – **"דַּבֵּר אֶל בְּנֵי יִשְׂרָאֵל וְיִקְחוּ לִי תְּרוּמָה"** (כה, ב)

מה עובר לכם בראש כשהטלפון מצלצל או כשנשמעת דפיקה בדלת ועוד מישהו מבקש צדקה? האם אתם נוהגים לתרום לאנשים פרטיים מזדמנים, לעמותות רשמיות, לאף אחד מהם? מדוע?

האם ביקשתם פעם צדקה לצורך עצמכם או כהתרמה עבור גוף כלשהו? איך הייתה ההיענות? איך הרגשתם כשעשיתם זאת? מבין כל הפונים אלינו בבקשת צדקה האם יש דרך לזהות מי רמאי ומי נזקק באמת?

**מה קורה בבית הכנסת?** – **"וְעָשׂוּ לִי מִקְדָּשׁ וְשָׁכַנְתִּי בְּתוֹכָם"** (כה, ח)

האם אתם מרגישים הבדל בין תפילה בבית כנסת לבין תפילה במקום אחר? מה תגידו למי שטוען שקשה לו להתפלל במניין בבית הכנסת והוא מצליח להתכוון יותר בתפילה פרטית בבית?

האם אווירה חברתית טובה בבית כנסת עוזרת או מפריעה לתפילה? מה אפשר לעשות כנגד מכת הדיבורים בתפילה? בחלק מבתי הכנסת מחלקים את עלוני השבת לפני התפילה, בחלק רק לאחריה, ויש שלא מחלקים בכלל. אם הבחירה בידכם – מה תעשו?

**ייבנה המקדש** – **"וְעָשׂוּ לִי מִקְדָּשׁ"** (כה, ח)

האם אנחנו באמת מרגישים את חסרון המקדש בחיי היום־יום? מה היה שונה בחיים שלנו אילו היה בית מקדש? איך אפשר להפוך את הכמיהה למקדש למשהו מוחשי יותר?

# תצוה

## הבגד עושה את האדם?

"זו סתם חצאית, אמא", אומרת שירה (17) בתסכול. "מה זה משנה אם היא קצת יותר קצרה? את תמיד אומרת שהעיקר זה מה שבפנים ולא להסתכל על הקנקן אלא על מה שבתוכו. אז למה פתאום זה כזה עניין? אני אותו בן אדם, עם אותה אישיות ואותה אמונה. זה בסך הכול בגד!"

"קרה לי דבר מוזר", משתף אבנר (45), שופט בבית משפט השלום. "ביום חמישי האחרון הייתי בדרך לבית המשפט כשגיליתי שהגלימה שלי נשארה במשרד. לא היה זמן לחזור. החלטתי שפעם אחת אהיה בלי גלימה. אבל כשישבתי בדיון, משהו היה שונה. הרגשתי פחות שופט, פחות סמכותי. גם עורכי הדין והנאשמים התנהגו אחרת. זה היה כאילו חסר משהו במעמד שלי. זה הגיוני שלגלימה שחורה פשוטה תהיה משמעות כזו?"

### כוחו המסתורי של הבגד

תעשיית האופנה היא התעשייה השנייה בגודלה בעולם. היא מגלגלת יותר מ־2.5 טריליון דולר בשנה!

אבל ההשפעה החזקה של הבגדים על נפש האדם החלה הרבה לפני עידן הקניונים והמותגים, ובני אדם תמיד ראו בהם הרבה מעבר לסתם כיסוי לגוף. במצרים העתיקה, פיסת פשתן דקה על כתפי פרעה סימלה את שלטונו המוחלט. ברומא רק הקיסר יכול היה ללבוש ארגמן, ובחצר הקיסרות הסינית, מי שהעז לעטות על עצמו צהוב – צבע המלך – שילם בחייו.

בימי הביניים באירופה חוקקו "חוקי הלבוש המעמדי" – תקנות שקבעו אילו בדים, צבעים וסגנונות לבוש מותרים לכל מעמד חברתי. בצרפת, למשל, רק אצילים הורשו ללבוש משי, ובגרמניה נאסר על סוחרים ללבוש זהב ופנינים. בימינו, למרות העידן ה"שוויוני", גובר כוחם של הבגדים. מחקרים מראים שבראיונות עבודה, ההחלטה אם לקבל מועמד מתקבלת בשבע השניות הראשונות של הריאיון, בעיקר על סמך הופעתו החיצונית.

על פי מחקרים, אישה ממוצעת מבלה 17 דקות ביום בבחירת בגדים לפני יציאה מהבית, והן מצטברות לכדי ארבע יממות בשנה.

תעשיית האופנה מייצרת כיום 52 "עונות" בשנה – טרנד חדש מדי שבוע – והצרכן הממוצע קונה היום פי חמישה בגדים ממה שקנה לפני יובל.

איך הפכו פיסות בד פשוטות לבלי רב עוצמה בעיצוב זהות ומעמד? מה מקור הכוח המסתורי של הבגד על נפש האדם?

### הבגד הראשון

כדי לרדת לעומק של סוגיית הבגדים, עלינו לחזור אל הרגע שבו הכול התחיל. גן עדן.

מה לבשו אז אדם וחווה?

ובכן... שום דבר. "וַיִּהְיוּ שְׁנֵיהֶם עֲרוּמִּים... וְלֹא יִתְבֹּשָׁשׁוּ" (בראשית ב, כה).

למה הם לא התביישו? כי לא היה במה. הגוף, כמו הנשמה, היו כלים למילוי שליחותו של האדם בעולם והגשמת ייעודו.

במצב הזה הגוף היה כמו חלון נקי שדרכו האור הפנימי של הנשמה האיר בטבעיות.

אלא שאז בא החטא והכול הסתבך.

"וַתֵּרֶא הָאִשָּׁה כִּי טוֹב הָעֵץ לְמַאֲכָל וְכִי תַאֲוָה הוּא לָעֵינַיִם" (בראשית ג, ו) – התעוררה משיכה חזקה לצד החיצוני הנקלט בחוש הראייה, והוא השתלט. מראה העיניים המפתה גרם לאדם להעדיף את פיתוי הנחש על פני שמיעה בקול ה'. מאותו רגע התעורר הצורך לכסות את הגוף. לא מפני

שהגוף הוא דבר רע, אלא בגלל הנטייה שלו "להשתלט על הבמה" ולהסתיר את הנשמה.

במילים אחרות, הבגד נועד להחזיר את האיזון שאבד. להקהות במעט את הסְנווּר של יופי הגוף, כדי שנוכל להקשיב למה שלנשמה יש לומר. מעבר לכך בגד מבטא זהות וייעוד. לא בכדי התורה מקפידה שכל מין יתלבש בבגדיו המיוחדים לו – "לֹא יִהְיֶה כְלִי גֶבֶר עַל אִשָּׁה וְלֹא יִלְבַּשׁ גֶּבֶר שִׂמְלַת אִשָּׁה" (דברים כב, ה).

## על תחפושות וגילוי עצמי

אם נביט רגע בתנ"ך, נגלה שבגדים ממלאים תפקיד מרכזי בעלילה ויש להם משמעות עמוקה: יעקב לובש את בגדי עשו כדי לקבל את ברכת הבכורה – הבגד מעניק לו זהות אחרת. כתונת הפסים שיעקב עשה ליוסף נעשתה סמל למעמדו המיוחד, ועוררה את קנאת אחיו. אותה כתונת, טבולה בדם, שימשה אחר כך ככלי להטעיית יעקב עצמו. בגדו של יוסף, שנשאר בידיה של אשת פוטיפר, יכול היה לשמש כהוכחה לחפותו, אך הפך במהרה לכלי להאשמתו.

במגילת אסתר הבגדים מסמלים את השינוי הדרמטי: "וַתִּלְבַּשׁ אֶסְתֵּר מַלְכוּת" – לא רק בגדי מלכות, אלא את המלכות עצמה.

וכשמרדכי יוצא "בִּלְבוּשׁ מַלְכוּת תְּכֵלֶת וָחוּר וַעֲטֶרֶת זָהָב גְּדוֹלָה", זה אירוע המבטא את המהפך המדהים בגורל העם.

ביום הכיפורים, הכהן הגדול מחליף חמש פעמים את בגדיו – מבגדי זהב ללבן ובחזרה. כל החלפת בגדים מסמלת שינוי פנימי, מעבר בין עולמות.

אולי זו גם המהות העמוקה של תחפושות פורים – ההבנה שלפעמים צריך להתחפש למשהו אחר כדי לגלות מי אנחנו באמת.

מעניין שלמילים "בֶּגֶד" ו"בְּגִידָה" שורש משותף – בג"ד. כי בגד יכול גם להטעות, לכסות על האמת, להסתיר את הלב האמיתי – כמו בוגד שמסתיר את כוונותיו האמיתיות מאחורי מסכה של נאמנות.

אחרי כל זאת נבין טוב יותר למה התורה מקדישה מקום כה נרחב לבגדי הכהונה ומפרטת את הנחיותיהם בדקדקנות. הם נועדו "לכבוד ולתפארת" – להיות ביטוי אמיתי של קדושה, לא מסכה חיצונית.

בכל בוקר כשאנו עומדים מול הארון ובוחרים מה ללבוש מהדהדת גם אלינו השאלה: האם הבגדים שאנחנו בוחרים הם ביטוי של מי שאנחנו באמת, או רק עוד מסכה בארון התחפושות של החיים?

## אתגר השבוע

בחרו בגד אחד שאתם לובשים באופן קבוע – חולצה, כיפה, חצאית.

השבוע, בכל פעם שאתם לובשים אותו, עצרו לרגע וחשבו: מה הבגד הזה מייצג? איזה מסר הוא משדר? האם הוא משקף את מי שאני באמת רוצה להיות?

## מספרים ש...

### הכיפה של אבא

"בחדר המיון היה עמוס", מספר אלעד (52), רופא אורתופד בכיר. "הייתי באמצע קיבוע שבר כשאחות נכנסה ואמרה שאבא שלי בחדר המיון. לבי החסיר פעימה. כשסיימתי מיהרתי אליו ומצאתי אותו על כיסא גלגלים, חיוור, מחזיק את צד שמאל.

"החלקתי במדרגות", הוא אמר בשקט, "אבל אל תדאג, זה בטח סתם חבטה".

הסתכלתי בדאגה על הכתף הנפוחה. זה לא נראה "סתם חבטה". התכוננתי לבדוק אותו כשפתאום הוא עצר אותי: "רגע, הכיפה".

הבטתי במבוכה על ראשי החשוף. בבית החולים אני עובד בלי כיפה. זה יותר נוח, משחרר מסטיגמות. אבא ידע את זה, אבל אף פעם לא אמר מילה.

"קח", הוא הושיט לי בידו הבריאה את הכיפה השחורה שלו.

"אבא, עזוב עכשיו..."

"כשאתה לובש חלוק לבן", הוא אמר, והכאב נשמע בקולו, "אתה מייצג את בית החולים. וכשאתה חובש כיפה, אתה מייצג..." הוא לא השלים את המשפט. אבל אני הבנתי.

לקחתי את הכיפה שלו והנחתי על ראשי. היא הייתה גדולה עליי, כמו תמיד.

הצילום הראה שבר בכתף. אבל גם משהו אחר נשבר ותוקן באותו לילה.

מאז אני עובד עם כיפה. לא בגלל שאני יותר דתי. אלא כי כל פעם שאני מתכופף מעל מיטת חולה, אני מרגיש את הכיפה הגדולה של אבא על ראשי, ונזכר שלפעמים דווקא הדברים הקטנים שאנחנו לובשים, הם אלה שמספרים את הסיפור הגדול שלנו – לא רק לאחרים אלא בעיקר לעצמנו".

## מִבְזָק: הפרשה ב־20 שניות

מצוות הדלקת הנרות במשכן על ידי אהרון ◂ בגדי הכוהנים: אפוד, חושן, מעיל וציץ – לכהן גדול. כתונת, מצנפת, אבנט ומכנסיים – לכהן הדיוט ◂ הכנת שמן המשחה והקטורת ◂ שבעת ימי המילואים – טקס חנוכת המשכן והכוהנים ◂ עולת התמיד ◂ הציווי על מזבח הזהב לקטורת.

## הידעת?

**האורים והתומים – "וְנָתַתָּ אֶל חֹשֶׁן הַמִּשְׁפָּט אֶת הָאוּרִים וְאֶת הַתֻּמִּים"** (כח, ל)

האורים ותומים היו כלי התקשורת המסתורי ביותר בהיסטוריה היהודית. הם שימשו לשאלות גורליות של העם, אבל רק בתנאים מוגבלים: רק המלך או בית דין הגדול יכלו לשאול, רק בענייני ציבור ורק שאלה אחת בכל פעם. לפי המדרש, האותיות שעל אבני החושן היו מאירות בסדר מסוים והכהן הגדול היה מצרף אותן לתשובה בעזרת רוח הקודש ששרתה עליו. מעניין שככל שהתקדמה ההיסטוריה, השימוש בהם הלך ופחת. בבית שני לא השתמשו בהם כלל. מה זה אומר לנו? אולי שבדאי שנלמד להשתמש יותר בשכל ובשיקול הדעת שה' נתן לנו, ולא נחפש "קיצורי דרך" ושמישהו אחר יחליט עבורנו. דווקא בימינו, כשהבינה המלאכותית מבטיחה לענות על כל שאלה, המסר הזה חשוב במיוחד.

**סוד הקטורת – "וְעָשִׂיתָ מִזְבֵּחַ מִקְטַר קְטֹרֶת"** (ל, א)

חוש הריח הוא החוש היחיד שמחובר ישירות למרכז הרגש והזיכרון במוח, ולכן השפעתו מהירה, חזקה ועמוקה.

הקטורת במקדש הייתה מיוחדת מאוד והוכנה מאחד עשר סממנים שונים בתערובת מדויקת להפליא. חז"ל מספרים שריחה התפשט בכל ירושלים בעוצמה כזו שאישה כלל לא הייתה צריכה להתבשם. מחקרים ארכיאולוגיים גילו שבמצרים העתיקה שימשו בשמים לא רק לפולחן אלא גם כמטבע עובר לסוחר. בקברו של תות־ענח־אמון נמצאו בשמים ששמרו על ריחם אחרי 3,000 שנה! חוקרים מעריכים שמסחר הבשמים העתיק היה שווה ערך למסחר הנפט של ימינו. כיום, תעשיית הבשמים העולמית מגלגלת כ־70 מיליארד דולר בשנה, ומדענים עדיין מנסים לפצח את הקשר המסתורי בין ריח לרגש.

**הכוח שבקביעות – "אֶת הַכֶּבֶשׂ הָאֶחָד תַּעֲשֶׂה בַבֹּקֶר"** (כט, לט)

במדרש מובא ויכוח מרתק: מהו הפסוק החשוב ביותר בתורה? האם זה "שמע ישראל"? או אולי "ואהבת לרעך כמוך"?

רבי שמעון בן פזי הפתיע כשקבע שדווקא הפסוק על קורבן התמיד – הכבש שמקריבים בכל בוקר וערב – הוא החשוב מכולם. למה? כי הוא מלמד את סוד **הקביעות**. לא המעשים הגדולים והמרשימים הם העיקר, אלא דווקא העקביות היומיומית, ה"תמיד".

גם מחקרים פסיכולוגיים מודרניים מאששים זאת: הרגלים קבועים, גם אם קטנים, משפיעים על האישיות יותר ממעשים גדולים חד־פעמיים. כמו שאמר רבי עקיבא: טיפה ועוד טיפה ועוד טיפה של מים, יצליחו לחרוץ גם את האבן הקשה ביותר.

## פותחים ראש
### שאלות לדיון סביב השולחן

**כולנו שווים? – "וְעָשִׂיתָ בִגְדֵי קֹדֶשׁ... לְכָבוֹד וּלְתִפְאָרֶת"** (כח, ב)

בעולם שמקדש את הייחודיות והביטוי העצמי, האם יש עדיין מקום לתלבושת אחידה בבתי ספר? האם תלבושת אחידה מצמצמת פערים חברתיים או דווקא מדכאת את האישיות?

כמו שלרופאים ולשוטרים יש מדים מיוחדים, האם גם מורים צריכים קוד לבוש מקצועי? איך זה היה משפיע על מעמד המורה בעיני התלמידים?

**מי רוצה להיות כהן? – "לְקַדְּשׁוֹ לְכַהֲנוֹ לִי"** (כח, ג)

למה צריך קבוצה מצומצמת של אנשים שתייצג את העם בעבודה במקדש? מדוע אי אפשר שכל עם ישראל יעבוד במקדש?

אם אינך כהן, האם היית רוצה להיות כהן ולעבוד במקדש?

אם אתה כהן, עד כמה אתה מחכה לעבודה בבית המקדש? מה הרגשתך בנוגע לעבודת הקורבנות?

**צדיקים – "וְאַתָּה הַקְרֵב אֵלֶיךָ אֶת אַהֲרֹן אָחִיךָ"** (כח, א)

האם עבודת ה' והקשר של האדם אל הקב"ה צריכים לעבור דרך מישהו אחר (צדיק, אדמו"ר, רב גדול)?

מה היתרונות והחסרונות של המצב הזה? איך אתם נוהגים באופן אישי?

# כי תשא

## לא קונים אמונה באמזון

"זה היה אחרי חודשיים בסיירת", מספר איתי (24). "ישבנו במוצב, באמצע שמירה, והמפקד שלי התחיל לדבר על אמונה. אומנם אני בחור דתי, אבל זה תפס אותי לא מוכן. בבית ובישיבה התיכונית הכול היה לי תמיד פשוט וברור. כולם סביבי האמינו, אז גם אני האמנתי. אבל שם, באמצע הלילה, מול חבר'ה חכמים וישירים, גיליתי שאין לי מה להגיד. כל החיים פשוט 'זרמתי' עם הדת. אף פעם לא באמת חשבתי, לא בניתי משהו משלי".

"חזרתי בתשובה לפני שנתיים", משתף דביר (28), "וזו הייתה תקופה מדהימה. כל תפילה הייתה חוויה רוחנית, כל שבת – התרגשות חדשה. הרגשתי שאני מרחף מטר מעל הקרקע. "אבל אחרי זמן ההתלהבות התחילה לדעוך. התפילות נהיו שגרתיות והשבת – עוד יום בלוח השנה.

אני במשבר. מצד אחד אני מבין שככה זה בחיים, אי אפשר להישאר כל הזמן באותה התלהבות ראשונית. מצד שני – אולי זה סימן שמשהו לא בסדר איתי? אולי אני אמור להרגיש אחרת?"

### מי האשם?

היה זה יום שגרתי בבית הספר "אלונים". תלמידי כיתה ו־2 היו עסוקים בשיעור תנ"ך, ולפתע נשמעה נקישה חזקה. כל המבטים הופנו אל הדלת, שם עמד ד"ר קיסוס, המפקח המחוזי, איש גבה קומה עם משקפיים עבים ותיק עור שחור.

המורה דניאל, שישב ליד שולחנו, הזדקף במהירות. "בוקר טוב, אדוני המפקח."

המפקח סקר את הכיתה במבט חודר. "אני רואה שאתם לומדים תנ"ך. ובכן, בואו נראה מה אתם יודעים. מי שבר את לוחות הברית?"

דממה. עשרים וחמישה זוגות עיניים הביטו בו במבוכה.

המפקח הצביע על יוסי כהן, שישב בשורה השלישית. "אולי אתה יודע?"

יוסי קם על רגליו הרועדות. "אדוני המפקח, אני נשבע שזה לא אני! אני אפילו לא הייתי אתמול בבית הספר".

המפקח ההמום פנה למורה. "אתה שומע את זה?"

"אדוני המפקח", השיב דניאל מבלי להתבלבל, "אני מכיר את יוסי מכיתה א'. אם הוא אומר שזה לא הוא – זה לא הוא. אתה יכול לסמוך במאה אחוז על המילה שלו."

בייאושו מיהר המפקח למשרד המנהל.

"אתה חייב לשמוע מה קורה פה. שאלתי בכיתה מי שבר את הלוחות, התלמיד מכחיש שזה הוא והמורה נותן לו גיבוי..."

המנהל רוזנטל הסיר את משקפיו וניקה אותם בנחת.

"אדוני המפקח", אמר בקול מרגיע", בוא לא נעשה מזה עניין. פשוט תגיד לי כמה עולים הלוחות החדשים – ובית הספר ישלם הכול, כולל התקנה."

זהו סיפור ישן ומעורר חיוך. אבל בואו נודה על האמת: השאלה האמיתית אינה מי שבר את הלוחות, אלא איך הגענו למצב שהיה צריך לשבור אותם? איך קרה שֶׁעַם שרק לפני כמה ימים קיבל תורה, מרקד סביב פסל ומכריז "אֵלֶּה אֱ־לֹהֶיךָ יִשְׂרָאֵל"?

### לבנות לאט, לבנות חזק

בעידן המודרני התרגלנו ל"קיצורי דרך". הכול בא לנו מהר ובקלות.

קשה להאמין שפעם המסע מירושלים לתל־אביב ארך שלושה ימים על גבי חמור.

היום – חמישים דקות ברכב והגעתם ליעד המבוקש.

לשלוח מכתב לאמריקה? פעם הייתם מיטלטלים חצי שנה באונייה. היום בלחיצת "שלח" הוא כבר שם, ואם זה בווטסאפ, אתם אפילו יודעים שהוא נקרא.

מצד אחד זה נפלא. מי לא רוצה להגיע מהר ובקלות ליעד?

מצד שני, חייבים להיות מודעים גם למחיר – אנחנו מתרגלים לחשוב שהכול חייב לבוא בקלות ומהר. אבל, מה לעשות, בדברים החשובים באמת בחיים זה לא עובד ככה. אין אפליקציה שעוזרת לרכוש את מידת הענווה או לשלוט בכעס. אין קיצור דרך לבניית מערכת יחסים אמיתית וודאי שאין דרך מהירה לבניית קשר עמוק עם ריבון העולמים.

ייתכן שזה מה שבני ישראל החמיצו במדבר. התפלאנו איך ייתכן שאחרי שראו את כל הניסים במצרים, את קריעת ים סוף, את כל הנפלאות במדבר – המן והשליו, עמוד האש והענן, ואחרי ההתגלות הנבואית במעמד הר סיני – איך קרה שארבעים יום לאחר מכן העם מרקד וסוגד לעגל הזהב?

התשובה היא שגאולת מצרים קרתה **במהירות** – "כִּי בָרַח הָעָם" (שמות יד, ה). למה? כנראה לא הייתה ברירה אחרת. כמעט נטמענו שם ושקענו במ"ט שערי טומאה. ואז, במעבר חד בתוך פחות מחודשיים, משה הוריד לנו תורה בסיני.

אבל קבלת התורה האמיתית? היא לא יכולה להיות אירוע של רגע. זה לא מעמד יחיד, ואפילו מרשים כמו בהר סיני.

זהו תהליך של חיים שלמים!

העיקרון הזה נכון גם בנוגע לגאולת ישראל. יציאת מצרים הייתה בחיפזון ולכן לא החזיקה מעמד יותר מכמה מאות שנים.

אבל על הגאולה העתידית נאמר "כִּי לֹא בְחִפָּזוֹן תֵּצֵאוּ" (ישעיהו נב, יב) וחז"ל לימדו אותנו ש"גאולתן של ישראל קמעא קמעא" (ירושלמי ברכות א, א). נכון, היא איטית, אבל מפני שהיא נועדה להיות נצחית.

'אנחנו הישראלים אוהבים מאוד את מלחמת ששת הימים כי היא נמשכה רק שישה ימים. אבל רוב המלחמות על קיומנו דורשות נחישות, השקעה ומאמץ לאורך זמן.

אולי המהירות הזו היא שגרמה לבני ישראל ליפול ואולי הייתה בשבירת הלוחות (והתלמיד יוסי כהן באמת לא אשם בזה) מעין הכרזה מצד משה: מעכשיו מתחילים מחדש! לא בזריזות, לא בקיצורי דרך. מתחילים תהליך חינוכי עמוק שיימשך שנים רבות במדבר. כי התורה צריכה לא רק להינתן, אלא גם, ובעיקר, להתקבל. המסר הזה מהדהד גם אלינו: בדור של תוצאות מיידיות, אין תחליף לעבודה פנימית עמוקה ועקבית. ככה בונים אמונה, ככה בונים אישיות, ככה בונים חיים. וכמו שאמר לי יועץ זוגיות עתיר ניסיון: להתחתן זו חוכמה, אבל להישאר נשוי זו חוכמה גדולה הרבה יותר.

## אתגר השבוע

בחרו תחום אחד בחיים הרוחניים שלכם — תפילה, לימוד תורה, מידה טובה שאתם רוצים לרכוש וכדומה. במקום לחפש קיצור דרך, הקדישו לו השבוע זמן קבוע כל יום, אפילו חמש דקות.

לפעמים דווקא הדרך הארוכה היא הקצרה באמת.

## מִבְזָק: הפרשה ב־20 שניות

מפקד בני ישראל דרך מחצית השקל ◂ הציווי על עשיית כיור נחושת, שמן המשחה, הסממנים לקטורת ◂ בחירת בצלאל ואהליאב כאומני המשכן ◂ אזהרה על שמירת השבת ◂ חטא העגל — משה שובר את הלוחות ◂ משה מתפלל לה' שייסלח לעם ומבקש "הראני נא את כבודך" ◂ קבלת לוחות שניים ◂ קרני ההוד שקורנות ממשה ◂ חידוש הברית עם ה'.

## מספרים ש...

### הלוחות השלמים תמיד

"ישבתי במסדרון ביתו של האדמו"ר מגור, ה'אמרי אמת'", מספר הרב יעקב נוימן. "השנה הייתה תש"ו (1946) וראיתי יהודי שנכנס לחדרו של הרבי. חסיד גור לשעבר, שרק עיניו הכבויות העידו על עברו המפואר. בשואה הוא איבד הכול — אישה, ילדים ואת כל משפחתו המורחבת. אחד השרידים מקהילת ענק של מאה אלף חסידי גור בפולין שנמחקה כמעט כליל.

"שעה ארוכה ישב היהודי מול הרבי בחדר הסגור, ולימים סיפר לי את שהתרחש שם. לראשונה מאז המלחמה, בפגישה עם הרבי הוא פתח את סגור ליבו, ולראשונה — גם בכה. פרץ של דמעות שנעצרו שנים, והרבי ישב מולו ובכה איתו.

"ואז הרבי דיבר: 'שים לב למילה אחת מיוחדת בתורה. כשמשה שבר את הלוחות נאמר 'ואתפוש בשני הלוחות ואשליכם מעל שתי ידי ואשברם לעיניכם'. מדוע מדגישה התורה 'לעיניכם'? וכי משנה אם ראו את השבירה או לא?'

"היהודי שתק. הרבי המשיך בקול רועד: 'התורה מגלה לנו סוד עמוק: השבירה הייתה רק **לעיניכם**. במבט שלנו נראה לפעמים שהכול נשבר לרסיסים, שלא נותר דבר. אבל דע לך שיש עולם עמוק יותר, עולם של נשמות, של נצח. שם הלוחות נשארו שלמים.

'תראה, איבדתי בעצמי ילדים, עשרות אלפי חסידים נספו. עם ישראל איבד שישה מיליון. איך אפשר להמשיך? אבל אני מאמין בעומק ליבי שהשבר הזה הוא רק 'לעיניכם'. בממד העמוק יותר, הרוחני, הנצחי — עם ישראל חי. כל נשמה נשארת בשיא חיותה, ויום יבוא והאמת תתגלה'.

"כשהיהודי יצא מחדר הרבי", מסיים הרב נוימן, "משהו בו השתנה. בעיניים הכבויות נדלק שוב זיק של חיים. כאילו גם הוא הצליח להציץ, ולו לרגע, מעבר למסך — אל העולם ההוא שבו שום דבר לא נשבר באמת".

## הידעת?

**קרניים או קרינה? — ״כִּי קָרַן עוֹר פָּנָיו בְּדַבְּרוֹ אִתּוֹ״** (לד, כט)

טעות תרגום מפורסמת הובילה לאחת התמונות המוזרות ביותר באמנות: משה רבינו עם קרניים. הטעות נולדה כשהיירונימוס, שתרגם את התנ״ך ללטינית במאה הרביעית, תרגם את המילה ״קָרַן״ ל־cornuta (בעל קרניים) במקום ל״קורן״ או ״מאיר״. מאז, אמנים נוצרים רבים, כולל מיכלאנג׳לו בפסלו המפורסם, ציירו את משה עם קרניים. וזו לא הטעות היחידה: חווה מצוירת תמיד אוכלת תפוח, על אף שהתורה לא מציינת איזה פרי היה עץ הדעת, וחז״ל נחלקו אם זה היה גפן, חיטה או תאנה. מאיפה נולד הרעיון של תפוח? כנראה בגלל צורתו העגלגלה והצבע האדום המושך את העין, שמתאים לתיאור התורה — ״וְכִי תַאֲוָה הוּא לָעֵינַיִם״.

גם היום, כשסרטים וספרים מעבדים סיפורים מהתנ״ך, כדאי לזכור שלפעמים הדימויים המוכרים ביותר הם בעצם רק פרשנות מאוחרת ולא מדויקת במיוחד.

**דין או פשרה — ״מֶה עָשָׂה לְךָ הָעָם הַזֶּה״** (לב, כא)

כשמשה יורד מההר ורואה את העגל, הוא המום מהתנהגותו של אהרון. הוא אומר לאחיו: ״מֶה עָשָׂה לְךָ הָעָם הַזֶּה כִּי הֵבֵאתָ עָלָיו חֲטָאָה גְדֹלָה?״ — אילו דברים נוראים הם עשו לך עד שהוכרחת לשתף איתם פעולה? חז״ל רואים בהתנהלות השונה של משה ואהרון ביטוי לשתי גישות מנוגדות להנהגה: משה הוא איש האמת והדין ששובר את הלוחות. אהרון הוא אוהב שלום ורודף שלום שמנסה ״להתפשר״ ולשתף פעולה עם העם כדי למתן את התנהגותו. המדרש (ויקרא רבה ט, ט) מלמד שבסופו של דבר שתי הגישות נחוצות בחיים: ״בשעה שדן דין אמת נעשה שותף לקב״ה במעשה בראשית, אבל מי שעושה פשרה — משים שלום בין ישראל לאביהם שבשמיים״.

**לקרוע את הגזרה — ״וַיַּשְׁלֵךְ מִיָּדָו אֶת הַלֻּחֹת״** (לב, יט)

ב־10 בנובמבר 1975 עמד חיים הרצוג, שגריר ישראל באו״ם, על דוכן מליאת האו״ם בניו־יורק. בידו אחז את נייר החלטה 3379 של האו״ם שנקבע בה כי ״הציונות היא צורה של גזענות״. בתום נאום נוקב הכריז הרצוג: ״לעם היהודי יש זיכרון היסטורי ארוך. אנחנו זוכרים שהחלטה זו התקבלה ב־10 בנובמבר, בדיוק 37 שנה אחרי ׳ליל הבדולח׳. היטלר היה מרגיש פה בן בית בערב הזה...״

ואז הרצוג קרע לגזרים את נייר ההחלטה וירד מהבימה בהפגנתיות. למרבה הבושה ההצעה הזו זכתה לרוב. אבל המעשה הסמלי של שגריר ישראל הותיר רושם רב. הרצוג קיבל השראה מסבו, הרב יצחק אייזיק הרצוג, שקרע ב־1939 את ״הספר הלבן״ הבריטי שהגביל עליית יהודים לארץ ישראל, ושניהם הלכו בדרכו של משה, ששבר את הלוחות לעיני העם. לפעמים תמונה חדה מול העיניים מעבירה את המסר טוב מאלפי מילים.

## פותחים ראש
שאלות לדיון סביב השולחן

**מי אוהב את השבת?** – **"אַךְ אֶת שַׁבְּתֹתַי תִּשְׁמֹרוּ כִּי אוֹת הִוא בֵּינִי וּבֵינֵיכֶם לְדֹרֹתֵיכֶם"** (לא, יג)

עִצְמוּ לרגע את העיניים וְחִשְׁבוּ: אילו אסוציאציות מעלה לכם המילה "שבת"?

מהי שבת בשבילכם – יום חופש מבית ספר או מעבודה? זמן לבילוי ושיחה עם המשפחה? יום ללימוד תורה והתמלאות רוחנית? האם אתם מרוצים מהאופן שבו נראית השבת שלכם?

האם לדעתכם צריך לקבוע חוקים שיעגנו את שמירת השבת בחיי המדינה או שעדיף להשאיר את הדבר לבחירה החופשית של כל אזרח?

**זכות ליורדים?** – **"אֶל אֶרֶץ זָבַת חָלָב וּדְבָשׁ"** (לג, ג)

לפני כמה שנים הועלתה הצעת חוק שמעניקה זכות הצבעה לכנסת ליורדים ישראלים בחו"ל. אתם תומכים בעניין?

**ישראלים החוצה!** – **"וְנִפְלֵינוּ אֲנִי וְעַמְּךָ מִכָּל הָעָם אֲשֶׁר עַל פְּנֵי הָאֲדָמָה"** (לג, טז)

יש בתי מלון בעולם שמעקמים את האף למראה תיירים ישראלים וטוענים שהם גסי רוח וגנבים. האם זו סתם אנטישמיות או תיאור מציאות? מה לדעתכם מאפיין את האופי הישראלי?

# ויקהל

## ליצור בלי גבולות?

"אני לא מבקשת רשות", אומרת מיכל (19) להוריה בקול נחוש. "אני רק מנסה להסביר. התקבלתי למחלקה לאמנות בבצלאל וזו ההזדמנות של החיים שלי".

היא רואה את המבט המודאג של אמא. "כן, אני יודעת – יהיה שם עירום, ויהיו השפעות זרות ואווירה חופשית. אבל אני מרגישה שזה הייעוד שלי ואני מספיק חזקה כדי להתמודד. תבינו, אי אפשר להיות אמן אמיתי בלי ללמוד את יסודות האמנות הקלאסית. האם להיות דתייה חייב לבוא על חשבון החלומות שלי?"

"אמנות היא כמו לבה רותחת שמבקשת לפרוץ החוצה", מסביר רועי (34), פַּסָּל שהתקרב ליהדות בשנתיים האחרונות. "כשאני יוצר, אני חייב להיות משוחרר לגמרי – לתת לרגש, לדמיון, לאינטואיציה להוביל. בלי צנזורה, בלי מחסומים. אבל עכשיו..." הוא מביט בפסל האדם שעליו הוא עובד. "ההלכה שמה גבולות – אסור לפסל דמות אדם שלמה, יש מגבלות של צניעות. ואני מבין את זה, מכבד את זה. אבל איך אפשר ליצור ככה? איך אני יכול להיות נאמן גם לאמנות וגם לאמונה?"

### הבובה של ירושלים

בשנת תרס"ו (1906) קיבל בית הספר "בצלאל" לאמנויות מכתב מפתיע מהרב קוק, אז רבה של יפו. במקום להתפלפל בשאלות הלכתיות על אמנות ויהדות, בחר הרב לספר סיפור:

"ילדה קטנה שכבה חולה במיטתה. המחלה הייתה קשה וממושכת, עד שהרופאים כמעט התייאשו. ואז, יום אחד היא פקחה את עיניה. שפתיה החיוורות נעו, וקול חלוש נשמע: 'אמא, אמא, איפה הבובה שלי?' ההורים והאחים התרגשו עד דמעות. 'שושנה מבקשת את הבובה שלה! ברוך השם, זה סימן לטובה!'

הם ידעו שאם היא מבקשת את הבובה, בקרוב תבקש גם אוכל, תרצה לקום, לשחק, להתחזק".

ואז הסביר הרב את הנמשל: "הילדה הזו היא ירושלים. חולת הגלות הארוכה והמרה. רבים כבר התייאשו ממנה. והנה, פתאום היא מבקשת יופי ואמנות. יש שיאמרו שזה לא הזמן ושיש צרכים דחופים יותר. אבל אני אומר שעצם הבקשה היא סימן החיים והבריאות. כמו הילדה החולה שמבקשת את בובתה, כך העם שמתעורר לתחייה מתחיל ליצור. זה לא סתם יופי – אלו הן פעימות הלב של הגאולה."

### האמנות מעל הכול?

בפרשה מסופר שבצלאל ואהליאב נבחרו על ידי אלוקים להיות האמנים של המשכן. הוא לא חיפש סתם בעלי מלאכה מוכשרים – הוא רצה אמנים אמיתיים, כאלו שיוכלו להפוך את המקום הקדוש בעולם להיות גם היפה בעולם.

ולמרות זאת, אי אפשר להתעלם מהמתח המובנה בין אמנות לאמונה. אם תביטו ימינה ושמאלה תגלו שהעולם הדתי מלא באנשי צבא, אנשי הייטק, רופאים וחקלאים – אבל מעטים בו האמנים. האם זה מקרי? יש אומרים שאמנות חייבת להיות חופשית לגמרי, שאמן חייב להוציא החוצה כל מה שיש בתוכו, בלי גבולות ובלי מעצורים. האם האמירה הזו נכונה מנקודת מבט יהודית?

הרב קוק העריך מאוד אמנות, וכפי שכתב למקימי בית ספר בצלאל, הוא סבר שיש לראות בה סימן לתחיית האומה. עם זאת הוא טען שאסור להתעלם מעקרון יסוד: לא כל מה שאפשר להוציא החוצה – צריך

להוציא החוצה. ובלשונו: רק "את הדברים שמבסמים את אוויר העולם" – שמוסיפים לו טוב ואור ושכלול רוחני – ראוי לגלות. את הדברים שעלולים להזיק עדיף להשאיר קבורים בפנים.

בדיוק כמו בגינה: גנן טוב לא נותן לכל הצמחים לגדול פרא. הוא מטפח את הפרחים היפים, אבל עוקר את העשבים השוטים שיכולים להזיק לגינה. כך גם באמנות – לא חייבים להוציא הכול. צריך לזהות מה יעשה את העולם יפה וטוב יותר ואותו לחשוף ולגלות.

והנה עוד עיקרון מנחה: ככל שהאמן עצמו טהור יותר בפנים, כך גם היצירה שלו תהיה טהורה – בלי מאמץ ובלי הגבלות. כמו סופר עדין ורגיש ואוהב שלום באופיו – הסיפורים שלו יהיו מלאים בחמלה ואהבה בלי שהוא צריך לחשוב על כך או להתאמץ שלא לכלול מוטיבים אכזריים ואלימים.

ואולי זה העומק של השם "בצלאל" – מי שיוצר בצל הא־ל. אדם כזה לא מתפרץ בלי גבולות, אלא צועד בעקבות ריבון העולמים. וכמו שה' ברא עולם מופלא בתוך גבולות וסדר, כך גם האמנות היהודית: דווקא כשהיא יוצרת בתוך הקווים, היא מגלה את היופי האמיתי שבעולם.

## אתגר השבוע

בחרו תחום יצירה שמעניין אתכם – ציור, כתיבה, מוזיקה, צילום וכדומה – והקדישו לו זמן השבוע.

אבל לפני שאתם מתחילים, חשבו: מה המסר שאתם רוצים להעביר? איך היצירה שלכם יכולה להוסיף אור לעולם?

בסוף השבוע, שתפו את היצירה עם בני המשפחה בסעודת שבת.

## מספרים ש...

### לשחרר את האור

"זה לא בשבילנו", אמרו ראשי העיר פירנצה והצביעו על גוש השיש העצום שהתגלגל ברחוב, "הוא כבר מקולקל".

הם התכוונו לגוש שיש ענק שהוזמן לפני ארבעים שנה ממחצבות קרארה המפורסמות. שני פַּסָּלים כבר ניסו לעבוד עליו ונכשלו, השאירו בו חורים ופגמים. עכשיו הוא שכב שם כמו אבן נגף ברחוב.

אבל מיכלאנג'לו, אז אמן צעיר בן 26, ראה משהו אחר לגמרי כשהתבונן בגוש הלבן.

"היופי כבר נמצא בפנים", אמר בשקט, "הוא רק מחכה שנשחרר אותו".

במשך שלוש שנים הוא עבד על הפסל. בוקר־בוקר היה מגיע לסדנה, מביט באבן בריכוז עמוק, ואז בעדינות אין קץ, מסיר עוד שכבה ועוד שכבה.

"אני לא יוצר דבר", היה אומר למי ששאל, "אני רק מגלה את מה שכבר קיים. בכל גוש שיש יש יצירה מושלמת, תפקידי רק להסיר את העודף".

מגוש שיש הקרארה הזנוח יצר מיכלאנג'לו את הפסל שנחשב עד היום לאחת מיצירות המופת בתולדות האמנות.

מנקודת מבט יהודית, איננו יוצרים פסלים של דמויות אדם. אבל העיקרון העמוק שמיכלאנג'לו גילה – שהיופי כבר קיים בפנים ותפקידנו רק לשחרר אותו – הוא אמת שמהדהדת עמוק בתורת החינוך היהודית.

כל נשמה היא יהלום שמחכה להתגלות. כל ילד הוא אוצר של אור פנימי. תפקיד ההורים והמחנכים איננו "ליצור" או "לעצב", אלא בסבלנות ובעדינות אין קץ – להסיר את המחסומים ולאפשר לאור הזה לזרוח במלוא עוצמתו.

## מִבְזָק: הפרשה ב־20 שניות

משה מקהיל את העם ומצווה על שמירת השבת ◄ הציווי על המשכן וכליו ◄ העם מביא תרומות בשפע עד שמשה מכריז "די!" ◄ בצלאל ואהליאב מנצחים על מלאכת המשכן ◄ הכנת היריעות, הקרשים והאדנים ◄ עשיית הארון, השולחן, המנורה ומזבח הזהב ◄ הכנת מזבח העולה, הכיור והחצר.

## הידעת?

### אמנות הסת"ם – "וַיִּכְתֹּב עַל הַלֻּחֹת" (לד, כח)

כתיבת ספר תורה היא אחת מצורות האמנות היהודית העתיקות ביותר. מחקרים הראו שהכתב העברי המרובע, המשמש לכתיבת סת"ם, הוא אחד הכתבים היציבים ביותר בהיסטוריה – הוא כמעט לא השתנה ב־2,000 השנים האחרונות. בשנת 1970 נמצאו בקומראן קטעי מגילות מימי בית שני, והכתב שלהן כמעט זהה לכתב סת"ם של ימינו. כל אות נכתבת לפי כללים מדויקים – גובה, רוחב ואפילו עובי הקו. הסופר משתמש בקולמוס מיוחד העשוי מנוצת תרנגול או קנה במבוק, ובדיו שחורה המיוצרת ממרכיבים טבעיים. בימינו, לצד המסורת העתיקה, סופרי סת"ם משתמשים בטכנולוגיה מתקדמת – תוכנות מחשב מיוחדות סורקות את היריעות ומזהות פגמים שהעין האנושית עלולה להחמיץ.

## הבית היפה בעולם – "וַיַּעֲשׂוּ כָל חֲכַם לֵב, בְּעֹשֵׂי הַמְּלָאכָה אֶת הַמִּשְׁכָּן" (לו, ח)

"כל מי שלא ראה בניין הורדוס לא ראה בניין נאה מימיו", כך אמרו חז"ל (בבא בתרא ד ע"א) על בית המקדש השני. אחרי שיפוצו על ידי המלך הורדוס במאה הראשונה לפני הספירה, הבניין היה פלא אדריכלי. אבני הכותל המערבי, שנותרו עד היום, מדגימות את גודל ההישג: חלקן שוקלות 450 טון והונחו בדיוק מופלא. מומחים מודרניים עדיין מתקשים להבין איך הצליחו להניע ולהניח אבנים כה כבדות בדיוק כזה, ללא הטכנולוגיה של ימינו.

## אלופי החסד – "וְהַמְּלָאכָה הָיְתָה דַיָּם" (לו, ז)

לא תאמינו, אבל הגיע רגע שמשה הכריז "די! נא לא להביא יותר תרומות למשכן. אנחנו מלאים".

זהו תקדים היסטורי מעניין – מתי בפעם האחרונה שמעתם על מגבית שביקשה להפסיק לתרום? מחקר של אוניברסיטת ג'ונס הופקינס משנת 2021 מצא שישראל מובילה בעולם במספר ארגוני החסד לנפש – בממוצע ארגון אחד לכל 1,300 תושבים. להשוואה: בארה"ב היחס הוא 1 ל־3,000. בעיר ירושלים לבדה יש יותר מ־1,800 גמ"חים שונים. דווקא בתקופות משבר, כמו מלחמת יום כיפור, משבר הקורונה ומלחמת "חרבות ברזל", נרשם שיא בתרומות.

## פותחים ראש
### שאלות לדיון סביב השולחן

**אמנות אמיתית** – "רְאוּ קָרָא ה' בְּשֵׁם בְּצַלְאֵל בֶּן אוּרִי בֶן חוּר... לַעֲשׂוֹת בְּכָל מְלֶאכֶת מַחֲשָׁבֶת" (לה, ל–לג)

האם כישרון אמנותי הוא מתנת שמיים או יכולת נרכשת? האם אמנים רואים את העולם אחרת משאר האנשים? האם ישנה "אמנות יהודית"? מה הופך יצירה ל"יהודית" – הנושא? המסר? זהות היוצר?

**טכנולוגיה וזכויות יוצרים** – "וַיְמַלֵּא אֹתָם חָכְמַת לֵב לַעֲשׂוֹת כָּל מְלֶאכֶת חָרָשׁ" (לה, לה)

בעידן הדיגיטלי קל מאוד להעתיק יצירות, לשנות אותן או ליצור בבינה מלאכותית. האם יצירה שנוצרה בעזרת AI שייכת ליוצר שהשתמש בה? האם מותר להשתמש ביצירות של אחרים בבסיס ליצירה חדשה? איך מגינים על זכויות יוצרים בעולם שבו הכול נגיש ופתוח?

**אסתטיקה** – "וַיַּעַשׂ אֵת הַכִּיּוֹר נְחֹשֶׁת וְאֵת כַּנּוֹ נְחֹשֶׁת בְּמַרְאֹת הַצֹּבְאֹת" (לח, ח)

רש"י מספר שהכיור נעשה ממראות הנשים, שהשתמשו בהן לטיפוח במצרים. מה המסר בכך שדווקא כלי של יופי חיצוני הפך לכלי קודש?

עד כמה לדעתכם משפיעה הופעה חיצונית אסתטית טובה? כמה זמן ביום אתם מקדישים לטיפוח אישי, איפור, תסרוקת?

מה ההבדל בין טיפוח חיצוני לגיטימי לבין עיסוק יתר במראה? מה דעתכם על מי שעובר ניתוח פלסטי לשיפור מראה חיצוני?

# פקודי

## נקי מכל חשד

"אני לא מבין למה כולם חושדים בי", אומר עידו (17) בתסכול. "רק כי אני יושב ליד נדב במבחן, המורה בטוחה שהעתקתי ממנו. היא אפילו לא בדקה את המבחן שלי, ישר פסלה אותו. זה נכון שיש לנו תשובות דומות, אבל למדנו ביחד בזום שלוש שעות אתמול! מה, אסור לי לשבת לידו רק בגלל שהוא ה'מוח' של הכיתה?"

רינת (28) קוראת שוב את הודעת הוואטסאפ מקבוצת הבניין: "דחוף! מישהו מכיר קבלן שיפוצים אמין?"

היא יודעת בדיוק את התשובה – אחיה עובד כבר עשר שנים כקבלן וכל הלקוחות שלו מרוצים מאוד. אומנם הוא לא הכי זול, אבל העבודה שלו איכותית.

מצד שני, הוא אח שלה. מה יגידו השכנים? יחשבו שהיא דואגת לפרנס את המשפחה? אולי כדאי פשוט לשתוק?

רגע, אבל למה לשלוח אותם לקבלן פחות טוב רק בגלל ה'מה יגידו'?

### עד הפרוטה האחרונה

"אבא, למה אתה מדבר על זה עכשיו?" שאל בנו של הרב שמשון רפאל הירש בדאגה. הרב, מגדולי רבני גרמניה, זה עתה קיבל את משכורתו הרבעונית מהקהילה בפרנקפורט, כמנהגם לשלם שלושה חודשים מראש. הוא הכניס את המעטפה למגירה, קרא לבנו והודיע לו: "אם חלילה אמות לפני תום הרבעון, תעשה בבקשה חשבון מדויק – כמה ימים עבדתי וכמה לא, ותחזיר לקהילה את ההפרש".

"אבל אבא", מחה הבן, "בעזרת ה' עוד תאריך ימים! ובכלל, גם אם... למה לעשות עניין מכמה פרוטות? הרי כולם יודעים שהמשכורת שלך בקושי משקפת את ההשקעה העצומה שלך בקהילה".

חיוך רך עלה על פני האב. "בני היקר, אדם לא יודע מתי יקצוב ה' את ימיו, וצריך להיות מוכן. ובנוגע לכסף, דווקא בגלל שזה כסף של קהילה קדושה, חשוב לי להיות נקי. לא לקחת אפילו פרוטה אחת על יום שבו לא הייתי נוכח".

חודשים ספורים לאחר מכן, הלך הרב לעולמו ביום כ"ז בטבת תרמ"ט. התגלה אז דבר מופלא. התאריך הלועזי באותו יום היה 31 בדצמבר 1888, היום האחרון של הרבעון. כאילו משמיים המתינו עד שישלים את המשמרת שלו, עד הפרוטה האחרונה.

### להיות שקוף

דמיינו מישהו שכולם יודעים שהוא הכי ישר בעולם, ופתאום מתחיל להוכיח שהוא לא גנב. מוזר, לא? זה בדיוק מה שקורה בפרשה: משה רבנו, האיש שאלוקים עצמו מעיד עליו "בְּכָל בֵּיתִי נֶאֱמָן הוּא" (במדבר יב, ז), מגיש דו"ח מפורט על כל גרם זהב וכסף שנתרם למשכן – "אֵלֶּה פְקוּדֵי הַמִּשְׁכָּן... אֲשֶׁר פֻּקַּד עַל־פִּי מֹשֶׁה" (שמות לח, כא).

למה?

מתברר שגם כשמדובר באדם ישר כמו סרגל, תמיד יהיו כאלו שיעלו חשדות ויטענו טענות. המדרש (תנחומא, פקודי ז) מספר שהיו אנשים שריכלו על משה: "ראו צווארו! ראו שוקיו! אוכל משלנו, שותה משלנו!" בעצם הם אמרו, "תראו איך הוא חי טוב על חשבוננו". כששמע זאת משה הוא לא אמר "מי הם בכלל שיחשדו בי? חצופים שכמותם". במקום

זה הוא הכריז: "חייכם, משנגמרה מלאכת המשכן אני נותן לכם חשבון". התורה מלמדת מכאן עיקרון מהפכני: "וִהְיִיתֶם נְקִיִּם מֵה' וּמִיִּשְׂרָאֵל" (במדבר לב, כב). לא מספיק שאתה יודע שאתה בסדר. צריך גם שכולם יראו את זה.

הכלל הזה חשוב מאוד והשפיע על הלכות רבות.

למשל: גבאֵי צדקה חייבים ללכת בזוגות (שולחן ערוך, יורה דעה רנז, א). כי אם מישהו יגיד "ראיתי את הגבאי משלשל כסף לכיסו", יהיה אדם אחר שיוכל להגיד "הייתי שם וזה לא נכון. כל מה שאספנו הלך לצדקה".

או למשל: כשנכנסו למנות את כספי המקדש, אסור היה ללבוש בגדים עם כיסים – שלא יחשדו שמישהו מחביא שם מטבעות (משנה שקלים ג, ב).

קיצוני? אולי. אבל ככה בונים אמון!

"רגע", תגידו, "מה אכפת מה יגידו? העיקר שאני יודע שאני בסדר!"

אבל התורה מלמדת אותנו שבשחיים ביחד, לא מספיק להיות צודק, צריך גם להיראות צודק. תראו מה הולך ברשתות החברתיות היום: תמונה אחת לא במקום, והשם הטוב שבנית בעמל רב עלול להיהרס ברגע.

אז בפעם הבאה שמישהו יגיד לכם "מה אכפת לך מה יגידו?" – ספרו לו על משה רבנו, שאומנם היה הכי נאמן בעולם, אבל גם הבין שלפעמים צריך גם להוכיח את זה. וכשאתה באמת נקי – אין לך מה להסתיר.

## אתגר השבוע

בחרו מצב אחד בחיים שלכם שיכול "להיראות לא טוב" וחשבו איך להפוך אותו ל"שקוף" יותר. למשל: אם אתם אחראים על קופת המסיבה – העלו תמונות של הקבלות לקבוצה גם אם אף אחד לא ביקש. כשאתם מארגנים פעילות ביתתית – שתפו את כולם בתכנון ובשיקולים. כי אפילו כשאף אחד לא חושד – השקיפות משתלמת.

## מספרים ש...

### מסתכלים עליך

מחקר מפתיע שנערך באוניברסיטת ניוקאסל בצפון־מזרח אנגליה לפני כמה שנים גילה דבר מרתק: בחדר המנוחה של העובדים הייתה קופה משותפת לקפה ועוגיות, עם שלט "נא לשלם לפי המחירון".

במשך שנים, רק 70 אחוז מהעובדים שילמו. במחקר הוסיפו החוקרים פרט קטן: תמונה של זוג עיניים מעל הקופה.

לא תאמינו, אבל התוצאה הייתה שאחוזי התשלום זינקו ל־95 אחוז! פשוט בגלל שהרגישו שמישהו "מסתכל".

בעקבות זאת, בתי ספר רבים באנגליה התחילו לשים תמונות דומות במסדרונות.

התוצאות היו מיידיות: ירידה של 65 אחוז בזריקת אשפה על הרצפה, עלייה בנוכחות בשיעורים, ואפילו שיפור בציונים.

יש משהו עמוק בתגלית הזו, והוא מזכיר את דברי חז"ל: "דע מה למעלה ממך — עין רואה ואוזן שומעת וכל מעשיך בספר נכתבים" (אבות ב, א). זו לא רק תזכורת שכל צעד שלנו נרשם, אלא גם הזמנה לחיות חיים שקופים. מי שיודע שמסתכלים עליו, ישתדל להיות הגרסה הטובה ביותר של עצמו.

## מִבְזָק: הפרשה ב־20 שניות

משה מפרט את חשבון תרומות המשכן: כמות הזהב, הכסף והנחושת ◄ השלמת בגדי הכהונה — האפוד, החושן, המעיל והציץ ◄ משה בודק את כל המלאכה ומברך את העושים ◄ המשכן מוקם באחד בניסן ◄ ענן ה' מכסה את המשכן וכבוד ה' ממלא אותו ◄ מכאן והלאה: בני ישראל נוסעים וחונים על פי הענן.

## הידעת?

**סמל המדינה — "וַיַּעַשׂ אֶת הַמְּנֹרָה"** (לז, יז)

הסמל הראשון של מדינת ישראל נוצר בשנת 1949 על ידי האחים שמואל וגבריאל שמיר. הם בחרו במנורה משום שהיא הסמל היהודי העתיק ביותר שהתגלה — חוקרים מצאו את דמות המנורה בממצאים מתקופת בית המקדש השני מלפני אלפיים שנה! בחפירות בירושלים נמצאו מטבעות עתיקים עם המנורה, ואפילו ברומא העתיקה, על שער טיטוס, חקוקה המנורה שנלקחה מבית המקדש.

בסמל המדינה, לצידי המנורה יש שני ענפי זית. זה לא סתם קישוט — הם מזכירים את שמן הזית הטהור שהדליק את המנורה במקדש. מעניין שכשהראו את הסמל לדוד בן־גוריון, הוא ביקש להוסיף עוד עלים לענפי הזית.

"למה?" שאלו אותו.

"כי השלום שאנחנו מקווים לו", הוא ענה, "צריך להיות חזק ויציב".

**משקולות המשכן – "כָּל הַזָּהָב הֶעָשׂוּי לַמְּלָאכָה"** (לח, כד)

הפרשה מפרטת את משקל הזהב, הכסף והנחושת שנתרמו למשכן. איך ידעו בדיוק כמה זהב וכסף נתרמו למשכן? היום זה פשוט – יש לנו משקל דיגיטלי. אבל מה עשו בימי קדם? ובכן, הם השתמשו במאזניים: מעין קולב עם שתי כפות תלויות. בכף אחת שמו משקולת אבן מדויקת, ובשנייה את מה שרצו לשקול. כשהכפות התאזנו בדיוק, ידעו שהמשקל זהה.

ארכיאולוגים גילו בחפירות בירושלים העתיקה משקולות אבן מיוחדות, חלקן עם כתובות בעברית קדומה. בעיר דוד נמצאו משקולות רבות, עדות לכך שירושלים הייתה מרכז מסחר משגשג. על חלקן נחרט "בקע" – בדיוק המשקל שמוזכר בתורה למחצית השקל. כמו למצוא טביעת אצבע של המסחר העברי הקדום.

**בית בתוך העולם – "אֵלֶּה פְקוּדֵי הַמִּשְׁכָּן"** (לח, כא)

עובדה מפתיעה: התורה מקדישה לבריאת העולם כולו 34 פסוקים, ואילו תיאור בניית המשכן מתפרש על פני מאות פסוקים בארבע פרשות! למה? טמון כאן מסר עמוק: יותר מהעולם העצום שה' ברא בשבילנו, חשוב הבית הקטן שאנחנו בונים בשבילו. בבריאת העולם ה' פעל לבד, אבל במשכן התאחד לראשונה העם כולו, איש ואישה, עשירים ועניים, למשימה אחת. אולי זו גם הסיבה שהתורה חוזרת פעמיים על כל הפרטים: פעם בציווי ופעם בביצוע. כי כשבני אדם עושים מעשה, כל פרט קטן וכל מאמץ ראויים להיות מתועדים ומוערכים.

## פותחים ראש
### שאלות לדיון סביב השולחן

**להיות עצמי בתוך המסגרת – "וַיַּעֲשׂוּ בְּנֵי יִשְׂרָאֵל כְּכֹל אֲשֶׁר צִוָּה ה' אֶת מֹשֶׁה כֵּן עָשׂוּ"** (לט, לב)

האם מסגרת אחידה מוחקת את הייחודיות האישית? הרי כולנו שונים זה מזה – אחד אוהב ספורט, אחת מתחברת לאמנות, זה שקט וזו מלאת חיים – איך כל הצבעים האלה באים לידי ביטוי כשכולם מתפללים אותה תפילה ומקיימים אותן מצוות? האם המסגרת המשותפת מגבילה את האישיות או דווקא מאפשרת לה לצמוח בדרך ייחודית?

**דקדוק בפרטים – "וְכָל אִישׁ אֲשֶׁר נִמְצָא אִתּוֹ תְּכֵלֶת וְאַרְגָּמָן... הֵבִיאוּ"** (לה, כה)

בני ישראל הקפידו על כל פרט בבניית המשכן. למה חשוב לדייק בפרטים, גם אם לא תמיד מבינים את משמעותם? האם יש מקרים בחיים שבהם דווקא ההקפדה על הפרטים הקטנים יוצרת שינוי גדול – במוזיקה, בספורט, בלימודים? איך שומרים על איזון בין דקדוק בפרטים לבין ראיית התמונה הגדולה?

**נתינה מתוך הלב – "וְכָל אִישׁ וְאִשָּׁה, אֲשֶׁר נָדַב לִבָּם אֹתָם לְהָבִיא"** (לה, כט)

תרומת בני ישראל למשכן נעשתה מתוך נדיבות הלב. מה ההבדל בין נתינה מתוך חובה לנתינה מתוך רצון? האם אפשר לפתח בלב תחושת נדיבות גם כלפי דברים שנראים "חובה"? האם אפשר "לאמן" את עצמנו להיות יותר נדיבים? מתי הרגשתם שנתינה שהתחילה כחובה הפכה למשהו שאתם רוצים ואוהבים לעשות?

חומש

# ויקרא

# ויקרא

## אופס, טעות!

"זה קרה לפני חודשיים", משתפת ד"ר מיכל כהן (32), מתמחה במחלקה הפנימית. "סיימתי משמרת כפולה והייתי עייפה ומותשת. הוצאתי מרשם דיגיטלי לחולה קשיש ורשמתי בו מינון כפול מהנדרש. האחות האחראית, דינה, הבחינה בטעות ברגע האחרון. 'בואי נתקן את זה בשקט ונשכח מזה הפעם', היא אמרה. אבל אני לא מצליחה להירגע. מה היה קורה אם דינה לא הייתה מספיק ערנית? מה אם היא הייתה עייפה כמוני? אולי היום הייתי עומדת מול בני משפחה שאיבדו את אבא שלהם..."

"רציתי לשלוח לדני תמונה מצחיקה של איתי מהמסיבה", מספר עידו (16). "היינו שלושתנו חברים הכי טובים מכיתה א'. אבל בטעות לחצתי על הקבוצה השכבתית במקום על דני. תוך שנייה התמונה הופצה לכולם. כשאיתי גילה, הוא נפגע נורא. 'זו הייתה טעות! באמת לא התכוונתי!', התחננתי, אבל הוא לא מוכן לדבר איתי מאז. כבר שבועיים הוא מתעלם ממני לגמרי ולא עונה להודעות. אתמול שמעתי שהוא אמר למישהו, 'חבר שלא שם לב למה שהוא עושה — הוא לא חבר אמיתי'".

### כשמילה אחת משנה את ההיסטוריה

אחת ההחלטות הגורליות בהיסטוריה האנושית התקבלה בגלל... טעות בתרגום.

זה קרה ביולי 1945, בשיאה של מלחמת העולם השנייה. בעלות הברית שלחו ליפן את הצהרת פוטסדאם — אולטימטום שדרש כניעה מוחלטת.

ראש ממשלת יפן, קנטארו סוזוקי, התכנס עם ממשלתו לדון בהצעה. בהודעה לעיתונות השתמש במילה היפנית "מוקוסאצו" (mokusatsu) — מילה שיכולה להתפרש או כ"נמנע מתגובה בינתיים" או כ"מתעלם בבוז". המתרגם היפני של סוכנות הידיעות, שהיה צריך לתרגם במהירות, בחר במשמעות השנייה.

וכך, בעוד היפנים התכוונו לומר "אנחנו צריכים זמן לשקול את ההצעה", העיתונים במערב דיווחו: "יפן דוחה בבוז את דרישת בעלות הברית לכניעה". עשרה ימים לאחר מכן הוטלה פצצת האטום על הירושימה וגרמה למותם של כ־150 אלף יפנים.

עד היום חלוקים ההיסטוריונים אם טעות התרגום הזו הייתה הגורם המכריע בהחלטה להטיל את הפצצה, אך המקרה הזה מזכיר לנו שיש לנקוט משנה זהירות בכל החלטה, כי לעיתים, אפילו טעות קטנה עלולה להוביל לתוצאות הרות אסון.

### שים לב!

המקרה הזה מזכיר לנו שיש לנקוט משנה זהירות בכל החלטה וכי לעיתים אפילו טעות קטנה עלולה להוביל לתוצאות הרות אסון. אין צורך להרחיק עד למלחמת העולם השנייה — טעויות מלוות אותנו בכל צעד, מהחלטה קטנה בנהיגה ועד להכרעה גורלית של מנהיג.

התלבטת פעם אם לשלוח הודעת ווטסאפ תוך כדי נהיגה? חשבת לעצמך: "זה בסדר, אני נהג מעולה, אני שולט". ואז כמעט התנגשת במכונית שלפניך?

בואו נדלג רגע למדבר סיני. התאריך הוא שנת הארבעים ליציאת מצרים והעם צמא למים. משה רבנו, המנהיג הדגול ניגש אל הסלע ומוציא ממנו מים. העם הרווה את צימאונו אבל משהו השתבש בדרך. ה' אמר למשה לדבר אל הסלע והוא היכה בו.

נו, אפשר לחשוב, בסך הכול טעות קטנה. אולי הכעס על התנהגות העם גרם למנהיג המסור לבלבול רגעי, אולי החום או העייפות. אבל לא, המחיר היה כבד מנשוא. על משה נגזר שלא ייכנס לארץ והוא מת במדבר.

בזמן בית המקדש, אם אדם עשה עבירה בשוגג — בטעות או בלי לשים לב — הוא היה צריך לעזוב הכול, לעלות לירושלים ולהביא קורבן.

למה? הרי זו הייתה רק טעות! זה לא קרה במזיד או מתוך רשעות, הוא לא התכוון!

התורה מלמדת אותנו עיקרון חשוב: **יש לאדם אחריות גם על מה שנעשה בטעות.**

תחשבו רגע: למה אנשים טועים כל כך הרבה?

מחקרים פסיכולוגיים מגלים שהמוח שלנו חוסך אנרגייה על ידי יצירת "שגרות" קבועות. למעשה כ־40 אחוז מהפעולות שאנחנו עושים ביום אינן החלטות מודעות אלא **הרגלים אוטומטיים**.

הפסיכולוג האמריקני ויליאם ג'יימס גילה ב־1890 שהמוח יכול לבצע גם פעולות מורכבות בלי מודעות מלאה. מכנים זאת "אפקט הנהג האוטומטי" — נהג שנוסע "על אוטומט" ומגיע ליעד בלי שיזכור בכלל את הדרך שעשה. התופעה הזו קיימת לא רק על הכביש אלא בהתנהלות השוטפת שלנו בחיים, ואנו "נוהגים" בלי לחשוב בכלל על מה שאנחנו עושים. התורה מתייחסת לשגגה לא כאל "תאונה" אלא כאל מצב שדורש תיקון. התפיסה העמוקה שמאחורי זה היא שמצב לא מודע וחוסר תשומת לב הם בעייתיים בפני עצמם. אדם צריך לחיות בערנות ובעיניים פקוחות ולהיות מודע למשמעות של מעשיו. הטענה "לא שמתי לב", או "לא ידעתי" — היא תיאור של המציאות הבעייתית, לא צידוק להתנהגות פוגעת.

דרך אגב, גם בחוק האזרחי קיים הכלל "אי ידיעת החוק אינה פוטרת מעונש". אדם שעובר באור אדום ואומר לשוטר, "סליחה, הייתי בטלפון ולא שמתי לב" או "לא ידעתי שהתמרור הזה אומר שאסור לעקוף", עלול להחמיר את מצבו. מה זאת אומרת לא ידעת?! היית צריך לדעת!

חשוב להבהיר: לא מדובר במצב המכונה בהלכה "אונס" — בשקורה דבר שאדם באמת לא יכול לצפות או למנוע. על כך נאמר: "אונס — רחמנא פטריה" (בבא קמא כח ע"ב) — כלומר, הרחמן, הקב"ה — פוטר את האדם במקרה כזה.

למשל, אדם שנוסע לפגישה חשובה ופתאום רעידת אדמה חוסמת את הכביש — ברור שאין לו אחריות על האיחור.

אבל כשאדם מאחר כי "היה פקק בכביש גהה" (וואו, איזו הפתעה! מי היה מאמין שיהיה פקק בגהה בשמונה בבוקר?), או כשהוא שולח הודעה פוגענית בטעות לקבוצה הלא נכונה — זו לא הפתעה. הוא היה יכול והיה צריך לשים לב.

פרשת ויקרא טוענת שהחיים הם לא תוכנת מחשב שאפשר ללחוץ בה Ctrl+Z ולחזור צעד אחורה. בעולם האמיתי אי אפשר לחיות "על אוטומט" ולהגיד "אופס!" כשמשהו משתבש. התורה מזמינה אותנו לחיות חיים מודעים, להיות ערניים, לשים לב. כי במציאות, בניגוד למשחקי מחשב, אין לנו חיים נוספים — ולפעמים די בטעות אחת קטנה כדי לשנות חיים.

## אתגר השבוע

בחרו שלושה רגעים ביום שבהם אתם בדרך כלל "על אוטומט" – למשל בדרך לבית הספר, בזמן ארוחת הערב, או כשאתם גולשים בטלפון. במשך שבוע, באותם רגעים בדיוק, עצרו לדקה והתבוננו סביבכם: מה אתם מחמיצים כשאתם "על אוטומט"? מי יושב לידכם? איזה ריח יש באוויר? מה הרגש שלכם עכשיו? תופתעו לגלות כמה דברים חשובים אנחנו מחמיצים כשאנחנו לא ממש "שם".

## מספרים ש...

### דקות של אימה

"לא, לא, לא!", אבנר צרח כשרץ במורד הרחוב, המפתחות משקשקים בידו הרועדת. הזיעה נטפה במורד מצחו, והוא חזר שוב ושוב על המשפט: "איך יכולתי להיות כזה מטומטם?"

חמש דקות קודם, באמצע פגישה עם לקוח, פתאום קפא. יובל! הוא היה אמור להוריד את יובל בגן! איך שכח?!

"סליחה, חירום!" הוא מלמל ורץ החוצה, מתעלם מהמבטים המופתעים. המחשבות רצו במוחו במהירות מטורפת: כמה זמן עבר? רבע שעה? עשרים דקות? החום הנורא של יולי... מה הוא יגיד לרותי? איך בכלל יוכל להסתכל לה בעיניים?

כשהגיע לרכב הידיים שלו רעדו כל כך שהוא בקושי הצליח להכניס את המפתח למנעול. פתח את הדלת האחורית בבת אחת ו...

הכיסא היה ריק.

"אבא?" קול מתוק נשמע מאחוריו. יובל עמד שם, מחזיק קרטיב בידו. "מה קרה? למה אתה בוכה?"

"איפה... איך...?" אבנר גמגם, הדמעות זולגות על לחייו.

"כבר הורדת אותי בגן, אבא", יובל צחק. "אני באתי עם הגננת לקחת משהו מהמכולת ליד. היא קנתה לי קרטיב כי חם. אתה רוצה ביס?"

### אל תסמכו על המזל!

הסיפור של אבנר נגמר בהקלה, אבל לצערנו לא תמיד זה מסתיים כך. בשנים 2010–2023 מתו בישראל 34 ילדים אחרי שבטעות נשכחו על ידי הוריהם ברכב. בשנים האחרונות פותחו מספר פתרונות טכנולוגיים כדי למנוע זאת:

- **Baby Reminder**: מערכת שמזהה נוכחות תינוק במושב הבטיחות. אם הנהג מתרחק מהרכב והילד עדיין במושב, המערכת שולחת מייד התראה לטלפון.
- **SaverOne**: פיתוח ישראלי שמתחבר לטלפון החכם ומזהה תנועה במושב האחורי. ברגע שהרכב מדומם, המערכת שולחת תזכורת לבדוק את המושב האחורי.

נוסף לאלה, יש שיטה פשוטה ויעילה: להניח את התיק, את הארנק או את המחשב הנייד במושב האחורי ליד הילד.

מאז 2022, החוק בישראל מחייב התקנת מערכת התרעה בכל רכב המסיע פעוטות עד גיל 4. כי בסופו של יום, אסור להגיד "עזוב, יהיה בסדר", כשמדובר בחיי הילדים.

## מִבְזָק: הפרשה ב־20 שניות

התורה מפרטת את סוגי הקורבנות השונים והלכותיהם ◂ עולה – קורבן שכולו לה' ◂ מנחה – קורבן מהצומח ◂ שלמים – קורבן שנאכל גם על ידי הבעלים ◂ חטאת – על חטא בשוגג ◂ קורבן עולה ויורד – סוג הקורבן משתנה בהתאם למצבו הכלכלי של המביא ◂ אשם – על חטאים מסוימים ◂ דיני המזבח והכוהנים בעבודת הקורבנות ◂ חובת הבאת מלח עם כל קורבן ◂ איסור שאור ודבש בקורבנות.

## הידעת?

**המלח שלא מאבד טעמו – "וְכָל קָרְבַּן מִנְחָתְךָ בַּמֶּלַח תִּמְלָח"** (ב, יג)

למלח יש שתי תכונות יקרות ערך: הוא לא מתקלקל לעולם והוא גם משמר דברים אחרים. הפניקים, שהיו עם של סוחרים ימיים שחיו לאורך חופי הים התיכון לפני כ־3,000 שנה, גילו שבשר שנשמר במלח יכול להחזיק מעמד חודשים ארוכים בספינה. הרומאים שילמו לחייליהם במלח – ומכאן המילה "salary", שכר, שקשור למילה salt, מלח. בתרבויות עתיקות רבות, כריתת ברית לוותה באכילת מלח – סמל לדבר שלא מתכלה.

לכן, כשהתורה מצווה להוסיף מלח לכל קורבן, היא מזכירה לנו שהברית בין ה' לישראל היא נצחית, וכמו המלח, היא לא מאבדת את טעמה לעולם.

### קורבן עולה ויורד – מהפכה חברתית עתיקה

בעוד שבתרבויות העתיקות רק העשירים יכלו להקריב קורבנות לאליליהם, התורה יצרה מהפכה: "קורבן עולה ויורד" – קורבן שמחירו משתנה לפי היכולת הכלכלית. עשיר מביא בהמה, בינוני מביא עוף, ועני מביא מנחת סולת.

עיקרון זה – שכל אדם יכול להתקרב לה' לפי יכולתו – היה חידוש מהפכני בעולם העתיק. חז"ל קבעו ש"אחד המרבה ואחד הממעיט, ובלבד שיכוון ליבו לשמיים" (ברכות יז ע"א) – פחות חשוב מה גודל הקורבן שלך. יותר חשוב מה יש בתוך הלב שלך.

### ויקרא – האל"ף הקטנה

שמתם לב שהאות אל"ף במילה "ויקרא" בתחילת החומש נכתבת קטנה?

חז"ל מספרים שמשה רבנו, בענוותנותו, רצה לכתוב "ויקר" – לשון מקרה, כאילו ה' רק במקרה נגלה אליו (כמו שנכתב אצל בלעם). אבל ה' אמר לו לכתוב "ויקרא" – אלוקים קרא לך. הפשרה הייתה לכתוב את האל"ף קטנה.

הרב יונתן זקס, שכיהן במשך 21 שנה כרבה של אנגליה, מצא רעיון עמוק בא' הקטנה: בחיים שלנו יש הרבה דברים שנראים כמו "מקרה", אבל ההבדל בין "ויקר" ל"ויקרא" הוא בדיוק ההבדל בין לראות את החיים כסדרת מקרים, או לראות בהם קריאה – הזמנה מאת ה' למלא תפקיד מיוחד בעולם. כי באמת **כל מה שקורה לנו – קורא לנו**. השאלה היא האם נשמע את הקריאה.

## פותחים ראש
### שאלות לדיון סביב השולחן

**מוכנים להקריב?** – **"וְנֶפֶשׁ כִּי תַקְרִיב"** (ויקרא ב, א)

האם אנשים בדור שלנו פחות מוכנים להקריב למען דברים שהם מאמינים בהם מאשר בעבר? למה?

מה תהיו מוכנים להקריב למען דבר שאתם מאמינים בו – כסף? מקום מגורים? נוחות?

מה קשה יותר: להקריב פעם אחת משהו גדול, או להקריב כל יום משהו קטן?

למען מה תהיו מוכנים להקריב את החיים: המדינה? בן משפחה או חבר? משהו אחר? שום דבר?

**מעילה** – **"נֶפֶשׁ כִּי תִמְעֹל מַעַל"** (ה, טו)

אתה מאוד ממהר לתור לרופא ולא מוצא חנייה, אלא בחנייה פרטית או של נכים. מה תעשה?

האם לדעתכם מותר להשתמש בטלפון, לצלם או לנסוע ברכב על חשבון העבודה?

חבר נתן לכם חפץ בהשאלה, וחבר אחר מבקש לשאול אותו מִכֶּם לזמן קצר. תיתנו לו?

אם אתם זקוקים מאוד לחפץ כלשהו ובדיוק נתקלתם בחפץ כזה של חבר טוב, אך הוא לא נמצא בסביבה כך שאי אפשר לבקש את רשותו, האם תשתמשו? מה דעתכם לגבי הורדות של תוכנות, שירים או סרטים מהאינטרנט?

**כשרות** – **"וְכָל דָּם לֹא תֹאכֵלוּ"** (ג, יז)

מה דעתכם על כשרות ה"מהדרין" לעומת הכשרות הרגילה? ומה לגבי כשרות שמעניקים כל מיני גופים פרטיים ובד"צים למיניהם?

נקלעתם ביום חם למרכז תל-אביב, האם תיכנסו למסעדה שאין לה תעודת כשרות כי היא פתוחה בשבת ותקנו פחית קולה להרוות את צמאונכם?

ולסיום, בכיוון אחר: למה אנשים מקפידים על מה שהם מכניסים לפה יותר מאשר על מה שהם מוציאים מן הפה?

# צו

## אש או תמיד?

"אף אחד לא הבין למה התפטרתי", משתף רועי (34), מהנדס תוכנה. "הייתי בהייטק חמש שנים, משכורת מצוינת, תנאים מעולים. אבל הרגשתי מת מבפנים. כל בוקר אותו דבר, אותם באגים, אותן ישיבות. אז כשנתקלתי בסרטון על 'מורה דרך במדבר', הרגשתי שהלב שלי נדלק. עזבתי הכול ויצאתי לקורס מדריכי טיולים. אשתי חשבה שהשתגעתי – 'יש לנו משכנתא, שני ילדים קטנים, זה לא הזמן להתחיל מחדש!' אבל בפעם הראשונה מזה שנים אני מרגיש חי".

"התחלתי עם גיטרה", מספר אריאל (16). "המורה אמר שיש לי כישרון. אחרי חודשיים ראיתי ביוטיוב סרטון של מתופף מדהים והתאהבתי. אז ביקשתי וההורים קנו לי מערכת תופים חשמלית. וואו, איזה קטע זה היה – להרגיש את הקצב, את האנרגייה! אבל אז גיליתי את הפסנתר. משהו במנגינות הקלאסיות תפס אותי. אחר כך זה היה חליל צד, כי חבר שלי, גלעד, ניגן וזה נשמע מהמם. בכל פעם התלהבתי מחדש. ראיתי את עצמי על הבמה... אבל אחרי כמה שיעורים, כשהגיע החלק של התרגול והסולמות, איכשהו זה כבר לא היה זה. היום יש לי בחדר אוסף מרשים של כלי נגינה. חבל רק שאני לא יודע לנגן על אף אחד מהם."

### התמדה שמשנה עולם

הרב עדין אבן-ישראל שטיינזלץ הקים את אחד המפעלים האדירים בהיסטוריה התורנית. במשך 45 שנים הוא עמל על תרגום וביאור התלמוד הבבלי כולו. 2,711 דפים של טקסט עמוק ומורכב. הוא פירק כל דף גמרא למרכיביו, פיסק וניקד את הטקסט, תרגם את הארמית לעברית מודרנית, הסביר את המושגים, והוסיף רקע היסטורי והלכתי. מפעל שהפך את התלמוד, שהיה בעיקר נחלתם של תלמידי חכמים, לנגיש לכל אדם.

אבל זה לא הספיק לו. במקביל, הוא כתב ביאורים על התנ"ך, פירש את המשנה, חיבר פירוש על ספר התניא, ביאר את הרמב"ם, וכתב סדרת ספרים על התפילה והסידור. עבודה סיזיפית, יומיומית, שדרשה דיוק, התמדה ומסירות אין קץ. הרב עדין נפטר בגיל 83, אחרי שכתב יותר מ-60 ספרים שנמכרו ביותר מ-5 מיליון עותקים.
גם בעולם המדע, להבדיל, אנו מוצאים דוגמאות לכוחה של התמדה. תומאס אדיסון, שהמציא את הנורה החשמלית, ערך בדרך להמצאתה יותר מ-1,000 ניסויים כושלים. כשהמעבדה שלו במנלו פארק הייתה בשיאה, עבדו בה צוותים במשמרות סביב השעון. הוא רשם על שמו 1,093 פטנטים – שיא שלא נשבר עד היום. כשנשאל על סוד הצלחתו, ענה: "אני עובד 18 שעות ביום, ואני עושה את זה כבר 45 שנה".

### להט ויציבות

אחד הפסוקים היפהפיים בתורה נמצא בפרשה: "אֵשׁ תָּמִיד תּוּקַד עַל הַמִּזְבֵּחַ לֹא תִכְבֶּה" (ויקרא ו, ו). הוא מתאר את הלהבה היוקדת שבערה באופן קבוע על המזבח. אך אם מתבוננים בצמד המילים האלו מגלים שהן מכילות סתירה פנימית. "אש" הוא שם קוד לדבר דינמי, סוער ולוהט. ביטוי להתלהבות פנימית שיכולה לבעור, אבל עלולה גם לדעוך ולכבות.

"תמיד", לעומת, זאת משדר מסר של התמדה שקטה, עקבית ויציבה. "מה שהיה – הוא שיהיה", ללא שינוי.

אבל האמת היא שבחיים צריך את שניהם, וזה נכון כמעט בכל תחום.

בזוגיות: אי אפשר לבנות על הפרפרים בבטן

של ההתחלה ועל החיזורים הרומנטיים. צריך מסירות יומיומית ומחויבות לטווח רחוק כדי לבנות קשר אמיתי, ולצד זה לחפש כל הזמן רעיונות איך לרענן ולהעמיק את הקשר.

בעבודה: לא מספיק להתלהב מפרויקט חדש, צריך להתמיד בו גם כשהוא הופך לשגרתי ומאתגר ובמקביל לחפש כיצד להתקדם ולהתפתח מבחינה מקצועית.

בתחביבים: קל להתלהב מכלי מוזיקלי בפעם הראשונה, אבל ההתמדה היא שהופכת את הנגינה מסתם זיוף חובבני למיומנות אמיתית עם פוטנציאל אינסופי להתקדמות.

ובחיי תורה ומצוות: לא מספיק לחוות רגעי התעלות מיוחדים בתפילה או בלימוד. נדרשת גם הקביעות היומיומית. "וְהָגִיתָ בּוֹ יוֹמָם וָלַיְלָה", גם בימים שבהם קשה יותר להתחבר, ולצד זה לחפש כל הזמן לגלות רבדים נוספים של עומק ומשמעות במה שעושים.

### המפתח להצלחה

אולי זו התובנה שעמדה מאחורי האמירה המפורסמת של בני ישראל במעמד הר סיני: "**נעשה ונשמע**". צמד מילים שיש להן משמעות עמוקה:

קודם כול "נעשה" — נתחייב, נתמיד, נבצע — ורק אחר כך "נשמע" — ננסה להתחבר, להבין, להתלהב.

המחויבות התמידית היא הבסיס, וההתלהבות היא הקומה השנייה. היא אפשרית ואף רצויה, אבל לא נכון להציב אותה כתנאי הכרחי.

האתגר הגדול של החיים הוא לשלב בין שתיהן: שֶׁעַל המזבח הפנימי שבליבנו תבער "אש תמיד". מצד אחד "אש" — שנדע להתלהב בעבודת ה' ובחיים בכלל, ולא נסתפק בעשייה טכנית ושגרתית. ומצד שני, "תמיד" — שלא נהיה משועבדים להתלהבות ולחשק, אלא נקבל עלינו עול מלכות שמיים, ונעשה את מה שמוטל עלינו גם בזמנים שאנחנו פחות מתחברים.

כי בסופו של דבר, הדברים הגדולים בחיים נבנים משני הכוחות האלה — מהלהט שמניע אותנו קדימה ומההתמדה שמלווה אותנו לאורך הדרך.

## אתגר השבוע

מצאו בסביבתכם אדם שמתמיד במשהו לאורך זמן — מתנדב ותיק, מורה שאתם מעריכים, סבא וסבתא שנשואים הרבה שנים. שאלו אותם: מה הסוד שלהם? איך הם מצליחים לשמור על האש דולקת זמן רב כל כך?

## מספרים ש...

### מה זאת אהבה?

היה זה בוקר רגיל במרפאה העמוסה, ואדם מבוגר נכנס פנימה. הוא היה בשנות השמונים לחייו, ובידו תחבושת קטנה שכיסתה פצע שטופל יום קודם לכן. הוא ניגש לפקידת הקבלה ואמר בקול ברור: "אני ממהר מאוד, יש לי פגישה דחופה בשעה תשע". מבטו הנחוש לא הותיר מקום לספק, אך ידעתי שהרופא המטפל עסוק, וייתכן שיחלוף זמן עד שיוכל לגשת אליו.

האיש הביט בשעונו לעיתים קרובות, וכשמצאתי רגע פנוי, החלטתי לטפל בו בעצמי. תוך כדי שהסרתי את התפרים, שאלתי אותו בסקרנות לאן הוא ממהר כל כך. הוא השיב בפשטות: "אני הולך לפגוש את אשתי. אנחנו אוכלים יחד ארוחת בוקר בכל יום."

כששמעתי זאת, שאלתי אם מדובר בפגישה בבית. הוא חייך ואמר: "לא, היא בבית חולים, במחלקה סיעודית. היא חולה באלצהיימר כבר כמה שנים."

נדהמתי וניסיתי להבין יותר. "אם כך, היא תדאג אם תאחר?" שאלתי בזהירות. הוא השיב, מבטו נינוח: "לא, היא לא תדאג. למעשה, היא כבר לא מזהה אותי חמש שנים."

ההצהרה הזו עוררה בי עוד יותר סקרנות. "אז למה אתה ממשיך ללכת כל בוקר?" שאלתי אותו.

הוא עצר לרגע, ואז ענה במילים שלא אשכח לעולם: "היא אולי לא יודעת מי אני, אבל אני יודע מי היא."

האיש הזקן יצא בדרכו בשקט, ואני נשארתי מהורהר, מלא הערכה לאהבה תמידית שאין לה תנאים.

## מִבְזָק: הפרשה ב־20 שניות

הציווי על "תרומת הדשן" – סילוק מהאפר שעל המזבח ◄ המשך דיני הקורבנות: מנחה, חטאת, אשם ושלמים ◄ איסור אכילת חלב ודם ◄ שבעת ימי המילואים – הכנת המשכן והכוהנים לעבודה

## הידעת?

**האש שלא כבתה – "אֵשׁ תָּמִיד תּוּקַד עַל הַמִּזְבֵּחַ"** (ו, ו)

במשך 830 שנות קיומם של בית ראשון ושני, האש על המזבח לא כבתה. היוונים ניסו לכבות את האש הזו בזמן שפלשו וטימאו את המקדש. להבדיל אלפי הבדלות, הרעיון של "אש מתמדת" נמצא גם בתרבויות אחרות. ברומא העתיקה הכוהנות שמרו על אש תמידית כסמל לביטחון המדינה, ובפרס העתיקה שמרו על אש במקדשים כסמל לטוהר. אך בעוד אצלם האש הייתה סמל לכוח ארצי, בעולם היהודי האש ביטאה את הקשר המתמיד עם הקב"ה. בימינו, "נר התמיד" שבבתי הכנסת הוא נר קטן שדולק כל הזמן, והוא זכר לאש המזבח בבית המקדש. הוא מזכיר לנו את הנוכחות של ה' ואת החיבור התמידי שלנו אליו.

## לדעת להודות – וְאִם זֶבַח תּוֹדָה קׇרְבָּנוֹ, וְהִקְרִיב עַל זֶבַח הַתּוֹדָה חַלּוֹת מַצּוֹת בְּלוּלֹת בַּשָּׁמֶן" (ז, יב)

קורבן תודה היה ייחודי בכך שהיה צריך לאכול את בשרו תוך יום ולילה בלבד, בניגוד לרוב הקורבנות שהיו ניתנים לאכילה במשך שני ימים. נוסף לכך, הקורבן כלל גם 40 חלות מסוגים שונים, מה שדרש שיתוף של בני משפחה, חברים, ושכנים בסעודה. בדרך זו, הכרת התודה הפכה ממעשה פרטי לאירוע ציבורי ומכובד, שבו כולם משתתפים בשמחה ובהודאה.

מחקרים פסיכולוגיים מודרניים מראים שהכרת טובה משפיעה באופן מכריע על האושר האישי. מחקר שנערך באוניברסיטת הרווארד מצא שאנשים שמתרגלים הכרת טובה יומית מדווחים על עלייה של 25 אחוז ברמת האושר שלהם. כשאנו מכירים תודה, אנו לא רק מבטאים שמחה על מה שקיבלנו, אלא גם מפיצים אור של טוב ותקווה לסובבים אותנו.

## המילואים – מאז ועד היום

מעניין שהמילה המודרנית "מילואים" – שירות צבאי של אזרחים – מקורה בפרשתנו. שבעת ימי המילואים היו ימי ההכשרה של אהרון ובניו לכהונה, ימים בהם "מילאו את ידם" לעבודת המקדש. המילוי הזה היה תהליך של הכנה והכשרה, שבסופו הפכו לכוהנים מן המניין.

בשנת 1949, כשדוד בן־גוריון הקים את מערך המילואים של צה"ל, נבחר השם הזה בהשראת המקרא. הרעיון היה דומה – אזרחים שממלאים את ידם לשירות מיוחד. זה היה חידוש צבאי מהפכני: בעוד רוב צבאות העולם התבססו על צבא קבע, ישראל יצרה מודל ייחודי של "צבא העם" – אזרחים שחוזרים מדי שנה ל"מילוי ידיים" מחדש.

המודל הישראלי נעשה נושא למחקר בצבאות רבים בעולם. הוא מאפשר להחזיק צבא גדול במדינה קטנה, אבל מעבר לכך – הוא יוצר גשר בין החברה האזרחית לצבא. כמו הכוהנים שחזרו מדי שנה בשנה לעבוד במקדש, כך אנשי המילואים עוזבים את חייהם האזרחיים כדי למלא תפקיד חיוני בהגנה על המדינה.

## פותחים ראש
### שאלות לדיון סביב השולחן

**להדליק את הניצוץ** – אֵשׁ תָּמִיד תּוּקַד עַל הַמִּזְבֵּחַ (ו, ו)

איך מדליקים מחדש את הלהט כשהשגרה משתלטת? האם אפשר "להדליק" מישהו אחר או שהאש חייבת לבוא מבפנים? מה עושים כשהניצוץ דועך בזוגיות, בעבודה או בלימודים? האם התלהבות היא דבר שאפשר לתכנן או שהיא תמיד מגיעה בהפתעה?

**זמן הכנה** – "וּפֶתַח אֹהֶל מוֹעֵד תֵּשְׁבוּ יוֹמָם וָלַיְלָה שִׁבְעַת יָמִים, וּשְׁמַרְתֶּם אֶת מִשְׁמֶרֶת ה' וְלֹא תָמוּתוּ, כִּי כֵן צֻוֵּיתִי" (ח, לה)

האם נכונה הטענה שאנשים כיום ממהרים "לקפוץ למים" בלי הכנה מספקת? האם שמונה ימי הכנה לכהונה נראים לכם הרבה או מעט? כמה זמן הכנה באמת נדרש לפני חתונה? לפני הורות? האם היה ראוי להצריך "רישיון" להיות הורה כמו שצריך רישיון נהיגה? מה ההבדל בין הכנה טכנית (איך להחליף חיתול) להכנה רגשית ונפשית?

**גבולות של קדושה** – "כׇּל זָכָר בַּכֹּהֲנִים יֹאכַל אֹתָהּ" (ז, ז)

התורה מגבילה את אכילת הקורבנות לכוהנים בלבד ובקדושה. התורה קובעת גבולות ברורים סביב הקדושה – רק כוהנים רשאים לאכול מהקורבנות, ורק בזמן ובמקום מוגדרים. האם לדעתכם הגבולות האלה מחזקים את תחושת הקדושה או דווקא מגבילים אותה? למה בעידן המודרני אנשים נרתעים כל כך מגבולות? האם יש דברים בחיים שלכם שאתם שומרים "בקדושה" – לא נותנים לכל אחד לגעת בהם (למשל: הטלפון הנייד, היומן האישי, זמן איכות משפחתי)? האם בעידן הדיגיטלי, כשהכול נגיש וזמין, אנחנו מאבדים את היכולת להעריך דברים מיוחדים?

# שמיני

## לדעת לשתוק

"אתה חייב להגיב!" לחצו החברים על דביר (בן 16) כשראו את הפוסט המרגיז שכתבו עליו ברשת. "אי אפשר לשתוק על דבר כזה!"

אבל דביר זכר את העצה של אביו: "לפעמים השתיקה אומרת יותר מאלף מילים".

למוחרת, כשכולם שכחו מהפוסט, הוא ידע שאביו צדק.

"אני לא יכול לשתוק כשמשהו לא נכון", מספר דורון (43), מרצה באוניברסיטה. "בדיון המשפחתי האחרון על חתונת אחותי, כשכולם כבר הסכימו על האולם, הייתי חייב להעיר שהתקציב לא מחושב נכון. בארוחת שבת, כשגיסי דיבר על החינוך של הילדים שלו, התעקשתי להסביר לו למה הוא טועה. אשתי אומרת שאני הורס כל שיחה נעימה בגלל הצורך שלי להעמיד דברים על דיוקם. 'אבל אם אני יודע את האמת', אני עונה לה, 'איך אפשר לשתוק?'"

### רק מתלונן

ישראלי החליט להצטרף למנזר השתקנים בתקווה למצוא קצת שקט ושלווה. אך החוקים שם היו נוקשים: אסור לדבר בכלל, ורק פעם בשבע שנים, במפגש עם ראש המנזר, אפשר לומר משפט אחד בלבד.

לאחר שבע שנים של שתיקה מוחלטת, הוזמן הישראלי לשיחה הגורלית.

"נו, מה יש לך לומר?" שאל ראש המנזר.

הישראלי אמר: "המנורה בחדר שלי לא עובדת."

ראש המנזר הנהן ואמר: "נחליף אותה."

שבע שנים נוספות חלפו, והישראלי שוב זומן לשיחה.

"מה תרצה לומר הפעם?" שאל ראש המנזר.

הישראלי השיב: "הנזיר שבא להחליף לי את הנורה הרים את הסולם ובטעות שבר לי את החלון ובחורף כל הגשם נכנס".

"נסדר את זה", הבטיח ראש המנזר.

חלפו עוד שבע שנים, וכשהישראלי קיבל שוב רשות דיבור, הוא אמר:

"תודה על החלון, אבל הנזיר שבא לתקן אותו עלה על המיטה שלי ובטעות שבר לה את הרגל ומאז היא עקומה".

ראש המנזר שוב הרגיע: "נטפל בזה."

כשהנזירים באו לתקן את המיטה הם בטעות הפילו את המדף שהיה מותקן מעליה והחפצים שהיו שם נפלו ונשברו.

הישראלי היה על סף ייאוש.

אחרי שבע שנים נוספות, כשהגיע הזמן שוב לדבר, הוא התפרץ בכעס: "די! אני עוזב את המנזר הזה".

ראש המנזר הרים גבה והניד בראשו: "האמת, זה לא מפתיע אותי. מאז שהגעת אתה רק מתלונן..."

### הדובר השתקן

ובמעבר חד, שלושת אלפים שנה אחורה: כולם חיכו בציפייה ליום הגדול, "חנוכת המשכן". החגיגה הייתה בשיאה והשמחה הרקיעה עד לב השמיים כשלפתע התרחש אסון נורא ושני בניו של הכהן הגדול מתו בפתאומיות.

ההלם היה רב והכאב פילח את הלב. אך התורה מתארת את תגובתו בשתי מילים קצרות: "**וַיִּדֹּם אַהֲרֹן**" (י, ג).

וזה מפתיע: כי אהרון לא היה אדם שהתקשה לדבר. להפך! הוא היה הדובר הרשמי של משה — "וְדִבֶּר הוּא לְךָ אֶל הָעָם" (שמות ד, טז). אהרון גם היה בכל

הנראה המגשר הראשון בהיסטוריה כשעסק בהשכנת שלום בין הבריות, בשכל זה נעשה כמובן, במילים. והנה דווקא ברגע הקשה בחייו, הוא... שתק.

למה? האם הכאב שהיה בתוכו לא רצה לפרוץ החוצה כמו לַבָּה רותחת ולהתבטא במילים?

ייתכן שאהרון הכהן מלמד אותנו שיש בחיים רגעים ומצבים שהם גדולים מדי בשביל מילים. גדולים מדי בשביל הסברים. כל ניסיון לתאר ולהגדיר רק יקטין אותם.

חכמינו הבינו את העוצמה שבשתיקה כשקבעו "מילה בסלע, שתיקה בתרין" (מגילה יח ע"א). כלומר, אם מילה שווה מטבע אחד, הרי שתיקה שווה שניים! הם ידעו שבעולם של מילים, דווקא השתיקה היא לפעמים התגובה החזקה ביותר.

### כשהכול מסביב רועש

והדברים נכונים שבעתיים בימינו. בעולם של רשתות חברתיות, קבוצות ווטסאפ, טוקבקים וציוצים, כולם מרגישים צורך להגיב על הכול ומייד. כל פוסט דורש תגובה, כל אמירה מחייבת הבעת דעה נגדית.

אבל דווקא עכשיו חשוב לזכור לשתוק לפעמים. למשל:

- כשבאים לנחם אבלים — ההלכה קובעת שהמנחם לא פותח בדיבור עד שהאבל מדבר ראשון.
- כשמישהו משתף בכאב — הוא צריך את ההקשבה שלנו יותר מאשר את העצות שלנו.
- כשאין לנו מה להוסיף — עדיף שתיקה חכמה על דיבור ריק.
- וכשמישהו מנסה לגרור אותנו לוויכוח — לפעמים השתיקה היא התשובה הניצחת ביותר.

חז"ל דרשו על הפסוק "מִי כָמֹכָה בָּאֵלִם ה'" (שמות טו, יא) — "מי כמוכה **באילמים** ה'" (תנחומא תולדות, ח) — אפילו הקב"ה שברא את העולם בדיבור, שותק לפעמים ונותן מקום לאדם לדבר ולפעול.

אז אולי הגיע הזמן שגם אנחנו נלמד את אומנות השתיקה? כי שתיקה היא לא בהכרח סימן לחולשה. לפעמים זו הדרך החכמה ביותר להגיב.

### אתגר השבוע

בחרו יום אחד בשבוע שבו, לפני כל תגובה, תספרו עד שלוש ותשאלו את עצמכם: "האם באמת חייבים להגיב?"

תופתעו לגלות כמה פעמים התשובה היא "לא".

## מספרים ש...

### המילים שהתפזרו

מנחם אהב לרכל ולדבר על אנשים דברי גנאי בכל הזדמנות. כשהתבגר, חדרה לתודעתו ההבנה שאחרי מאה ועשרים ייאלץ לעמוד בפני בית דין של מעלה ולתת דין וחשבון על מעשיו הרעים. הוא ניגש לרב העיירה וביקש שיורה לו דרך תשובה וכפרה על דברי הרכילות שהפיץ במהלך שנות חייו.

"אין בעיה", ענה הרב, "קח כר נוצות גדול ועלה לגג הבית הגבוה ביותר בעיירה. כשתגיע לשם חבוט את הכר בארובה בכל כוחך".

עצת הרב נראתה מוזרה, מצד אחד, אך גם קלה ליישום, מצד שני, ומנחם שמח על ההזדמנות לסגור ענין כל כך בקלות.

הוא הזדרז ליטול כר נוצות גדול וטיפס במהירות על גגו של הבית הגבוה בעיירה. בכל כוחו חבט מנחם בארובה בעזרת הכר – פעם, פעמיים ושלוש. לפתע, נפרם הכר, והרוח סחפה את הנוצות ופיזרה אותן על פני כל העיירה.

מנחם רץ בחזרה לבית הרב, מרוצה מעצמו, כדי לדווח על הצלחתו.

"אֶה, יש עוד דבר אחד שעליך לעשות", כחכח הרב בגרונו, "לך ואסוף חזרה את כל הנוצות אל תוך הכר".

"איך אפשר?!" זעק מנחם בתדהמה, "הרי הן מפוזרות בכל רחבי העיר. אין שום דרך לאסוף אותן".

"האומנם?" שאל הרב, "ואיך חשבת שתוכל לחזור בך משנים של לשון הרע? איך תוכל לאסוף את כל מילות הגנאי שהתפזרו על פני כל העיירה?"

מנחם עמד המום. "אז... אין תקווה?" שאל בקול חנוק.

"יש תקווה", השיב הרב ברכות, "אבל הדרך ארוכה. כמו שאי אפשר לאסוף את כל הנוצות בבת אחת, כך אי אפשר לתקן את נזקי לשון הרע ביום אחד. זה מתחיל בהחלטה אמיתית להשתנות, ממשיך בבקשת סליחה מהאנשים שנפגעו, ומעל הכול – בשמירה קפדנית על הלשון מכאן ולהבא. לפעמים, המילים הטובות שנאמר מהיום והלאה יכולות לרפא את הפצעים שיצרו המילים הרעות של אתמול."

## מִבְזָק: הפרשה ב־20 שניות

היום השמיני למילואים – חנוכת המשכן ותחילת עבודת הכוהנים ◂ אש יורדת מהשמיים ומכלה את הקורבנות ◂ נדב ואביהוא מקריבים אש זרה ומתים ◂ אזהרה לכוהנים על שתיית יין ופריעת ראש בעת העבודה ◂ הוויכוח בין משה לאהרון על שרפת שעיר החטאת ◂ פירוט בעלי החיים הכשרים והטמאים – סימני כשרות בבהמות, עופות ודגים

## הידעת?

**סימני הטהרה וסודותיהם – "זֹאת הַחַיָּה אֲשֶׁר תֹּאכְלוּ"** (יא, ב)

ייתכן שסימני הכשרות שנתנה התורה מעידים על "אופיים" של בעלי החיים: העלאת גרה היא תהליך עיכול מיוחד האופייני לבעלי חיים צמחוניים, שצריכים "ללעוס פעמיים" כדי לְמַצּוֹת את כל המרכיבים התזונתיים מהצומח. חיות טורפות, לעומת זאת, ניזונות מבשר שקל יותר לעיכול, ואינן זקוקות לתהליך זה. גם הפרסה השסועה היא סימן לבעלי חיים "עדינים" יותר, בניגוד לטורפים בעלי טפרים חדים המשמשים לשיסוע הטרף.

אף שאיננו יודעים את טעמי המצוות, מעניין לראות כיצד דווקא בעלי החיים העדינים יותר הותרו למאכל, כאילו רומזת לנו התורה שמה שאנחנו מכניסים לגוף שלנו משפיע גם על הנפש שלנו.

### * למה צריך תעודת כשרות? – "וּלְהַבְדִּיל בֵּין הַטָּמֵא וּבֵין הַטָּהֹר" (יא, מז)

ההלכה קובעת ש"עד אחד נאמן באיסורין" (חולין צה ע"א), כלומר, מותר לסמוך על יהודי שמעיד שמאכל מסוים הוא כשר. אך בעידן התעשייתי המודרני, כשמוצר מכיל עשרות מרכיבים ממקורות שונים, ומיוצר בקווי ייצור מורכבים, נדרש פיקוח מקצועי ועדות של מומחה שהכול נעשה בכשרות. נוסף לכך, כשיש אינטרס כלכלי של בעל עסק שמנסה למכור את המוצר שלו, אדם עלול להקל בדברים, ולכן נדרשת מערכת כשרות מסודרת ואובייקטיבית שתפקח על כך. כדי למנוע זיופים של תעודות כשרות, פותחו שיטות הגנה חדשניות: מדבקות מיוחדות שמשנות צבע כשמנסים לזייף אותן, קוד מיוחד שמתחלף כל חודש, ומערכת מחשב שבודקת מייד אם התעודה אמיתית או מזויפת.

### להודות על האמת – "וַיִּשְׁמַע מֹשֶׁה וַיִּיטַב בְּעֵינָיו" (י, ב)

משה מתווכח עם אהרון אם היה מוצדק לשרוף את שעיר החטאת. כשהתברר לו שאחיו צדק, הודה בטעותו וחזר בו. "הודה ולא בוש לומר לא שמעתי" (רש"י). משה לא התעקש לאחוז בעמדתו הראשונית כדי לשמור על כבודו ומעמדו, אלא הודה שהצדק עם אחיו.

הנאמנות הזו לאמת היא מסורת מפוארת בעם ישראל: במשנה מופיע "בית הלל אומרים...ובית שמאי אומרים...,וחזרו בית הלל להורות כדברי בית שמאי" (עדויות א, יב). היה אפשר להסתפק בהבאת המסקנה הסופית, אבל לא זו דרכה של התורה שבעל פה. חכמינו רצו ללמדנו שהאמת חשובה יותר מאשר הכבוד האישי, וכשהתברר שהדעה הנגדית צודקת יותר – הם הודו לה.

גם הרמב"ם, מגדולי החכמים בכל הדורות, כתב בענווה: "אין אני טוען שהגעתי אל שלמותי האחרונה בתחילה, ולא שאני לא טעיתי מעולם. אדרבה: כל מה שנתבאר לי חילופו מחיבורי ומטבעי (תכונותיי) חזרתי ממנו" (איגרות הרמב"ם א, מהדורת שילת, עמ' שה).

כמה עצוב לראות שבעידן המודרני אישי ציבור ופוליטיקאים מתבצרים בעמדתם גם כשברור שטעו, רק כדי "לשמור על כבודם". הם לא מבינים שדווקא היכולת להודות בטעות, להתנצל ולתקן מעידה על אדם אציל שהאמת חשובה לו יותר מהאגו.

## פותחים ראש
### שאלות לדיון סביב השולחן

**כוחה של ברכה** – "וַיִּשָּׂא אַהֲרֹן אֶת יָדָו אֶל הָעָם וַיְבָרְכֵם" (ט, כב)

במה אתם הייתם מברכים את עם ישראל? במה הייתם מברכים את עצמכם?
האם בעת צרה או מחלה אתם נוהגים ללכת להתברך מפי צדיקים?
האם יש ברכות שקיבלתם שבאמת השפיעו על חייכם?

**אש זרה** – "וַיִּקְחוּ בְנֵי אַהֲרֹן נָדָב וַאֲבִיהוּא אִישׁ מַחְתָּתוֹ... וַיַּקְרִיבוּ לִפְנֵי ה' אֵשׁ זָרָה אֲשֶׁר לֹא צִוָּה אֹתָם" (י, א)

האם התלהבות יכולה להיות מסוכנת? מתי היא בונה ומתי הורסת? איך מבחינים בין "אש קודש" חיובית ל"אש זרה" הרסנית? האם העונש החמור על נדב ואביהוא מלמד שעדיף להיות זהיר ומחושב מאשר נלהב וספונטני? מה המחיר של חיים ללא התלהבות וספונטניות?

**מחיר הכשרות** – "דַּבְּרוּ אֶל בְּנֵי יִשְׂרָאֵל לֵאמֹר זֹאת הַחַיָּה אֲשֶׁר תֹּאכְלוּ" (יא, ב)

איך מתמודדים עם האתגר של שמירת כשרות בנסיעה לחו"ל? האם העובדה שבשרות יוצרת הפרדה חברתית בין יהודים לגויים היא יתרון או חיסרון? מה עושים כשמתארחים אצל משפחה שרמת הכשרות שלה שונה משלנו?

# תזריע

## רק כמה מילים

"זה היה סתם רגע של כעס", מספרת דנה (17). "חברה שלי העירה לי על איך שאני מתלבשת, ובתגובה כתבתי בקבוצת הווטסאפ הכיתתית שכולם יודעים שהיא סובלת מהפרעת אכילה. תוך שנייה מחקתי, אבל היה מאוחר מדי. צילומי מסך כבר עשו את דרכם לכל השכבה. היא נעלבה קשות ולקח חודש עד שחזרה לעצמה. עד היום, כשאני רואה אותה, אני נזכרת איך בשתי שניות של פזיזות פגעתי בה כל כך עמוק. יש מילים שאי אפשר למחוק."

"הייתי הליצן הכיתתי", משתף רועי (38), היום מנהל חברת הייטק מצליחה. "מגיל צעיר שמעתי רק 'שובב', 'מפריע', 'בעייתי'. אז הפכתי את זה ל'מקצוע' — להיות הבדרן שעושה בעיות. לפחות קיבלתי מזה תשומת לב.

עד שיום אחד המורה לפיזיקה אמר לי משפט שהפך את חיי: 'אתה יודע מה הטרגדיה האמיתית? שאתה כל כך חכם ומוכשר, אבל משקיע את כל האנרגיה שלך בלהיות מישהו שאתה לא'. פתאום הבנתי שאני לא חייב להיות הדמות שכולם דחפו אותי אליה. המשפט הזה פשוט שינה לי את הראש".

### בוקר טוב של חיים

"זה היה יום שגרתי בבית המטבחיים הענק באוקלהומה", מספר הרב דוד כהן, אחד מהשוחטים שעבדו שם. "מאות עובדים נכנסים ויוצאים, הסרט הנע פועל ללא הפסקה, והקור העז בחדרי הקירור מאלץ אותנו לצאת להתחמם כל חצי שעה".

בסוף יום עבודה מפרך, כשקבוצת השוחטים מישראל יצאה מהבניין, עצר אותם ג'ים, השומר האמריקאי השחור שעמד בכניסה.

"היי, לא חסר לכם מישהו?" שאל בדאגה.

תחילה לא הבינו על מה הוא מדבר. הרי כולם כאן... אבל ספירה מהירה גילתה שהרב מנחם, אחד השוחטים, איננו. בחרדה חזרו פנימה ומצאו אותו כלוא בחדר הקירור הענק, כחול מקור, דקות ספורות לפני שהיה מאוחר מדי.

"איך שמת לב?" שאלו את השומר בהתפעלות, "הרי מאות אנשים חולפים על פניך מדי יום!"

חיוך האיר את פניו של ג'ים: "הרב הזה היה היחיד שטרח לומר לי 'בוקר טוב' לבבי כל יום. תמיד חיפשתי אותו בערב כדי לאחל לו 'לילה טוב'. כשלא ראיתי אותו יוצא, ידעתי שמשהו לא בסדר".

### כוחה של מילה

בעידן הרשתות החברתיות, המסרונים והציוצים, מילים הפכו לסחורה זולה. אנחנו מקלידים, שולחים ומוחקים בלי לחשוב פעמיים. פתגם ידוע אומר "מילים לא עולות כסף", ואנשים היום מפזרים אותן בלי חשבון.

אבל הפרשה שלנו מלמדת שיש למילים שיוצאות מפינו כוח אדיר — לטוב ולרע. מנקודת מבט יהודית מילים הן הרבה יותר מרצף של אותיות. הן כוח קוסמי שיוצר מציאות. העולם כולו נברא בעשרה מאמרות. נדר או שבועה יכולים לחייב אדם באופן מוחלט. תפילה יכולה לשנות גזירה, ולימוד תורה בדיבור מקיים עולמות. לא בכדי חז"ל דרשו את המילה "מצורע" כ"מוציא שם רע" — זו לא סתם מחלת עור, אלא אות משמיים על הזלזול בכוח העצום שניתן לנו.

כבר לפני שנים רבות קבע שלמה המלך "שֹׁמֵר פִּיו וּלְשׁוֹנוֹ שֹׁמֵר מִצָּרוֹת נַפְשׁוֹ" (משלי כא, כג). אך לפני כמאה וחמישים שנה החלה מהפכה של ממש כאשר ר' ישראל מאיר הכהן מראדין, המכונה "החפץ חיים", ראה את חוסר המודעות לשמירת הלשון, מצד אחד, ואת הנזק העצום מצד שני, והחליט להקדיש את חייו כדי לכתוב ולעורר לדיבור זך ונקי. ספרו היה הראשון בהיסטוריה היהודית שמוקדש כולו לנושא שמירת הלשון. הוא תורגם לשפות רבות, זכה לתפוצה אדירה ורבים לומדים בו מדי יום ביומו.

כיום, כשהרשתות החברתיות מזמינות אותנו "לשתף", "להגיב" ו"לצייץ" בלי מעצורים, המסר של התורה חשוב מתמיד: המילים שלנו הן כוח אדיר – לבנות או להרוס, לרפא או לפצוע, להציל או להזיק. בידינו הבחירה: להיות מצורע – מוציא שם רע, או להיות כמו אהרון – אוהב שלום ורודף שלום. אחד כזה שלא שותק אלא משתמש במילים כדי לקרב לבבות ולהאיר עולמות.

## אתגר השבוע

הזוהר הקדוש בפרשתנו מוסיף חידוש מפתיע: כשם שחמור לומר דברים רעים, כך חמור להימנע מלומר דברים טובים. יש לך בלב מחמאה? מילת עידוד? הכרת תודה? אל תשמור אותן לעצמך. אל תשאיר אותן קבורות בפנים.

בחרו השבוע אדם אחד – בן משפחה, חבר, או אפילו זר – ואמרו לו את המילים הטובות שתמיד רציתם לומר אבל דחיתם. אל תחכו ל"רגע המתאים". הרגע הזה הוא עכשיו.

## מִבְזָק: הפרשה ב־20 שניות

טומאת היולדת וטהרתה ◂ פירוט סימני הצרעת בעור האדם, בשיער ובבגדים ◂ תהליך האבחון וההסגר על ידי הכוהן ◂ דיני המצורע והרחקתו מחוץ למחנה ◂ סוגי הנגעים השונים: שאת, ספחת, בהרת ◂ דיני צרעת הזקן והראש ◂ כיצד מטפלים בנגעי בגדים

## אני רק שאלה

### הסוד של הצרעת

התורה מקדישה כמעט שתי פרשות למחלה מסתורית ושמה צרעת. ממתי התורה מתעסקת בעניינים רפואיים? ומה פתאום להזמין כוהן, הרי בשביל לטפל במחלות צריך רופא, לא?

הגויים שקראו את התורה הבינו שזו אכן מחלה פיזית רגילה, והסיקו שכנראה היהודים סבלו ממנה במיוחד. ההיסטוריון הרומאי טקיטוס שחי במאה הראשונה לספירה, הגדיל לטעון שהיהודים כלל לא יצאו ממצרים. לטענתו הם גורשו משם כי היו חולים בצרעות והמצרים פשוט לא רצו להידבק מהם.

אך ישנן לא מעט הלכות המראות בבירור שהצרעת אינה מחלה רגילה. למשל: לפני שהכוהן מגיע לאבחן אם בית נגוע בצרעת, דואגים לפנות ממנו את כל הכלים והרהיטים כדי שלא ייטמאו אם הכוהן יכריז שהבית טמא. אם מדובר היה במחלה רגילה, הרי שיש סיכון גדול במעשה כזה. כל מה שהיה בבית ספוג ונגוע בחיידקי המחלה שרק תופץ הלאה.

הסימנים מראים בבירור שצרעת היא מחלה שונה. **השורש שלה רוחני** ו**כלליה שונים** ממחלות מידבקות רגילות.

חז"ל טוענים בגמרא במסכת ערכין שצרעת נובעת משבעה פגמים שכולם קשורים לתחום ש**בין אדם לחברו**, ובראשם **לשון הרע**. היכן ראו חז"ל קשר בין הדברים?

ובכן, בתורה מצאנו שני אנשים שלקו בצרעת, ושניהם בגלל לשון הרע. משה שאמר על בני ישראל "וְהֵן לֹא יַאֲמִינוּ לִי" וידו הצטרעה, ומרים אחותו שדיברה עליו והצטרעה.

מה הקשר בין קלקול בלשון הרע לבין הצרעת?

ר' שמשון רפאל הירש, מפרש המקרא, מסביר שצרעת היא מחלת עור המתבטאת בריקבון שמתפשט בגוף. העור הוא נקודת **המפגש של האדם עם החוץ**. באמצעותו הוא ער לרשמים הבאים מבחוץ. מי שאצלו המפגש עם החוץ בעייתי ופגום, ובמקום לראות את הטוב במה שסביבו הוא נתפס כל הזמן לרע — לוקה בצרעת. הנגע שעל הגוף הוא רק שיקוף לריקבון המוסרי שפשה בו.

ההלכה קובעת שכל עוד הכוהן לא הכריז בפיו שהבית "טמא", אזי הוא אינו כזה וכל מה שבו טהור. יש בכך מסר חזק למצורע, עד כמה המילים והאופן שבו הוא בוחר להתייחס ולדבר על הסביבה משפיעים וחורצים גורלות.

## מספרים ש...

### לשמוע בטעות, לחיות במכוון

"אני חייב לספר לכם על המשפט שהציל את חיי", פתח דני את דבריו במסיבת ההודיה המרגשת שערך לרגל הולדת בנו הבכור. עשרות חברים ובני משפחה התכנסו לחגוג את הנס הכפול – גם החלמה מסרטן קטלני וגם לידת תינוק – לאחר שהטיפולים הקשים שעבר בנעוריו היו אמורים למנוע ממנו כל אפשרות להביא ילדים לעולם.

דני הודה בהתרגשות לקב"ה, להוריו שליוו אותו במסירות אין קץ, ולצוות הרפואי שנלחם על חייו. "אבל יש דבר אחד", הוא הוסיף, "שאני חייב להודות עליו במיוחד. משפט שנאמר כשהייתי בן 17, בשיא המחלה כשהסרטן איים להכריע אותי".

האורחים היטו אוזן בסקרנות. "זה היה בלילה הקשה ביותר", המשיך דני. "שכבתי מעורפל למחצה, מתנדנד בין חיים למוות. שלושה רופאים עמדו בקצה החדר. הם לא ידעו שאני שומע. הראשון אמר: 'המצב קריטי, הוא ממש בסוף...' השני הוסיף: 'כן, עם מדדים כאלה הוא לא יעבור את הלילה'. אבל אז הרופא השלישי אמר: 'לא. יש לו כוח רצון חזק, הוא יתגבר, הוא ייצא מזה!'"

דני עצר לרגע, מנגב דמעה. "המילים האלה נסכו בי כוח שאיני יכול להסביר. החלטתי שאני אוכיח לכולם שהרופא השלישי צדק. עברתי את הלילה ההוא, ועוד לילה, ועוד יום, ועוד שבוע. והנה אני כאן, נשוי ואב טרי, והכול בזכות המשפט ההוא של הרופא שהאמין בי".

מחיאות כפיים סוערות מילאו את האולם. ואז קם אדם מבוגר מהקהל. "דני", אמר בקול שקט, "אני חייב להודות: הייתי שם באותו לילה, אחד משלושת הרופאים שטיפלו בך. אבל יש משהו שאתה צריך לדעת. האמת היא שלא דיברנו עליך בכלל. דיברנו על חולה אחר במחלקה. לגביך הייתה תמימות דעים: לך אין סיכוי".

שקט השתרר באולם. ואז חיוך רחב התפשט על פניו של דני: "אתם מבינים?" אמר בהתרגשות, "משפט שבכלל לא היה מיועד לי נתן לי את הכוח להילחם על החיים שלי. זה הכוח האדיר של מילים – הן יכולות להציל חיים אפילו כשלא התכוונו אליך..."

## הידעת?

### האות הנצחי – "וּבַיּוֹם הַשְּׁמִינִי יִמּוֹל בְּשַׂר עָרְלָתוֹ" (ויקרא יב, ג)

באסלאם מתקיימת ברית מילה, לרוב בין גיל 7 ל-13. ברפואה המערבית מקובל גם כן למול, אבל מסיבות רפואיות. היא הוכחה כמפחיתה משמעותית את הסיכון לזיהומים בדרכי השתן, מחלות מין, ודלקות כרוניות.

רק ביהדות נקבע הזמן המדויק – היום השמיני ללידה. לאורך ההיסטוריה הייתה זו המצווה שעליה נלחמו יהודים בחירוף נפש: בימי אנטיוכוס, בתקופת האינקוויזיציה בספרד, בגטו וילנה נערכו בריתות במרתפים חשוכים, ובברית המועצות – ביערות עבותים בלילה. מחקרים מראים שברית המילה נותרה הסמל החזק ביותר להמשכיות יהודית, גם בקרב יהודים שאינם שומרי מצוות.

### צרעת: מחלה או מסר משמים? — "וְרָאָה הַכֹּהֵן אֶת הַנֶּגַע בְּעוֹר הַבָּשָׂר" (יג, ג)

עד המאה העשרים, מצורעים נחשבו למוקצים מחמת מיאוס בכל התרבויות. בירושלים הוקם "בית החולים הנסן" למצורעים, שם פעל הצדיק ר' אריה לוין שבניגוד לכולם היה מבקר את החולים מדי שבת, משוחח עימם ומעודד את רוחם. אך למעשה, הצרעת התנ"כית שונה מ"מחלת הנסן" המוכרת: היא מופיעה גם בבגדים ובקירות, נרפאת כאשר היא מתפשטת על כל הגוף (הפוך ממחלה רגילה), ואינה מידבקת. זו תופעה ייחודית של שילוב רוחני־גופני שאין לה מקבילה ברפואה המודרנית.

### בידוד כמרפא — "בָּדָד יֵשֵׁב מִחוּץ לַמַּחֲנֶה מוֹשָׁבוֹ" (יג, מו)

בעוד בימי הביניים הנהיגו ערי איטליה בידוד של 40 יום לספינות מאזורים נגועים במגפות, במזרח התפתחה מסורת אחרת של התבודדות מרצון. נזירים בודהיסטים מתבודדים במנזרים בהרי טיבט, וביהדות התפתחה מסורת ההתבודדות בחסידות ברסלב — זמן יומי של שיחה אישית עם הבורא.

המצורע בתורה משלב את שני הרעיונות: בידוד פיזי שמאפשר התבוננות פנימית וחשבון נפש. בתקופת הקורונה חווינו את המורכבות של הבידוד על בשרנו: הריחוק החברתי, הבדיקות המתישות, ההמתנה מורטת העצבים לתשובה, והחשש להדביק את הקרובים לנו. אתם עוד זוכרים איך זה היה?

## פותחים ראש

### שאלות לדיון סביב השולחן

**בנים ובנות ומה שביניהם** — "אִשָּׁה כִּי תַזְרִיעַ וְיָלְדָה זָכָר" (יב, ב)

במה אתם מוצאים הבדלים בין בנים לבנות? האם לדעתכם ההבדלים הם תוצאה של חינוך והשפעה סביבתית או שהם מולדים? מה ההשלכות של לימוד בבית ספר מעורב — מבחינה לימודית — האם זה עושה טוב לבנים? לבנות? מה ההשלכות מבחינות חברתיות? ולצד השני — מה המשמעויות והמחירים של לימוד במוסד נפרד? האם לדעתכם לאנשים שגדלו בחברה מעורבת יהיה קל יותר ליצור בעתיד קשר למטרת נישואין? או אולי להפך? למה?

**פמיניזם** — "וְאִם נְקֵבָה תֵלֵד" (יב, ה)

על רקע מה הופיעה התנועה הפמיניסטית? מה תרומתה החיובית ומה הבעיות שאתם רואים בה?

יש הטוענים שהגברים היום "נשיים" מבעבר והנשים "גבריות" יותר. האם אתם מסכימים לכך?

**ברית מילה** — "וּבַיּוֹם הַשְּׁמִינִי יִמּוֹל בְּשַׂר עָרְלָתוֹ" (יב, ג)

מאז ומעולם עשו יהודים כל מאמץ למול את ילדיהם גם בתקופות שהדבר היה כרוך בסכנת חיים. גם כיום במדינת ישראל אחוז עצום בין האנשים שלא מקפידים על קלה בחמורה מקפיד לקיים את מצוות המילה. מה סיבת הדבר? מה הרעיון שמאחורי מצוות המילה? מדוע היא מתקיימת דווקא באותו המקום?

# מִצְרַע

## תאמינו שאפשר לתקן!

"אני כבר לא מנסה להשתנות", אומר דני (35). "עשר שנים של הבטחות לעצמי ולמשפחה שהפעם אני מפסיק לכעוס, שאני לומד לשלוט בעצמי. כל פעם זה מחזיק שבועיים—שלושה ואז אני מתפרץ שוב. היועצת אומרת שזה תהליך, שצריך סבלנות, אבל אני כבר לא מאמין. אין מה לעשות, יש אנשים שנולדו עם פתיל קצר. אולי במקום לנסות להשתנות, אני פשוט צריך לקבל את זה?"

"הייתי בטוח שזהו, אין לי תקנה", משתף אלי (47), בעל עסק מצליח. "כשהחברה שהקמתי קרסה בגלל טעויות שלי והייתי חייב מיליונים, חשבתי שמשהו בי לא טוב, שיש לי פגם בסיסי בשיקול הדעת. אבל אז פגשתי מנטור שלימד אותי משהו שהפך את הכול: 'אתה לא צריך להיות מושלם, אתה רק צריך להיות קצת יותר טוב ממה שהיית אתמול'. התחלתי לעבוד על עצמי בצעדים קטנים. היום אני מנהל עסק הרבה יותר גדול, אבל הפעם בצורה אחראית ושקולה. לא כי השתניתי לגמרי, אלא כי למדתי שאפשר להשתנות קצת בכל יום. והקצת הזה מצטרף ביחד להרבה מאוד".

### מסע בין כישלונות

כשאנחנו מביטים על אנשים מצליחים ומפורסמים קשה לנו לדמיין אותם נופלים ומתרסקים. אבל האמת היא שכישלון היה חלק בלתי נפרד מהדרך שלהם להצלחה. קחו לדוגמה את מייקל ג'ורדן, שחקן הכדורסל האגדי. מתברר שבתיכון הוא נזרק מהקבוצה ששיחק בה. ג'ורדן חזר הביתה, נעל את עצמו בחדר ובכה. חלפו שנים והנער הבוכה הזה הפך להיות משחקני הכדורסל הטובים בכל הזמנים.

וולט דיסני, האיש שבנה אימפריית בידור שמציתה את דמיונם של מיליוני ילדים — פוטר מעיתון בטענה ש"חסר לו דמיון ואין לו רעיונות מקוריים".

אופרה ווינפרי, שהפכה למגישה המשפיעה בהיסטוריה של הטלוויזיה, סולקה בתחילת דרכה מתפקיד של קריינית חדשות בטענה שהיא "לא מתאימה למסך". וכמובן, סטיב ג'ובס, היזם המוכשר שהודח בבושת פנים מאפל, החברה שהוא עצמו הקים.

והסיפור המרגש ביותר הוא של אברהם לינקולן. זו לא הייתה נפילה אחת, אלא שרשרת בלתי נגמרת של כישלונות: הוא איבד את ארוסתו האהובה, חווה התמוטטות עצבית, פשט רגל בעסקים, והפסיד בשלושה מרוצי בחירות. ולמרות זאת בכל פעם שנפל, הוא קם והמשיך הלאה. לבסוף הפך לאחד מהנשיאים הגדולים בהיסטוריה של ארצות הברית.

לכל הסיפורים האלו מכנסה משותף אחד: הכישלון לא היה סוף הדרך. הוא היה רק תחנה בדרך לשלב הבא.

### להאמין בכוח התיקון

"הייאוש הוא החטא הגדול ביותר", כתב רבי נחמן מברסלב. כי יש משהו מסוכן בתחושת הכישלון: היא לא רק כואבת. היא משתקת. "אולי זה פשוט מי שאני", אנחנו אומרים לעצמנו, "אולי באמת אי אפשר להשתנות".

במכתב מפורסם כותב הרב קוק, הרב הראשי הראשון לארץ ישראל: "עיקר הנפילות באות מפני שאינו מאמין בקלותה של התשובה" (איגרות הראי"ה א, קנח). כשאדם חושב שהדרך חזרה ארוכה ומסובכת מדי — הוא מתייאש ונופל עוד יותר.

אבל מה אם נתחיל להסתכל על נפילות בצורה אחרת לגמרי? חז"ל לימדו: "אין אדם עומד על דברי תורה אלא אם כן נכשל בהם" (גיטין מג ע"א). כלומר, **הכישלונות הם המורים הטובים ביותר**

**שלנו**. כל נפילה היא הזדמנות ללמוד משהו על עצמנו, להתחזק ולצמוח. היטיב לנסח זאת נלסון מנדלה, נשיא דרום אפריקה הראשון השחור ולוחם חירות שישב בכלא 27 שנים כאסיר פוליטי: "אני לעולם לא נכשל. או שאני מצליח, או שאני לומד".

המצורע בתקופת המקדש היה אדם שנכשל – בדיבור, במידות, ביחסים עם הזולת. הצרעת הייתה סימן חיצוני לכישלון פנימי. אבל התורה לא השאירה אותו במצבו. היא נתנה לו דרך לצאת ממנו, תהליך מובנה של טהרה וחזרה לחיים. "זֹאת תִּהְיֶה תּוֹרַת הַמְּצֹרָע בְּיוֹם טָהֳרָתוֹ" (יד, ב). התורה לא אומרת "אם המצורע יטהר". הנחת העבודה שלה היא שיש תיקון, שמי שנטמא יכול להיטהר ומי שנפל מסוגל לקום, ורק צריך לעשות את התהליך הנכון כדי שזה יקרה.

שאלו פעם את רבי עקיבא: "רבי, איך התחלת? איך הצלחת להפוך מרועה צאן פשוט לענק בתורה?" הוא סיפר להם על המעיין שטיפה אחר טיפה ממנו חצבו חור באבן הקשה. "אם מים רכים יכולים לחצוב באבן קשיחה", אמר, "דברי תורה קשים כברזל בוודאי שיוכלו לחצוב בליבי שהוא בשר ודם" (אבות דרבי נתן ו, ב). בגיל ארבעים הוא לא ידע לקרוא אפילו אות אחת. אבל הוא האמין בכוח השינוי וכמו טיפות המים על האבן – כל יום עוד קצת, בלי להתייאש. והתוצאה? רבי עקיבא היה לאחד מגדולי חכמי ישראל בכל הדורות.

נחזור לדני שרוצה להרים ידיים מול הכעס שמשתלט עליו וחושב שאין לו תקנה: דני, גם אתה יכול להתחיל במסע של שינוי. לא צריך להבטיח שלעולם לא תכעס שוב – זו מטרה גדולה מדי שרק תייאש. במקום זה, אולי פשוט תנסה להאריך את הפתיל בעוד כמה סנטימטרים. להישאר רגוע עוד רגע אחד לפני ההתפרצות. וכשתצליח – תדע שזה אפשרי. כי השאלה היא לא "האם אני יכול להשתנות?", אלא "מתי אני מתחיל לעשות את זה?"

## אתגר השבוע

בחרו כישלון משמעותי אחד מהעבר שלכם. במקום להתייחס אליו באל "צלקת", הפכו אותו לנקודת מפנה. כתבו לעצמכם מכתב קצר שעונה על שלוש שאלות:

1. איזו תובנה חשובה למדתם מהכישלון הזה על עצמכם?
2. איזה כוח או חוזק התגלה בכם דווקא בזכות ההתמודדות איתו?
3. אם הייתם פוגשים היום מישהו שנמצא באותו מצב – איזו עצה הייתם נותנים לו?

## מִבְזָק: הפרשה ב־20 שניות

טהרת המצורע – לקיחת שתי ציפורים, עץ ארז, אזוב ושני תולעת ◄ הציפור האחת נשחטת והשנייה משולחת על פני השדה ◄ המיטהר מתגלח, טובל ומביא קורבנות ◄ דיני צרעת הבית – כתמים בקירות, הוצאת הכלים והסגרה ◄ דיני טומאת קרי, זב וזבה וטהרתם

## מספרים ש...

### המום שבעיניך

**"וְנָתַתִּי נֶגַע צָרַעַת...וְהִנֵּה הַנֶּגַע בְּקִירֹת הַבַּיִת"** (יד, לד–לז)

בבוקר יום ראשון הביטה מירי כהרגלה בחלונה של שכנתה, ציפי, הגרה בדירה ממול. היה זה ימים ספורים לפני יום העצמאות, וציפי תלתה דגל ישראל על אדן החלון שלה, כמו רבים מדיירי הבניין. כשמירי הביטה בדגל היא ראתה עליו כתמים שחורים שממש כיערו אותו.

"איזה זלזול", חשבה לעצמה. "היא לא יכולה לכבס את הדגל לפני שהיא תולה אותו לראווה?"

בארוחת הערב סיפרה מירי לבעלה רוני על הדגל המלוכלך של ציפי, וקראה: "פשוט בושה, אני הולכת להביא לה דגל אחר. צריך ללמד את האישה הזו לכבד את סמלי המדינה!"

רוני שתק ומירי הלכה וצלצלה בפעמון דירתה של ציפי, אוחזת בדגל ישראל חדש מהאריזה.

"שלום ציפי", אמרה מירי לשכנתה בחיוך מלאכותי. "באתי להציע לך דגל ישראל. כזה שתוכלי לתלות אותו".

"נחמד מאוד מצידך", ענתה ציפי, "אבל כבר תליתי דגל".

"ראיתי", אמרה מירי. "אבל... עדיף שתתלי את זה".

"מה ההבדל ביניהם?" שאלה ציפי בפליאה.

"נו, באמת", ענתה לה מירי ודחפה את הדגל לידה. "אני לא רוצה עוד לדבר על הנושא. להתראות!" אמרה בהפגנתיות וחזרה אל דירתה.

בבוקר למוחרת קמה מירי והציצה דרך החלון. היא ראתה כי עתה ניצב בחלון ביתה של ציפי דגל ישראל נקי.

"ראית?" אמרה לבעלה. "היא תלתה את הדגל שהבאתי לה!"

"יכול להיות", אמר רוני. "או שזה פשוט בגלל שניקיתי את זגוגית החלון".

## הידעת?

**כוחו של דיבור – "וְדִבֶּר הַכֹּהֵן וְצִוָּה"** (יד, ד)

כבר בעולם העתיק מילים נתפסו כבעלות כוח ממשי. במצרים העתיקה האמינו שהמילה המדוברת יכולה ליצור מציאות, ובמסופוטמיה נחקקו חוקים מיוחדים נגד קללות. בעבודת המקדש, היו רגעים מכריעים שבהם המילה המדוברת הייתה חיונית: בווידוי הכהן הגדול ביום כיפור, בברכת כוהנים היומית, ובהכרעות הלכתיות כמו במקרה של המצורע – שם נדרשה אמירה מפורשת של הכוהן לקבוע את מצבו. מחקרים אקוסטיים מודרניים גילו שתדרי הקול האנושי יכולים להשפיע על מבנים מולקולריים, ומדענים מצאו שתנודות קול בתדרים מסוימים משפיעות על התנהגות תאים חיים.

**מחלה חברתית – "וְיָשַׁב מִחוּץ לְמַחֲנֶה"** (יד, ח).

בשונה ממחלות אחרות, המצורע נשלח אל מחוץ למחנה. למה? לא רק כדי למנוע הדבקה, אלא כחלק מתהליך הריפוי. מחקר מעניין שנערך באוניברסיטת UCLA בארה"ב גילה שבידוד חברתי מפעיל במוח את אותם אזורים שמגיבים לכאב פיזי. כלומר, תחושת הדחייה החברתית כואבת לנו ממש כמו מכה פיזית. ואולי זה גם חלק מהעניין – לגרום למוציא שם רע להרגיש על בשרו את הכאב שהוא גורם לאחרים בלשונו.

**מנגנון הטיהור – "וְלָקַח לַמִּטַּהֵר שְׁתֵּי צִפֳּרִים חַיּוֹת"** (יד, ד).

מעניין שבתהליך טהרת המצורע משתמשים בשתי ציפורים – אחת נשחטת והשנייה משתלחת על פני השדה. תיאוריות פסיכולוגיות מודרניות על תהליכי שינוי התנהגותי מדברות על שני שלבים הכרחיים: "מוות" של הדפוס הישן ו"לידה" של דפוס חדש. חוקרים מצאו שאנשים שמצליחים לשנות הרגלים שליליים עוברים כולם תהליך דומה: הם צריכים להמית את ההתנהגות הישנה ולשחרר התנהגות חדשה לעולם.

## פותחים ראש

### שאלות לדיון סביב השולחן

**זהירות, צרעת!** – **"זֹאת תִּהְיֶה תּוֹרַת הַמְּצֹרָע"** (יד, ב)

חז"ל דרשו: "המצורע – המוציא שם רע" (ערכין טו ע"ב), וקבעו שנגע הצרעת בא כעונש על דיבור לשון הרע. בימינו מסיבות שונות אין צרעת. האם אתם מסוגלים לדמיין עולם שבו המדבר רע על זולתו מצטרע? האם הייתם רוצים לחיות בעולם כזה? האם בדור טכנולוגי ומתוקשר כמו שלנו, בעיית לשון הרע פחותה יותר מאשר בעבר או להפך?

**עיתונות נקייה – האם זה אפשרי?** – **"וְטָהֵר הַבָּיִת"** (יד, מח)

האם לדעתכם אפשר לנהל עיתונות רצינית ותקשורת יעילה שתשמור על הלכות לשון הרע או שזה דבר בלתי ישים?

מה מחולל את הצורך הנפשי האנושי לרכל על הזולת? מה הרכילות עושה למי שמספר אותה?

כיצד אתם נוהגים כשאתם בתוך חבורת אנשים ואחד מהם מתחיל "ללכלך" על מישהו אחר?

**חינוך לאמת** – **"וּבָא אֲשֶׁר לוֹ הַבַּיִת וְהִגִּיד לַכֹּהֵן לֵאמֹר"** (יד, לה)

איך מחנכים לדיבור אמת מבלי ליפול ללשון הרע? האם יש מקרים שבהם מותר או אפילו חובה לספר על התנהגות שלילית של מישהו? איך מבדילים בין רכילות פסולה לבין דיווח חיוני?

# אחרי מות

## האומץ לבקש סליחה

"זה קרה לפני חודש", סיפר יורם (42), רופא משפחה. "הייתי בסוף יום עמוס, מותש. נכנסה אישה מבוגרת והתלוננה על כאבי גב. בדקתי אותה בחטף, רשמתי משככי כאבים ושלחתי אותה הביתה. אתמול התקשר אליי הבן שלה, רופא בעצמו. מסתבר שהיה לה שבר בחוליה שפספסתי בגלל הבדיקה השטחית. היא סבלה חודש מיותר בגלל האבחון השגוי שלי. אני יודע שעליי להתקשר אליה, להודות בטעות, להתנצל. אבל כל פעם שאני מרים את הטלפון, משהו בי קופא. מה זה יעשה למוניטין שלי? איך אסתכל לה בעיניים בפעם הבאה?"

"זה היה הרגע הכי קשה בקריירה שלי", משתפת רונית (52), מנהלת תיכון. "בישיבת מורים האשמתי את דפנה, המורה החדשה לאנגלית שהיא מזייפת ציונים כדי להיראות טוב. התבססתי על תלונה של הורה ועל הממוצע הגבוה בכיתתה. דפנה בכתה, התחננה שזה לא נכון. שבוע אחר כך התברר שהיא פשוט מורה מצוינת, והתלמידים באמת השתפרו. הבנתי שפגעתי בה נורא, מול כל הצוות. כל יום דחיתי את ההתנצלות. מה יחשבו עליי המורים? איך אשמור על סמכות? ואז ראיתי אותה יושבת לבד בחדר המורים והבנתי שאני חייבת לבחור בין הכבוד שלי לבין הדבר הנכון. קמתי, ניגשתי אליה, והתנצלתי בפני כולם. זה היה קשה, אבל כשראיתי את הדמעות בעיניה ואת החיוך הקטן שעלה על פניה, הבנתי שעשיתי את הדבר הנכון. 'את יודעת', דפנה אמרה לי אחר כך, 'לא ההאשמה פגעה בי כל כך, כמו השבוע של השתיקה אחריה. ההתנצלות שלך החזירה לי את האמון במערכת'. בסופו של דבר, גיליתי שדווקא בזכות ההתנצלות שלי זכיתי להערכה גדולה יותר מהצוות."

### המעצורים בדרך לפיוס

בסך הכול מילה אחת קטנה: "סליחה". למה כל כך קשה לנו להגיד אותה?

מתברר שאנחנו חיים באשליה מוזרה. מחקר מרתק גילה דבר מפתיע: כשאנחנו פוגעים במישהו, אנחנו בטוחים שהוא לעולם לא יסלח לנו. אבל האמת? בעוד רק 30 אחוז מהפוגעים חשבו שיסלחו להם, 80 אחוז מהנפגעים היו מוכנים לסלוח! זה כמו ילד שמפחד לקפוץ לבריכה כי הוא בטוח שהיא עמוקה מדי, בזמן שהמים בקושי מגיעים לו לברכיים.

ויש עוד דבר שמקשה עלינו – הזמן. ככל שדוחים את ההתנצלות, היא נהיית קשה יותר. זה כמו שריטה קטנה שלא מטפלים בה – עם הזמן היא יכולה להזדהם ולהפוך לבעיה גדולה.

אבל יש גם חדשות טובות: כשכן מתנצלים, קורה "קסם". מחקרים מראים שהתנצלות כנה לא רק מתקנת את היחסים, אלא יכולה אפילו לחזק אותם יותר ממה שהיו קודם! יתרה מזאת, היא משפרת את בריאותנו הנפשית והפיזית, מפחיתה חרדה ואפילו תורמת לשינה טובה יותר.

### הדרך לסליחה אמיתית

אז מה עוצר אותנו? בעיקר האגו המנופח שלנו. "מה, אני אודה שטעיתי? למה שאיראה חלש?" ויש גם פחד: "אולי ישתמשו בזה נגדי?" או הפיתוי הקל: "עזוב, אני אמצא תירוץ טוב".

כדי להבין את כוחה של הסליחה, בואו נחזור 1,700 שנה אחורה, לתחילת מלכות ישראל. שני מלכים, שתי טעויות גורליות, ושתי תגובות שונות לגמרי. כששמואל הנביא הוכיח את שאול על שלא מחה את עמלק, הוא מייד התחיל להתגונן: "אֲשֶׁר חָמַל הָעָם עַל מֵיטַב הַצֹּאן"(שמואל א טו, טו) – זה לא אני, זה העם!

לעומתו, כשנתן הנביא הוכיח את דוד על מעשה בת שבע, דוד לא חיפש תירוצים. הוא פשוט אמר: "חָטָאתִי לַה'" (שמואל ב יב, יג).

התוצאה? שאול איבד את המלוכה, בעוד דוד זכה למלכות נצח.

בפרשתנו מגיע השיא של בקשת הסליחה. ביום הכי קדוש, במקום הכי קדוש, האדם הכי קדוש – הכהן הגדול, מתוודה בשם כל העם. זה המקור ל"על חטא" שאנחנו אומרים עד היום ביום כיפור. והמסר אלינו ברור: הדרך לתקן יחסים – בין אדם לחברו או בין אדם לאלוקיו – לא עוברת דרך תירוצים. היא דורשת אומץ להודות: "טעיתי".

והפתעה: דווקא כשאנחנו מודים בטעות, אנשים מעריכים אותנו יותר. כי מי שמסוגל לומר "טעיתי" מראה שהוא מבין מה באמת חשוב בחיים: שקשרים אמיתיים בין אנשים שווים הרבה יותר מהצורך שלנו להיות צודקים תמיד, ושלפעמים דווקא הוויתור על האגו הוא שמחזק אותנו באמת.

ויש עוד צד למטבע: לא רק לבקש סליחה, אלא גם לתת אותה. יש מנהג מדהים לומר לפני השינה: "הריני מוחל וסולח לכל מי שהכעיס והקניט אותי". תארו לכם: בכל לילה, מיליוני יהודים ברחבי העולם פשוט "מנקים את הלוח", מאתחלים את הנפש, מוחקים את הכעסים והפגיעות ומתחילים דף חדש.

ואולי זה מזכיר לנו שבכל רגע אנחנו יכולים לבחור מחדש – להיות אמיצים מספיק כדי לבקש סליחה, ופתוחי לב מספיק כדי להעניק אותה.

## אתגר השבוע

נסו להיזכר במישהו שפגעתם בו, אך מעולם לא ביקשתם את סליחתו – אולי בגלל המרחק, אולי בגלל בושה, ואולי פשוט כי הזמן עבר. שבו השבוע וכתבו לו מכתב. לא הודעת טקסט או מייל – מכתב אמיתי, בכתב יד. יש משהו מיוחד במכתב כתוב: הוא מאפשר לנו לחשוב על כל מילה, לשקף את הרגשות בצורה מדויקת, ולהראות שהשקענו מאמץ אמיתי כדי לתקן. הנמען יוכל לקרוא אותו שוב ושוב, לעכל את הדברים בקצב שלו.

ספרו במכתב לא רק על החרטה, אלא גם על מה שאתם מעריכים בו ומה למדתם מהמקרה.

גם אם בסוף תחליטו לא לשלוח – עצם הכתיבה תעזור לכם לסדר את המחשבות והרגשות ואולי תפתח פתח לפיוס אמיתי.

## מספרים ש...

### לפני שיהיה מאוחר מדי

"הסיפור הזה רודף אותי כבר עשרים שנה", משתף יעקב בקול חרישי. "זה התחיל ביום הראשון בפנימייה. הגעתי מפוחד, עם שתי מזוודות כבדות, ופתאום ניגש אליי נער עם חיוך רחב על פניו. 'בוא, תן לי לעזור לך', אמר בפשטות, 'אני דני'.

"מאותו רגע לא נפרדנו. בלילות היינו יושבים בחצר הפנימייה, מתחת לשמיים זרועי כוכבים, ומדברים על החלומות שלנו. דני רצה להיות מדריך טיולים, לחרוש את הארץ לאורכה ולרוחבה. אני חלמתי להיות כתב ספורט. זו הייתה חברות מהסוג הנדיר הזה, שפוגשים אולי פעם בחיים.

"אבל אז הגיע הריב ההוא. טיפשות שלי, אני יודע. אמרתי דברים שאסור היה להגיד, פגעתי במקומות הכי רגישים. מילים שאי אפשר לקחת חזרה. המריבה הזו הפכה לנתק של שנים.

"לפני חמש שנים נסעתי עד אילת, איפה שדני התגורר. עמדתי מול הדלת שלו שעה שלמה. הרמתי יד, רציתי לדפוק, אבל משהו – אולי גאווה, אולי פחד – עצר אותי. חזרתי הביתה עם לב כבד.

"לפני חודש החלטתי שזהו, מספיק. נסעתי שוב לאילת, הפעם בלי היסוסים. אישה צעירה פתחה את הדלת. 'אני מחפש את דני', אמרתי. היא שלפה מעטפה דהויה עם שמי עליה: 'דני השאיר את זה בשבילך'.

"בפנים היה מכתב קצר: 'יעקב היקר, ראיתי אותך אז, לפני חמש שנים, עומד בפתח. הצצתי מהחלון והתפללתי שתדפוק בדלת. כשהסתובבת והלכת, רציתי לרוץ אחריך, אבל משהו עצר גם אותי. תדע שסלחתי לך מזמן. רק חיכיתי שתבוא. אם אתה קורא את זה עכשיו, כנראה סוף־סוף אזרת אומץ'.

'"מתי דני יחזור?' שאלתי בקול רועד. היא השפילה מבט: 'דני נפטר לפני חודשיים. המכתב הזה היה מונח במגירה שלו'".

## מִבְזָק: הפרשה ב־20 שניות

דיני עבודת הכהן הגדול ביום הכיפורים במקדש ◄ איסור הקרבת קורבנות מחוץ למקדש ◄ איסור אכילת דם ומצוות כיסוי הדם אחרי השחיטה ◄ איסורי עריות

## הידעת?

**חידת השעיר לעזאזל – "וְנָתַן אַהֲרֹן עַל שְׁנֵי הַשְּׂעִירִם גֹּרָלוֹת גּוֹרָל אֶחָד לַה' וְגוֹרָל אֶחָד לַעֲזָאזֵל"** (טז, ח)

טקס שילוח השעיר לעזאזל תמיד עורר תמיהות: איך ייתכן שמשלחים קורבן למדבר, והרי התורה אסרה "שחוטי חוץ"? כלומר, אין להקריב שום דבר מחוץ למקדש. וחוץ מזה מיהו או מהו אותו "עזאזל"?

הרש"ר הירש מציע הסבר עמוק: שני השעירים – הזהים במראם – מייצגים את הבחירה העומדת בפני כל אדם. השעיר הוא סמל לכוחות החיים הסוערים שבנו, והשאלה היא לאן נַפְנֶה אותם: האם לה' – לעבודת הבורא ולמעשים טובים, או לעזאזל – לכיוון ההרסני. הבחירה נמצאת בידיים שלנו, ואין כמו יום הכיפורים כדי להזכיר לאדם שהכדור נמצא בידיים שלו. גם אם בשנה החולפת הוא טעה בבחירותיו, שנה חדשה ניצבת בפתח והכול יכול להיראות בה אחרת.

### היום הקדוש בשנה – ״שַׁבַּת שַׁבָּתוֹן הִיא לָכֶם וְעִנִּיתֶם אֶת נַפְשֹׁתֵיכֶם״ (טז, לא)

סקרים מראים שכ־53 אחוז מהיהודים בישראל צמים ביום כיפור, כולל רבים שאינם מגדירים עצמם דתיים. זהו שיעור גבוה מאוד בהתחשב בכך שתענית של יממה שלמה היא לא מצווה קלה ליישום. אך מעבר להימנעות מאכילה, יום הצום הפך לחוויה לאומית ייחודית: הכבישים ריקים, תחנות הרדיו והטלוויזיה מושבתות ובתי הכנסת מלאים עד אפס מקום. אפילו זיהום האוויר יורד בצורה דרמטית, בשל הפסקת תנועת כלי הרכב.

אירוע היסטורי שהעצים את מעמדו המיוחד של היום היה מלחמת יום הכיפורים (1973), כשצבאות מצרים וסוריה בחרו לתקוף אותנו דווקא ביום הקדוש ביותר לעם היהודי. מה שהם לא הבינו הוא שדווקא הקדושה המיוחדת של היום העניקה לחיילינו כוחות על־אנושיים להילחם. בתוך שעות מעטות עזבו אלפי חיילים את בתי הכנסת והתייצבו בחזית, רבים מהם עדיין בצום. מאז, יום כיפור הפך לא רק ליום של חשבון נפש אישי, אלא גם לסמל של האחדות והמסירות של העם היהודי ברגעי מבחן.

### לא בתוך המשפחה – ״אִישׁ אִישׁ אֶל כָּל שְׁאֵר בְּשָׂרוֹ לֹא תִקְרְבוּ לְגַלּוֹת עֶרְוָה״ (יח, ו)

בכמעט כל התרבויות בעולם, לאורך כל ההיסטוריה היה כלל ברור: בני משפחה קרובים לא מתחתנים זה עם זה. רק בקרב משפחת המלוכה במצרים העתיקה היה נהוג אחרת, אך זה היה חריג מאוד.

ישנן כמה סיבות חשובות לכך: המשפחה צריכה להיות מקום שבו אתה מרגיש הכי בטוח בעולם – מקום שבו אוהבים אותך באופן מוחלט, בלי קשר למראה שלך או למידת המשיכה אליך. כניסה של קשר רומנטי למשפחה תהרוס את הביטחון הזה ועלולה להפוך את הבית למקום של מתח ותחרות.

מעבר לכך, כשאנשים ממשפחות שונות מתחתנים, נוצר משהו מיוחד: כל אחד מביא איתו תכונות ואיכויות אחרות, דרך שונה לראות את העולם, כישרונות אחרים ומסורות משפחתיות מגוונות. החיבור הזה בין שני אנשים שונים יוצר איזון מיוחד ומעשיר את חיי הזוגיות שלהם.

המדע המודרני גילה סיבה נוספת: כאשר בני משפחה קרובים מביאים ילדים לעולם, יש סיכון גבוה יותר שהילדים יסבלו ממחלות תורשתיות או מבעיות בריאותיות אחרות.

מעניין שהתורה, שניתנה לפני 3,300 שנה, כבר הבינה את החשיבות העמוקה של הכלל הזה, וחכמינו קבעו לקרוא את הפסוקים הללו במנחה של יום הכיפורים, היום הקדוש ביותר בשנה.

## פותחים ראש

### שאלות לדיון סביב השולחן

**זה אני או הגורל?** – ״וְנָתַן אַהֲרֹן עַל שְׁנֵי הַשְּׂעִירִם גֹּרָלוֹת״ (טז, ח)

דמיינו שנכשלתם בשלוש בחינות רצופות אחרי שלמדתם המון. האם זה סימן שאולי התחום הזה פשוט לא בשבילכם? או שאתם צריכים רק להתאמץ יותר?

**מה קודם: אני או כולם?** – ״וְכִפֶּר בַּעֲדוֹ וּבְעַד בֵּיתוֹ וּבְעַד כָּל קְהַל יִשְׂרָאֵל״ (טז, יח)

בבחירות הגדולות של החיים – מקצוע, מקום מגורים, סגנון חיים – איך מאזנים בין הצרכים האישיים, הצרכים המשפחתיים והצורך של עם ישראל? האם מותר לאדם לבחור במה שטוב לו גם אם הוא פחות טוב למשפחתו? האם יש הבדל בין החלטות הרות גורל להחלטות יומיומיות? מתי נכון להעדיף את טובת הכלל על פני טובת היחיד?

**השפעות זרות** – ״כְּמַעֲשֵׂה אֶרֶץ מִצְרַיִם... וּכְמַעֲשֵׂה אֶרֶץ כְּנַעַן... לֹא תַעֲשׂוּ״ (יח, ג)

איך מבחינים בין השפעות חיוביות מתרבויות אחרות (כמו טכנולוגיה, רפואה, או שיטות ניהול) לבין השפעות שליליות? האם בעידן הגלובלי אפשר להימנע מהשפעות תרבותיות? מה הופך מנהג או רעיון זר למשהו שמעשיר את התרבות שלנו, ומה הופך אותו למשהו שמאיים עליה? איך שומרים על זהות ייחודית בעולם שהופך אחיד יותר ויותר?

# קדושים

## להעיר או להאיר?

"זה קרה לפני שנה", משתפת רינת (17), "בשיעור ספרות התנדבתי להקריא את החיבור שכתבתי על הספר 'הַדֶּבֶר' של קאמי. השקעתי בו המון, קראתי את הספר פעמיים, חיפשתי מקורות נוספים. אבל המורה, מול כל הכיתה, פשוט 'חיסלה' אותי: 'זה נשמע כמו יומן של ילדה בת 12. חשבתי שאת בוגרת יותר. אין פה שום הבנה של העומק הפילוסופי, רק רגשות שטחיים. בכלל הבנת את המשמעות של המגפה כמטפורה?'

"הסמקתי, הקול שלי רעד. כשהמשכתי להקריא, שמעתי לחשושים מאחורי הגב. מאז לא הרמתי יד בשיעור. בסוף השנה המורה שאלה למה אני לא משתתפת כמו פעם. איך יכולתי להסביר לה שבכמה משפטים היא הרסה לי את הביטחון?"

"הייתי מנהל מסעדה מצליחה", מספר אלון (45), "אבל הרגשתי שאני תקוע. לפני חמש שנים החלטתי להשקיע בעצמי. פניתי לשף ידוע, מהטובים בארץ, וביקשתי שיהיה המנטור שלי. 'זה יעלה לך 3,000 שקל לפגישה', הוא אמר, 'ואני אהיה ישיר לגמרי. אם אתה מוכן לשמוע ביקורת אמיתית – בוא'.

"היססתי. זה היה סכום גבוה מאוד בשבילי, אבל משהו בפנים אמר לי שזה שווה את ההשקעה.

הוא הגיע פעם בחודש, טעם כל מנה, בחן כל פרט במטבח. הביקורת שלו הייתה חדה כתער, אבל תמיד בארבע עיניים, עם חיוך ועם רעיון מדויק איך לשפר. היום המסעדה שלי מדורגת בין עשר הטובות בארץ.

לפעמים אני חושב: איזה מזל שהיה לי האומץ לבקש ביקורת ואפילו להיות מוכן לשלם עליה".

### כשהאגו חוסם את הדרך

"אתה תמיד מאחר!", "למה את אף פעם לא מקשיבה?", "אין לך סדר!", "ככה לא עושים!" – כולנו מכירים את התחושה הזו כשמעבירים עלינו ביקורת. הלב מתכווץ, הלחיים מסמיקות והראש מתמלא בתירוצים והצדקות.

למה זה קורה לנו? מתברר שזה לא רק "בראש" שלנו. מחקרים מרתקים גילו שכשמבקרים אותנו, המוח שלנו מגיב בדיוק כמו למכה פיזית: הוא מפעיל את אותם אזורים במוח שאחראים על כאב. במילים אחרות – ביקורת באמת כואבת.

זה מסביר למה אנחנו מגיבים חזק כל כך: יש כאלה שמייד תוקפים בחזרה ("כן? ומה איתך?!"), יש שבורחים למגננה ("אבל זה בכלל לא באשמתי"), ויש שפשוט נסגרים ומשתבללים. בדיוק כמו שהיינו מגיבים למכה פיזית – בבריחה או בהתקפה.

אבל יש פה פרדוקס מעניין: דווקא האנשים שלמדו להקשיב לביקורת ולהשתמש בה, מצליחים הרבה יותר בחיים. מחקר מהרווארד גילה שאנשים שהצליחו "לאלף" את האגו שלהם ולקבל ביקורת בצורה בונה, התקדמו פי שלושה(!) יותר בקריירה מאלה שתמיד התגוננו או התעלמו.

### אומנות הביקורת

אבל רגע, בואו נסתכל על זה מהצד השני: מה קורה כשאנחנו רואים מישהו שאכפת לנו ממנו עושה טעות? התגובה הטבעית היא לשתוק. "למה להתערב?", "זה לא העניין שלי", "שיסתדר לבד".

אבל התורה מפתיעה אותנו כשהיא אומרת בדיוק הפוך: "הוֹכֵחַ תּוֹכִיחַ אֶת עֲמִיתֶךָ" (ויקרא יט, יז). המסר הוא חד: כשבאמת אכפת לך ממישהו, אתה לא יכול לעמוד בצד ולראות אותו טועה.

אבל יש פה בעיה אחת קטנה – זה ממש לא פשוט! כבר לפני אלפיים שנה אמר

רבי עקיבא משהו מדהים: "תמהני אם יש בדור הזה מי שיודע להוכיח" (ערכין טז ע"ב). רבי עקיבא, מגדולי החכמים בכל הדורות, אומר שכמעט אף אחד לא יודע איך להעביר ביקורת.

למה? כי ביקורת אמיתית היא אומנות. זו משימה עדינה ומורכבת ואם עושים אותה בצורה שגויה, במקום לעזור רק מקלקלים. כמו רופא שצריך לדעת בדיוק איפה לחתוך בניתוח – טעות קטנה יכולה להזיק במקום להועיל.

אז איך עושים את זה נכון? הנה כמה עקרונות יסוד שלימדו אותנו חז"ל:

**בחירת עיתוי מתאים** – זהו שיעור שלימדה אותנו מיכל בת שאול. כשביקרה את דוד, בעלה, על ריקודו לפני ארון ה', היא בחרה את הזמן הגרוע ביותר: כשהוא בא מלא התרוממות רוח לשתף בחוויה הרוחנית שעבר, היא "שפכה עליו דלי של מים צוננים". גם אם הביקורת שלה הייתה מוצדקת, העיתוי היה שגוי ומיכל אף נענשה על כך ולא היה לה ילד עד יום מותה.

**לשמור על הכבוד** – תראו איך משה רבנו מוכיח את עם ישראל בספר דברים: במקום לפרט כל טעות וטעות, הוא רק רומז למקומות שבהם חטאו. או תמר – במקום לחשוף את קלונו של יהודה ברבים, היא שולחת לו את חותמו ופתיליו בצנעה ורומזת לו – "הַכֶּר נָא" – ונתנה לו את האפשרות להודות מעצמו. המסר הוא שביקורת לא צריכה להיות השפלה.

**לבקר את המעשה, לא את האדם** – יש הבדל עצום בין "אתה חסר אחריות" לבין "המעשה הזה לא היה אחראי". למה? כי כשמגדירים מישהו כ"חסר אחריות", בעצם אומרים לו, "ככה אתה, ההתנהגות הזו מתאימה לך וככל הנראה ככה גם תישאר". אבל כשמבקרים מעשה ספציפי, משאירים פתח לשינוי.

**המינון הנכון** – חז"ל לימדו ש"מידה טובה מרובה ממידת פורענות" (סוטה יא ע"א). כלל אצבע טוב הוא שעל כל ביקורת שלילית צריך לפחות חמישה חיזוקים חיוביים. מי שיודע רק לבוא בטענות, יגלה שאף אחד כבר לא מקשיב לו.

**להציע פתרון** – להגיד "זה לא טוב" זה קל. אבל מה הלאה? ביקורת אמיתית לא רק מצביעה על הבעיה, אלא גם מראה את הדרך החוצה. במקום "אתה תמיד מאחר", נסו "אולי כדאי לצאת רבע שעה קודם?"

פרשת קדושים מלמדת אותנו שלהעיר נכון זו אומנות, אבל לקבל ביקורת – זו חוכמה. כי בסופו של דבר, הביקורת הקשה ביותר עשויה להיות המתנה הטובה ביותר שקיבלנו. השאלה היא רק אם נדע לפתוח את העטיפה בזהירות.

## אתגר השבוע

בואו נעשה משהו אמיץ השבוע: בחרו אדם שאתם סומכים עליו — מורה, חבר קרוב, או עמית לעבודה. בקשו ממנו משוב על משהו ספציפי שאתם רוצים להשתפר בו. תגידו לו: "אני באמת רוצה לשמוע, גם אם זה לא יהיה נעים". וכשהוא מדבר — פשוט תקשיבו. בלי להתגונן, בלי להסביר, בלי להצדיק. רק להקשיב ולהפנים. אתם עשויים לגלות שדווקא הביקורת הכי קשה לשמיעה היא זו שתעזור לכם הכי הרבה לצמוח.

## מִבְזָק: הפרשה ב־20 שניות

15 מצוות בתחומים שונים: בין אדם למקום (בהן: איסור עבודת אלילים ושבועת שקר, כלאיים ושעטנז, שמירת שבת) ובין לאדם לחברו ("ואהבת לרעך כמוך", איסור לנקום ולנטור ועוד) ◂ ענייני צדק חברתי (איסור הלנת שכר ושוחד, "לפני עיוור לא תיתן מכשול") ◂ מורא מקדש והקורבנות ◂ מצוות התלויות בארץ ◂ האיסור לנהוג בחוקות הגויים ◂ העונש על איסור עריות.

## מספרים ש...

### ביקורת? כמה שיותר!

"הדבר האחרון שאני חושש ממנו הוא ביקורת", כתב הרמב"ם לאחד מתלמידיו. ו"מעולם לא התיימרתי לטעון שאני מושלם ושלא טעיתי מעולם. אדרבה, כל מה שהתברר לי ששגיתי בכתביי או בהתנהגותי, מייד הזדרזתי לתקן". באיגרת אחרת הוא אף הזמין את קוראיו: "מי שימצא בספריי דבר שיראה לו שגוי — אשמח שיודיעני ויהיה ראוי לשכר ולתודה. ואם יתברר שהצדק הוא איתי — אז הרווח יהיה שלו, שילמד הוא דבר חדש".

תומס אדיסון, שהמציא את נורת החשמל לאחר אינספור ניסיונות כושלים, התפרסם בגישתו האופטימית: "לא נכשלתי. פשוט מצאתי 10,000 דרכים שלא עובדות". עבור אדיסון, כל כישלון וכל הערה שיקפו נקודה נוספת שהוא יכול ללמוד, להבין ולהשתפר. זו הייתה עבורו מתנה — הזדמנות ללטש את המצאותיו.

גם וינסטון צ'רצ'יל, שנודע בנאומיו המבריקים, ראה בביקורת מפתח להצלחה. "ביקורת אולי אינה נעימה", אמר, "אך היא המורה הטובה ביותר — היא מלמדת אותנו היכן עלינו להשתפר". צ'רצ'יל הקפיד לשמוע משוב על נאומיו, אפילו אם מדובר היה ב"שיעול משועמם מהקהל". מבחינתו, כל סימן של חוסר שביעות רצון היה הזדמנות לדייק ולחדד את המסר.

מעניין שדווקא האנשים הגדולים ביותר היו אלה שידעו להעריך ביקורת. הם הבינו שהדרך להיות גדול באמת מתחילה ביכולת להיות "קטן" מספיק כדי להקשיב.

## הידעת?

**החובה להציל חיים – "לֹא תַעֲמֹד עַל דַּם רֵעֶךָ"** (ויקרא יט, טז)

אם אתה רואה אדם טובע בים או נפגע מרכב – האם אתה חייב לעזור? במדינות רבות החוק רק מגן על מי שעוזר, כך שלא יאשימו אותו על שגרם בטעות נזק תוך כדי ניסיונו להושיט עזרה, אבל אין חיוב חוקי לפעול כדי להציל. בישראל, לעומת זאת, בהשראת הפסוק מפרשתנו, נחקק בשנת 1998 "חוק לא תעמוד על דם רעך" שמחייב להציל אדם במצב של פיקוח נפש. על האדם בישראל חלה חובה חוקית לעזור למי שנמצא בסכנת חיים.

ההיסטוריה מלמדת שההצלה היא חלק מה-DNA הלאומי של עם ישראל. דוגמה מזעזעת לכך התרחשה בפוגרום שמחת תורה (7.10.23), כשאלפי מחבלים פרצו מעוזה לישראל. עוד לפני שהצבא התארגן, אלפי אזרחים מכל הארץ זרמו עצמאית לדרום, חמושים ונחושים להציל חיים. חלקם שילמו על כך בחייהם, אך הם הצילו רבים.

**לראות את הטוב – "בְּצֶדֶק תִּשְׁפֹּט עֲמִיתֶךָ"** (יט, טו)

ראית אדם משלשל לכיסו כסף שנראה שאינו שלו? שכן יוצא בשעת לילה מאוחרת מדירה זרה? קל מאוד לחשוב עליהם מחשבות שליליות, אך יש עניין לדון אותם לכף זכות. רבים חושבים שזוהי מידת חסידות, כמו הרבה מדברי מסכת אבות. אך לא – זו מצווה מהתורה שנלמדת מהפסוק "בצדק תשפוט עמיתך". עם זאת, רבי ישראל מאיר מראדין, ה"חפץ חיים" מלמד שיש לכך כללים: ככל שאדם מוחזק כצדיק יותר, כך נרחיק יותר בלימוד זכות עליו.

המשנה באבות נותנת לנו גם כלי מעשי: "הוי דן את כל האדם לכף זכות" (א, ו). הביטוי "כל האדם" מלמד שעלינו להביט על האדם בשלמותו, לא רק על מעשה בודד שראינו, אלא על כל אישיותו ומכלול התנהגותו. חז"ל מוסיפים שגדעון נבחר להנהיג את ישראל בגלל הזכות שלימד על העם (שופטים ו, יד, ברש"י). כי אם מצווה ללמד זכות על אדם יחידי, קל וחומר על עם שלם!

**העולם שייך לצעירים? – "מִפְּנֵי שֵׂיבָה תָּקוּם וְהָדַרְתָּ פְּנֵי זָקֵן"** (יט, לב)

בחברות מסוימות נהגו לנטוש זקנים כשהפכו ל"נטל". בשבטים נודדים בצפון אמריקה, למשל, היה מקובל להשאיר קשישים מאחור בשלא יכלו עוד להדביק את קצב הנדידה.

ביהדות התמונה שונה לחלוטין. הזקן הוא סמל של חוכמה וניסיון חיים, והתורה מצווה לכבדו ולקום מפניו. בישראל המודרנית יש עלייה בבמות הקשישים: על פי נתונים שפורסמו בתחילת 2025, תוחלת החיים בישראל היא מהגבוהות בעולם (85 לנשים, 81 לגברים), עם יותר מ־3,300 בני מאה ומעלה! למעשה זהו פסוק מפורש: "לְמַעַן יִרְבּוּ יְמֵיכֶם וִימֵי בְנֵיכֶם עַל הָאֲדָמָה אֲשֶׁר נִשְׁבַּע ה' לַאֲבֹתֵיכֶם לָתֵת לָהֶם כִּימֵי הַשָּׁמַיִם עַל הָאָרֶץ" (דברים יא, א). מגורים בארץ ישראל הם סגולה לאריכות חיים.

## "ואהבת לרעך" או "כמוך"?

"וְאָהַבְתָּ לְרֵעֲךָ כָּמוֹךָ" – הוא ככל הנראה הפסוק המפורסם בתורה. אבל כשמתבוננים בו לעומק, עולה קושי מהותי:

איך אוכל באמת לאהוב מישהו אחר כמו את עצמי? הרי ככל שאתן לו יותר, יישאר לי פחות. לכאורה יש כאן דרישה בלתי אפשרית.

רבי שמעון שקאפ, מגדולי ראשי הישיבות בליטא לפני כמאה שנה, מציע תשובה מפתיעה. הכול תלוי, הוא אומר, בשאלה אחת: כשאני אומר "אני", למה אני מתכוון?

אדם פשוט חושב שה"אני" שלו הוא רק הגוף שלו, הצרכים הפיזיים שלו, מה שנוגע אליו באופן ישיר.

אדם מפותח יותר מרגיש שה"אני" שלו כולל גם את משפחתו.

אדם גדול עוד יותר מרגיש שה"אני" שלו כולל את כל עם ישראל.

והאדם השלם מרגיש שה"אני" שלו הוא חלק מהבריאה כולה.

זה בדיוק מה שהלל הזקן התכוון כשאמר: "אם אין אני לי מי לי, וכשאני לעצמי מה אני?" – כן, צריך לדאוג ל"אני", אבל השאלה היא מה כולל ה"אני". כי אם האני שלי צר ומצומצם – מה אני שווה? אבל אם האני שלי רחב וכולל אחרים – אז כשאני דואג לעצמי, אני בעצם דואג לכולם.

ממילא, מוסיף ר' שמעון שקאפ, ככל שהאני שלנו מתרחב, המתח בין האני לאחר הולך ונעלם. כי כשאני רואה את עצמי והאחר כחלקים של אותה תמונה גדולה, אין כאן סתירה – יש כאן שלמות אחת גדולה שבתוכה כל אחד משתבץ במקומו הנכון.

## פותחים ראש

### שאלות לדיון סביב השולחן

**ההורים ואנחנו** – "אִישׁ אִמּוֹ וְאָבִיו תִּירָאוּ" (יט, ג)

מה עושים כשיש חילוקי דעות משמעותיים עם ההורים? איפה עובר הגבול בין כיבוד הורים לבין שמירה על עצמאות? האם יש הבדל בין החלטות גורליות (לימודים, זוגיות, קריירה) להחלטות יומיומיות? איך מתמודדים עם מצבים שבהם ערכי ההורים שונים משלנו?

**הכוכבים של היום** – "אַל תִּפְנוּ אֶל הָאֱלִילִים" (יט, ד)

מה מושך אנשים להעריץ ידוענים ודמויות ציבוריות? מה ההבדל בין השראה להערצה? האם התופעה קיימת גם ביחס לדמויות תורניות? מתי הערצת דמות מופת הופכת מחיובית לשלילית?

**להיות חלק מהעם** – "וְכִי יָגוּר אִתְּךָ גֵּר בְּאַרְצְכֶם לֹא תוֹנוּ אֹתוֹ" (יט, לג)

למה תהליך הגיור מקשה כל כך על הבאים להצטרף לעם ישראל? העלייה מברית המועצות לשעבר יצרה מצב שבו יש מאות אלפי אנשים שאינם יהודים על פי ההלכה, שעלו וקיבלו אזרחות מתוקף חוק השבות. איך צריך להתמודד עם המורכבות הזו?

# אמֹר

## געגועים לעולם שמעבר

"זה מטריד אותי", אומרת מיכל (34), מהנדסת בכירה בחברת הייטק. "בכל שבת אנחנו מתפללים 'ותחזינה עינינו בשובך לציון', אבל תכל'ס, האם באמת נחזור להקריב קורבנות כמו פעם? זה נשמע לי כל כך מיושן. אני מפתחת מערכות בינה מלאכותית, מדברת עם עמיתים בכל העולם בזום, הילדים שלי לומדים רובוטיקה – ופתאום נחזור לשחוט בהמות במרכז ירושלים? אני באמת רוצה להאמין בביאת המשיח, אבל המחשבה על קורבנות מרחיקה אותי. זה כאילו לקחת את כל ההתקדמות האנושית ולחזור 3,000 שנה אחורה".

"אני לא מצליח להבין את זה", אומר בתסכול יובל (45), מרצה לפילוסופיה. "קראתי את ספר ויקרא השבוע והרגשתי שאני בספר בישול מדמם. כל הפרטים האלה על איברים, חֵלֶב, דם, איזה חלק שורפים ואיזה אוכלים. בית המקדש נשמע יותר כמו שווארמייה ענקית מאשר מקום רוחני. אני יכול להבין תפילה, מדיטציה, לימוד – אלה דברים שמרוממים את הנפש. אבל כל העיסוק בבשר ודם? זה נראה כמו היפוך מוחלט מכל מה שאני מבין ברוחניות."

### העולם שמעבר לקיר

רב המכר "חֶדֶר" מאת אֶמָּה דּוֹנָהיוּ (יצא בשנת 2010 וְעֻבַּד בהמשך לסרט זוכה אוסקר) מתאר מקרה מזעזע. אישה צעירה נחטפה ונכלאה בחדר קטן במשך שבע שנים. שם, בחדר של שלושה על שלושה מטרים, נולד וגדל בנה ג'ק.

לא נגלה את סוף הסרט ואִם הצליחו האֵם ובנה להיחלץ מהשבי, אבל בואו ונתבונן בנקודה אחת:

עבור הילד הקטן, החדר הוא כל המציאות שקיימת. כשאימו מספרת לו על העולם שבחוץ, הוא לא מבין. בשבילו כל מה שמעבר לארבעת הקירות הוא פנטזיה, כמו הסיפורים בספרי האגדות. גם כשהוא רואה בטלוויזיה תמונות של ים או הרים, הן נראות לו לא יותר מאשר ציורים על המסך. הוא מאושר בעולמו הקטן, כי אין לו שום מושג שקיים דבר אחר.

ובאמת איך אפשר להסביר למי שמעולם לא חווה את העולם הגדול שמעבר לקירות החדר שקיים עולם אינסופי של צבעים, קולות, ריחות וטעמים? שיש אוקיינוסים והרים, יערות ומדבריות, ערים סואנות ושקיעות מרהיבות? כל ניסיון כזה נידון לכישלון – המילים יישארו ריקות ממשמעות.

### מאחורי הקירות שלנו

התורה מקדישה חלק עצום מפרקיה ומצוותיה לעולם הקורבנות – לא פחות מ־142 מצוות, סדר שלם במשנה ואינספור הלכות ופרטים. ואנחנו? אנחנו קוראים את הפרקים הללו כמו מרשם בישול עתיק ומוזר: קח פר, שחט כאן, זרוק דם פה, הַקְטֵר חֵלֶב שם. נדמה לנו שבית המקדש הוא מעין בית מטבחיים רוחני – דם וחֵלֶב, אש ועצמות, ריח בשר חרוך. קשה לנו להבין איך כל זה אמור לקרב אותנו לאלוקים.

אבל אולי הבעיה אינה בקורבנות, אלא בנו. אנחנו בדיוק כמו הילד בחדר הסגור כי משהו חשוב שהיה לנו הלך לאיבוד.

כדי להבין זאת יש לחזור 2,500 שנה אחורה. חז"ל מגלים לנו שבתחילת ימי בית שני התרחש שינוי דרמטי בנפש האדם. נעלם מלב האנשים "יצר העבודה זרה" (יומא סט ע"ב) – אותו דחף עז לעבוד אלילים שבער בהם עד אז.

במבט ראשון זה נשמע דבר טוב – סוף־סוף אנשים הפסיקו להימשך אחרי אלילים. אבל היה לכך מחיר כבד: יחד עם יצר עבודה זרה, **איבדנו גם את יצר האמונה החי והטבעי.** את היכולת לחוות קשר ישיר ומוחשי עם הבורא. הנבואה פסקה, התפילה הפכה למשהו מנוסח וטכני, וכל הממד החווייתי של הקשר עם ה' הצטמק והתכווץ.

הרגע ההוא היה נקודת מפנה בהיסטוריה הרוחנית של האנושות. מאז אנחנו כמו הילד בחדר שלא קולט שיש עולם מופלא מעבר לקירות. וכך גם אנחנו, ה'נכים הרוחניים', לא מסוגלים להבין את העולם הרוחני העשיר שאבותינו חיו בו. בשבילם, הקרבת קורבן הייתה חוויה עמוקה של התחברות לה'. אנחנו, לעומת זאת, רואים רק את הפעולות הטכניות – את הבשר והדם – ולא מצליחים לחוש את המשמעות העמוקה שמאחוריהם. כמו רובוט שמנסה להבין את משמעותם של חיבוק ונשיקה בין בני אדם. הוא רואה רק את הפעולה הטכנית של ידיים נכרכות סביב גוף, אבל לא מסוגל להבין או לחוש את הרגש שעומד מאחוריה.

ואולי זו הסיבה שהתורה מרחיבה כל כך בענייני הקורבנות. לא כדי להעיק עלינו בפרטים טכניים, אלא כדי לעורר בנו געגוע לאותו עולם אבוד. להזכיר לנו שיש תדר שלם שהחיישנים שלנו לא קולטים, ממד שלם של חיים רוחניים שנעלם מאיתנו.

ואולי כשנזכה יום אחד לצאת מה"חדר" הרוחני שאנחנו כלואים בו, נגלה שעבודת הקורבנות היא הדבר הטבעי והמובן ביותר בעולם.

## אתגר השבוע

חשבו על הפעם הראשונה שנכנסתם לים העמוק. עד כמה זה היה שונה מלהסתכל על הים מהחוף או מלשחות בבריכה. פתאום הרגשתם את העוצמה האדירה של הגלים, את התחושה המיוחדת של ציפה במים העמוקים, את המרחב האינסופי. זה עולם שלם שאי אפשר באמת להבין בלי לחוות אותו. ואם בים – שאנחנו רואים אותו מהחוף – יש פער כל כך גדול בין ההסתכלות מבחוץ לבין החוויה האמיתית, קל וחומר שבעולם העמוק של הקורבנות, שאנחנו רק קוראים עליו בתורה. יום אחד נזכה לצלול לעומק הזה ולהבין הכול.

## מִבְזָק: הפרשה ב־20 שניות

דיני קדושת הכוהנים ◂ דיני קורבנות ◂ מועדים: שבת, פסח, שבועות, חגי תשרי ◂ מצוות הדלקת המנורה ושולחן לחם הפנים ◂ המקלל ודיני הכאות.

## מספרים ש...

### הבקשה האחרונה

לפני כמה שנים נפטר איש עסקים מצליח. הוא היה ידוע בעושרו הרב, אך גם בגמילות חסד ובתרומות למוסדות תורה. עוד כששכב על ערש דווי הפקיד בידי בניו שתי מעטפות סגורות. הוא ציווה עליהם לפתוח אותן רק אחרי מותו. על הראשונה היה כתוב "לפתוח בעת ההלוויה" ועל השנייה – "לפתוח בתום השבעה".

בעת ההלוויה, כשנפתחה המעטפה הראשונה, התברר שכתובות בה חמש מילים בלבד: **"אני מבקש לקבור אותי בגרביים"**.

הבנים הופתעו אבל רצו מאוד למלא את בקשתו האחרונה של אביהם. החברא קדישא סירבו בתוקף והתעקשו שלפי ההלכה לא קוברים אדם לבוש גרביים. כל תחינותיהם, צעקותיהם ואיומיהם של הבנים לא הועילו והאב נקבר בלי גרביים.

כולם ציפו בקוצר רוח לסוף השבעה כדי לגלות את סודה של המעטפה השנייה. בני המשפחה והחברים התכנסו יחדיו והבן הבכור נטל לידיו את המעטפה. בידיים רועדות הוא פתח אותה ועל הדף שבפנים היו כתובות המילים הבאות:

**"בניי היקרים, אני יודע שקברתם אותי בלי גרביים. רק רציתי להראות לכם, שלא משנה כמה כסף ורכוש יש לאדם. כשהוא עוזב אותו, הוא לא יוכל לקחת איתו אפילו זוג גרביים עלוב אחד"**.

## הידעת?

**המגבלה אינה מגבילה – "אִישׁ... אֲשֶׁר יִהְיֶה בוֹ מוּם לֹא יִקְרָב"** (כא, יז)

היחס לבעלי מוגבלויות עבר מהפך בתרבות האנושית. בעולם העתיק נהגו להשליך תינוקות בעלי מום, ובחברות רבות הודרו אנשים עם מוגבלות מהחיים הציבוריים. כיום החברה מכירה בזכויותיהם ומנגישה עבורם את המרחב הציבורי: חניות מיוחדות, רמפות לכיסאות גלגלים, שירותים מותאמים, תרגום לשפת הסימנים, מערכות שמע לכבדי שמיעה ועוד.

התורה הקדימה באלפי שנים ביחסה המכבד לבעלי מום. אבות האומה וגדולי הנביאים היו בעלי מוגבלויות: יצחק אבינו התעוור, יעקב בנו צלע על ירכו, ומשה רבנו גדול המנהיגים היה כבד פה. מחקרי מוח מודרניים מגלים שכשאדם מאבד חוש אחד, החושים האחרים מתחזקים – תופעה שמסבירה את יכולתם של בעלי מוגבלות רבים להגיע להישגים יוצאי דופן.

אם כן, מדוע אסרה התורה על כוהן בעל מום לשרת במקדש? ייתכן שהדבר קשור לתפקידו הייצוגי של הכוהן כשליח הציבור, שצריך לשדר הוד ותפארת כלפי הרואים אותו, ובפרט בעבודת המקדש המסמלת שלמות. זה אינו פוגם בערכו הרוחני – הוא נותר קדוש ואוכל בקודשים ומקבל מתנות כהונה, אבל נמנע ממנו התפקיד הייצוגי של העבודה.

**כבוד האדם – גם במותו – "לְנֶפֶשׁ לֹא יִטַּמָּא בְּעַמָּיו"** (כא, א)

בעוד רוב בעלי החיים נמנעים אינסטינקטיבית ממגע עם מתים כהגנה טבעית מפני מחלות, האדם פיתח יחס של כבוד למת. בעם ישראל, הטיפול במת נחשב ל"חסד של אמת" – היחיד שעושים בלי לצפות לתמורה. העוסקים בכך מכונים "חברא קדישא" (החברה הקדושה), וז' באדר, יום פטירת משה רבנו, האיש שמקום קבורתו לא נודע, ובעצם הקב"ה הוא שהיה ה"חברא קדישא" שלו – נקבע כיום הוקרה לפועלם.

מסירות הנפש לקבורת המת היא ערך לאומי בישראל. צה"ל משקיע מאמצים עצומים להביא את חלליו לקבורה, ורבים מחיילי היחידה לאיתור נעדרים סיכנו את חייהם במשימות חילוץ. התורה מדגישה את חשיבות כבוד המת בכך שמתירה לכוהן להיטמא לשבעת הקרובים – הורים, בן, בת, אח, אחות ואישה – כדי לטפל בקבורתם.

**זהירות! חילול השם – "וְלֹא תְחַלְּלוּ אֶת שֵׁם קָדְשִׁי"** (כב, לב)

המילה "חילול" מגיעה מהמילה "חלל" – מֶרְחָב רֵיק. כשאדם מחלל את השם, הוא יוצר כביכול חלל – מקום ריק מנוכחות אלוקית בעולם. זו הסיבה שחילול השם נחשב לחטא החמור ביותר – הוא פוגע בעצם התגלות ה' במציאות.

הגמרא ביומא (פו ע"א) מלמדת שרף החילול עולה עם גובה המעמד: רב, גדול אמוראי בבל, העיד על עצמו שעבורו נחשב לחילול השם אם לא ישלם מייד לקצב, ורבי יוחנן – אפילו הליכה ללא תורה ותפילין. המסר ברור: ככל שהאדם גדול יותר, כך מעשיו נבחנים בקפידה רבה יותר. מה שאצל אדם רגיל נחשב התנהגות סבירה, אצל אדם מרומם עלול להיחשב לחילול השם.

## פותחים ראש

### שאלות לדיון סביב השולחן

**משפחה** – **"כִּי אִם לִשְׁאֵרוֹ הַקָּרֹב אֵלָיו לְאִמּוֹ וּלְאָבִיו וְלִבְנוֹ וּלְבִתּוֹ וּלְאָחִיו"** (כא, ב)

האם מלבד סעודות שבת יוצא לכם לקיים עוד מפגשים משפחתיים? האם אתם מרוצים מרמת הקשרים המשפחתיים שלכם?

במה מיוחד הקשר שלכם עם בני המשפחה לעומת הקשר עם אנשים מבחוץ? האם יש אצלכם במשפחה מריבות וויכוחים בין האחים לעיתים קרובות? על אילו דברים?

מה מיוחד במשפחה שלכם לעומת משפחות אחרות? האם הייתם רוצים משפחה גדולה/קטנה יותר?

אילו דברים טובים תיקחו מתוך הבית שלכם לבית שתקימו בעז"ה בבוא היום? מה תרצו שיהיה אחרת?

**גירושין** – **"וְאִשָּׁה גְּרוּשָׁה מֵאִישָׁהּ"** (כא, ז)

בשנים האחרונות תופעת הגירושין התעצמה מאוד, גם בציבור הדתי. מדוע לדעתכם זה קורה? האם "להישאר ביחד בשביל הילדים" זו טעות או בחירה נכונה? מתי נכון לזוג לפנות לייעוץ זוגי ומתי להרים ידיים? מחקרים מראים שרוב הגירושים מתרחשים בחמש השנים הראשונות לנישואין. האם היה אפשר לצפות את זה מראש?

**תורה וחיים** – **"וּמִן הַמִּקְדָּשׁ לֹא יֵצֵא"** (כא, יב)

צעירים דתיים רבים יוצאים לָעולם מן הישיבה, המכללה או המדרשה בְּרָמָה רוחנית גבוהה, מלאים מוטיבציה ערכית וברצון לחיים שבהם התורה תתפוס מקום חשוב. רבים מהם מגלים אחרי שנים מעטות שמכל הרצונות הטובים לא נותר הרבה.

מדוע זה קורה? האם יש דרך למנוע זאת? איזו הכנה מעשית נחוצה לצעירים דתיים לקראת היציאה לעולם האקדמי והתעסוקתי? איך אפשר ליצור בתוך המוסדות להשכלה גבוהה מסגרות מיוחדות שיספקו לסטודנטים דתיים את המענה הרוחני שהם זקוקים לו?

# בהר

## הגיע הזמן לשחרר

"אני מוצף", נאנח רועי (42), מנהל מחלקה בחברת הייטק. "כל היום הודעות בווטסאפ, מיילים, התראות. אני מרגיש שאני חייב לענות מייד, להיות בשליטה. אתמול הייתי בחתונה של אחותי והמנכ"ל התקשר. עניתי, כמובן. כשהבן שלי חגג יומולדת שמונה הייתי שם פיזית אבל כל הזמן בדקתי את הטלפון. אשתי רויטל אומרת שאני מכור לשליטה, שאני לא מסוגל לשחרר. אבל איך אפשר?! ברגע שאני מנתק, הכול עלול להתפרק".

"זו הייתה החלטה קשה", משתפת דנה (36). "כבר שנה שלמה אני מטפחת את הגינה הזו. כל שתיל, כל פרח אני יודעת בדיוק מתי לדשן, מתי להשקות. פתאום באה שנת שמיטה ואומרים לי: תעזבי, תשחררי, תני לגינה לגדול לבד. בהתחלה זה היה כמעט בלתי אפשרי לראות עשבים פורצים ולא לעשות כלום. אבל אז קרה משהו מוזר: פתאום צצו פרחי בר שלא ראיתי קודם, הגינה קיבלה צורה חדשה, פראית ויפה. אולי לפעמים צריך פשוט... לשחרר?"

### העצה החכמה של יונה

הייתי ילד בן 7 וצפיתי בטלוויזיה בתוכנית "רחוב סומסום". יש שם סצנה אחת שזכורה לי עד היום: קִיפִּי הקיפוד מגלה צנצנת סוכריות על המדף. הוא כמובן חומד את הממתקים הצבעוניים ומשחיל את ידו לתוך הצנצנת כדי להגיע אליהם. הוא חופן כמה סוכריות, אבל אז כשהוא רוצה לשלוף את היד החוצה הוא מגלה שהדבר בלתי אפשרי. כל מאמציו עולים בתוהו והוא נאלץ לקרוא לעזרה. חבריו באים כדי לסייע לו וכל אחד מציע רעיון אחר: לסובב את היד לימין, לשמאל, להשתמש בסבון כדי להחליק את היד החוצה ועוד ועוד. כלום לא עוזר! כף היד של קיפי נשארת תקועה בתוך הצנצנת. הישועה הגיעה כשלפתע הופיעה אחת השכנות, הגברת יונה. כשהיא קלטה מה קרה היא נתנה לקיפוד המתוסכל עצה פשוטה: "קיפי, פשוט עזוב את הסוכריות".

בשנייה שהוא הרפה מאחיזתו ושחרר את הסוכריות, היד שלו החליקה בקלות החוצה. קיפי גילה בדרך הקשה: לפעמים כדי להשתחרר צריך פשוט לשחרר.

### מעגלים של שחרור

לפני כ־1900 שנה הצביע רבי מאיר, אחד מגדולי התנאים, על עובדה מעניינת: "כשתינוק בא לעולם הידיים שלו קפוצות. אך כשאדם עוזב את העולם הידיים שלו פתוחות" (קהלת רבה ה, יד).

זה כמובן לא סתם תיאור פיזי, אלא סיפור החיים שלנו. מהרגע שאנחנו נולדים אנחנו רוצים לאחוז, להחזיק, לשלוט. ילד קטן מתקשה לחלוק צעצועים ומבוגר מתקשה לשחרר שליטה. והיום, כשהטלפון החכם מאפשר לנו להיות תמיד מחוברים ו"בעניינים", זה נהיה אפילו קשה יותר.

אבל התורה מציעה לנו אלטרנטיבה. היא בונה בחיינו **מעגלים של שחרור**:

בכל יום — שלוש תפילות שבהן אנחנו לא רק עוצרים את המרוץ, אלא מכירים מחדש במי שבאמת מנהל את הכול.

בכל שבוע — שבת, יום שלם של הרפיה מהשליטה על העולם.

בכל שנה — חג הסוכות, כשדווקא בשיא עונת האסיף, כשהאסמים מלאים והאדם מרגיש הכי חזק, התורה אומרת לו: צא

מהבית הממוזג והמפואר שלך אל סוכה ארעית, תראה את הכוכבים מבעד לסכך ותזכור מי באמת מגן עליך.

אך אין די בזה. פעם בשבע שנים, מגיעה שנת השמיטה — שנה שלמה של שחרור. "כִּי לִי הָאָרֶץ" (כה, ג), מזכיר לנו הקב"ה. החקלאי מניח לאדמה לנוח, לצמוח בקצב שלה.

ופתאום קורה דבר מופלא: האדמה מצמיחה פרחי בר שלא נראו בה מעולם. כמו הורה שלומד לשחרר קצת את ילדיו — כן, לפעמים הם ייפלו, לפעמים יטעו, אבל רק כך הם יכולים לגדול באמת.

וכמו קיפי והצנצנת: בהתחלה נראה שאם רק נחזיק חזק־חזק, נשלוט במצב. אבל התורה מלמדת אותנו דבר עמוק יותר — השחרור הזה הוא הזדמנות להכיר שיש מי שמנהל את העולם הרבה יותר טוב מאיתנו. וכשמפנימים את זה, כשמרפים באמת ואומרים ממש כמו בגן הילדים "מה שיוצא אני מרוצה" — מתגלה מרחב חדש שבו יכולים לצמוח דברים מפתיעים ונפלאים.

## אתגר השבוע

בחרו יום אחד בשבוע הקרוב והחליטו על שעתיים רצופות שבהן תשימו את הטלפון החכם שלכם על מצב טיסה. לא להציץ, לא לבדוק, לא "רק להתעדכן". תנו לעולם להסתדר בלעדיכם.

שימו לב — איך אתם מרגישים אז? מה עולה בכם? ואילו דברים חדשים אתם מגלים כשמרפים מהצורך להיות "בשליטה"?

## מִבְזָק: הפרשה ב־20 שניות

קדושת הארץ – מצוות השמיטה והיובל ◂ גאולת קרקע (לרכוש חזרה את הנחלה שהאדם מכר לאדם אחר) ◂ איסור הונאת ממון, הונאת דברים וריבית ◂ דיני עבד עברי, עבד כנעני וישראלי שנמכר לגוי ◂ איסור הקמת פסל ומצבה

## אתגר השמיטה במאה ה־21

במשך אלפיים שנות גלות, שמיטה הייתה בעיקר זיכרון היסטורי. פסוקים עתיקי יומין שאין כל אפשרות לממש אותם במציאות.

אך כשהתחדשה ההתיישבות היהודית בארץ ישראל, בסוף המאה ה־19, ניצב בפני החקלאים אתגר חדש: כיצד לקיים את המצווה ולעצור את עבודת האדמה בשנה השביעית כשהיישוב הקטן נאבק על הישרדותו הכלכלית? שנה שלמה של שביתה משמעותה הייתה קריסה כלכלית, רעב, ואיום ממשי על המשך קיומו של היישוב היהודי בארץ.

"היתר המכירה" – מכירה זמנית של הקרקעות לגוי שמאפשרת המשך עיבוד מינימלי – הוצע לראשונה על ידי הרב יצחק אלחנן ספקטור בשנת 1889. כשהגיע הרב קוק לארץ והתמנה לרב הראשי הראשון, הוא נדרש להכריע בסוגיה: האם לתמוך בהיתר או להתנגד לו? הרב קוק, שהבין את חשיבות החקלאות להתיישבות בארץ, בחר לחזק את ההיתר למרות התנגדות חריפה מצד כמה רבנים אחרים. במקביל צמח פתרון נוסף – "אוצר בית דין" – שבו החקלאים פועלים כשליחי בית הדין ולא כבעלי הקרקע. שני הפתרונות הללו משמשים את החקלאים עד ימינו.

עם זאת חייבים להכיר בשינוי הגדול שקרה: בתקופת התנ"ך כ־95 אחוז מהאוכלוסייה עסקו בחקלאות או במקצועות נלווים. היום המספרים התהפכו – פחות משני אחוזים מהישראלים הם חקלאים. רוב האנשים עובדים במשרדים, מפעלים או בעולם ההייטק. איך הופכים את השמיטה לרלוונטית בעידן הדיגיטלי?

אולי הפתרון טמון בהרחבת המבט: שמיטה היא לא רק הפסקה חקלאית, אלא הזדמנות **לשחרור והתחדשות בכל תחומי החיים.** וכמו שהחקלאי מפקיר את שדהו ופירותיו לטובת הכלל, כך כל אחד יכול למצוא דרך לשתף אחרים במה שיש לו.

למשל, רופאים, שוטרים ומהנדסים יכולים לקחת "שנת שבתון" – כמובן לא כולם באותה שנה. שנה כזו תאפשר להם לעצור את המרוץ המתיש, להקדיש זמן איכות למשפחה, לפתח תחביבים, להעמיק בלימודים שתמיד רצו, או פשוט לתת מנוחה לגוף ולנפש. בנוסף, כמו שבשמיטה החקלאי מפקיר את פירותיו לטובת הכלל, גם הם יוכלו לנצל את השנה הזו כדי לחלוק את הידע והניסיון שצברו – להדריך את הדור הבא, לכתוב ספרי הדרכה, או להוביל פרויקטים קהילתיים בתחומם. ובמקביל, גם בשגרת עבודתם הם יכולים למצוא זמן קבוע להתנדבות ולשיתוף הידע שלהם – כמו רופאים שמקדישים זמן לחינוך לבריאות בקהילה או שוטרים שמובילים תוכניות מניעה בבתי ספר.

ומה עם הנוער? גם הם יכולים למצוא את ה"שמיטה" שלהם בתוך שגרת הלימודים. אם בשנת שמיטה החקלאי מרפה מהשליטה בשדה, אולי גם הם יכולים להרפות קצת מהמרוץ האין־סופי אחרי ציונים ולייקים? למשל, לקבוע זמן קבוע בשבוע להתנדבות בקהילה, או להקדיש שעה ביום ללימוד נושא שמעניין אותם מעבר לתוכנית הלימודים. זו לא הפסקה מוחלטת – הרי יש בגרויות ומחויבויות – אבל זו דרך למצוא איזון ולגלות שיש עוד דברים חשובים בחיים.

השמיטה מזמינה את כולנו, חקלאים ואנשי הייטק, מבוגרים וצעירים, לעצור רגע ולחזור למה שחשוב באמת. למצוא את הדרך לקחת פסק זמן מהמרוץ כדי לשוב אליו לאחר מכן מחוברים יותר לעצמנו, לערכינו ולאלוקים.

## הידעת?

**מה בסך הכול אמרתי? — "וְלֹא תוֹנוּ אִישׁ אֶת עֲמִיתוֹ"** (כה, יז)

באופן מפתיע חז"ל קבעו שהונאת דברים — פגיעה במילים, חמורה יותר מהונאת ממון — גנֵבה או הונאה כספית. למה?

"זה בגופו וזה בממונו... זה ניתן להישבון וזה לא ניתן להישבון" (בבא מציעא נח ע"ב). כסף אפשר להחזיר, אבל מילים פוגעות חודרות כחץ ללב ומשאירות צלקת שקשה למחוק.

לפעמים נדמה לנו שזה "סתם דיבור" — להזכיר לבעל תשובה את עברו ("זוכר איך היית פעם?"), להעיר על מראה חיצוני ("קצת עלית במשקל, לא?"), או לשאול מחיר בחנות כשאין שום כוונה לקנות. אבל המילים האלה, גם אם הן אמת, פוגעות בנפש ומערערות את הביטחון העצמי של השומע. זכרו! מילים הן כמו חיצים — אחרי שירינו אותן, אי אפשר להחזיר אותן.

**למה אסור להרוויח מהלוואה? — "אַל תִּקַּח מֵאִתּוֹ נֶשֶׁךְ וְתַרְבִּית"** (כה, לו)

למה התורה אוסרת על לקיחת ריבית? הרי כמו שמשכירים דירה או רכב, למה שלא נוכל "להשכיר" כסף?

מעניין שהתורה מתירה להלוות בריבית לגוי ואוסרת רק ליהודי: "לַנָּכְרִי תַשִּׁיךְ וּלְאָחִיךָ לֹא תַשִּׁיךְ" (דברים כג, כא).

המסר ברור: זו לא בעיה כלכלית, אלא חברתית — אחים לא מנצלים מצוקה של אחיהם כדי להרוויח!

עם זאת, כדי לאפשר הלוואות והשקעות באופן שמתאים להלכה, פֻּתַּח מנגנון הלכתי שנקרא **"היתר עסקה"**. הוא הופך את ההלוואה לשותפות עסקית, שבה המלווה נחשב כמשקיע שמביא את ההון, והלווה כשותף המנהל את העסק. הרווחים מחולקים בין הצדדים על פי תנאים מוסכמים מראש.

היתר העסקה פותח בתקופת הראשונים והותאם בהמשך למציאות המודרנית על ידי גדולי הפוסקים, והוא מיושם כיום בבנקים בישראל. היתר זה מאפשר למערכת הפיננסית לפעול בצורה תקינה מבלי לעבור על איסור ריבית.

לצד הבנקים, פועלים בישראל **גמ"חים** (גמילות חסדים), המספקים הלוואות ללא ריבית.

כך מתקיימות זו לצד זו שתי מערכות: האחת מאפשרת פעילות כלכלית מודרנית, והשנייה משמרת את ערכי החסד המקוריים של התורה.

**צלצולי החירות — "וּקְרָאתֶם דְּרוֹר בָּאָרֶץ"** (כה, י)

בלב פילדלפיה ניצב פעמון החירות — פעמון ברונזה ענק השוקל כטון, והוא נחשב לאחד הסמלים המוכרים של ארצות הברית. הוא נוצק ב־1751 ועליו חרוט פסוק מפרשתנו — "וּקְרָאתֶם דְּרוֹר בָּאָרֶץ לְכָל יֹשְׁבֶיהָ". בשנת 1846 נסדק הפעמון, אך דווקא הסדק הפך לחלק מסיפורו המיוחד — תזכורת שחירות היא דבר שברירי שצריך לשמור עליו.

מקור הפסוק הוא במצוות היובל. זוהי שנה מיוחדת המשמשת בנקודת האיפוס של החברה. בשנה החמישים, אחרי שבע שמיטות, הכול חוזר להתחלה: עבדים משתחררים וקרקעות שבות לבעליהן המקוריים. המספר חמישים — שבע כפול שבע ועוד אחד — מסמל יציאה ממחזור הטבע (שבע) אל ממד חדש, אלוקי. וכמו הפעמון שצלצל לחירות, גם היובל מכריז: יש רגעים שבהם אפשר להתרומם מעל כבלי העבר ולפתוח דף חדש.

## פותחים ראש
### שאלות לדיון סביב השולחן

**אמון בה'** – **"וְכִי תֹאמְרוּ מַה נֹּאכַל בַּשָּׁנָה הַשְּׁבִיעִת"** (כה, כ)

האם אתם מכירים אנשים שחיים בלחץ כל הזמן מפרנסה? מה עוזר לכם להירגע כשמשהו מדאיג אתכם? האם קרה לכם שמשהו הדאיג אתכם ובסוף הכול הסתדר לטובה? איך לדעתכם אפשר לפתח אמונה בה' בלי להיות פזיז או חסר אחריות?

**חירות אמיתית** – **"וּקְרָאתֶם דְּרוֹר בָּאָרֶץ לְכָל יֹשְׁבֶיהָ"** (כה, י)

מה גורם לכם להרגיש באמת חופשיים? האם יש דברים שאתם "תקועים" איתם למרות שהם לא טובים לכם (כמו התמכרות לטלפון או לחץ חברתי)? איך אפשר להיות חופשי בלי לעשות דברים שפוגעים בנו או באחרים?

**אחריות חברתית** – **"וְכִי יָמוּךְ אָחִיךָ... וְהֶחֱזַקְתָּ בּוֹ"** (כה, לה)

עד כמה אנחנו אחראים למצבם של אחרים? האם עדיף לתת צדקה או להציע עבודה? איך עוזרים לאדם במצוקה בלי לפגוע בכבודו? האם יש הבדל בין עזרה לקרובי משפחה לבין עזרה לזרים?

# בְּחֻקֹּתַי

## לאן נעלם העולם הבא?

"זה קרה אתמול בכיתה", משתפת רחלי (28), מחנכת בתיכון. "דיברנו על משמעות החיים ופתאום רותם, תלמידה מבריקה, הרימה יד: 'המורה, אני לא מבינה. אם העיקר זה העולם הבא, אז למה בכלל להתאמץ בעולם הזה? למה ללמוד, להצליח, להתפתח? בואי נשב כל היום בבית כנסת ונגיד תהילים'. הכיתה השתתקה. ניסיתי להסביר על החשיבות של שני העולמות, אבל הרגשתי שהתשובה שלי לא מספקת. איך מסבירים את זה לדור שרוצה תשובות ברורות?"

"אני כבר בן 65", אומר יעקב, איש עסקים מצליח. "כל החיים השקעתי בלבנות עסק, לפתח, ליצור, לתרום לחברה. עשיתי את זה מתוך אמונה שזו השליחות שלי. והנה אתמול, בשיעור תורה, הרב דיבר שעה שלמה על העולם הבא, על גן עדן וגיהינום. יצאתי מבולבל. אולי טעיתי? אולי במקום לבנות מפעלים הייתי צריך לשבת וללמוד כל היום? אשתי אומרת שהעשייה שלי היא קידוש השם. אבל השאלה לא מרפה: מה באמת חשוב יותר?"

### התחנה הבאה

הדתות השונות התחרו ביניהן בשאלה מי תציג "עולם הבא" מעניין ומושך יותר. בדת המצרית העתיקה, "ספר המתים" מתאר במדויק את מסעה של הנשמה בעולם שאחרי המוות. בבודהיזם, "ספר המתים הטיבטי" מפרט את 49 ימי המעבר של הנשמה בין גלגול לגלגול. הוויקינגים האמינו ב"וולהאלה" — היכל זהב שבו הלוחמים האמיצים נהנים ממשתה נצחי לצד האלים. באסלאם מובטחים למאמינים גן עדן עם נהרות דבש וחלב, ארמונות מפוארים והנאות גשמיות שונות.

בתורת ישראל, לעומת זאת, שתיקה מוחלטת. כשהיא מבטיחה שכר למקיימי המצוות, היא מדברת רק על העולם הזה: "וְנָתַתִּי גִשְׁמֵיכֶם בְּעִתָּם וְנָתְנָה הָאָרֶץ יְבוּלָהּ... וַאֲכַלְתֶּם לַחְמְכֶם לָשֹׂבַע... וְנָתַתִּי שָׁלוֹם בָּאָרֶץ" (כו, ג–ו). גם כשהיא מזהירה מעונש, היא מדברת על רעב, מחלות ומלחמות בעולם הזה. כל פרשת הברכות והקללות מתמקדת במה שקורה עלי אדמות, ואין מילה על גן עדן, גיהינום או חיי הנצח.

מעניין שדווקא בתלמוד ובמדרשים מאוחרים יותר מופיעים תיאורים רבים של העולם הבא. חכמינו מדברים על גן עדן וגיהינום, על שכר ועונש אחרי המוות, על מדרגות שונות בעולם הבא. מה שרק מחדד את השאלה: מדוע התורה עצמה בוחרת לשתוק ולא לומר אף מילה על כל זה?

### מדוע התורה שותקת?

לאורך ההיסטוריה חכמי ישראל התמודדו עם השאלה הזו בכל מיני דרכים. הרמב"ם (חי במצרים, במאה ה־12) מסביר שהעולם הבא הוא כה רוחני ונשגב, עד שאי אפשר לתאר אותו במילים. זה כמו לנסות להסביר לעיוור מלידה את יופייה של שקיעה או לחירש מלידה איך נשמעת סימפוניה של מוצרט. זה פשוט בלתי אפשרי. כך גם כל ניסיון לתאר את העולם הבא רק יפחית מערכו.

רבי יהודה הלוי (ספרד, המאה ה־11) בספר הכוזרי מוסיף שכל דת יכולה להבטיח שכר באיזה עולם עתידי. זה קל, אבל זה לא אמין. כמו צ'ק ללא כיסוי. התורה, לעומת זאת, מבטיחה דברים שאפשר לבדוק כאן ועכשיו. לראות את תוצאות המעשים כבר בעולם הזה.

רבנו בחיי (גם הוא בספרד, במאה ה־11) מציע תשובה אחרת: התורה דיברה בשפה

שהעם באותם הימים יכול היה להבין. וכמו שלילד קטן מבטיחים ממתק אם ילמד יפה ולא מסבירים על ערך הלימוד עצמו. כך עם ישראל באותם הימים לא היה בשל לתפיסה רוחנית יותר שתכיר בערכו האמיתי של העולם הבא.

על כל אלו מוסיף הרב קוק הסבר מעמיק: מנקודת מבט יהודית העולם הבא אינו המטרה העיקרית. הייעוד של עם ישראל הוא **לתקן את העולם הזה**, להפוך אותו למקום טוב וקדוש יותר. התורה מדברת על "מַמְלֶכֶת כֹּהֲנִים וְגוֹי קָדוֹשׁ" – לא במובן של אנשים שמנותקים מהעולם, אלא להפך: אנשים שחיים בתוך העולם ומרוממים אותו. הרעיון הוא לא לברוח מהגוף אל הרוח, אלא לחבר את שניהם – להפוך את החיים הרגילים למשהו קדוש. לכן גם השכר שהתורה מבטיחה הוא דווקא בעולם הזה, כי כאן המגרש האמיתי שבו עלינו לפעול ובו מתרחש השינוי.

מעניין שמחקרים מראים: כשאנשים חושבים רק על השכר בעולם הבא, הם פחות פועלים לתיקון העולם כאן ועכשיו. לעומת זאת, כשמתמקדים באחריות שלנו בהווה, אנשים יותר מעורבים בחברה ומרגישים יותר משמעות בחיים.

ואולי זה בדיוק המסר העמוק של התורה: החיים האמיתיים אינם מתחילים אחרי המוות. הם כאן ועכשיו.

## אתגר השבוע

חשבו על משהו טוב שאתם עושים: לימוד תורה, עזרה להורים, או כל דבר אחר. האם אתם עושים אותו בשביל השכר בעולם הבא או כי הוא חשוב כאן ועכשיו? נסו השבוע להתמקד בערך של המעשים הטובים שלכם בהווה – איך הם משפיעים על הסביבה, על המשפחה, על החברה. שימו לב איך המיקוד הזה משנה את החוויה שלכם.

## מִבְזָק: הפרשה ב־20 שניות

הברכות והקללות ◄ פרשת ערכין ◄ סוגי הקדש (אדם, בהמה, קרקעות) ◄ בכור, מעשר שני, מעשר בהמה

## הטעות של "תאולוגיית ההחלפה"

לאורך אלפיים שנה ניסתה הנצרות לפגוע בעם ישראל לא רק פיזית, אלא גם בנקודה הרגישה ביותר: הברית המיוחדת שלו עם ה'. הם טענו שבגלל חטאי עם ישראל, אלוקים החליף אותו ב"ישראל החדש" — הכנסייה הנוצרית. את התנ"ך הם כינו "הברית הישנה", שכביכול פג תוקפה, ואת עצמם — "העם הנבחר החדש".

התוצאות היו הרות אסון. התפיסה הזו שימשה בסיס תאולוגי לרדיפות, השפלות ופוגרומים במשך דורות. אף שהנאצים לא היו דתיים, הם ניצלו את השנאה שזרעה הכנסייה במשך אלפיים שנה, שבעצם גנבה לנו את הזהות בתור העם הנבחר וקבעה שהיהודים נידונים להיות מושפלים ונרדפים לעד.

אבל בפרשת בחוקותיי, בתוך החושך של הקללות, מפציע אור וניתנה מראש התשובה לטענת הנצרות: "וְאַף גַּם זֹאת בִּהְיוֹתָם בְּאֶרֶץ אֹיְבֵיהֶם לֹא מְאַסְתִּים וְלֹא גְעַלְתִּים לְכַלֹּתָם לְהָפֵר בְּרִיתִי אִתָּם" (כו, מד). אומנם העם יצא לגלות, אבל גם אז אלוקים לא ימאס בו ולא יפר את הברית הנצחית איתו. אפשר לפטר עובד, אבל אי אפשר להחליף בן. גם כשהבן חוטא, הוא תמיד נשאר בן.

הנוצרים ניסו להיתלות בפסוק מירמיהו המדבר על "ברית חדשה", אך הם התעלמו מההקשר: ירמיהו מדבר על ברית מחודשת עם אותו עַם ישראל עצמו, ומייד אחר כך הוא מדגיש שהברית עם ישראל נצחית כמו חוקי שמיים וארץ: "אִם יָמֻשׁוּ הַחֻקִּים הָאֵלֶּה מִלְּפָנָי... גַּם זֶרַע יִשְׂרָאֵל יִשְׁבְּתוּ מִהְיוֹת גּוֹי לְפָנַי כָּל הַיָּמִים" (ירמיהו לא, לה).

בדורנו, כשעם ישראל שב לארצו ופורח בה בדיוק כפי שחזו לו הנביאים, בלית ברירה גם הכנסייה הקתולית נאלצה להודות בטעותה. במסמך היסטורי שנקרא "נוסטרה אטטה" (1965), היא הכריזה שהברית עם היהודים לא בטלה מעולם. היא אף התנצלה על "כל השנאות, רדיפות וגילויי האנטישמיות שכוונו בזמן כלשהו או ממקור כלשהו כלפי יהודים".

זהו אולי הניצחון הגדול ביותר של האמת על השקר, של הברית הנצחית על תיאוריות חולפות. כי בן, כמו שמלמדת אותנו הפרשה, תמיד נשאר בן.

## מספרים ש...

### ממתינה בסבלנות

**"וַהֲשִׁמֹּתִי אֲנִי אֶת הָאָרֶץ וְשָׁמְמוּ עָלֶיהָ אֹיְבֵיכֶם הַיֹּשְׁבִים בָּהּ"** (כו, לב)

המלך היה אובד עצות. בנו הנסיך היה מפושעי הממלכה. לא היה שוד שידו לא הייתה בו, לא היה פוגרום שלא חולל. המלך ניסה להאריך אף ולדחוק את הקץ, אולם כשגברו פשעיו של הבן ונראה כי הוא לא מתכוון ללמוד לקח, העמיד המלך את בנו למשפט, וגזר עליו חיי נדודים הרחק מן הממלכה.

אשתו הצעירה פרצה בבכי לשמע הבשורה המרה, והבן תלה את תרמילו על הכתף ועזב את הממלכה. הבן חשש כי המלך בכעסו יעניש גם את אשת הנסיך על לא עוול בכפה. לכן, שיגר למלך מכתב: "אבא, אנא הבטח לי כי תיתן גט לאשתי ותאפשר לה להתחתן עם בחור אחר. היא בחורה צעירה ועוד חייה לפניה. אין סיבה שתסבול בגלל מעשיי הרעים".

חלפו שנים רבות והמלך החליט לחון את בנו משנות הנדודים ולהתיר לו לחזור לממלכתו. כשחזר הבן קיבלוהו הוריו הישישים בארמון בשדמעות גיל יורדות על לחייהם.

לאחר כמה דקות של שיחה, התמלא הבן אומץ ושאל את אביו: "ואשתי... מה שלומה?"

"היא פה, מחכה לך" אמר המלך והראה לו את אשתו, ששערה הלבין מרוב ימים אך יפה הייתה כביום נישואיהם. הנסיך רתח מכעס ופנה אל אביו: "מדוע לא נתת לה את הגט? האם מגיע לה עונש על חטאיי?"

"זה לא עונש", אמרה פתאום הנסיכה בשקט ונתנה בו מבט אוהב, "פשוט לא יכולתי אחרת".

## הידעת?

**הנבואה המתמיהה שהתגשמה – "וַהֲשִׁמֹּתִי אֲנִי אֶת הָאָרֶץ וְשָׁמְמוּ עָלֶיהָ אֹיְבֵיכֶם הַיֹּשְׁבִים בָּהּ"** (כו, לב)

אומנם פסוק זה מופיע בתוך הקללות, אבל הרמב"ן מעיר שהוא למעשה ברכה גדולה: הבטחה שארץ ישראל תישאר שוממה בזמן הגלות ולא תקבל בהיעדרנו שום עם אחר. זוהי נבואה מדהימה: איזו ארץ נשארת שוממה במשך אלפי שנים? האם אדמה יכולה לגלות נאמנות לעם?

אך העובדות מדברות בעד עצמן: כשהרמב"ן הגיע לירושלים בשנת 1267 הוא מצא עיר חרבה שבה חיו רק שני צבעים (צובעי בדים) יהודים. שש מאות שנה מאוחר יותר, ב־1867, ביקר בארץ הסופר האמריקאי מארק טווין. בספרו "מסע תענוגות לארץ הקודש" הוא מתאר בתדהמה את השממה: "ארץ דלה... שממה עגומה... אבלה... לא ראינו נפש חיה בדרך... לא ראינו אפילו עץ או שיח... אין זכר לפעילות או שגשוג בשום מקום... אפילו הזיתים והצברים, הצמחים העיקשים שבדרך כלל צומחים גם במקום שכל הצמחים האחרים נכשלים, נטשו את הארץ... הארץ המובטחת שוכנת באבל – שק ואפר".

היסטוריונים מודרניים מאשרים: במשך 1,800 שנות הגלות, למרות שעמים רבים כבשו את הארץ (רומאים, ביזנטים, ערבים, צלבנים, ממלוכים, עות'מאנים), אף אחד מהם לא הצליח להפריח אותה. רק עם שיבת ציון המודרנית, הארץ התעוררה לחיים מחדש.

**ארץ התלויה בשמיים – "וְנָתַתִּי גִשְׁמֵיכֶם בְּעִתָּם"** (כו, ד)

התורה מתארת את ההבדל בין מצרים לארץ ישראל כך: "כִּי הָאָרֶץ אֲשֶׁר אַתָּה בָא שָׁמָּה... לֹא כְאֶרֶץ מִצְרַיִם... אֲשֶׁר תִּזְרַע אֶת זַרְעֲךָ וְהִשְׁקִיתָ בְרַגְלְךָ כְּגַן הַיָּרָק" (דברים יא, י). במצרים, הנילוס העולה על גדותיו מבטיח השקיה קבועה. החקלאי המצרי יכול לישון בשקט: המים תמיד יגיעו. לעומת זאת, ארץ ישראל היא "אֶרֶץ הָרִים וּבְקָעֹת לִמְטַר הַשָּׁמַיִם תִּשְׁתֶּה מָּיִם" (שם, יא). כאן הכול תלוי בגשם. ולכן בברכות שבפרשתנו השפע מתחיל ב"וְנָתַתִּי גִשְׁמֵיכֶם בְּעִתָּם", ובקללות המחסור מתחיל ב"וְנָתַתִּי אֶת שְׁמֵיכֶם כַּבַּרְזֶל".

אבל מה שנראה כחיסרון הוא למעשה יתרון רוחני עצום. בארץ ישראל אדם חייב לשאת עיניים לשמיים. הוא לא יכול להיות שאנן ואדיש – מעשיו משפיעים ישירות על הברכה. כדברי חז"ל על הפסוק "תָּמִיד עֵינֵי ה' אֱלֹהֶיךָ בָּהּ" – "לעיתים לטובה, לעיתים לרעה, הכול לפי מעשי יושביה". זוהי ארץ שמחנכת לאמונה, לתפילה ולתיקון המעשים.

## פותחים ראש

### שאלות לדיון סביב השולחן

**שלום** – **"וְנָתַתִּי שָׁלוֹם בָּאָרֶץ"** (כו, ו)

מאז תחילת המפעל הציוני ועד היום הארץ געשה ממלחמה. האם אתם מאמינים שיהיה שלום בין ישראל לעמים המקיפים אותה בעתיד הנראה לעין? מה מעבר זאת מלקרות? עד כמה נכון להתפשר ולוותר למען השלום? האם מבחינה רוחנית מצב של שלום עם הגויים המקיפים אותנו, טוב לישראל?

**ישן וחדש** – **"וְיָשָׁן מִפְּנֵי חָדָשׁ תּוֹצִיאוּ"** (כו, י)

האם אתם טיפוסים שאוהבים חידושים ושינויים או שמעדיפים את הישן והמוכר? האם גם בתוך עולם הדת וההלכה יש מקום לחידושים? מה טוב ומה מסוכן בזה?

**התבוללות** – **"וַאֲבַדְתֶּם בַּגּוֹיִם וְאָכְלָה אֶתְכֶם אֶרֶץ אֹיְבֵיכֶם"** (כו, לח)

יש המכנים זאת "השואה השקטה" – בקרב יהודי התפוצות יש עשרות אחוזים של התבוללות. כיצד אפשר לעצור את זה? האם הייתם מוכנים לצאת לשליחות ציונית־תורנית בקהילה יהודית בחו"ל כדי לחזק את הזהות היהודית ולהילחם במכת נישואי התערובת? האם יש מקום לקבל לקהילה יהודי שנשוי לגויה או שיש להוקיעו ולדחותו? כאשר בן הזוג שאינו יהודי רוצה להתגייר ולהינשא כדת משה וישראל ליהודי, האם יש להקל בתהליכי גיורו או בדיוק להפך?

חומש

# במדבר

# במדבר

## אדם הוא לא מִסְפָּר

"עברתי השבוע ריאיון עבודה בחברת ביטוח גדולה", משתף יואב (31). "המראיינת ישבה מולי, מבטה נעוץ במסך המחשב. 'אני רואה שהממוצע שלך בתואר היה 85, וצברת 4 שנות ניסיון בתפקיד דומה'. היא דפדפה בטפסים. רציתי לספר לה על הפרויקט המיוחד שהובלתי בעבודה הקודמת, על היוזמה החברתית שהקמתי שם, על החלומות שלי. אבל היא כבר המשיכה: 'לפי הקריטריונים אתה מתאים לדרגת שכר 7, עם אופציה לקידום בעוד שנתיים'. יצאתי מהריאיון מתוסכל. הרגשתי כאילו הייתי שם רק אוסף של נתונים בטבלת אקסל".

"אני מחנכת כיתה א'", מספרת מירב (42). "השבוע ישבתי להכין את תעודות המחצית הראשונות. מול הרשימה של דני עצרתי ארוכות. איך אפשר לתמצת ילד למספר? איך להכניס לציון אחד את ההתמדה שלו למרות קשיי הקשב, את ההתרגשות בעיניים כשהוא מצליח סוף־סוף לקרוא משפט שלם, את החיוך שהוא מעלה על פניו של ילד עצוב בהפסקה? הבנתי שאני עומדת לתת ציון שיגדיר אותו בעיני ההורים, המורים והחברים. ופתאום הרגשתי כמה זה לא הוגן — לקחת נשמה שלמה ולצמצם אותה למספר".

### למחוק את האנושיות

"אסיר 71425, צעד קדימה!" הקול הצורם של הקצין הנאצי הדהד במסדר הבוקר באושוויץ. בן־ציון כמעט לא שם לב שקוראים לו. אחרי חודשיים במחנה, הוא כבר כמעט שכח שפעם היה לו שֵׁם אמיתי. הוא, שהיה עורך דין מכובד בוורשה, אב לארבעה ילדים, חזן בבית הכנסת הגדול. עכשיו הוא היה רק עוד מספר.

הנאצים ידעו היטב מה הם עושים כשהחליפו את השמות במספרים. זו הייתה דרך שיטתית למחוק את האנושיות ואת האישיות, להפוך בני אדם חיים לסטטיסטיקה. מספר אפשר למחוק בקלות — מספר הוא לא אב, לא בן, לא אדם עם חלומות ותקוות.

אולי לכן ניצולי שואה רבים שהעידו במשפט אייכמן לא הסתפקו בתיאור מה שעברו, אלא התעקשו לספר מי היו לפני כן — על המשפחה, על העיר, על החיים שנגדעו. כי הם ידעו שהניצחון האמיתי הוא להישאר בן אדם, גם כשמנסים להפוך אותך למספר.

### סופרים נשמות

חום המדבר היה כבד באותו בוקר. בתוך האוהל ישב ראובן על המחצלת, מנסה לסיים את ארוחת הבוקר שלו. מחוץ לאוהל הילדים שיחקו במרץ, קולותיהם מתערבבים ברוח המדברית.

"אבא! אבא!" הוא שמע לפתע את קולו הנרגש של יותם הקטן, שרץ פנימה בסערה. "יש פה... יש פה..." הילד התנשף, עיניו בורקות מהתרגשות.

"קח נשימה", חייך ראובן, "מי שם?"

"משה ואהרון! הם... הם עומדים בפתח האוהל שלנו!"

ראובן קפא על מקומו. זה לא יכול להיות. מה פתאום המנהיג הדגול והכהן הגדול יגיעו לאוהל שלו? הוא מיהר החוצה, מנקה במהירות את פירורי המן מזקנו.

ואז ראה אותם. משה, שפניו קרנו באור מיוחד, ולצידו אהרון, בעיניו הטובות והחכמות.

"שלום לך, ראובן בן יעקב למטה ראובן", פתח משה בחיוך. "באנו לפקוד אותך במפקד בני ישראל."

ראובן הרגיש איך המילים נתקעות בגרונו. "אבל... אבל... למה אתם? הרי זה רק... כלומר, בטח יש לכם דברים חשובים יותר".

משה הניח את ידו על כתפו של ראובן. "אתה חושב שזה 'רק' מפקד? שאתה סתם עוד אחד מתוך שש מאות אלף?" עיניו של משה חדרו

עמוק אל תוך נשמתו. "הקב"ה ציווה 'שְׂאוּ אֶת רֹאשׁ' — להרים את הראש של כל אחד ואחד. כי כל יהודי הוא עולם מופלא, נשמה ייחודית שאין כמותה. איך אוכל לשלוח מישהו אחר לפגוש נשמה כזו?"

וכך עמדו שם שלושתם — המנהיג, הכוהן והאיש הפשוט. ראובן הרגיש איך דמעה קטנה מתגנבת לעינו כשהבין שהוא לא סתם עוד מספר באוהלי המדבר.

## להרים את הראש

הרמב"ן, אחד מגדולי הפרשנים שחי בספרד לפני כ־800 שנה, מסביר שייחודיות המפקד נעוצה בכך שהוא נעשה על ידי משה ואהרן בעצמם, כדי להראות את חשיבותו של כל אדם מישראל בעיני ה'. המפקד לא היה פעולה טכנית בלבד, אלא מעשה של העלאת ערכו של כל אחד ואחד מבני ישראל. זו משמעות הציווי "שְׂאוּ אֶת רֹאשׁ" — הרמת הראש והכרת ייחודו של כל יהודי.

האתגר הזה ניצב היום לפני כל מחנך והורה. קל לראות כיתה של שלושים ושניים תלמידים כמספר. קל לומר "יש לי ארבעה ילדים". אבל האמת היא שאין דבר כזה "ארבעה ילדים" — יש ארבעה עולמות שלמים, כל אחד עם האופי שלו, החלומות שלו, הייעוד המיוחד שלו. כל אחד עם טביעת האצבע הייחודית שאלוקים נתן רק לו.

וזה נכון לא רק ביחס לאנשים. כשאנחנו מסתכלים על לוח השנה, קל לראות אוסף של ימים אפורים. אבל כל יום הוא פנינה יקרה בפני עצמה, בעלת ייעוד מיוחד. מי שאומר "לא נורא, לא עשיתי היום, אעשה מחר", דומה למי שנשבר לו חלון והוא מחליט לקחת חלון מחדר אחר ולשבץ במקום השבור. מה הרווחנו? עכשיו יחסר בחדר השני. למחר התפקיד שלו, האור המיוחד שלו, והם שונים מאלה של היום.

זוהי המשמעות העמוקה של "שאו את ראש" — להרים את המבט מעבר למספרים. לראות בכל אדם עולם שלם, בכל יום הזדמנות ייחודית, בכל רגע — אוצר שלא יחזור. כי כשאנחנו מצליחים לראות מעבר למספרים, אנחנו מגלים את הפלא האמיתי שבכל נשמה ובכל נשימה.

### אתגר השבוע

בחרו אדם אחד שאתם פוגשים באופן קבוע, אבל בדרך כלל רואים בו רק "תפקיד" — הנהג באוטובוס, המאבטח בקניון, עובד הניקיון בבית הספר. השבוע, נסו "להרים את ראשו" — לִמדו את שמו, החליפו איתו כמה מילים, גלו משהו על סיפור החיים שלו. שימו לב איך זה משנה את היחס שלכם אליו, ואולי גם את יחסו אליכם.

## מספרים ש...

### בשבילו זה מְשַׁנֶּה

שמש הבוקר זרחה מעל חוף הים השקט. גלים קטנים ליטפו את החול הרטוב, שהיה זרוע באלפי כוכבי ים שנסחפו לשם במהלך הלילה. ילד קטן פסע לאורך קו המים, מתכופף מדי כמה צעדים, מרים כוכב ים ומשליך אותו בעדינות חזרה אל הים.

אדם מבוגר שטייל על החוף עצר והתבונן במעשיו. "מה אתה עושה, ילד?" שאל בסקרנות.

"אני מציל את כוכבי הים", השיב הילד, בלי להפסיק את מלאכתו. "אם הם יישארו כאן על החוף, הם ימותו מהשמש."

המבוגר העביר את מבטו לאורך החוף האינסופי. "אבל...יש כאן אלפי כוכבי ים", אמר, "אולי עשרות אלפים או מיליונים. אתה הרי לא יכול להציל את כולם. מה זה כבר משנה?"

הילד התכופף, הרים בעדינות כוכב ים נוסף והתבונן בו לרגע. אחר כך השליך אותו אל המים וחייך אל האיש: "בשביל הכוכב הזה — זה משנה הכול."

## מִבְזָק: הפרשה ב־20 שניות

ה' מצווה לערוך מפקד של כל הגברים יוצאי צבא לפי שבטים ◄ חלוקת שנים עשר השבטים לארבעה מחנות סביב המשכן ◄ תיאור תפקידי שבט לוי: לשאת את המשכן ולשמור עליו ◄ מניין הלוויים ◄ פדיון בכורות בני ישראל בשבט לוי ◄ תפקיד משפחת בני קהת: נשיאת כלי המשכן.

## הידעת?

### איך סופרים מדינה? — "שְׂאוּ אֶת רֹאשׁ כָּל עֲדַת בְּנֵי יִשְׂרָאֵל" (א, ב)

ידעתם שבכל עשר שנים נערך בישראל מפקד אוכלוסין? הלשכה המרכזית לסטטיסטיקה (למ"ס) מפעילה מערך מורכב של פוקדים שמגיעים לכ־20 אחוז ממשקי הבית בישראל. התושבים נשאלים שאלות על השכלה, תעסוקה, דיור ועוד. בשילוב נתונים ממשרד הפנים ושיטות סטטיסטיות מתקדמות, מתקבלת תמונה מדויקת של החברה הישראלית. מדע הדמוגרפיה המודרני מאפשר לחזות מגמות עתידיות: היכן תידרש בנייה של בתי ספר? אילו שכונות זקוקות לתחבורה ציבורית? כמה רופאים יידרשו בעוד עשור? מה שהתחיל במדבר כספירה פשוטה, הפך היום לכלי חיוני בתכנון עתיד המדינה. מי יודע, אולי בפעם הבאה הם ידפקו גם בדלת שלכם.

**זהירות, מצלמים! — "וַיִּתְפַּקְדוּ בְנֵי יִשְׂרָאֵל לְמִשְׁפְּחֹתָם" (א, כב)**

אחד הוויכוחים הסוערים בישראל בעשור האחרון היה סביב תעודת הזהות הביומטרית. להבדיל מתעודת הזהות הרגילה שמכילה רק תמונה מודפסת ופרטים אישיים, תעודת זהות ביומטרית מכילה שבב אלקטרוני שאוגר מידע על תווי הפנים וטביעות האצבע של בעליה. התומכים טענו שזו הדרך היחידה להילחם בזיוף תעודות ובגניבת זהות.

המתנגדים הזהירו מפני "מדינת מעקב" — האם נרצה שהמדינה תוכל לעקוב אחרי כל צעד שלנו? ומה יקרה אם המידע הרגיש הזה ידלוף? זוהי דילמה קשה שעוד לא נמצאה לה נוסחה פשוטה — כיצד מאזנים בין הצורך בביטחון לבין השמירה על פרטיות.

**מבצע שלמה: כשמספרים מחברים — "לְמִשְׁפְּחֹתָם לְבֵית אֲבֹתָם" (א, ב)**

במבצע שלמה, כשהוטסו יהודי אתיופיה לישראל ב־1991, הודבקו על מצחם של העולים מדבקות עם מספרים לצורך זיהוי וסדר. אבל בניגוד למספרים שקעקעו הנאצים על זרועות היהודים, שנועדו למחוק את זהותם, כאן המספרים שימשו דווקא להשבת הזהות — לוודא שכל משפחה תישאר מאוחדת, שאף יהודי לא יישאר מאחור. תוך 36 שעות הוטסו 14,325 יהודים למולדתם בגשר אווירי מדהים. באחת הטיסות המרגשות של המבצע, עלו למטוס 760 עולים ונחתו 762 — שני תינוקות נולדו באוויר, מעל לים סוף, בדרך למולדת.

## פותחים ראש
### שאלות לדיון סביב השולחן

**להיות מיוחד בתוך הכלל** — **"אִישׁ עַל דִּגְלוֹ בְאֹתֹת לְבֵית אֲבֹתָם"** (ב, ב)

האם אי פעם הרגשתם ש"הפכתם למספר"? איך זה השפיע עליכם? איך משלבים בין להיות חלק מקבוצה לבין שמירה על הייחודיות? האם בית ספר שדורש תלבושת אחידה פוגע באינדיבידואליות? מתי אחידות היא דבר חיובי ומתי היא מזיקה?

**סדר וכאוס** — **"וְהַלְוִיִּם יַחֲנוּ סָבִיב לְמִשְׁכַּן הָעֵדֻת"** (א, נג)

האם יש הבדל בין סדר חיצוני (חדר מסודר) לסדר פנימי (סדר יום)? איך הסדר (או חוסר הסדר) בחיים שלנו משפיע על מצב הרוח שלנו? האם יש דברים בחיים שדווקא קצת "בלגן" עוזר להם?

**אחריות אישית** — **"וַיִּפָּקְדוּ בְּמִסְפַּר שֵׁמוֹת"** (א, כב)

האם קל יותר להתחמק מאחריות כשאתה חלק מקבוצה גדולה? למה תלמידים מרגישים לפעמים שהם יכולים "להתחבא" בכיתה גדולה? מתי אתם מעדיפים 'להיבלע בהמון' ומתי חשוב לכם 'לבלוט'?

# נשא

חיים בריפִּיט

"כל יום אותו דבר", מספר איתן (32), מאמן כושר מוסמך. "מגיעים אליי מתאמנים חדשים מלאי מוטיבציה והתלהבות. 'הפעם זה יהיה אחרת!' הם מבטיחים. אבל אחרי חודש, כשההתלהבות דועכת והשגרה מתחילה — הם נעלמים. הם לא מבינים שדווקא בשגרה, בחזרה היומיומית על אותן תנועות, שם קורה הקסם האמיתי. השרירים מתחזקים, הגוף משתנה. אין קיצורי דרך".

"בשנה הראשונה הייתי מאבדת את הקול כל שבוע", מחייכת מיכל (35), גננת בגן דובדבן. "הייתי מספרת את 'הנסיך הקטן' בהתלהבות כזו, עם כל התיאורים והמשמעויות. איך הוא מצייר את הכבשה, איך הוא מטפל בשושנה שלו. היום, אחרי שמונה שנים וספירה של בערך אלפיים חזרות על אותו סיפור, לפעמים אני תוהה איך אני עדיין נהנית מזה? אבל אז אני רואה את העיניים הנוצצות של הילדים, את ההתרגשות שלהם כשמגיע הקטע האהוב, ואני מבינה: בשבילם זו תמיד הפעם הראשונה".

## הסרט של אתמול

החזן עבר מזמן את "ישתבח", ורוב המקומות בבית הכנסת כבר היו תפוסים. בועז, שהאיחורים שלו כבר הפכו לשם דבר, הפעם התעלה על עצמו ויצר שיא חדש של שלושים וחמש דקות! הוא פסע במתינות לאורך הספסלים והתיישב ליד אביו.

"אם זה היה סרט", סינן האב בכעס מבין שיניו, "גם היית מרשה לעצמך לאחר ככה?"

המתפללים הקרובים הפנו את מבטם בסקרנות לעבר הדרמה שמתפתחת לנגד עיניהם. בועז נשען לאחור על הכיסא המרופד, נשם נשימה עמוקה וענה: "אני לא הולך לאותו סרט שלוש פעמים כל יום".

האב שתק. כמה מהמתפללים ניסו להסתיר את חיוכם מאחורי הסידור והחזן המשיך בתפילתו. אבל המילים של בועז נשארו תלויות באוויר, מעלות שאלה שקשה להתעלם ממנה.

## אתגר החזרתיות

אם לספר השיאים של גינס היה מדור תורני, פרשת נשא הייתה זוכה למדליה — זו הפרשה הארוכה ביותר בתורה. הסיבה: חזרה, שוב ושוב ושוב, על המתנות שהביאו שנים עשר הנשיאים בעת חנוכת המשכן. התורה, שבדרך כלל חוסכת במילים עד כדי כך שהלכות שלמות נלמדות מאות אחת, כאן פתאום "מבזבזת" פסוקים באריכות אינסופית, בחזרה על דבר שאפשר היה לומר אותו בקיצור נמרץ, כיוון שכל הנשיאים הביאו את אותן המתנות בדיוק. מה הטעם לחזור שתים עשרה פעמים על אותו הדבר?

אבל האמת היא שהשאלה הזו אינה שאלה פרשנית, אלא שאלת חיים. כי גם בחיים שלנו יש המון חזרות. יהודי שמתפלל שלוש תפילות ביום יאמר בחייו כשמונים אלף פעם את תפילת שמונה עשרה וחמישים אלף קריאות שמע. זוג נשוי יתעורר בבוקר לצד אותו בן זוג כעשרים אלף פעמים. אדם בדרך כלל יוצא בבוקר מאותו בית, הולך לאותה עבודה, פוגש שם את אותם אנשים, לפעמים במשך עשרות שנים. קצת משעמם, לא?

העולם המודרני מציע פתרון פשוט לקושי שבחזרתיות — לזפזפ. להחליף כל הזמן — מלתחה, עבודה, דירה, בן זוג. "חיים רק פעם אחת", הם אומרים, "אז למה להיתקע?"

אבל התורה מלמדת אותנו דבר עמוק יותר:

האתגר האמיתי הוא לא להחליף את החיים, אלא לגלות בהם בכל פעם **עומק חדש**.

כשהתורה חוזרת שתים עשרה פעמים על אותם קורבנות, היא מלמדת שכל נשיא הביא את אותו דבר, אבל מתוך מקום אישי ומיוחד משלו. כל אחד גילה משמעות חדשה במעשה שנראה מבחוץ זהה. נכון, התפילה של בועז מכילה את המילים שאמר אתמול, אבל הכוונות יכולות להיות שונות ולהתחבר למה שעבר עליו באותו יום, ואז זה לא יהיה "אותו סרט", אלא סרט אחר לחלוטין.

## איך יוצאים מֵהַלוּפּ?

הנה כמה הצעות מעשיות ליישום העיקרון הזה:

א. להגיע שתי דקות לפני התפילה, לנקות את הראש מכל הטרדות ולחשוב: לפני מי אני עומד? על מה עליי להודות לאלוקים?

ב. לשלב בתפילה הקבועה מחשבות ובקשות אישיות על מה שקורה בחיים שלנו.

ג. לגוון: מדי פעם לשנות את המקום, האווירה, הסידור. לחפש מניין שיש בו יותר התלהבות והשראה.

ד. ומצד שני – להיזכר שגם כשקשה לנו להתחבר ואנחנו לא מצליחים לחדש שום דבר, המאמץ שלנו להתפלל הוא חשוב. אמירת המילים שתיקנו אנשי כנסת הגדולה והנביאים היא בעלת כוח גדול לפעול ולהשפיע, גם אם לא הצלחנו למצוא חידושים.

ואותם עקרונות יעבדו גם בזוגיות – להקדיש זמן איכות זה לזו, להתמקד בפרטים הקטנים, לשתף ברגשות אמיתיים, ומדי פעם לצאת משגרת היומיום. וכך גם בעבודה, בלימוד ובכל מקום שבו אנחנו מתמודדים עם שגרה.

כי בסופו של דבר, החיים הם לא סרט שרואים פעם אחת. הם יותר כמו שיר אהוב שדווקא החזרה עליו מגלה את יופיו. בפעם הראשונה שומעים את המנגינה, בשנייה מבינים את המילים, בשלישית קולטים את העומק, וככל ששומעים יותר, מוצאים בו רבדים חדשים. כך גם בתפילה – בכל פעם אפשר לגלות בה משהו חדש, אם רק מקשיבים היטב.

## אתגר השבוע

בחרו פעולה אחת שאתם עושים כל יום באופן אוטומטי (לברך, להתפלל, לומר תודה להורים). במשך שבוע, לפני כל פעם שאתם עושים אותה, עצרו ל־30 שניות וחשבו על משמעות חדשה או זווית שונה שלה. תופתעו לגלות כמה דברים חדשים אפשר למצוא במה שנראה הכי שגרתי.

## מספרים ש...

### מי כאן משעמם?

"תגיד את האמת, הרב", פנה נער בן 16, קצת חצוף, אל הרב עדין אבן-ישראל שטיינזלץ אחרי השיעור השבועי, "אתה לא מת משעמום? להתפלל שלוש פעמים ביום, כל השנה, כל החיים – אותן מילים בדיוק? בחיי, אפשר להשתגע מזה..."

הרב הביט בו בעיניים מחייכות. "בוא נחשוב על זה יחד", אמר. "נכון, מילות התפילה של היום זהות לאלו שאמרנו אתמול. אבל האדם שמתפלל – האם הוא זהה? הרי כל יום אנחנו גדלים, משתנים, חווים, מתפתחים."

"אבל הרב," התעקש הנער, "אני מרגיש בדיוק כמו אתמול!"

"אה", נצנץ זיק שובב בעיניו של הרב, "אז הבעיה היא לא שהתפילה משעממת. הבעיה היא שאתה משעמם!"

## מִבְזָק: הפרשה ב־20 שניות

תפקידן של משפחות גרשון ומררי משבט לוי בנשיאת המשכן ◂ שילוח הטמאים מן המחנה ◂ דיני מעילה ◂ פרשת סוטה ◂ נזיר ◂ ברכת כוהנים ◂ תרומות הנשיאים לרגל חנוכת המשכן.

## אני רק שאלה

### שמשון – מי אתה באמת?

**שאלה:** אני מתקשה להבין את דמותו של שמשון בהפטרה. הוא נראה שונה כל כך משאר השופטים – מסתובב לבדו, מתחתן עם בנות פלישתים, פועל בדרכים לא שגרתיות. זה ממש לא מה שציפיתי ממנהיג יהודי, ודאי לא מנזיר מלידה. איך זה מסתדר?

אורן

**תשובה:** שאלה מצוינת! ואתה לא היחיד ששואל אותה. גם הוריו של שמשון התפלאו: "הַאֵין בִּבְנוֹת אַחֶיךָ וּבְכָל עַמִּי אִשָּׁה כִּי אַתָּה הוֹלֵךְ לָקַחַת אִשָּׁה מִפְּלִשְׁתִּים הָעֲרֵלִים?" (שופטים יד, ג).

אבל התנ"ך מגלה לנו סוד מדהים: "וְאָבִיו וְאִמּוֹ לֹא יָדְעוּ כִּי מֵה' הִיא, כִּי תֹאֲנָה הוּא מְבַקֵּשׁ מִפְּלִשְׁתִּים" (שם, ד).

במילים אחרות – שמשון היה שליח אלוקי שפעל בסוכן חשאי. באותה תקופה עם ישראל לא היה מוכן למלחמה חזיתית בפלישתים החזקים. נדרשה דרך אחרת – מישהו שיוכל לחדור לתוך השטח הפלישתי ולערער אותם מבפנים.

חשוב לדעת ששמשון לא סתם התחתן עם נשים פלישתיות. חכמינו מסבירים שהן התגיירו לפני הנישואין (משנה תורה, הלכות איסורי ביאה יג, יד). יתר על כן, הכתוב מספר שהוא שפט את ישראל עשרים שנה בנאמנות ובצדק, מה שמעיד על מעלתו וקדושתו. הכוח העצום שלו, שניתן לו מה', היה הכלי שאיתו הצליח להכות בפלישתים במקום שהכי פחות ציפו לו.

זה מלמד אותנו דבר חשוב: לפעמים דווקא מי שהולך בדרך שונה ולא שגרתית, הוא זה שמצליח להגיע למקומות שאחרים לא יכולים להגיע אליהם.

## הידעת?

### סוד המספר 176

מעניין: פרשת נשא היא הפרשה הארוכה ביותר בתורה – 176 פסוקים. אבל זה לא הכול! אותו מספר בדיוק חוזר בשני מקומות מפתיעים: מזמור קי"ט בתהילים, המזמור שמהלל את התורה ומצוותיה, גם הוא 176 פסוקים, והמסכת הארוכה ביותר בתלמוד, בבא בתרא, גם היא נפרשת על פני 176 דפים! מה סיבת הדבר? האם יש קשר בין שלושת הדברים הללו? בפנימיות התורה יש משמעויות רוחניות עמוקות למס' 176, אבל אולי גם ניתן למצוא מכנה משותף פשוט: כמו שפרשת נשא עוסקת בנשיאת המשכן בפועל על ידי הלוויים, כך מזמור קי"ט עוסק בנשיאת התורה בלב על ידי כלל עם ישראל, ומסכת בבא בתרא – בנשיאת האחריות כלפי הזולת וכיבוד המרחב הפרטי שלו. שלוש דרכים שונות להרים משהו ולהתרומם בזכותו.

### כשארכיאולוגיה פוגשת תורה – "יְבָרֶכְךָ ה' וְיִשְׁמְרֶךָ" (ו, כד)

בשנת 1979, במהלך חפירות במקום המכונה כתף הינום בירושלים העתיקה, נחשפה אחת התגליות הארכיאולוגיות החשובות ביותר בישראל: שני גלילי כסף זעירים מתקופת בית ראשון, מהמאה השביעית לפני הספירה. על הגלילים, שהיו כנראה קמיעות שנועדו לשמירה ולהגנה, היה חרוט נוסח של ברכת כוהנים. זוהי העדות הקדומה ביותר בכתב לטקסט מקראי שהשתמר עד ימינו.

הגלילים, שנמצאו בקבר עתיק, נכתבו בכתב עברי קדום, ונוסח הברכה כמעט זהה לנוסח המוכר לנו כיום. הממצא מעיד על מסירה מדויקת של התורה והברכה במשך דורות רבים.

ברכת כוהנים נהוגה כיום באופן קבוע בבתי הכנסת, שם הכוהנים מברכים את הקהל באותה ברכה, וגם הורים מברכים בה את ילדיהם בליל שבת.

### להיות נזיר זה טוב? – "נָזִיר לְהַזִּיר לַה'" (ו, ב)

איך מסתכלת היהדות על נזירות? בעוד שבדתות המזרח נזיר חייב לפרוש לגמרי מהעולם, ובנצרות הוא נודר נדר לכל החיים ולא מתחתן, ביהדות הגישה שונה. הנזירות הרגילה היא לשלושים יום בלבד (אם כי יש גם מקרים נדירים של נזירות עולם, כמו שמשון), והיא לא דורשת פרישה מוחלטת מהחיים, אלא רק הימנעות מיין, תספורת וטומאה למתים.

מעניין שכבר בתלמוד (נדרים י ע"א) נחלקו האמוראים ביחס לנזיר: רבי אלעזר רואה בו קדוש: "נקרא קדוש, שנאמר 'קדוש יהיה'". אבל שמואל רואה בו חוטא, "שנאמר 'וכיפר עליו מאשר חטא על הנפש'". למה חוטא? כי מנע מעצמו דברים שהתורה התירה. זו גם הסיבה שהנזיר מביא קורבן חטאת בסוף נזירותו. הרמב"ם מסביר: "מפני שציער עצמו מן היין". המסר העמוק הוא שהיהדות לא מבקשת מאיתנו לברוח מהעולם, אלא לקדש אותו – להשתמש במה שה' ברא בצורה נכונה וטובה.

## פותחים ראש
### שאלות לדיון סביב השולחן

**להוציא מן המחנה?** – **"צַו אֶת בְּנֵי יִשְׂרָאֵל וִישַׁלְּחוּ מִן הַמַּחֲנֶה כָּל צָרוּעַ וְכָל זָב וְכֹל טָמֵא לָנָפֶשׁ"** (ה, ב)

איך צריך להתייחס לתלמיד שהתנהגותו חורגת מן הכללים של המוסד החינוכי? מתי מן הראוי לטפל בו בתוך המסגרת והיכן עובר הקו האדום שמעבר לו הוא יסולק ויצטרך לחפש לו מוסד אחר? האם יש הבדל אם מדובר בהתנהגות בעייתית מבחינה דתית, חברתית, מוסרית או מסגרתית? והאם תענו תשובה דומה גם במצב שיש חשש שיגרור איתו אחרים, או מצד שני, שאם יסולק יתדרדר לרחוב? האם בן שמתדרדר בתוך משפחה צריך לקבל בבית יחס שונה?

**מה קורה לתא המשפחתי?** – **"אִישׁ אִישׁ כִּי תִשְׂטֶה אִשְׁתּוֹ"** (ה, יב)

בעשרות השנים האחרונות אחוזי הגירושין מטפסים. גם אצל אלו שנשארים נשואים הרבה פעמים ישנם "גירושין אמוציונאליים" – נתק רגשי, שבו בני הזוג נשארים יחד רק בגלל הילדים, מסיבות כלכליות או בשל פחד מגירושין. מי לדעתכם אשם בערעור התא המשפחתי בימינו? אילו דברים מחזקים את התא המשפחתי ואילו מחלישים אותו? האם זה בסדר שלבן זוג נשוי יהיו חברים קרובים מהמין השני?

**לדעת לוותר** – **"מִיַּיִן וְשֵׁכָר יַזִּיר"** (ו, ג)

על מה היה לכם הכי קשה לוותר בחיים? למה דווקא על זה? האם ויתור על משהו שאוהבים הוא תמיד חיובי? מתי כן ומתי לא? איך מוצאים את האיזון בין הנאות החיים לבין שליטה עצמית?

# בהעלֹתך

## מי באן עניו, שיצביע!

"מגיל קטן חינכו אותי שענווה היא המידה החשובה ביותר", משתף יותם (17). "אבא תמיד מצטט את איגרת הרמב"ן שענווה היא טובה מכל המידות, ואמא מזכירה בכל הזדמנות ש'המתגאה — נופל'. אז כשזכיתי בתחרות הכתיבה הארצית, סירבתי לעלות לבמה לקבל את הפרס. כשהמורה לספרות ביקשה שאעביר סדנת כתיבה יוצרת בבית הספר, התחמקתי. אפילו כשחיפשו מישהו שיכתוב את המחזה השנתי של השכבה, שתקתי, למרות שהראש שלי מלא ברעיונות. עכשיו מחפשים מועמד להיות עורך עיתון בית הספר. האמת, ממש בא לי, אבל איך אגיד שאני מתאים? זה יהיה יהיר מצידי. אני יודע שיש לי כישרון לכתיבה, אבל תמיד לימדו אותי שאסור להתגאות, שצריך להיות עניו. אז אני דוחה כל הצעה ומוותר על ההזדמנויות. לפעמים, כשאני לבד בלילה, אני תוהה אם כל הענווה הזאת היא המעשה הנכון. אולי אני מפספס פה דברים גדולים?"

"הייתה לי השבוע הצלחה ענקית", מספרת נועה (34), מנהלת מוצר בחברת סטארט־אפ. "פיתחתי אפליקציה חדשה שכולם אומרים שתשנה את השוק. עבדתי על זה שנה שלמה — לילות, סופי שבוע, ויתרתי על חופשות. אבל כשהמנכ"ל שיבח אותי בישיבת ההנהלה, אמרתי מייד 'זה לא אני בכלל, הכול זה מתנה משמיים'. ככה אני תמיד: כל הצלחה, כל הישג, אני מייחסת לקב"ה. למה שאקח קרדיט? הרי הכול זה רק מלמעלה. אני רק צינור. לא ככה?"

### למה הוא לא מתחתן?

מעשה בבן ישיבה כליל מעלות,
חכם ונאה, מיועד לְגדולות.
אך כשאביו ניסה לשדך לו אישה,
המשימה התגלתה כמאוד מתישה.
את כולן הוא פסל על הסף מיידית:
לזו אין ייחוס, ההיא לא חיננית,
אחרת אינה חכמה כנדרש,
ודאי לא לְנַסִּיך בית המדרש.
התמרמר אז האב "מה יהיה איתך, בן?
אם כך תשתחצן — איך תתחתן?!"
הוא רשם אותו חיש לסדנה איכותית,
שֶׁתשתול בליבו ענווה אמיתית.
בתוך חודש חזר הנסיך עִם דיפלומה,
והאב כבר דמיין לו חופה עם אֲרוּמָה
אך איזו אכזבה התגלתה לעיניו,
הפסילות נמשכות מצד בנו העניו.
"אני לא מבין", קונן אז מולידו,
"מה עזרה הסדנה?! יישאר לבדו..."
הנסיך אז מיהר להסביר את הפשר,
מדוע סרבן הוא לכל סוג של קשר:
"אם בעבר כשהייתי חכם,
ושנון ויפה, חבל על הזמן,
לא נמצאה לי בת זוג ראויה,
כי הן לא ברמה, מה צריך ראיה?!
איך עכשיו אדם ימצא את חווה,
אם נוסף לַכול הוא מלא...ענווה?"

### להיות עניו אמיתי

מה אתם חושבים כשאתם שומעים את המילה 'ענווה'? אולי מישהו שמקטין את עצמו, שמרבה להתנצל ונמנע מלהביע את דעתו כי "מי אני בכלל"? או אולי אדם שטוען שכל הישג שלו הוא "רק מהשמיים"?

אבל מה אם כל זה לא נכון ומה שחשבנו על ענווה הוא בעצם טעות אחת גדולה?

הרב יונתן זקס, שהיה הרב הראשי של בריטניה, ניסח את זה בצורה מבריקה: "עניו אמיתי אינו חושב את עצמו פָּחוּת, אלא חושב על עצמו פָּחוֹת".

במילים אחרות: ענווה אמיתית היא **לא להקטין את עצמך, אלא להיות עסוק במשהו גדול ממך.**

כמו מנצח על תזמורת. ברגע שהוא מרים

את השרביט, הוא לא חושב על עצמו. הוא כולו נתון בתוך המוזיקה. או כמו רופא שמבצע ניתוח לב פתוח, שלא חושב מה יגידו עליו, אלא ממוקד במטרה להציל חיים.

בפרשת השבוע מופיעה דוגמה מדהימה לענווה כזו. מרים ואהרון מדברים על משה, אחיהם. איך הוא מגיב? ובכן, הוא פשוט... לא מגיב. לא כי הוא חושב שהם צודקים, אלא כי מבחינתו, הוא לא העניין. הוא עסוק בהובלת העם ובהעברת דבר ה'. עד כדי כך שה' עצמו צריך לקום ולהגן על כבודו של משה.

אומנם ברור שהכישרונות שלנו הם מתנה מה', ועם זאת, אנחנו עבדנו קשה לפתח אותם. כמו זרע: הוא מתנה פלאית משמיים, אבל אם אנחנו לא נשקה, נטפח ונעבד את האדמה – שום דבר לא יצמח.

ענווה אמיתית היא מצב שבו האדם בטוח מספיק במי שהוא, כדי לא להיות עסוק בזה כל הזמן. מכיר בכישרונותיו ומשתמש בהם – לא כדי להתפאר, אלא כדי לעשות טוב בעולם. כי כשהאדם עסוק בנתינה ומתמקד בלהאיר את העולם, הוא מגלה שֶׁהַמַּרְאָה בכלל לא נחוצה, יש לו תפקיד הרבה יותר גדול וחשוב.

## אתגר השבוע

זַהו דבר שאתם טובים בו, אבל קצת מתביישים להודות בכך. השבוע, במקום להצניע אותו – מצאו דרך להשתמש בו כדי לעזור למישהו אחר. כך נראית ענווה אמיתית: לא להסתיר את האור שבכם, אלא להאיר איתו לאחרים.

## מִבְזָק: הפרשה ב־20 שניות

המשך ענייני המשכן: הדלקת הנרות והכשרת הלוויים לעבודה ◂ פסח שנעשה בשנה השנייה של המסע במדבר והציווי על פסח שני בעקבות בקשה מיוחדת ◂ ענן ה׳ מוביל את המסעות במדבר ◂ תלונות בני ישראל ומינוי 70 הזקנים שיסייעו למשה ◂ מרים ואהרון מדברים על משה ומרים מצטרעת.

## החג של ההזדמנות השנייה

דמיינו לעצמכם אדם שנתקע בפקק ענק ובגללו הוא מחמיץ את החתונה של החבר הכי טוב שלו. הוא מגיע ממש בסוף, כשכולם כבר הולכים. אבל אז הוא ניגש לחתן ואומר: "שמע, אחי, מה אתה אומר שבעוד חודש תעשה שוב חתונה, והפעם אני מבטיח להגיע בזמן?"

נשמע הזוי, נכון? יש דברים בחיים שאם מחמיצים אותם, אין דרך חזרה. ההזדמנות חלפה ולא תשוב.

או שלא?

שימו לב למה שקרה במדבר: שנה אחרי יציאת מצרים, כשהגיע זמן קורבן פסח, היו כמה אנשים שלא יכלו להקריב אותו כי היו טמאים. במקום לקבל את המצב, הם באו למשה בתביעה נועזת: "אֲנַחְנוּ טְמֵאִים לְנֶפֶשׁ אָדָם, לָמָּה נִגָּרַע?" — למה שנפסיד?! גם אנחנו רוצים להקריב כמו כולם.

התגובה מפתיעה: במקום שמשה יאמר "מצטער, יש כללים. הפסדתם? חכו בסבלנות לשנה הבאה", הקב"ה יוצר להם חג חדש — פסח שני, חודש אחרי חג הפסח הרגיל. ולא רק זאת, אלא שבפסח שני יש פחות מגבלות — אין צורך לבער חמץ מהבית, והחג מרוכז ביום אחד מיוחד.

המסר פה מדהים: אף פעם לא מאוחר מדי! גם אם פספסתם, גם אם טעיתם, תמיד יש הזדמנות שנייה. ולפעמים ההזדמנות השנייה אפילו טובה יותר מהראשונה. כי כשבאמת רוצים לתקן, מקבלים כוחות מיוחדים.

ויש פה עוד דבר מופלא: זה לא קרה מעצמו. זה קרה כי אותם אנשים פשוטים, שלכאורה לא היו בעמדת השפעה, לא ויתרו. לא בזכות מעמדם המיוחד או כוחם, אלא פשוט מתוך געגוע עמוק וסירוב לוותר על הקשר עם ה׳, הם חוללו מהפכה של ממש ובזכותם "נולד" חג חדש. הם לימדו אותנו שלפעמים צריך לא רק לחכות להזדמנות שנייה — צריך ליצור אותה.

הכלל הזה נכון לא רק בעניינים רוחניים, אלא בכל תחום בחיים. בלימודים, ביחסי אנוש, במשפחה. והלקח העמוק הוא: כל עוד האדם לא מוותר לעצמו, כל עוד הוא יוזם ונלחם — שום דבר לא באמת אבוד.

## הידעת?

**למה קשה לנו לתת לאחרים להוביל? — "וַיָּאצֶל מִן הָרוּחַ אֲשֶׁר עָלָיו"** (יא, כה)

"אם אתה רוצה שמשהו ייעשה טוב — תעשה אותו בעצמך" — מכירים את הגישה הזו? ישנם אנשים שאימצו את העיקרון ולכן חוששים להאציל סמכויות: "אם אתן לאחרים לעשות, הם יקלקלו", "אם אֲלַמֵּד אחרים, הם יתחרו בי", "אם אשתף אחרים בידע שלי, לא יצטרכו אותי יותר".

אבל מחקרים בתחום המנהיגות מראים שדווקא ההפך הוא הנכון: מנהלים שמפחדים להאציל סמכויות, מתרסקים תחת העומס ומאבדים את כוחם. לעומתם, מנהלים שמעזים לחלוק את כוחם, מתחזקים! בדיוק כמו שקרה למשה: כשהאציל מרוחו לשבעים הזקנים, רוחו לא פחתה כלל. כמו נר שמדליק נרות אחרים — אורו לא נחלש, אלא החדר כולו מואר יותר ועם ישראל הרוויח מהתוספת החשובה.

## כוחה ההרסני של התלונה – "וַיְהִי הָעָם כְּמִתְאֹנְנִים רַע בְּאָזְנֵי ה'" (יא, א)

בעידן הרשתות החברתיות, התלונות נהפכו ל"ספורט לאומי". מסעדה שאיחרה במנה? פוסט זועם בפייסבוק. נותן שירות שלא ענה מייד? ביקורת הורסת בגוגל. אך חוקרי התנהגות גילו תופעה מעניינת: אנשים שמרבים להתלונן מפתחים דפוס מחשבה שלילי שמשפיע על כל תחומי חייהם. המוח מתרגל לחפש את הרע, ולאט־לאט מאבד את היכולת לראות את הטוב. מחקרים גם הראו שאנשים ש"תקועים" בתלונות סובלים יותר ממתח, מערכות יחסים מעורערות ואפילו בעיות בריאותיות. זו אולי הסיבה שהתורה מכנה את תופעת התלונות "רע באוזני ה'" – כי היא מייצרת מציאות של רוע, שמתחילה בנפש המתלונן ומשם הולכת מתפשטת החוצה.

## סיפור של שפה משתנה – "עַל אֹדוֹת הָאִשָּׁה הַכֻּשִׁית אֲשֶׁר לָקָח" (יב, א)

מעניין איך מילה אחת משנה את משמעותה לאורך הדורות. למשל, המילה "כושית". בתנ"ך היא מתארת מישהי שבאה מארץ כוש (אתיופיה של היום). רש"י אף מפרש שזהו תואר של יופי – כמו שצבע שחור בולט, כך יופייה של ציפורה בלט בין הנשים. לאורך אלפי שנים המילה הייתה ניטרלית בעברית, אך בעשורים האחרונים הפכה למונח פוגעני. בלשנים קוראים לכך "הרעה סמנטית" – תהליך שבו מילה מאבדת את משמעותה המקורית והופכת לביטוי שלילי. כיום מקובל להשתמש במונחים כמו "שחור" או "יוצא אתיופיה", אם כי גם מונחים אלו עשויים להשתנות עם הזמן. זו תזכורת שהשפה היא יצור חי ומתפתח. מה שהיה פעם תיאור גאוגרפי תמים, יכול להפוך למילה טעונה, ומה שנחשב היום ללשון מכובדת עשוי להישמע מחר כביטוי מיושן.

## מספרים ש...

### אימא של החתן

"וַתְּדַבֵּר מִרְיָם וְאַהֲרֹן בְּמֹשֶׁה עַל אֹדוֹת הָאִשָּׁה הַכֻּשִׁית אֲשֶׁר לָקָח" (יב, א)

בזמן נסיעתן באוטובוס, מיכל ומרב דיברו על הבשורה המרעישה: אירוסיהם של רונן ושיראל.

"למה שרונן ירצה להתחתן עם בחורה כזו?" שאלה מיכל את מרב. "היא כזו שקטה, רצינית, וגם לא חכמה במיוחד. הוא בחור משכיל, נמרץ ומלא שמחת חיים".

"אני ממש מסכימה איתך", אמרה מרב, "תמיד הייתי בטוחה שרונן ברקוביץ' ימצא מישהי טובה יותר".

"נכון", הוסיפה מיכל, "היא לגמרי מתחת לרמה שלו".

האישה שישבה מאחורי זוג החברות לא התאפקה. היא קמה ממושבה ולחצה את היד של מיכל המופתעת.

"תודה רבה לכן", אמרה האישה. "אני עדנה ברקוביץ', אימו של רונן. אני לא ידעתי את כל הדברים האלו על שיראל, והם נתנו לי חומר למחשבה. אולי החתונה הזו היא טעות אחת גדולה. נראה מה נוכל לעשות כדי למנוע אותה".

מיכל ומרב הסמיקו במבוכה ומיכל מלמלה: "אולי מעט הגזמנו... היא לא כזו נוראית, היא אפילו משעשעת לפעמים".

"כן", הוסיפה מרב. "ובשחושבים על זה, הם היו נראים ממש חמודים ביחד".

"אולי באמת קצת הגזמתן", אמרה האישה לבנות, "הזוג הזה בחר להתחתן, וכנראה יש לו סיבות טובות".

"לא התכוונו לקלקל ולפגוע", אמרה מיכל לעדנה, שבינתיים צלצלה לנהג האוטובוס שיעצור לה. "ומסרי ממיכל וממרב ד"ש לרונן".

"אינני יכולה למסור, שהרי אינני באמת אימא שלו", אמרה האישה בירידתה מהאוטובוס לשתי הבנות ההמומות, "אבל בהחלט יכולתי להיות".

## פותחים ראש
### שאלות לדיון סביב השולחן

**לתת הזדמנות שנייה?** – **"וַיֹּאמְרוּ הָאֲנָשִׁים הָהֵמָּה אֵלָיו אֲנַחְנוּ טְמֵאִים לְנֶפֶשׁ אָדָם. לָמָּה נִגָּרַע לְבִלְתִּי הַקְרִיב?"** (ט, ז)

האם תהיו מוכנים לתת הזדמנות שנייה לחבר טוב שבגד באמונכם? לעובד שמעל בתפקידו? לבן או לבת זוג שאכזב אתכם עמוקות? נסו לשים את עצמכם לרגע בצד שפגע – האם תעזו לבקש עוד הזדמנות? ועוד אחת? כיצד תשכנעו את מי שפגעתם בו שלא תפגעו בו שוב?

**להיות פוליטיקאי** – **"אֶסְפָה לִּי שִׁבְעִים אִישׁ מִזִּקְנֵי יִשְׂרָאֵל... וְנָשְׂאוּ אִתְּךָ בְּמַשָּׂא הָעָם"** (יא, טז–יז)

איך הציבור מתייחס כיום לפוליטיקאים? האם לדעתכם יחס זה מוצדק? העיתונות מרבה לדווח על עבירות של פוליטיקאים. האם באמת הם נכשלים יותר מאשר אחרים? אם כן, מדוע? האם תוכלו לדמיין את עצמכם משרתים את עם ישראל בתחום הפוליטי?

**כלא ועונשים אחרים** – **"וַיֹּאמַר: אֲדֹנִי מֹשֶׁה, כְּלָאֵם"** (יא, כח)

מדינת ישראל מרבה להשתמש בעונש מאסר נגד פושעים מסוגים שונים. מה התועלת בכליאת אדם מאחורי סורג ובריח? האם לדעתכם עונש כזה משיג את מטרתו? באילו דרכים אחרות ניתן היה לנהוג עם עבריינים? הנתונים מראים שרבים מאוד מהאסירים חזרו אל הכלא זמן לא רב לאחר שעזבו אותו. ממה זה נובע, לדעתכם? האם אתם חושבים שהענישה המקובלת כיום במדינה נעשית במידה נכונה, או שאולי היא מחמירה מדי או מקילה מדי? האם אתם בעד עונש מוות? אם כן, על אילו עבירות?

# שלח

## להחליף משקפיים

"כבר חודשיים אני מחפש עבודה", מספר רון (28). "בכל ריאיון אני רואה מולי מנהלים שמחפשים סיבה לא לקבל אותי. אם הם שואלים שאלה — הם בטח מנסים להכשיל. אם הם רושמים משהו — כנראה דבר שלילי. אתמול אשתי אמרה שאולי זו בדיוק הבעיה שלי, שאני נכנס לראיונות כמו למלכודת. 'נסה להסתכל על זה כמו על הזדמנות להכיר ולהציג את עצמך', היא אומרת. אבל איך אפשר כשכל דחייה רק מחזקת את התחושה שאף אחד לא באמת רוצה אותי?"

"המורה שלי אומרת שאני מוכשרת במתמטיקה", אומרת שירה (15). "אבל אני רואה את הציונים של האחרים — 100, 98, 95, ואני רק 92. אז נכון, פתרתי תרגיל בדרך מקורית והמורה התלהבה, אבל זה בטח היה במקרה. כשאני מסתכלת על מבחן, אני רואה רק את השגיאות שלי. אימא אומרת שאני צריכה לשים לב גם להצלחות, אבל אני לא מצליחה. כאילו יש לי משקפיים שמגדילים רק את הטעויות".

### איך אתה רואה את זה?

שמעתם על מודל אפר"ת (ראשי תיבות: **א**ירוע-**פ**רשנות-**ר**גש-**ת**גובה)? הוא מגיע מעולם הפסיכולוגיה וטוען את הדבר הבא: לא האירוע עצמו קובע איך נרגיש, אלא הפרשנות שאנחנו נותנים לו.

הנה דוגמה: שני אנשים מקבלים הודעה שנולד להם תינוק חדש.

הראשון חושב "אוי ואבוי, הלכו לי השינה והזוגיות, עכשיו אצטרך לקום בלילות ולהחליף חיתולים, להלביש, לרחוץ, להאכיל, להסיע, שלא לדבר על כל הבלגן שהוא יעשה לי כשיגיע לגיל ההתבגרות".

השני חושב "וואו! איזו זכות זו להביא חיים חדשים לעולם! יהיה לי ילד שיקרא לי 'אבא'". אותו אירוע בדיוק, שתי מחשבות שונות לגמרי, וממילא התחושות יהיו בהתאם.

### מה גילו יהושע וכלב?

זה בדיוק מה שקרה עם המרגלים בפרשה. עשרה מהם ראו ענקים שיכולים למחוץ אותם, ואילו יהושע וכלב ראו ארץ זבת חלב ודבש. עשרה ראו בדמיונם כישלון צורב מול הכנענים, ושניים צפו ניצחון מזהיר. אותה ארץ בדיוק, אבל שתי מציאויות שונות לחלוטין.

איך קרה שיהושע וכלב ראו דברים שאחרים לא ראו?

הם פשוט בחרו להסתכל דרך משקפיים אחרות. הם לא התכחשו למציאות: גם הם ראו את הענקים ואת החומות הבצורות. אבל במקום לראות "למה אי אפשר", הם חיפשו "איך אפשר". במקום להתמקד בקשיים, הם התמקדו בהזדמנויות שה' מביא לנו.

זה קורה גם היום: שני תלמידים מקבלים 85 במבחן. אחד רואה כישלון כי הוא לא הצליח להגיע ל־90, השני רואה הצלחה כי התקדם מה־75 הקודם. שני עובדים מקבלים ביקורת מהבוס. אחד רואה בה הוכחה שהוא לא מוצלח, השני רואה בה הזדמנות להשתפר.

המרגלים לימדו אותנו שיעור חשוב: לפעמים הדבר שצריך לשנות הוא לא המציאות. גם לא תמיד זה אפשרי. מה שבידינו הוא המשקפיים שדרכם אנחנו בוחרים להסתכל עליה: יש **א**ירוע שהתרחש. אל תהיו מאלו שאומרים, "זו

המציאות. אין מה לעשות". השאלה היא איזו **פ**רשנות נבחר לתת לאירוע, ממילא איזה **ר**גש יתעורר בתוכנו, ומכאן גם ה**ת**גובה תשתנה.

## אתגר השבוע

בחרו דבר אחד שאתם רואים כשלילי בחייכם: מקצוע שאתם מתקשים בו בלימודים, קושי בעבודה, או אפילו תכונה שלכם שאתם לא אוהבים. נסו להסתכל עליו דרך "המשקפיים של יהושע וכלב" — איך אפשר לראות בו גם הזדמנות? איפה אפשר להכניס גם את הקב"ה בתוך העניין?

## מִבְזָק: הפרשה ב־20 שניות

חטא המרגלים ◂ דיני קורבנות בארץ ישראל: מנחה ונסכים, מצוות חלה, שגגת עבודה זרה ◂ פרשת המקושש ◂ מצוות ציצית.

## מספרים ש...

### מי יצליח לצייר את המלך?

ברחבי הממלכה פורסמה הודעה חגיגית: "הוד מלכותו מחפש צייר אומן. אשף מכחול שיידע לצייר בנאמנות את דמותו של המלך. הדיוקן המפואר יוצב לראווה בכיכר העיר, והצייר המוכשר יזכה בפרס גדול".

אלא שבפני האומן ניצבה משימה לא קלה. אותו מלך היה חובב מלחמות, ובמהלך הקרבות השונים איבד רגל אחת ועין אחת. כיצד ניתן להפיק ציור מחמיא של מלך בעל מום שכזה?

לא חלף זמן רב ובשער הארמון הופיע צייר שנענה לאתגר. במשך חודש ימים הוא עבד בימים ובלילות, ובבוא העת נערך טקס חגיגי בהשתתפות כל השרים והדוכסים כדי להציג בו את היצירה הנכספת. הלוט הוסר ומפיות כולם בקעו קריאות התפעלות. בציור נראה המלך כשהוא שלם ברמ"ח ושס"ה ושום זכר לא ניכר לעקבות מלחמותיו.

"מדהים... איזה יופי... יוצא מן הכלל", הסכימו השרים פה אחד.

רק המלך לא היה מרוצה. "שקרן! נוכל! על מי אתה בא לעבוד?! מה שמצויר כאן זה בכלל לא אני. השליכו אותו אל הכלא".

בתוך יום פורסם מחדש המכרז המלכותי. כעבור זמן הופיע מתנדב שני למשימה המאתגרת. במשך חודש שלם הוא עמל על היצירה כשכולם כוססים ציפורניים בציפייה לתוצאה. ברגע הסרת הלוט עצרו כולם את נשימתם. המלך נראה בדיוק כמו שהוא במציאות: בעל מום. חסר עין, חסר רגל.

"מדויק להפליא", הסכימו השרים, "אין מה לומר, זה הרי בדיוק הוד מלכותו".

אלא שהמלך עצמו השתולל מזעם. "חצוף! עז פנים! ככה אתה רוצה לבזות אותי בפני כל הממלכה?! השליכו אותו אל הכלא".

המודעה פורסמה בפעם השלישית כשהפעם לא היו עליה קופצים רבים כל כך. חלף זמן רב עד שהופיע אדם בשערי הארמון והודיע שהוא נענה למשימה. השרים התפלאו על העזה ועל האומץ אך חששו שגורלו של המסכן יהיה כשל קודמיו.

בתום חודש עבודה מאומצת נערך טקס החשיפה כשאת המתח באוויר ניתן היה לחתוך בסכין. הלוט הוסר ויצירת הפאר נחשפה לעיני כול: המלך נראה בה מעט מרחוק כשהוא רוכב על סוס הניצב ליד האגם בינות לעצים המלבלבים. דמותו של הוד מלכותו נראתה מן הצד כשרגלו האחת מצד זה של הסוס, אך השנייה, זו שאיננה, נסתרת מן העבר האחר ולא ניתן לראותה. המלך נראה כשהוא אוחז בידו קשת ומכוון אותה אל האופק לעבר מטרה נעלמה כשעינו האחת, זו החסרה, עצומה למען הדיוק בקליעה.

דממה אחזה בשרים. אף אחד לא העז להוציא הגה וכל העיניים נתלו במלך.

הוד מלכותו זרח מאושר. "נפלא! הרי זה בדיוק אני. נהדר! אי אפשר היה לצייר זאת טוב יותר. העניקו לו את הפרס הגדול".

## הידעת?

**זהירות, מרגלים! — "וַיִּשְׁלַח אֹתָם מֹשֶׁה לָתוּר אֶת אֶרֶץ כְּנָעַן"** (יג, יז)

אלפי שנים לפני הקמת ה"מוסד", שירות המודיעין של ישראל, החלו לפעול המרגלים ששלח משה לארץ כנען. התוצאה הייתה כידוע טרגית. בספר יהושע מופיעה דוגמה מוצלחת יותר – המרגלים ששלח ליריחו, שנעזרו ברחב והביאו מידע שסייע בכיבוש העיר. בימינו, אלי כהן התחזה לאיש עסקים סורי והפך לדמות מפתח בצמרת השלטון הסורי, עד שנתפס והוצא להורג ב־1965. המידע שהעביר סייע לישראל לנצח במלחמת ששת הימים. יהונתן פולארד, שריגל עבור ישראל בארה"ב, שילם מחיר כבד: 30 שנות מאסר. מנגד, גם ישראל מתמודדת עם ריגול: השב"כ סיכל בעשור האחרון מאות ניסיונות ריגול של ארגוני טרור וגורמים עוינים. שירות המודיעין של ישראל נחשב לאחד הטובים בעולם, עם הצלחות מרשימות כמו לכידת אייכמן והבאת מסמכי הגרעין מטהרן.

## מה יש לחפש בקברי צדיקים? – "וַיָּבֹא עַד חֶבְרוֹן" (יג, כב)

למה כלב הלך לבדו לחברון? חז"ל מגלים: להתפלל על קברי האבות. מאז, התפתחה מסורת של עלייה לקברי צדיקים. המרכזיים שבהם: מערת המכפלה, קבר רחל, קבר הרשב"י במירון (מאות אלפים עולים לשם בכל ל"ג בעומר!), וקבר רבי נחמן באומן. מעניין שדווקא הקבר שנחשב סגולה למבקשי שידוכים הוא של מתרגם התורה – רבי יונתן בן עוזיאל בעמוקה. נחלקו הפוסקים בשאלת אופן התפילה בקברים: האם מותר לפנות לנשמת הצדיקים ישירות ולבקש שיהיו מליצי יושר עבורנו, או שיש להתפלל רק לה' שיעזור לנו בזכות הצדיקים.

## התכלת והציצית – "וְנָתְנוּ עַל צִיצִת הַכָּנָף פְּתִיל תְּכֵלֶת" (במדבר טו, לח)

הציצית, אחד הסמלים היהודיים העתיקים ביותר, נמצאה במערות מדבר יהודה, ומוערך כי היא בת כ־2,000 שנה. חוטיה נקשרים ב־39 כריכות – כמניין "ה' אחד", לפי שיטת האשכנזים, ולפי שם הוי"ה למנהג הספרדים. בציצית אמור להיות חוט מיוחד בצבע תכלת, שהופק מחילזון נדיר בחופי הים, וצבעו מזכיר את הים, הרקיע וכיסא הכבוד. במשך אלפי שנים היה צבע זה חלק בלתי נפרד מבגדי היהודים, עד שנעלם בתקופת הגלות לפני כ־1400 שנה. בשנת 1887 הרב מרדזין זיהה מחדש את החילזון המסתורי כדיונון, אך רוב הפוסקים חלקו עליו. כיום יש המזהים את התכלת עם חילזון הארגמון קהה הקוצים, הנמצא בחופי ישראל. רבים סומכים על זיהוי זה, אך עדיין יש הממתינים לבירור מוחלט שלו.

## פותחים ראש

### שאלות לדיון סביב השולחן

**מה רוצים מהמרגלים?** – "שְׁלַח לְךָ אֲנָשִׁים וְיָתֻרוּ אֶת אֶרֶץ כְּנַעַן" (יג, ב)

מה היה חטאם של המרגלים? הרי הם נשלחו כדי לדווח מה ראו, וזה מה שעשו! האם במבט ריאלי־ארצי היה סיכוי לכבוש את הארץ המבוצרת ולגבור על בני הענק? האם עַם ישראל צריך לסמוך על ניסים כשהוא יוצא להילחם? כאשר אדם מנסה לגלגל יוזמה חדשה אך נתקל בקשיים כלכליים ובהתנגדויות שונות – האם זה סימן שעליו להפסיק או שצריך להתעקש עוד יותר עד להשגת המטרה?

**הארץ המובטחת** – "אֶרֶץ אֲשֶׁר הִוא זָבַת חָלָב וּדְבָשׁ" (יד, ח)

בדיחה ידועה אומרת שמשה רבנו הסתובב עם בני ישראל ארבעים שנה במדבר כי הוא חיפש את המקום היחיד במזרח התיכון שאין בו נפט... אילו סגולות ויתרונות יש לארץ ישראל גם במישור החומרי? איך אפשר להסביר את ההצלחה החקלאית והטכנולוגית של ישראל למרות תנאי השטח המאתגרים? איך אתם מרגישים כשאתם חוזרים לארץ אחרי טיול בחו"ל? האם יש משהו מיוחד באוויר, בנוף או באווירה שאי אפשר למצוא בשום מקום אחר?

**"סליחה שפגעתי"** – "וְנִסְלַח לְכָל עֲדַת בְּנֵי יִשְׂרָאֵל" (טו, כו)

למה קשה כל כך לבקש סליחה? האם יש דרכים נכונות ולא נכונות לעשות זאת? למה קשה לנו לסלוח? האם יש מצבים שבהם מוצדק לא לסלוח למי שפגע בכם, גם אם הוא מבקש סליחה?

**הסטורי של השכן** – "וְלֹא תָתוּרוּ אַחֲרֵי לְבַבְכֶם וְאַחֲרֵי עֵינֵיכֶם אֲשֶׁר אַתֶּם זֹנִים אַחֲרֵיהֶם" (טו, לט)

איך מתמודדים עם הפזילה המתמדת למה שיש לאחרים? איך השפיעו הרשתות החברתיות על התופעה הזו? מה גורם לנו להשוות את עצמנו לאחרים דווקא ברגעי השיא שלהם? האם יש דרך להישאר שמח בחלקך בעידן של "לייקים" ו"עוקבים"?

# קורח

## לריב בלי להיפרד

"אני לא מבין למה חייבים להתווכח על הכול", משתף אמיר (16). "אתמול בכיתה התפתח ויכוח על מדיניות הסלולרי בבית הספר. אמרתי את דעתי, ומייד קפצו עליי חמישה תלמידים. התחילו לצעוק, לזלזל, להגיד שאני לא מבין כלום. בסוף פשוט שתקתי. מה הטעם? ברגע שמישהו לא מסכים איתך, הוא מייד מתחיל להילחם בך."

"המנהלת שלי פשוט לא מקשיבה", מספרת רותי (42), מורה בתיכון. "הצעתי שינוי בשיטת ההערכה שיכול לעזור לתלמידים החלשים. במקום לדון בזה עניינית, היא מייד התגוננה: 'את חושבת שאת יודעת יותר טוב ממני?! את רוצה להיות המנהלת?!'

איך אפשר ככה לקדם רעיונות? כל הצעה הופכת למאבק כוח".

### עַם של דעות

ארצות הברית, המעצמה החזקה בעולם עם כ־330 מיליון תושבים, מסתדרת עם שתי מפלגות. רוב הישראלים לא יודעים אפילו להסביר את הבדל ביניהן.

לעומת זאת, בישראל הקטנה יש רק כ־10 מיליון תושבים, אבל בבחירות האחרונות התמודדו לא פחות מארבעים מפלגות, כל אחת עם מצע שונה מחֲברתה.

אבל אולי זה לא מקרי, כפי שמסביר הרב קוק, הרב הראשי הראשון לארץ ישראל. דווקא העוצמות והכישרונות הגדולים של העם היהודי יוצרים התנגשות בין כוחות שונים.

לפעמים המצב הזה מוביל לתוצאות קשות – סכסוך יוסף ואחיו, התפלגות הממלכה בימי בית ראשון, שנאת חינם שהחריבה את בית המקדש השני. אבל לעיתים קרובות זה דווקא יוצר דבר מופלא: בית מדרש פועם ותוסס, שבו כל דף גמרא מלא בדעות שונות. דווקא ריבוי הדעות מציג תמונה שלמה יותר של האמת, כשכל אחד משקף זווית אחרת של אותו יהלום.

לכן השאלה היא לא אם לחלוק, אלא איך. ופה חשוב לברר: מתי המחלוקת בונה ומתי היא הרסנית? ואיך מנהלים ויכוח בצורה בריאה מבלי שיהפוך ליריבות אישית?

### לדעת לחלוק

בפרשת קורח מתגלה חידוש מפתיע: יש איסור מיוחד בתורה על מחלוקת. הכתוב קובע: **"וְלֹא יִהְיֶה כְקֹרַח וְכַעֲדָתוֹ"** (במדבר יז, ה), והגמרא רואה בזה ממש לאו – "כל המחזיק במחלוקת עובר בלאו" (סנהדרין קי, ע"א). ממש כמו האיסור לאכול טרף או לגנוב.

אבל איך זה מסתדר עם המסורת היהודית של מחלוקת? הרי המשנה והגמרא מלאות בוויכוחים!

התשובה טמונה במשנה במסכת אבות: "אֵיזוֹ הִיא מַחֲלֹקֶת שֶׁהִיא לְשֵׁם שָׁמַיִם? זוֹ מַחֲלֹקֶת הִלֵּל וְשַׁמַּאי" (ה, יז). מה מיוחד בהלל ושמאי? המשנה מגלה: "אף על פי שנחלקו – לא נמנעו מלשאת נשים אלו מאלו" (יבמות יד ע"ב). זה הסוד: המחלוקת הייתה עניינית לגמרי ונשארה בבית המדרש, ולא פגעה ביחסים האישיים.

ויש כאן עוד דבר עמוק: בכל מחלוקת אמיתית, גם אם הצד השני טועה, יש נקודה שצריך להקשיב לה. גם בטענתו של קורח **"כָל הָעֵדָה** כֻּלָּם קְדֹשִׁים" (במדבר טז, ג) הייתה נקודת אמת: אכן, בכל יהודי יש נשמה אלוקית טהורה שה' נתן בו. אבל זו רק אמת חלקית. כי יש הבדל גדול בין הקדושה הטבעית שיש בכל יהודי לבין הקדושה שצריך לפתח ולהוציא מהכוח אל הפועל, ובין הנשמה האלוקית שנתן ה'

בכולם לבין התפקידים השונים שהוא חילק לכל אחד. וכמו שלא כל מי שיש לו כישרון למוזיקה יכול מייד לנגן בתזמורת, כך גם בעבודת המקדש יש דרך והכנה מיוחדת.

לכן הסימן הבטוח למחלוקת אמיתית הוא לא בעוצמת הוויכוח, אלא במה שהיא משאירה אחריה. כשהמחלוקת היא באמת לשם שמיים, היא לא גורמת לפירוד לבבות. אבל כשהיא גולשת לטינה אישית ופסילה, זה סימן שמשהו כאן כבר לא "לשם שמיים".

אפשר לראות את זה גם כיום: אם למשל, בישיבת מועצת התלמידים דנים על שינוי במסלול הטיול השנתי: יש המעדיפים מסלול מאתגר יותר ויש הדואגים לתלמידים שיותר קשה להם. כשהדיון – סוער ככל שיהיה – נשאר ענייני ומתמקד בטובת הכיתה, כולם מרוויחים. אבל כשהוא גולש ל"אתם תמיד מפונקים" או "אתם פחדנים" – המחלוקת כבר לא לשם שמיים.

### המניע האמיתי

ומכאן חזרה לקורח. הוא טען "**כָל הָעֵדָה** כֻּלָּם קְדֹשִׁים", טענה שנשמעת במבט ראשון צודקת וערכית. אבל האמת הייתה שונה לגמרי: הוא פשוט קינא בבני דודיו. אהרון קיבל את תפקיד הכהן הגדול, אליצפן מונה לנשיא שבט לוי, ואילו הוא, קורח העשיר והמיוחס, נשאר בצד. במקום להודות בקנאתו, הוא התעטף באצטלה של דאגה לציבור: "כולם קדושים", אך הייתה זו רק סיסמה ריקה שנועדה כדי לנגח את משה ואהרון.

יתרה מזו: כשהגיע רגע האמת, קורח היה מוכן להקריב את כל תומכיו. חז"ל אומרים ש"עינו הטעתו" (במדבר רבה יח, ח) – הוא ראה ברוח הקודש שעתיד לצאת ממנו צאצא גדול (שמואל הנביא), וחשב שזה סימן שהוא עצמו יינצל. עבור הסיכוי הזה הוא היה מוכן לסכן את כולם ולהוביל את כל חברי מפלגתו לאבדון.

אז איך נדע אם המחלוקת שלנו היא לשם שמיים? יש כמה סימנים:

האם יש לך מניעים נסתרים או שאתה באמת מחפש את האמת?

האם את באמת פתוחה לשמוע את הצד השני ולהבין את נקודת המבט שלו או רק רוצה לנצח?

האם הוויכוח יוצר ביניכם יריבות אישית ועוינות?

כי בסופו של דבר, המבחן האמיתי הוא לא מי צודק, אלא מה נשאר אחרי שהוויכוח נגמר: קירוב לבבות או שברי לבבות.

### אתגר השבוע

זַהוּ אדם שאתם חולקים עליו בנושא שחשוב לכם. השבוע, במקום להתווכח איתו, הקדישו עשר דקות לנסות באמת להבין את נקודת המבט שלו. כתבו לעצמכם שלושה דברים חדשים שלמדתם מהשיחה הזו.

## מִבְזָק: הפרשה ב־20 שניות

מחלוקת קורח ועדתו ועונשם ◂ פורצת מגפה והיא נעצרת בעזרת הקטורת ◂ האות על מטה אהרון שפורח כסימן לבחירה בשבט לוי ובאהרון ◂ מצוות שמירת המקדש ◂ מתנות כהונה ולוויה

## הידעת?

**באמת כולם קדושים? — "כָל הָעֵדָה כֻּלָּם קְדֹשִׁים"** (טז, ג)

הרב קוק מזהה דפוס שחוזר בהיסטוריה: הטענה ש"כולם קדושים". קין הביא מנחה פשוטה מתוך תפיסה שכל קורבן ראוי, קורח טען שאין צורך בכוהנים מיוחדים וכל העם ראוי לעבודת הקודש, והנצרות ביטלה את רעיון העם הנבחר והמצוות הייחודיות ופנתה אל כל העמים בשווה (להרחבה ראו בספר אורות, ישראל ותחייתו טו).

אך זוהי טעות יסודית, כיוון שהקדושה דורשת תנאים מיוחדים. ראשית, נשמה יהודית שניתנה משמיים. שנית, מדרגות שונות בתוך העם (כוהנים, לוויים, ישראלים). ושלישית, עבודה פנימית מתמדת של היטהרות.

כמו שלא כל אדם יכול לנתח מוח או להטיס מסוק, כך גם בעבודת הקודש יש דרך ארוכה כדי להגיע לפסגה.

**כשהאדמה נפערת — "וַתִּפְתַּח הָאָרֶץ אֶת פִּיהָ"** (טז, לב)

"פי הארץ" שבלע את קורח ועדתו היה על פי חז"ל נס מיוחד שנברא עוד בערב שבת בין השמשות (אבות ה, ו). אך מעין זה קיים גם בטבע: תופעת הבולענים, שבה הקרקע נפערת ובולעת כל מה שמעליה. בים המלח לבד נפערו מאות בולענים בעשורים האחרונים, אחרי שהמים המיסו שכבות מלח תת־קרקעיות ונוצרו חללים. אחד הבולענים המפורסמים נפער בגואטמלה שבמרכז אמריקה ב־2007, כשבלע בבת אחת בניין שלם. אך בשונה מבולעני הטבע, אצל קורח הייתה זו פעולה ניסית מכוונת — האדמה לא רק נפערה, אלא גם נסגרה מעליהם.

**הנשים שמאחורי המחלוקת — "און בן פלת אשתו הצילתו"** (סנהדרין קט, ע"ב)

שתי נשים, שתי השפעות הפוכות: אשתו של קורח ליבתה את המחלוקת, הזכירה לו איך כל בני דודיו קיבלו תפקידים בכירים והוא נותר מאחור. לעומתה, אשתו של און בן פלת הצילה את בעלה בחוכמתה: "מה ייצא לך מזה? אם משה ינצח — תהיה תלמיד, אם קורח ינצח — תהיה תלמיד". כדי למנוע ממנו ללכת עם חבורת החולקים, היא השקתה אותו יין וישבה בפתח ביתה בשיער גלוי. כשבאו אנשי קורח, ראו אותה והתרחקו. כך, בעוד המחלוקת התנהלה בחוץ בין הגברים, מאחורי הקלעים היו אלו הנשים שכיוונו את בעליהן — זו למחלוקת וזו לשלום, זו לאבדון וזו לחיים.

## מספרים ש...

### להיות מישהו אחר

**"הַמְעַט מִכֶּם, כִּי הִבְדִּיל אֱלֹקֵי יִשְׂרָאֵל אֶתְכֶם... לַעֲמֹד לִפְנֵי הָעֵדָה, לְשָׁרְתָם... וּבִקַּשְׁתֶּם גַּם כְּהֻנָּה?!"** (טז, ט-י)

סתת אבנים ישב על סלע גדול והביט בעצב בפטישו. "למה נגזר עליי להיות סתת פשוט?" הרהר. "כל היום לשבת ולחצוב אבנים, בלי שום סיכוי להתקדם בחיים".

לפתע עבר לפניו סוחר עשיר, מוקף במלווים מכובדים. "הנה מי שיכול לעשות משהו משמעותי בחיים", חשב, "הלוואי והייתי סוחר".

לפתע, כבמטה קסם, הפך הסתת לסוחר עשיר. אך כשראה את השר עובר בכרכרתו המוזהבת, מלווה במשרתים ובחיילים, ליבו התכווץ בקנאה. "מה שווה כל העושר שלי מול הכוח האמיתי?" חשב, "הלוואי שהייתי שר".

בין רגע הפך האיש לשר נכבד. אך ביום קיץ לוהט, כשהשמש קפחה על ראשו, הבין שיש מי שחזק ממנו. "ראו את השמש", הרהר, "אפילו השר הגדול ביותר צריך להיכנע בפניה".

נהיה האיש לשמש, אך ענן שחור הסתיר את אורו. הפך לענן, אך הרוח פיזרה אותו. נהיה לרוח סוערת, אך נעצר מול סלע ענק שלא זז ממקומו. "סוף-סוף מצאתי את החזק מכולם!" שמח והפך לסלע.

ניצב האיש כסלע, גאה בכוחו העצום, עד שלפתע חש כאב חד. הביט למטה וראה סתת אבנים אוחז בפטיש וחוצב בו בשקדנות.

## פותחים ראש

### שאלות לדיון סביב השולחן

**כשאין מחלוקות** – **"וַיִּקָּהֲלוּ עַל מֹשֶׁה וְעַל אַהֲרֹן וַיֹּאמְרוּ אֲלֵהֶם רַב לָכֶם"** (טז, ג)

מה דעתכם על שני חברים שטוענים שהם אף פעם לא מתווכחים ולא רבים על שום דבר? מה זה אומר עליהם? וכשזוג נשוי טוען כך, מה זה אומר עליהם ועל הזוגיות שלהם?

**מי בעד קורח?** – **"כִּי כָל הָעֵדָה כֻּלָּם קְדֹשִׁים וּבְתוֹכָם ה'"** (טז, ג)

לכאורה, הטענה של קורח נשמעת הרבה יותר משכנעת. "כולם בנים של הקב"ה, קיבלו תורה מסיני ובתוכם מפעמת נשמה קדושה. מה פתאום לעשות אבחנות והגבלות לחלק מהאנשים?! האם אין כאן חלוקת ג'ובים ותפקידים למקורבים?"

מה לדעתכם התשובה המהותית לטענה של קורח? מדוע משה לא עונה לו שום תשובה במישור התאולוגי ורק מציע את תרגיל המחתות?

לכל אורך ההיסטוריה לא מצאנו עונש חריג ונוראי כמו כאן, שהארץ פותחת את פיה ובולעת חיים גברים, נשים וטף. מה היה בחטאו של קורח ועדתו שהצדיק את זה?

**שבטים, מגזרים ועדות** – **"רַב לָכֶם בְּנֵי לֵוִי"** (טז, ו)

האם החלוקה לשבטים בתוך עם ישראל וההבחנות ביניהם הן דבר שראוי שיהיה מלכתחילה או שהוא קיים רק בדיעבד? מה גורם להבדל בין כוהנים ללוויים ולישראלים? האם ההבדלים בין עדות ומגזרים כיום הם תוצאה של השפעת הסביבה, חינוך ומוסכמות חברתיות או שהם באמת קשורים לסוגים שונים של אופי? האם נישואים בין בני זוג מעדות שונות הם רעיון טוב? מה היתרון והחיסרון בצעד כזה? כיצד הייתם נוהגים באופן אישי?

**עונשים קולקטיביים** – **"הָאִישׁ אֶחָד יֶחֱטָא וְעַל כָּל הָעֵדָה תִּקְצֹף"** (טז, כב)

האם לדעתכם ראוי להטיל לפעמים עונש קולקטיבי או שזה מעשה לא מוסרי? למשל, מורה שמעניש כיתה שלמה בבוחן בגלל שכמה התפרעו. או להבדיל – לנקוט צעדי ענישה נגד כפר שלם כי יצאו ממנו מחבלים.

# חֻקַּת

## על החיים ועל המוות

"מה הקטע עם המקווה?" תוהה דנה (28). "אני מתחתנת בעוד חודש, וכולם מדברים איתי על טהרת המשפחה. אבל תסבירו לי, יש לי בבית אמבטיה מפנקת עם ג'קוזי ומים זורמים נקיים. איך בור מים עומדים אמור להיות יותר 'טהור' מזה? זה נשמע לי כמו איזה פולחן עתיק שכבר לא רלוונטי יותר."

"אני כוהן", מספר אלעד (17), "וזה לא פשוט. לפני שבוע סבא של איתיאל, החבר הכי טוב שלי, נפטר. כל החברים הלכו להלוויה, רק אני נשארתי בחוץ. קשה להסביר למה אני לא יכול להיכנס, אפילו לי זה נשמע לפעמים מוזר. אבל אולי יש בזה משהו עמוק יותר ממה שאנחנו מבינים".

### להיפגש עם החיים

"אני רופא בהוספיס", סיפר ד"ר ישראל כץ. "בשסיימתי התמחות, היו שתמהו: הרי אני כוהן, איך אעבוד במקום של מוות, מוסד שהגיעו אליו אנשים כדי לסיים את חייהם? אבל דווקא כאן גיליתי דבר מפתיע. במקום שבו המוות נוכח, החיים מקבלים משמעות אחרת לגמרי. ראיתי אנשים לומדים להעריך כל רגע, כל מפגש, כל חיוך. פעם אישה מבוגרת אמרה לי משפט שלא אשכח: 'דווקא כאן, על סף המוות, אני מרגישה בפעם הראשונה מה זה באמת לחיות'. למדתי מזה שטומאת מת היא לא רק איסור טכני – היא מזכירה לנו להיצמד לחיים בכל כוחנו".

### מעבר למה שנראה לעין

"טומאה זה לכלוך וטהרה היא ניקיון" – כך חושבים אנשים רבים. אבל הם טועים. הרמב"ם, מגדולי חכמי ישראל שבכל הדורות, מסביר שמדובר בעניין עמוק הרבה יותר. "דבר ברור וגלוי שהטומאות והטהרות גזירות הכתוב הן... אין הטומאה טיט או צואה שתעבור במים" (הלכות מקוואות יא, יב). במילים פשוטות: צריך להשתחרר מהמושגים "נקי" ו"מלוכלך". טומאה וטהרה אינן עניינים פיזיים, אלא מושגים רוחניים.

מה משמעותם? האם נוכל להבין בשכלנו מה עומד מאחוריהם?

לא בטוח, אבל הנה דרך אחת להתבונן עליהם: כשמתבוננים בסוגי הטומאה השונים מגלים דבר מרתק: כולם קשורים להיעדר חיים. המת נחשב "אבי אבות הטומאה" – המקור החזק ביותר לטומאה. אצל המצורע, שגם הוא טמא, יש מחלה שיוצרת מעין "מוות" בתאי העור שלו. אישה נידה נטמאת, כי בכל חודש הגוף שלה מתכונן לאפשרות של חיים חדשים – הרחם מתמלא ברירית עשירה שיכולה להזין עובר. כשזה לא קורה, יש אובדן של פוטנציאל חיים.

אתם בטח שואלים: ומה עם יולדת? הרי היא הביאה חיים לעולם! למה לפי התורה גם היא טמאה?

אולי דווקא בגלל זה. כי היא נשאה בתוכה חיים במשך תשעה חודשים, ופתאום אחרי שהעובר יצא ממנה, נוצר בתוכה חלל ריק. זה מעין אובדן והיעדר חיים. לפי זה גם יובן למה כשנולדת בת הטומאה כפולה – שבועיים, ולא שבוע כמו אצל זכר. כי הבת נושאת בתוכה פוטנציאל כפול של חיים, וגם היא תוכל יום אחד להביא חיים לעולם. ממילא, כשהיא יוצאת נותר אחריה חלל גדול יותר.

אולי לאור זאת אפשר להבין יותר את עניין הטבילה במקווה. זו לא שטיפה היגיינית (אף שהיום מקפידים מאוד על הניקיון במקוואות והם ודאי נקיים הרבה יותר מבריכות שחייה), אלא פשוט התחברות למקור החיים עצמם. כי בלי מים – אין אפשרות של חיים. כמו עובר במי השפיר, כמו העולם בתחילת הבריאה כשהמים כיסו את הכול. הטבילה היא מעין אתחול של המערכת, חזרה לראשית, מעין לידה מחדש.

העיסוק של התורה במנגנון ההיטהרות והרחקה של כל טומאה מהמשכן והמקדש מעבירים לנו מסר עמוק: בניגוד לדתות אחרות שעסקו במוות, שהכוהנים שלהן פעלו בבתי קברות ועסקו בפולחני מתים – היהדות היא דת של חיים. "וְאַתֶּם הַדְּבֵקִים בַּה' אֱלֹהֵיכֶם חַיִּים כֻּלְּכֶם הַיּוֹם" (דברים ד, ד). הכוהן נדרש להתרחק מטומאה, ויהודי טמא לא יכול להיכנס למקדש. כי הקדושה היא דבקות מתמדת בחיים, בצמיחה, בהתחדשות. זו אולי המהות העמוקה ביותר של היהדות: להאמין באלוקים שחפץ בחיים ולבחור בחיים בכל רגע מחדש. הרעיון הזה מתבטא בכל מיני דרכים: בהענקת משמעות לרגעים הפשוטים, בתשומת לב לדברים הטובים שקורים, בהארת פנים לאחרים ובעשייה של כל יום רגיל ליום שיש בו יותר חיים.

## אתגר השבוע

השבוע, בכל פעם שאתם נתקלים במשהו שמזכיר לכם את סופיות החיים – חדשות עצובות, מראה של זקנה או אובדן – עצרו לרגע וחשבו: מה המפגש הזה עם המוות מלמד אותי על ערך החיים? איך הוא יכול לעזור לי לחיות חיים משמעותיים יותר?

## מִבְזָק: הפרשה ב־20 שניות

מצוות פרה אדומה ◂ מיתת מרים ◂ חטא משה ואהרון במי מריבה ◂ מלך אדום מסרב לאפשר לישראל לעבור בגבולו והעם נאלץ לעקוף את ארץ אדום ◂ מות אהרון הכהן ◂ העם מתלונן ונפגע מנחשים ◂ נחש הנחושת מביא לו רפואה ◂ עם ישראל נלחם בסיחון ועוג וכובש את ארצם.

## להבין שלא מבינים

"ידע הוא כוח", קבע הפילוסוף האנגלי פרנסיס בייקון לפני 400 שנה. ואכן, אנחנו אוהבים לדעת ולהבין, להרגיש שליטה בעניינים. כבר בגן עדן הפיתוי הגדול של הנחש היה "וִהְיִיתֶם כֵּא-לֹהִים יֹדְעֵי טוֹב וָרָע" (בראשית ג, ה).

אבל יש דברים שהם מעבר להבנה שלנו. קחו למשל את האהבה: כששואלים מישהו למה הוא אוהב את אשתו או את הוריו, או להבדיל, למה שיר מסוים כל כך מיוחד בעיניו – לפעמים הוא יתקשה להסביר במילים. כך גם בתורה יש דברים שהם מעבר להבנה שלנו. אפילו שלמה המלך, החכם באדם, הודה שלא הצליח להבין את טעמי מצוות פרה אדומה. "אָמַרְתִּי אֶחְכָּמָה – וְהִיא רְחוֹקָה מִמֶּנִּי" (קהלת ז, כג). רש"י מסביר: "לפי שהשטן ואומות העולם מקניטים את ישראל לומר: מה המצווה הזאת ומה טעם יש בה? לפיכך כתב בה 'חוקה' – גזירה היא מלפני, אין לך רשות להרהר אחריה". יש כאן דבר שהוא גדול על השכל הפשוט שלנו, ואולי דווקא בזה טמון היופי. הרבי מקוצק אמר שלא היה רוצה לעבוד אלוקים שדרכיו מובנות לכל בן תמותה. זה כמו אהבה: כל תשובה ל"למה" תהיה שטחית מדי. האהבה עצמה גדולה מהמילים ומההבנות שלנו. זה נכון על אהבה, זה נכון על אלוקים, וזה נכון בנוגע לתורה.

כמובן, אנחנו משתדלים להבין עד כמה שנוכל – כל הרעיון של לימוד תורה מבוסס על כך, כפי שאומר הרמב"ם: "ראוי לאדם להתבונן במשפטי התורה ולידע סוף עניינם כפי כוחו, ודבר שלא ימצא לו טעם, אל יהי קל בעיניו" (סוף הלכות מעילה).

ואולי זה גם המסר העמוק בפרשה שלנו: היא פותחת במילים "זֹאת חֻקַּת הַתּוֹרָה" (יט, ב) ולא "חוקת הפרה". כי העיקרון של דברים שהם מעל להבנה שלנו, תקף לא רק לפרה, אלא רלוונטי לכל התורה. גם כשנדמה לנו שהבנו משהו עד תום, יש בו עוד עומקים וסודות שטרם גילינו.

### הידעת?

**פרה נדירה בצבע מושלם – "פָרָה אֲדֻמָּה תְּמִימָה"** (יט, ב)

חז"ל מספרים שבכל ההיסטוריה היהודית נעשו רק תשע פרות אדומות: הראשונה על ידי משה במדבר, השנייה על ידי עזרא, ועוד שבע במשך 420 שנות בית המקדש השני (משנה פרה ג, ה). הרמב"ם מוסיף שאת הפרה העשירית יעשה מלך המשיח. בימינו יש מכון מיוחד המנסה לגדל פרה אדומה כשרה, משימה מאתגרת ביותר. אפילו שתי שערות שחורות פוסלות אותה, וגם אם נולדה אדומה לגמרי, עליה להישאר כך לפחות עד גיל שלוש שנים. מעניין שדווקא חקלאים לא יהודים בטקסס מגדלים עדר של פרות אדומות במיוחד למטרה זו, ומדי פעם מדווחים על "מועמדת מבטיחה".

**שבת אנטבה –**
**המבצע שהדהים את העולם!**

בליל שבת פרשת חוקת, 4 ביולי 1976, נחתו ארבעה מטוסי הרקולס של חיל האוויר באוגנדה. בתוך 55 דקות חילצו הכוחות 102 חטופים במבצע הנועז ביותר בתולדות צה"ל. שבוע קודם נחטף מטוס אייר פראנס לאנטבה, ובעוד העולם מגנה ומדבר, ישראל פעלה. המבצע הצליח מעל המשוער: כל המחבלים חוסלו, עשרות חיילים אוגנדים נהרגו, שמונה מטוסי מיג הושמדו על הקרקע. אבל היה גם מחיר כבד: סגן אלוף יונתן נתניהו, מפקד סיירת מטכ"ל, נהרג בקרב. המבצע נקרא על שמו והפך לסמל של נחישות ישראלית, אומץ, יצירתיות ודבקות במטרה. מאז ועד היום מציינים החטופים ששוחררו את השבת הזו – "שבת אנטבה" – ונזכרים ומודים בה על ההצלה הגדולה.

**מרפואה לעבודה זרה –**
**"עֲשֵׂה לְךָ שָׂרָף"** (כא, ח)

כשמונה מאות שנה עברו מאז שמשה יצר את נחש הנחושת במדבר ועד שחזקיהו המלך ניתץ אותו. במשך הדורות האלו, מה שהתחיל כאמצעי ריפוי ניסי הפך לעבודה זרה של ממש ואנשים החלו להקטיר לו קטורת. חזקיהו, למרות המסורת העתיקה והקדושה של הנחש, העז לנפץ אותו (מלכים ב יח, ד). זה היה אחד המעשים שזיכו אותו בשבחים מיוחדים מחז"ל, על כך שאזר אומץ לעשות את מה שבכל הדורות הקודמים נמנעו ממנו. זה מלמד שלפעמים צריך אומץ לשנות דברים שהתרגלנו אליהם, כשהם כבר לא משרתים את המטרה המקורית שלהם.

## מספרים ש...

### הפסטה הכי טעימה בעולם

"וְנַפְשֵׁנוּ קָצָה בַּלֶּחֶם הַקְּלֹקֵל" (כא, ה)

כל הדרך חזרה מהעבודה התלבטה מאיה מה להכין לארוחת הערב עם בעלה. כשהחליטה על פסטה, עצרה בסופר לקנות את המצרכים הדרושים כדי להכין את המתכון הסודי לרוטב שלמדה מסבתא שלה.

כשהגיעה הביתה הייתה עייפה מן הדרך, אך לא היה לה זמן לנוח. היא רצתה להספיק להכין את הפסטה לפני שבעלה יחזור מן העבודה. בין העזרה לילדים בשיעורי הבית והגיהוץ, חתכה מאיה בצל וכתשה עגבניות והוסיפה לרוטב עוד מצרכים.

הלילה ירד ובעלה של מאיה, גיא, חזר מן העבודה, נכנס הביתה ושאל: "מה יש היום לאכול?"

מאיה ענתה בשמחה: "הפסטה הסודית של סבתא שלי!"

פניו של גיא הביעו אכזבה: "עוד פעם הפסטה של סבתא שלך? כמה אפשר כבר לאכול אותה?!"

בלי לשים לב לפניה הנדהמות של רעייתו, הרים את שפופרת הטלפון והחל לחייג: "סיפרו לי על מסעדת פסטות טובה. אני אזמין משם. את רוצה גם משהו?"

מאיה ההמומה לא ענתה, וגיא הזמין לעצמו מנת פסטה אחת ונכנס להתקלח. בזמן שהיה במקלחת, נשמע צלצול בדלת. "מאיה, תפתחי בבקשה, זה המשלוח. תני לו את הטיפ שהכנתי על השולחן".

גיא יצא מהמקלחת ובינתיים מאיה לקחה את המשלוח והכינה לבעלה את האוכל בצלחת. הוא התיישב, זלל את הפסטה וליקק את האצבעות.

"זו באמת מסעדת פסטות מעולה", אמר לאשתו, "צריך להזמין ממנה יותר".

אשתו נשכה את שפתיה. גיא קם מן השולחן וראה על השיש את שקית המשלוח, עדיין סגורה.

## פותחים ראש

### שאלות לדיון סביב השולחן

#### מנהיגות בעת משבר – "וְלֹא הָיָה מַיִם לָעֵדָה" (כ, ב)

כשיש משבר (כמו מחסור המים בפרשה שלנו), איך לדעתכם מנהיג טוב צריך להגיב? איך הייתם מצפים ממנהיג כיתה, תנועת נוער או קבוצת ספורט להתנהג כשיש בעיה? מה קשה יותר למנהיג – להתמודד עם משבר חיצוני או עם תלונות של האנשים שלו? האם חוויתם פעם מצב שבו הייתם צריכים להנהיג קבוצה בזמן קושי? איך התמודדתם?

#### להכות את הסלע – "וַיָּרֶם מֹשֶׁה אֶת יָדוֹ וַיַּךְ אֶת הַסֶּלַע בְּמַטֵּהוּ פַּעֲמָיִם" (כ, יא)

מתי לדעתכם אין די בדיבורים וצריך להפעיל כוח? האם יש סיטואציה שבה הורים צריכים להשתמש בכוח כדי להעביר מסר? אם כן, מתי? ומה בנוגע למורים? מה פוגע יותר (בטווח הקרוב והרחוק) – מכה פיזית או מכה נפשית? מה חמור יותר בעיני הֶחברה? האם לדעתכם זה מוצדק?

#### איך לחלץ שבויים? – "וַיִּלָּחֶם בְּיִשְׂרָאֵל וַיִּשְׁבְּ מִמֶּנּוּ שֶׁבִי" (כא, א)

חוץ מהמקרה שבפרשתנו, מצאנו בתנ"ך כמה מקרים של מישהו שנפל בשבי: לוט ביד ארבעת המלכים, דינה בשכם, משפחתו של דוד בצקלג. מהי הדרך שנקטו באותם המקרים כדי לחלץ את השבויים? האם לדעתכם היום המצב שונה? מדוע? מה המחיר שנכון לשלם כדי להשיב הביתה שבוי? האם משנה אם מדובר באזרח או בחייל, ואם נפל בשבי באשמתו או שלא באשמתו?

# בלק

## לבדד, אבל לא לבד

"הכול כאן כל כך שונה", מספר איתי (16). "לפני שנתיים המשפחה שלי עשתה רילוקיישן כי אבא עבר לעבוד בעמק הסיליקון בקליפורניה. אומנם אני לומד בבית ספר יהודי בסן פרנסיסקו, אבל זה עולם אחר לגמרי. החברים שלי מרגישים קודם כול אמריקאים ורק אחר כך יהודים. רובם הולכים לבית כנסת רפורמי, חוגגים את חג ההודיה יותר מפסח ומתכננים ללמוד באוניברסיטאות הכי טובות בלי קשר לכמות היהודים שם. לפעמים אני תוהה: אולי הם צודקים? למה להישאר מסוגרים בתוך עצמנו כשהעולם מציע לנו כל כך הרבה הזדמנויות נהדרות?"

"איילה, את לא תאמיני מה קרה", אומרת אורטל (32) לחברתה הטובה. "זוכרת את חואן, הבחור שהכרתי בטיול בברצלונה? התארסנו! נכון, הוא לא יהודי, אבל הוא כל כך מיוחד — רופא בארגון 'רופאים ללא גבולות', תורם לעולם, מכבד את המסורת שלי. ההורים שלי בהלם מוחלט, אמא בוכה כל היום ואבא מאיים שלא יגיע לחתונה. אני לא מבינה — הרי בסוף כולנו בני אדם, לא?"

### סוד ההצלחה היהודית

"הייתי בשבוע שעבר בכנס טכנולוגיה בסין", מספר פרופ' דן פרץ, מומחה לבינה מלאכותית. "באחת ההפסקות ניגש אליי מנכ"ל של חברת ענק סינית. בזמן שמזגנו לעצמנו תה, הוא סיפר לי על מרכז המחקר החדש שהקימו — עשרת אלפים מהנדסים, תקציב של מיליארדים. 'אבל משהו מתסכל אותי', הוא אמר, 'בכל פעם שאנחנו מפתחים משהו חדש, מגיע סטארט־אפ קטן מישראל ומקדים אותנו. איך זה יכול להיות?'

חייכתי. 'אולי כי אנחנו רגילים לחשוב אחרת', עניתי. 'כשאתה חי במדינה קטנה שמוקפת אויבים, אתה חייב להיות יצירתי'.

הוא הנהן. 'יש משהו מיוחד בעם שלכם', אמר. 'אתם מדינה בגודל של פרובינציה סינית קטנה, אבל יש לכם יותר חברות בנאסד"ק מכל אירופה. משהו בדנ"א שלכם שונה'.

כששמעתי את זה, נזכרתי בסבא שלי, ניצול שואה שהגיע לארץ בלי כלום. בתוך שנים מעטות הקים משפחה לתפארת, בנה בית של תורה וחסד, והצליח להעביר לילדיו את אותה רוח של אמונה ויצירה. אולי באמת יש משהו מיוחד בעם הזה?"

### מיוחדים ואוניברסליים

"לא עוד עם לבדד ישכון", כך הכריז ראש הממשלה יצחק רבין בנאום בכנסת בשנת 1994, שבו הודיע על חוזה השלום עם ירדן. לכאורה תם זמנה של הקללה העתיקה של הבדידות שרבצה על העם היהודי. אבל רגע, האם באמת זו קללה שצריך להיפטר ממנה? הרי את המילים האלו אמר בלעם דווקא בעת שבירך את ישראל: "הֶן עָם לְבָדָד יִשְׁכֹּן וּבַגּוֹיִם לֹא יִתְחַשָּׁב" (כג, ט).

הסוד טמון בהבנה עמוקה יותר: הייחודיות שלנו היא לא חומה שמפרידה בינינו לבין העולם, אלא המפתח להשפיע עליו. הרב קוק הסביר שיש הבדל בין החיצוניות לפנימיות. בצד החיצוני אנחנו יכולים וצריכים ללמוד מכל אדם ומכל אומה ולצרף אלינו את הטוב שיש בהם. אבל בצד הרוחני־הפנימי יש לנו בשורה גדולה וייחודית ותפקיד מיוחד להשפיע על העולם.

ההתבוללות, שמכרסמת בעם היהודי בתפוצות (מכנים אותה "השואה השקטה"), נובעת מהרצון להיות "כמו כולם", להשתלב בסביבה הגויית ולשכוח מי אנחנו ומה ייעודנו. אבל דווקא כשאנחנו מנסים להיטמע, אנחנו מאבדים את הכוח

להשפיע. ולהפך – כשעם ישראל שמר על ייחודו, הוא תרם לאנושות את התרומות הגדולות ביותר.

גם גדולי האנושות הכירו בכך: "היהודי הוא אותה ברייה מקודשת שהורידה מן השמיים את השלהבת הנצחית והאירה בה את העולם כולו", כך כתב לב טולסטוי, מגדולי הסופרים הרוסים. ג'ון אדמס, הנשיא השני של ארה"ב, הרחיק לכת עוד יותר: "גם אילו הייתי אתאיסט עדיין הייתי מאמין שהגורל הועיד את היהודים להיות המכשיר המהותי ביותר לתַרבות העמים." ההיסטוריון פול ג'ונסון הוסיף: "להם אנו חבים את רעיון השוויון בפני החוק, קדושת החיים וכבוד האדם, המצפון האישי והאחריות החברתית. בלעדי היהודים היה עולמנו מקום ריקני הרבה יותר."

והנה הפלא הגדול: כל זה קרה עוד בזמן הגלות, כשהיינו עם חלש ורדוף. קל וחומר עכשיו, כשזכינו לחזור לארץ ישראל והקמנו מדינה עצמאית – כעת הפוטנציאל להשפיע על העולם גדול פי כמה.

נכון, גם היום אנחנו סופגים לא מעט שנאה מהעולם. אבל אולי זה דווקא מעיד על דבר עמוק יותר: יש לנו משהו מיוחד שמעורר תשומת לב. כי "עם לבדד ישכון" הוא לא עונש או גזירה, אלא תפקיד מיוחד. ובדיוק כמו שכל אחד מאיתנו יודע שכדי להצליח עליו להיות נאמן לעצמו ולא לחקות אחרים, כך גם כעם הכוח שלנו הוא דווקא בשמירה על הייחודיות שלנו. זה בא לידי ביטוי בדרך שבה אנחנו מקפידים על השבת למרות פיתויי העולם המודרני, בדרך שבה אנחנו שומרים על חיי משפחה וקהילה חזקים גם כשהכול מסביב מתפרק, ובנאמנותנו לערכים שלנו – אמונה, מסורת, ערבות הדדית – גם כשהם לא פופולריים. הדבר המיוחד הוא שדווקא כשאנחנו נאמנים לדרך הזו, אנחנו מצליחים להשפיע ולתרום לעולם הרבה יותר.

## אתגר השבוע

השבוע, כשאתם נפגשים עם אנשים שאינם יהודים – בעבודה, בלימודים או ברשת – ספרו בגאווה על המיוחד שבעם שלנו: ערכי המשפחה היהודיים, עקרונות הצדק והמוסר שהבאנו לעולם, תרומתנו למדע ולרפואה, הדרך שבה שמרנו על זהותנו למרות כל הקשיים ועוד.

## מִבְזָק: הפרשה ב־20 שניות

בלק מלך מואב מזמין את בלעם הקוסם לקלל את ישראל ◄ מלאך ה' חוסם את אתונו של בלעם בדרך ובנס היא פותחת את פיה ומדברת עם אדונה ◄ במקום לקלל בלעם מברך את ישראל ארבע פעמים ◄ עם ישראל זונה עם בנות מואב ופורצת מגפה ◄ פינחס הורג את זמרי, נשיא שבט שמעון ואת המדינית.

## הידעת?

**האם חיות יכולות לדבר? — "וַיִּפְתַּח ה' אֶת פִּי הָאָתוֹן"** (כב, כח)

אתונו של בלעם היא החיה היחידה בתנ"ך שזכתה לדבר בשפת אנוש והיה נצרך לשם כך נס מיוחד. אבל המדע מגלה שעולם החיות מלא בשפות מתוחכמות משלו: דבורים מעבירות מידע על מיקום פרחים דרך ריקוד מורכב, דולפינים משתמשים בשריקות ייחודיות כשמות פרטיים, ושימפנזים יכולים ללמוד מאות סימנים בשפת הסימנים. חז"ל מספרים ששלמה המלך הגיע לרמה גבוהה אף יותר — הוא ממש הבין את שיחת החיות (קהלת רבה א), יכולת שאין לנו דרך להשיג אותה גם היום.

**באיזו עין מסתכלים? — "וַיִּשָּׂא בִלְעָם אֶת עֵינָיו"** (כד, ב)

לבלעם הייתה מומחיות מיוחדת למצוא תמיד את הרע. חז"ל אומרים שידע לכוון לרגע היחיד ביממה שבו ה' כועס ולשם לכוון את קללתו. לכן הוא חיפש את "קצה העם", את נקודות התורפה של עם ישראל כדי לפגוע בו דרך שם. זו הייתה ה"עין הרעה" שלו וכך היה רגיל להביט על העולם.

לעומתו, אברהם אבינו חיפש תמיד את הטוב. אפילו בסדום המושחתת הוא ניסה למצוא צדיקים.

מחקרים בפסיכולוגיה מראים שאנשים עם "עין טובה" לא רק מאושרים יותר ובריאים יותר מבחינה נפשית, אלא גם מצליחים להקרין החוצה ולחולל שינוי חיובי בסביבתם.

**קדושת הפרטיות — "מַה טֹּבוּ אֹהָלֶיךָ יַעֲקֹב"** (במדבר כד, ה)

ממה התפעל בלעם כשראה את מחנה ישראל? חז"ל אומרים שראה שפתחי האוהלים לא היו מכוונים זה מול זה. מכאן נולד המושג ההלכתי "היזק ראייה" שמסכת בבא בתרא עוסקת בו באריכות — החובה לכבד את פרטיות השכן. ההלכה קובעת שאדם שבונה חלון מול חצר שכנו, או מרפסת שצופה לחצר פרטית — השכן יכול לדרוש ממנו לבנות מחיצה או לשנות את תוואי הבנייה. גם היום, כשבונים בניין חדש, יש לוודא שהמרפסות והחלונות לא יפגעו בפרטיות השכנים. עיקרון זה של הזכות של כל אדם למרחב פרטי משלו, שנולד באוהלי המדבר, נשאר רלוונטי גם בעידן המצלמות והרשתות החברתיות.

## פותחים ראש
### שאלות לדיון סביב השולחן

**כוח הברכה** – **"כִּי יָדַעְתִּי אֵת אֲשֶׁר תְּבָרֵךְ מְבֹרָךְ"** (כב, ו)

איך עובדת ברכה של צדיק? האם זו גזירה שחייבת להתקיים, תפילה או איחול טוב? האם יש תועלת גם בברכה של אנשים רגילים? ומן הצד השני: האם קללה של אדם פוגעת באופן ממשי או שאין בה שום דבר חוץ מהעלבון? מה לדעתכם דרך התגובה הנכונה כשבעקבות ויכוח מישהו מקלל אותך?

**למען הכסף** – **"אִם יִתֶּן לִי בָלָק מְלֹא בֵיתוֹ כֶּסֶף וְזָהָב לֹא אוּכַל לַעֲבֹר אֶת פִּי ה'"** (כב, יח)

כסף אינו דבר רע. קשה להסתדר בלעדיו וגם אפשר לעשות איתו הרבה דברים טובים. עד כמה רחוק תהיו מוכנים ללכת בשביל עבודה משתלמת יותר מבחינה כלכלית – לעבוד שעות נוספות ולהיות פחות עם המשפחה? לעבוד במקצוע שפחות מתאים לכם ואתם לא נהנים ממנו? לנסוע רחוק, לעבוד בדבר טכני ומשעמם, לעבוד בצוות או להיות כפופים לאנשים לא סימפטיים?

**פיתויי התרבות הזרה** – **"וַיָּחֶל הָעָם לִזְנוֹת אֶל בְּנוֹת מוֹאָב"** (כה, א)

בלק לא הצליח לקלל את עם ישראל, אבל בסוף הפרשה רואים שהקשרים האישיים עם בנות מואב הובילו רבים להיסחף אחרי עבודה זרה. הסיפור הזה חוזר על עצמו בצורות שונות לאורך כל ההיסטוריה היהודית. מה דעתכם, האם אפשר לקיים קשרים חברתיים עם העולם הכללי בלי להתפשר על הזהות היהודית? מה עוזר לאדם להישאר נאמן לערכים שלו כשהוא נמצא בסביבה שונה? האם יש הבדל בין קשרים עסקיים לקשרים חברתיים ואישיים מבחינת רמת הסיכון?

# פינחס

## בנות שוות פחות?

"אני יושבת בשיעור הלכה באולפנה, והמורה מסבירה על הברכות. ופתאום זה מכה בי: בעוד הבנים מברכים בגאווה 'שלא עשני אישה', אנחנו צריכות להודות בהכנעה 'שעשני כרצונו'. כאילו אנחנו איזה משהו שבלית ברירה פשוט צריך להשלים איתו. סליחה, להיות בת זה פחות טוב?! איזה מין מסר זה?!"

"אתמול היה לנו בסמינריון ערב על מעמד האישה ביהדות. כמה מהבנות החילוניות הציגו ביקורת: למה נשים לא יכולות להיות דיינות או רבניות, למה אנחנו פטורות ממצוות עשה שהזמן גרמן; מישהי גם הקריאה קטעים ששלחה לה חברה על יחס חז"ל לנשים. ואני, שתמיד הייתי כל כך גאה ביהדות שלי, פתאום מצאתי את עצמי בלי תשובות. זה הטריד אותי כל הלילה. האם באמת היהדות רואה בנו סוג ב'?"

### כשחמש נשים שינו את ההיסטוריה

"מה נראה להן?!" לחשו הזקנים זה לזה בתדהמה. חמש צעירות עמדו בפתח אוהל מועד, מול משה רבנו והסנהדרין. מחלה, נועה, חוגלה, מלכה ותרצה – בנותיו של צלופחד. המבטים המופתעים של הזקנים אמרו הכול. בימים ההם, כשנשים לא הרבו לצאת מהאוהל, הן מעיזות להתייצב לפני המנהיג ולערער על סדרי עולם?!

אבל הן לא נרתעו. "לָמָּה יִגָּרַע שֵׁם אָבִינוּ מִתּוֹךְ מִשְׁפַּחְתּוֹ? כִּי אֵין לוֹ בֵּן?!" טענו בקול צלול ובטוח. "תְּנָה לָּנוּ אֲחֻזָּה!"

המעמד היה דרמטי. אפילו משה, שכבר ראה הכול, הופתע. הוא פנה מייד לשאול את ה', וקיבל תשובה שהדהימה את כל שומעיה: "כֵּן בְּנוֹת צְלָפְחָד דֹּבְרֹת!" ברגע אחד של אומץ, חמש נשים צעירות חוללו שינוי דרמטי. הן לא ביקשו טובות, הן רק דרשו צדק ובזכותן נוספה פרשה בתורה והתחדשה הלכה לדורות.

### שונים מלידה

יש תופעה בעולם השחמט: בתחרויות הבינלאומיות מפרידים בין גברים לנשים. וזה מפתיע. מילא בכדורסל או בשחייה, שם ההפרדה מובנת בגלל הבדלי הכוח הפיזי. אבל בשחמט לא צריך כוח רב כדי להזיז את הפרש או להכות את הצריח, ובכל זאת, מתברר שההבדלים בין המינים מתבטאים אפילו בצורת החשיבה.

קיבלתי המחשה מעניינת לכך כשהוזמנתי לאחד מסניפי תנועות הנוער. ערכנו דיון סוער על שחרור מחבלים תמורת שבויים. התוצאה הדהימה – כמעט כל הבנות הצביעו בעד: "חייבים להחזיר אותם הביתה. הם מרגישים כמו בגיהינום!", "אי אפשר לראות את הסבל של המשפחה!". רוב הבנים התנגדו בתוקף: "זה יעודד עוד חטיפות", "צריך לחשוב על הביטחון הלאומי".

אותה סוגיה בדיוק, שתי דרכי חשיבה שונות לחלוטין.

והאמת היא שזה לא מפתיע. ההבדלים בין גברים לנשים מובנים בטבע והם חלק מתוכנית הבריאה. כשאלוקים ברא את האישה הוא לא עשה "העתק הדבק" מהגבר. הוא יצר שוני מהותי שמתחיל בגוף, אך משקף הבדל עמוק בנפש. הספר "גברים ממאדים ונשים מנוגה" הפך לרב־מכר עולמי כשהציג עשרות דוגמאות להבדלים האלה – בדרך החשיבה, בהתנהגות, בתקשורת ובתפיסת העולם. המחבר בחר בדימוי של שני כוכבי לכת שונים, כי לפעמים נדמה שגברים ונשים באמת מגיעים מעולמות שונים ולכל אחד מהשניים דרך אחרת לחוות, להרגיש ולהגיב למציאות.

## דרכים שונות לעבודת ה'

מכאן גם אפשר להבין טוב יותר את דברי חז"ל "נשים דעתן קלה" (שבת לג, ע"ב). ושלא נתבלבל. זו לא אמירה על האינטליגנציה הנשית. הרי אותם חכמים אמרו "בינה יתרה ניתנה באישה יותר מן האיש" (נידה מה, ע"ב), ונשים רבות מכהנות כיום בתפקידי מפתח באקדמיה ובעולם המחקר והטכנולוגיה. חז"ל נתנו כאן אבחנה עמוקה על האיזון בין השכל לרגש: אצל נשים הצד הרגשי, האינטואיטיבי והאמפתי הוא בעל משקל רב יותר בהתנהלות ובקבלת החלטות, ואילו אצל גברים הניתוח השכלי הקר דומיננטי יותר.

זה לא יתרון או חיסרון, אלא דרך שונה להסתכל על העולם. וכך גם באופן שבו האדם מתחבר לבורא. הגבר צריך יותר מצוות ומסגרות כדי להתעלות. והאישה? היא כבר שם. הרב קוק הסביר שכשהיא מברכת בכל בוקר "שעשני כרצונו" זו לא השלמה עם נחיתות, אלא להפך: היא מודה על כך שנבראה קרובה יותר לרצון ה'. היא כביכול כבר "עשויה כרצונו"

רואים את זה בחיי היומיום: כשבת מגיעה לגיל מצוות, היא בדרך כלל בשלה הרבה יותר מבן בגיל בר מצווה, על אף שהיא מתרחשת רק שנה אחרי. בבית כנסת — הצד של הנשים שקט ומרוכז, בעוד שבצד של הגברים צריך להעיר כל הזמן "שקט!", "תפסיקו לדבר!". יש משהו באישה שמחובר באופן טבעי יותר לקדושה.

חשוב להבין שהתורה לא המציאה את ההבדלים בין המינים, אלא רק נתנה להם מסגרת ומשמעות. כמו שלכל כלי בתזמורת יש תפקיד אחר, אבל רק ביחד הם יוצרים סימפוניה מושלמת. כך גם הגבר והאישה — כל אחד עם הייחודיות שלו, וביחד הם בונים דבר שלם.

## מאבק או מהפכה?

וכאן חוזר אלינו סיפור בנות צלופחד. הן לא באו להילחם בתורה אלא לגלות בה רובד נוסף. גם היום, כשהעולם עובר שינויים מרחיקי לכת בכל הקשור למעמד האישה, העולם היהודי מוצא את דרכו המיוחדת. במקום לחקות את תרבות המערב או להילחם במסורת, אנחנו רואים יותר ויותר נשים שמגלות את כוחן מתוך עולם התורה — לומדות, מלמדות, כותבות ומשפיעות. כמו בנות צלופחד, הן לא באות לשבור את המסגרת, אלא להרחיב אותה ולגלות בה פנים חדשות.

## אתגר השבוע

השבוע, נסו להתבונן בעין חדשה על ההבדלים בין המינים במשפחה שלכם. איך אימא שלכם מתמודדת עם מצבים בדרך שונה מאבא? איך האחות רואה דברים אחרת מהאח? במקום לשפוט מי צודק יותר, נסו לראות איך השילוב בין שתי נקודות המבט יוצר תמונה שלמה יותר.

## מִבְזָק: הפרשה ב־20 שניות

פינחס מקנא לה׳ וזוכה לשכר של ברית שלום וכהונת עולם ◄ מלחמת הנקמה במדיין ◄ מפקד בני ישראל לצורך חלוקת הארץ ◄ מניין הלוויים ◄ תלונת בנות צלופחד והלכות בת יורשת נחלה ◄ יהושע בן נון מתמנה למנהיג שיירש את משה ◄ קורבנות ציבור קבועים — תמידים ומוספים לימי החגים.

## קנאוּת — מתי זה נכון?

שני קנאים גדולים מופיעים השבוע בפרשה ובהפטרה: פינחס ואליהו. שניהם קינאו לה׳, שניהם פעלו בתקיפות נגד חוטאים, אבל התוצאות של מעשיהם הפוכות לגמרי. פינחס זוכה לברכה מיוחדת: ״הִנְנִי נֹתֵן לוֹ אֶת בְּרִיתִי שָׁלוֹם... בְּרִית כְּהֻנַּת עוֹלָם״. ואילו אליהו מודח מתפקידו ונדרש למנות את אלישע תחתיו.

מה קרה פה? האם קנאות היא טובה או רעה?

ייתכן שההבדל נובע מהתקופות השונות שבהן הם חיו. בימי פינחס, עם ישראל חי תחת הנהגת משה רבנו וראה ניסים גלויים, המשכן עמד על מכונו וענני הכבוד הקיפו את המחנה. בתוך מציאות כזו של קדושה וגילוי שכינה, החטא החצוף של זמרי היה כמו סטירת לחי מצלצלת. כאן נדרשה תגובה קנאית נחרצת וברורה.

לעומת זאת, בימי אליהו המציאות הייתה שונה לחלוטין. אחאב ואיזבל ישבו על כס המלוכה, נביאי הבעל שוטטו בכל פינה והעם היה מבולבל ותועה. במצב כזה, קנאות קשוחה כדרך חיים רק מרחיקה. כאן נדרשה גישה אחרת, דרך של קירוב ואהבה.

ומהי הדרך הנכונה לפעול בימינו?

נראה שהמצב כיום דומה יותר למציאות בימי אליהו. בדור שבו רבים כל כך רחוקים מאורה של תורה, הקנאות עלולה רק להרחיק. כך גם קבע החזון איש, ממנהיגי הציבור החרדי בתקופת הקמת המדינה, שבזמן שאין השגחת ה׳ גלויה לעין כול, ״עלינו להחזירם בעבותות אהבה ולהעמידם בקרן אורה במידה שידינו מגעת״ (חזו״א יו״ד ב, טז).

מעניין שדווקא אליהו, שנודע בקנאותו, מגלה לנו סוד עמוק. במדרש הוא אומר: ״שני דברים יש בעולם ואני אוהבם בלבבי אהבה גמורה — תורה וישראל. דרכם של בני אדם לומר: תורה קדמה, אבל אני אומר: ישראל קדמו״ (תנא דבי אליהו רבה יא, ב). כלומר, מה שקודם לכול, אפילו לתורה, זה עם ישראל. ולעתיד לבוא, כך אומר הנביא מלאכי, דווקא הוא יהיה זה ש״ישיב לב אבות על בנים ולב בנים על אבותם״ (ג, כד) — לא בקנאות, אלא באהבה.

## הידעת?

**כיסא של אליהו — עדות נצחית — ״הִנְנִי נֹתֵן לוֹ אֶת בְּרִיתִי שָׁלוֹם״** (כה, יב)

מדוע אנו מציבים ״כיסא של אליהו״ בכל ברית מילה? חז״ל חושפים את הסיפור שמאחורי המנהג. כשאליהו קטרג על עם ישראל שהפרו את הברית — ״כִּי עָזְבוּ בְרִיתְךָ בְּנֵי יִשְׂרָאֵל״ (מלכים א יט, י), אמר לו הקב״ה: ״חייך, שאין ישראל עושים ברית מילה עד שאתה רואה בעיניך״ (פרקי דרבי אליעזר כט).

מאז, אליהו מגיע לכל ברית להעיד על נאמנות ישראל. והנתונים מדהימים: אף על פי שזו מצווה לא פשוטה ליישום, 97 אחוז מהיהודים בישראל מלים את בניהם! זאת אחרי שלאורך הדורות יהודים מסרו נפשם על המצווה הזו — בגזירות אנטיוכוס, ברוסיה הקומוניסטית, ואפילו בשואה, כשאימהות סיכנו את חייהן כדי למול את בניהן במחנות.

### מה קורה לכוהן שהרג? — "תַּחַת אֲשֶׁר קִנֵּא לֵא־לֹהָיו" (במדבר כה, יג)

השולחן ערוך פוסק שכהן שהרג את הנפש אסור לו לשאת כפיים (או"ח קכח, לה), שנאמר "יְדֵיכֶם דָּמִים מָלֵאוּ!" (ישעיהו א, טו). באופן פרדוקסלי פינחס זכה לכהונת עולם דווקא אחרי שהרג את זמרי. ייתכן שמה שגרם לכך הוא מסירות נפשו של פינחס. הוא ידע שהוא עלול לאבד את הסיכוי האחרון להיות כהן אם יהרוג את זמרי, אבל למרות זאת לא עשה חשבון אישי ופעל כפי שראה לנכון כדי לקנא לה'. בסופו של דבר, דווקא הדבר הזה הקנה לו את זכות הכהונה. מעניין שהפוסקים הבחינו בין המקרים: כהן שהרג בתאונת דרכים — לא יישא כפיו, אבל חייל שהרג בקרב את האויב — מותר. מה ההבדל? כשההריגה היא לצורך הגנה על עם ישראל, היא הופכת למצווה.

### מילד אחד לשבט שלם — "וּבְנֵי דָן חֻשִׁים" (בראשית מו, כג)

זהו הפסוק הקצר ביותר בתורה — שלוש מילים בלבד. בעוד לבנימין היו עשרה בנים, לדן היה רק אחד — חושים. חז"ל מגלים לנו דבר נוסף: הוא היה חירש. אך דווקא הוא זה שהציל את כבודו של יעקב אבינו כשעשיו עיכב את קבורת אחיו במערת המכפלה. "מה, סבא שלי מוטל בביזיון?!" תמה חושים והרג את עשיו (סוטה יג ע"א).

בפרשתנו מתגלה פלא נוסף: שבט דן, שהתחיל מילד אחד בעל מום, הפך לאחד הגדולים בישראל — 64,400 איש! רק שבט יהודה גדול ממנו. זהו מסר נצחי על הכוח הטמון בכל אחד, גם במי שנראה מוגבל.

מעניין שגם בהיסטוריה האנושית היו דמויות שלא נתנו למגבלה לעצור אותן — כמו המלחין בטהובן, שחיבר את יצירותיו המופלאות דווקא כשהיה חירש; או הלן קלר, שלמרות היותה חירשת־עיוורת הפכה למרצה ולסופרת מעוררת השראה.

## פותחים ראש

### שאלות לדיון סביב השולחן

**להיות קנאי** — **"בְּקַנְאוֹ אֶת קִנְאָתִי בְּתוֹכָם"** (כה, יא)

מתי קנאות היא דבר חיובי ומתי שלילי? האם יש ערכים שבשבילם הייתם "מקנאים" ויוצאים להגן עליהם בכל מחיר? איך מוצאים את האיזון בין עמידה על עקרונות לבין הכלה וסובלנות?

**פמיניזם** — **"וַתִּקְרַבְנָה בְּנוֹת צְלָפְחָד"** (כז, א)

יש הטוענים שבנות צלופחד היו הפמיניסטיות הראשונות. האם אתם מסכימים לטענה הזו? האם לדעתכם נשים בעידן המודרני, מקופחות לעומת הגברים? מה המצב בעולם הדתי? לוּ הייתה לך האפשרות לבחור אם להיוולד גבר או אישה — במה היית בוחר/ת? למה?

**מנהיג** — **"יִפְקֹד ה' אֱ־לֹהֵי הָרוּחֹת לְכָל בָּשָׂר אִישׁ עַל הָעֵדָה"** (כז, טז)

מה התכונות המרכזיות הנדרשות כדי להיות מנהיג? האם זה דבר שנולדים איתו או שהאדם מכשיר את עצמו לכך עם השנים? מה ההבדל בין מנהיג פופולרי למנהיג אמיתי? מי מהדמויות הקיימות במדינת ישראל היום הוא מנהיג בעיניך? אילו תכונות של מנהיג קיימות בך?

# מטות

## הכסף או החיים

"הייתי באירוע פדיון הבן אתמול", מספר דני (35). "פתאום הכוהן שואל את האבא את השאלה המוזרה הזו: 'מה אתה מעדיף, את בנך בכורך או חמישה סלעים?' כולם צחקו, ברור שהוא יבחר בבן... אבל בדרך הביתה זה לא הרפה ממני. חשבתי על היום שלי: בבוקר הבן ביקש שאשחק איתו קצת לפני הגן, אבל 'הייתי חייב' לבדוק מיילים. בערב רצה לספר לי על משהו מרגש שקרה לו, אבל הייתה לי שיחת ועידה חשובה. אז מה באמת אני מעדיף?"

"אני מרגישה כמו משוגעת", מספרת ד"ר שירה (42). "אני רואה את הבת שלי פעם ביומיים, בקושי. היא כבר בת 14 וזה בדיוק הגיל שהיא הכי צריכה אותי. אבל התמחות בכירורגיה של המוח זה משהו שמגיע פעם בחיים. אני עושה את זה גם בשבילה – שתהיה לנו פרנסה ברווח, שאוכל לממן לה לימודים גבוהים, וגם שתראה דוגמה של אישה מצליחה. אבל אתמול, כשמצאתי אותה ישנה על הספה בסלון בהמתנה שאחזור, הלב שלי נשבר".

"זו השנה הכי קריטית בחיים שלי", אומר עידו (17). "בגרויות, פסיכומטרי, בחינות לישיבת הסדר – הכול קורה עכשיו. המורים והמנהל אומרים שאני חייב להשקיע בלימודים, שזה יקבע את כל העתיד שלי. אבל אימא חולה כבר חצי שנה, ובבית צריך המון עזרה. אחותי הקטנה צריכה שמישהו ישב איתה על שיעורי בית, יש כביסות וקניות... אבא אומר לי 'תדאג לעצמך, אנחנו נסתדר', אבל איך אני יכול להתעלם?"

### מה אומרת המלכה?

ביולי 2021, הגישה שגרירת ישראל בבריטניה ציפי חוטובלי את כתב האמנה שלה למלכת אנגליה, אליזבת השנייה. הטקס כלל נסיעה בכרכרה מוזהבת עם סוסים לבנים לארמון בקינגהאם, שם נפגשה השגרירה עם המלכה לשיחה מעניינת ונעימה. המלכה הפגינה בקיאות בפוליטיקה העולמית, והעירה על ריבוי הבחירות בישראל ועל ביקורי בנה המלך צ'ארלס ונכדה הנסיך ויליאם, בארץ. במהלך המפגש, שאל אור אלון, בעלה של השגרירה, את המלכה: "מה העצה האחת לחיים שאת יכולה לתת לנו לאור ניסיונך העשיר?" המלכה, בת 95, השיבה: "אם הייתי צריכה לתת עצה אחת בלבד, היא להשקיע בקשרים אנושיים. אין דבר חשוב יותר בחיים מקשרים אנושיים".

### מה באמת חשוב בחיים?

"תן את הארנק או שאני יורה!", צעק השודד והצמיד אקדח לראשו של האיש. דממה. "מה אתה מעדיף – את הכסף או את החיים שלך?", צעק הבריון.

האיש המשיך לשתוק. "נו, תחליט כבר!", איבד השודד את סבלנותו.

"רגע, אני עוד חושב...", ענה האיש בשקט.

נשמע מוזר, נכון? מי בכלל יתלבט בין כסף לחיים?

אבל רגע... אולי אנחנו עושים את זה כל הזמן?

כמה בני נוער מוותרים על שינה בריאה בשביל עוד קצת זמן מסך?

כמה אנשים סוחטים את עצמם בעבודה מתישה ומחמיצים את הילדות של ילדיהם רק כדי להרוויח עוד קצת כסף?

זו דילמה שמלווה את האנושות מאז ומעולם: איך מבדילים בין העיקר לטפל? בין מה שבאמת חשוב – החיים עצמם, המשפחה, הבריאות – לבין מה שנראה חשוב – עוד קצת כסף, עוד קצת נכסים, עוד קצת מותרות.

כך בדיוק קרה בפרשה לבני גד וראובן.

שימו לב שהסיפור של התורה עליהם לא מתחיל בהם, אלא במקנה שלהם: "וּמִקְנֶה רַב הָיָה לִבְנֵי רְאוּבֵן וְלִבְנֵי גָד עָצוּם מְאֹד" (לב, א). זה לא סתם סגנון כתיבה. המקנה הוא הנושא של המשפט, ובני גד וראובן כמעט טפלים אליו. כאילו הם לא הבעלים של המקנה, אלא המקנה הוא הבעלים שלהם.

כל זה מוביל לבקשה המפתיעה שלהם ממשה: "גִּדְרֹת צֹאן נִבְנֶה לְמִקְנֵנוּ פֹּה וְעָרִים לְטַפֵּנוּ" (לב, טז). משה שומע ומזדעזע, ולא רק בגלל הבקשה להישאר בעבר הירדן ולוותר על נחלה בארץ המובטחת. מה שמטריד אותו הוא גם סדר המילים: קודם גדרות לצאן, ורק אחר כך ערים לילדים. המנהיג הדגול שחי 120 שנה וראה הכול, מזהה מייד את המחלה העתיקה של האנושות – כשאמצעי הופך למטרה. כשהרכוש, שאמור לשרת את האדם, משתלט על חייו וסדר העדיפויות הנכון משתבש.

בתגובה, משה לא נותן להם מוסר ולא מטיף. במקום זה, הוא פשוט משנה בעדינות את סדר המילים: "בְּנוּ לָכֶם עָרִים לְטַפְּכֶם וּגְדֵרֹת לְצֹנַאֲכֶם" (כד). קודם הילדים, אחר כך הרכוש. והם? בסופו של דבר קולטים את המסר. כשהם חוזרים על דבריהם, הם כבר אומרים: "טַפֵּנוּ, נָשֵׁינוּ, מִקְנֵנוּ וְכָל בְּהֶמְתֵּנוּ" (כו). סוף־סוף הסדר הנכון.

## לבנות מחדש את סולם הערכים

כמו בני גד וראובן, גם אנחנו נבחנים כל יום בשאלה שהכוהן שואל בפדיון הבן: "מה אתה מעדיף – את הכסף או את הבן שלך?". אבל אצלנו חמשת הסלעים מופיעים בכל מיני צורות – כשאנחנו "חייבים" לענות לשיחה בדיוק כשהילד רוצה לספר משהו, או כשאנחנו מעדיפים לגלוש ברשתות במקום להקשיב באמת לילדה שלצידנו.

וזה לא רק סיפור של הורים וילדים. בני נוער עומדים כל הזמן בפני דילמות דומות: האם להשקיע בלימודים על חשבון חבר שזקוק לעזרה? לוותר על פעילות בתנועת הנוער כי יש מבחן חשוב? להתעלם מאח קטן שמתחנן לתשומת לב, כי יש איזו התכתבות מעניינת בווטסאפ?

המלכה אליזבת, בחוכמת תשעים וחמש שנותיה, הבינה דבר עמוק: לא מספיק להצליח בחיים, צריך לדעת מה באמת חשוב ומה טפל. מה ראוי שיהיה במקום הראשון ומה במקום השני. זה בדיוק מה שמשה רבנו לימד – לא בהטפה, אלא בשינוי עדין של סדר המילים. כי בסופו של דבר השאלה האמיתית היא לא רק כמה נצליח, אלא מה נשים בראש סדר העדיפויות שלנו – את המקנה או את הטף, את הקריירה או את המשפחה, את ההצלחה או את הערכים.

## אתגר השבוע

הביטו בלו"ז היומי שלכם ונסו לשנות את "סדר המילים" בחייכם. מה באמת חשוב? מה צריך לבוא קודם? נסו לנסח את סדר העדיפויות האמיתי שלכם, ובחרו דבר אחד מחייכם שאתם רוצים לשים במקום גבוה יותר בסולם.

## מִבְזָק: הפרשה ב־20 שניות

דיני נדרים ◂ עם ישראל יוצא למלחמת נקמה במדיין ומנצח ◂ הגעלת כלי הגויים וחלוקת השלל שנלקח ממדיין ◂ בני גד וראובן מבקשים לקבל נחלה בעבר הירדן.

## מספרים ש...

**"לֹא יַחֵל דְּבָרוֹ"** (ל, ג)

אישה המתינה עם בנה בן החמש בתחנת האוטובוס. "אם הנהג שואל מה הגיל שלך", הזהירה אותו בנחרצות, "אתה אומר לו ארבע. שמעת?"

הילד קלט את המסר וכעבור דקה כשהגיע האוטובוס האם אחזה בידו והם עלו. האישה שילמה לנהג רק עבור עצמה.

"רגע, ומה עם הילד?" שאל.

"הוא פטור מתשלום", ענתה כלאחר יד, "הוא עוד לא בן חמש".

מבטו של הנהג סקר את הילדון ובליבו התעורר פקפוק בנוגע למהימנות דבריה של האישה.

"בן כמה אתה, חמוד?" פנה ישירות אל הילד.

"בן ארבע", ענה הפספוס מבלי להתבלבל.

"ומתי תהיה בן חמש?" המשיך הנהג החשדן להקשות. "כשנרד מהאוטובוס...", ענה הילדון.

חז"ל אומרים שהדיבור הוא המאפיין הייחודי של האדם – "רוח ממללא" (תרגום אונקלוס לבראשית ב, ז). אולי לכן הפרשה פותחת דווקא בדיני נדרים ובחשיבות השמירה על קדושת המילה. והסיפור הקטן הזה? ובכן, הוא ממחיש בדיוק את ההפך – את הנזק שנגרם כשמחללים את קדושת הדיבור.

## הידעת?

**חברותא לדיאטה – "אִישׁ כִּי יִדֹּר נֶדֶר לַה'... לֹא יַחֵל דְּבָרוֹ"** (ל, ג)

שלמה המלך אמר "טוֹב אֲשֶׁר לֹא תִדֹּר מִשֶּׁתִּדּוֹר וְלֹא תְשַׁלֵּם" (קהלת ה, ד) – עדיף להימנע מנדרים מיותרים. אבל המחקר מראה שלהתחייב בפני מישהו אחר על מטרה – למשל, לשמור על תזונה בריאה, להתמיד בלימודים או בפעילות גופנית – מגביר באופן ניכר את הסיכוי להצליח. לכן אנשים רבים בוחרים "חברותא" לדיאטה, לספורט או ללימוד, כיוון שהם יוצרים מחויבות ומוטיבציה הדדית וגם מעין "פיקוח חיצוני" שמונע מהם להתחמק. אנו חשים מחויבות לא רק כלפי עצמנו אלא גם כלפי האדם שהבטחנו לו. הפרת ההתחייבות נתפסת ככישלון כפול – גם בעיני עצמנו וגם בעיני הזולת.

### גם העין צריכה להיות נקייה — "וִהְיִיתֶם נְקִיִּם מֵה' וּמִיִּשְׂרָאֵל" (לב, כב)

כשבני גד וראובן הבטיחו לעבור חלוצים לפני אחיהם, משה השתמש בביטוי מיוחד: "והייתם נקיים מה' ומישראל". חז"ל למדו מכאן עיקרון חשוב: לא מספיק להתנהג בצורה כשרה, צריך גם להיראות כך. זהו המושג ההלכתי "מראית עין". לכן תיקנו שגבאי צדקה ילכו בזוגות כדי שלא יחשדו בהם שלקחו מהקופה (בבא בתרא ח ע"ב), וכשהכוהן היה נכנס ללשכת המקדש לתרום את השקלים, היה לובש בגד בלי כיסים וקפלים שלא יחשדו בו שהחביא בהם מטבעות (שקלים ג, ב).

העיקרון הזה מיושם בכל דור לפי נסיבותיו. למשל, כשמוצר כמו חלב סויה או שקדים הופך למוכר לכול, מותר לשתות אותו בקפה אחרי ארוחה בשרית כי כולם מכירים אותו. אבל היסוד נשאר: אדם צריך להיות נקי לא רק במעשיו, אלא גם בעיני הבריות.כמובן, לצד זה מוטלת על החברה האחריות ההפוכה: ללמד זכות על אדם שעושה מעשה שנראה שלא הולם אותו.

### מהפכת המקנה — "וּמִקְנֶה רַב הָיָה" (לב, א)

המקנה של בני גד וראובן היה בה גדול, שהשפיע על החלטותיהם באופן דרמטי. מדובר בהיקף עצום: לפי המדרש היו להם חצי מיליון ראשי צאן (ילקוט שמעוני). לשם ההשוואה, היום בישראל כולה יש כ־500,000 ראשי צאן. אך ישנו הבדל: בעבר רועה אחד טיפל בכ־30 ראשי צאן. היום, בזכות טכנולוגיות מתקדמות, רועה יכול לנהל דיר של אלפי כבשים. חיישנים חכמים עוקבים אחר בריאות הצאן, מערכות השקיה אוטומטיות מספקות מים, ותוכנות מחשב מנטרות את איכות החלב. המהפכה הטכנולוגית שינתה את פני הענף לחלוטין: מה שדרש פעם צבא של רועים ושטחי מרעה אינסופיים, מתנהל היום בדיר ממוחשב. אבל הדילמה שעמדה בפני בני גד וראובן לא השתנתה: האם לתת למקנה ולרכוש להיות המוקד של החיים, או להשתמש בהם כאמצעי בלבד?

## פותחים ראש

### שאלות לדיון סביב השולחן

**הבטחות** — "לֹא יַחֵל דְּבָרוֹ כְּכָל הַיֹּצֵא מִפִּיו יַעֲשֶׂה" (ל, ג)

פוליטיקאי מפורסם אמר פעם כתגובה לשאלה מדוע אינו מקיים את הבטחותיו מלפני הבחירות: "נכון שהבטחתי, אבל לא הבטחתי לקיים". ברור שאמירות כאלו מקוממות, אבל מה תאמרו לטענה ש"דברים שרואים מכאן לא רואים משם", "יש לחצים בינלאומיים חזקים", "קיים מידע מסווג שמשפיע על ההחלטות" וכדומה? האם דברים כאלו מצדיקים חוסר נאמנות להבטחות ישנות? האם קרה לכם באופן אישי שהפרתם הבטחה? למה?

**לקיחת שלל** — "וַיִּקְחוּ אֶת כָּל הַשָּׁלָל וְאֵת כָּל הַמַּלְקוֹחַ בָּאָדָם וּבַבְּהֵמָה" (לא, יא)

האם יש בעיה מוסרית בלקיחת שלל מהאויב בעת מלחמה? האם יש הבדל בין חייל שלוקח לעצמו לבין הצבא שלוקח בצורה רשמית ומאורגנת את השלל ומחלק לפי שיקוליו?

**שירות צבאי ללומדי תורה** — "הַאַחֵיכֶם יָבֹאוּ לַמִּלְחָמָה וְאַתֶּם תֵּשְׁבוּ פֹה" (לב, ו)

האם לדעתכם יש הצדקה לכך שלומדי תורה ידחו (לגמרי או לזמן קצוב) את שירותם הצבאי? האם מוצדק לקצר את השירות הצבאי כדי לאפשר באותו הזמן ללמוד תורה (כמו שעושים בישיבות ההסדר שמשרתים כמחצית מהזמן הרגיל)? אם אתם סבורים שאין הצדקה לדחיית שירות — האם צריך לחייב בחוק ולהכריח בני ישיבות להתגייס גם בניגוד לרצונם?

# מסעי

## לברוח לעיר מקלט

"הייתי אחרי חודשיים של משבר", מספר אבי (52), מנהל בכיר בחברת הייטק, "פיטורי עובדים, תביעות משפטיות, לחץ מבעלי המניות. בלילות לא הצלחתי להירדם, ביום התקשיתי להתרכז. ואז, יום אחד, מצאתי את עצמי נכנס לבית הכנסת השכונתי בשש בבוקר. התיישבתי מול דף גמרא כמו בימים הטובים בישיבה ופתאום הכול נעצר. הטלפון על שקט, המיילים יכולים לחכות. שעה אחת ביום שבה אני פשוט צולל לתוך הדף, מתווכח עם רש"י, מתפלפל עם תוספות. זה פשוט הציל אותי! היום אני מבין שבלי 'עיר המקלט' הקטנה הזו שלי, הייתי מתרסק."

"כשהייתי בי"ב, ההורים שלי התגרשו", משתף עומר (19), "זה היה נורא. בבית היה מתח, צעקות, האשמות. הרגשתי שאני חייב לברוח. התחלתי לרוץ. בהתחלה סתם בריצות קצרות בשכונה, אחר כך הצטרפתי לקבוצת ריצה. שם, באמצע המסלול, כשרק אני והנשימות שלי, מצאתי את השקט. לפעמים אני רץ שעה, לפעמים שעתיים. זה הזמן שבו אני יכול לחשוב, לעבד, להתפלל בדרך שלי. המאמן אומר שכשרצים ארוך מגיעים למקום שנקרא 'זון'. בשבילי זה סוג של 'עיר מקלט' – מקום שבו אני יכול להיות לבד עם עצמי, לשחרר את כל מה שמעיק, ולחזור הביתה יותר צלול, יותר חזק."

### כשהסגר הפך למתנה

תארו לעצמכם את הסיטואציה: אתם סטודנטים מבריקים באוניברסיטה הכי טובה באנגליה, ופתאום – בום! מגפה קטלנית מתפרצת בעיר. האוניברסיטה נסגרת, וכולם נשלחים הביתה לסגר ממושך. נשמע מוכר, אה?

ובכן, זה לא היה בקורונה אלא הרבה קודם. השנה היתה 1665 וכל זה קרה לסטודנט צעיר בשם אייזיק ניוטון. מגפת הדבר השתוללה אז בלונדון והוא מצא את עצמו חוזר לכפר הקטן שבו גדל, רחוק מהחברים, מהמעבדות ומהספריות של האוניברסיטה.

אבל במקום להתלונן על הבידוד, ניוטון עשה דבר מדהים: הוא הפך את הבית שלו למעבדת מחקר פרטית. בגינה האחורית הוא ערך ניסויים, ובחדר הקטן שלו פיתח תיאוריות ששינו את העולם.

זוכרים את הסיפור המפורסם על התפוח שנפל על ראשו? ובכן, זה לא בדיוק קרה ככה. יום אחד, כשישב בגינה (כנראה משועמם כמו כולנו בסגר), הוא הסתכל על תפוח נופל מהעץ ושאל את עצמו: האם אותו כוח שמושך את התפוח למטה משפיע גם על הירח? על כוכבי הלכת? על היקום כולו?

התשובה לשאלה הזו הובילה לאחת התגליות הגדולות בהיסטוריה – חוק הכבידה העולמי. וזה עוד לפני שדיברנו על המתמטיקה החדשה שהמציא ועל התגליות שלו בתחום האור והצבעים.

כשניוטון חזר לאוניברסיטה אחרי שנתיים, הוא היה אדם אחר לגמרי. מה שהתחיל כגלות כפויה הפך ל"עיר מקלט" של יצירה והתחדשות. בזמן שכולם ראו בבידוד גזירה, הוא מצא בו מתנה – זמן של שקט, של מחשבה עמוקה, של תגליות.

כשניוטון נשאל שנים אחר כך איך הגיע לכל התגליות הללו בתקופת הבידוד, הוא ענה בפשטות: "חשבתי על זה כל הזמן". המגפה שכפתה עליו בידוד הפכה למתנה. זה היה זמן של שקט שאפשר לו לחשוב באמת, לחקור ולגלות. לפעמים, מה שנראה כמו גלות יכול להפוך למקום של צמיחה והתחדשות.

### מקלט בעולם סוער

לא במקרה המילים הראשונות בפרשה הן "אלה מסעי". כי החיים הם מסע מתמיד והקצב שלהם מסחרר: לימודים, מבחנים,

חוגים, קשרים חברתיים, ואינסוף גירויים דיגיטליים.

ובתוך המרוץ הזה התורה מצווה על הקמת "ערי מקלט". מקומות, לאו דווקא פיזיים, של **עצירה והתבוננות.**

מעניין שמחקרים חדשים בתחום מדעי המוח מגלים דבר מדהים: המוח שלנו מתוכנת לחפש 'ערי מקלט'. וכשאנחנו נכנסים לתוכָן וחווים מנוחה והתנתקות מהמולת החיים, המוח לא באמת נח, אלא דווקא פעיל במיוחד. ברגעים האלו הוא מעבד חוויות, פותר בעיות ויוצר רעיונות חדשים. זה מסביר למה ההברקות הכי טובות שלנו מגיעות דווקא במקלחת, בהליכה או סתם כשאנחנו בוהים באוויר.

אולי זה מה שהתורה רומזת כשהיא מדגישה: "וְהִקְרִיתֶם לָכֶם עָרִים, עָרֵי מִקְלָט תִּהְיֶינָה לָכֶם" (לה, יא). למה "לכם"? כי כל אחד זקוק למקלט משלו. מישהו מוצא שלווה בריצה עם אוזניות, אחר בטיול בחיק הטבע ויש מי שהגיטרה בחדר היא המפלט שלו מכל הבלגן.

חז"ל גם מלמדים ש"דברי תורה קולטין" (מכות י ע"א). כמו שעיר מקלט מגינה על מי שבורח לתוכה, כך התורה יכולה להיות מקום מבטחים. יש לא מעט אנשים ששיעור הדף היומי הוא נווה המדבר היומי שנותן להם רוגע, איזון וחיים.

ויש פה עוד דבר מעניין: ערי המקלט היו חייבות להיות מסומנות בשלטים ברורים. תארו לעצמכם: בכל צומת היה שלט ענק: "עיר מקלט — 3 ק"מ שמאלה". ככה גם אנחנו צריכים לסמן לעצמנו את המקומות והזמנים שבהם אנחנו יכולים "לברוח" מהלחץ.

השבת היא אחת הדוגמאות הטובות לכך. 25 שעות שבהן הטלפון נח, המסכים כבויים, ופתאום אפשר לשמוע את עצמנו. לשבת עם המשפחה בלי שמישהו יצלצל באמצע, לקרוא ספר בלי התראות שקופצות, או פשוט לדבר עם חברים בלי לחץ של סטורי וסטטוסים. פשוט להיות, בלי לעשות.

והנה עוד דבר ששווה לשים לב אליו: כל ערי המקלט היו ערים של לוויים, האנשים שתפקידם היה ללמד את עם ישראל תורה ולשרת בקודש. למה? כי הם ידעו סוד חשוב: מקלט אמיתי הוא לא רק מקום לברוח אליו, אלא מקום שבו אתה יכול לגלות משהו חדש על עצמך. כמו ניוטון, דווקא כשהוא מצא מקום שקט ומוגן, הוא הצליח להגיע לתובנות ולגילויים שהיו חבויים בתוכו כל הזמן. זה יכול להיות שיעור תורה שבו פתאום מבינים משהו עמוק על החיים או רגע של תפילה שבו מרגישים התעלות והתחברות פנימית. כי המקלט הוא לא רק מקום לנוח בו, אלא מקום שבו אנחנו מגלים את הכוחות והרעיונות שתמיד היו בנו, אבל לא היה לנו זמן להקשיב להם ולגלות אותם.

## אתגר השבוע

זהו את ה"מקלטים" שלכם, את המקומות או הרגעים שבהם אתם יכולים להתנתק מהמולת החיים ולמצוא שקט פנימי: החדר שלכם כשאתם מנגנים, בית המדרש כשהוא ריק ושקט, או אפילו ספסל בגינה שבה אתם אוהבים לשבת עם עצמכם. קבעו השבוע זמן – אפילו רבע שעה – שבו אתם מתנתקים מכל המסכים, המשימות והטרדות, ופשוט נמצאים במקום הזה. תופתעו לגלות כמה דברים אפשר לשמוע כשמפסיקים את הרעש.

## מִבְזָק: הפרשה ב־20 שניות

סיכום 42 המסעות במדבר ◂ מצוות ירושת הארץ וגבולותיה ◂ לקראת הכניסה לארץ: הציווי להפרשת ערי הלוויים וערי המקלט ◂ המשך לסיפור בנות צלופחד.

## הידעת?

**צדק מאוזן – "וְנָס שָׁמָּה רֹצֵחַ"** (לה, יא)

התורה מבחינה בין שלוש דרגות של רצח: מזיד (בכוונה), שוגג (בטעות) ואונס (ללא כל אשמה). בעוד רוצח במזיד חייב מיתה ורוצח באונס פטור לגמרי, רוצח בשגגה מקבל עונש ייחודי – גלות לעיר מקלט.

המשפט הישראלי המודרני מכיר גם הוא בדרגות שונות של אחריות פלילית, אך העונש על הריגה בשגגה (הנקראת בלשון החוק "המתה בקלות דעת") הוא בדרך כלל מאסר. מחקרים מראים שב־15 אחוז ממקרי ההריגה בישראל מוגדרים כהריגה בשגגה.

מעניין שבעוד החוק המודרני מתמקד בענישה, התורה יוצרת מנגנון מורכב יותר: מצד אחד הרוצח בשגגה מאבד את חירותו ונאלץ לעזוב את ביתו, ומצד שני הוא זוכה להגנה מגואל הדם ולהזדמנות לבנות חיים חדשים בעיר הלוויים. זוהי גישה מיוחדת שמשלבת בין שני דברים: מצד אחד עונש שמכיר בחומרת המעשה, ומצד שני הזדמנות לשיקום ופתיחת דף חדש.

**מפת דרכים לדורות – "אֵלֶּה מַסְעֵי בְנֵי יִשְׂרָאֵל"** (לג, א)

התורה מקדישה פרק שלם לפירוט 42 תחנות המסע במדבר. למה? מה התועלת ברשימת מקומות שכבר אבדו בערפילי ההיסטוריה? מדוע חשוב לדורות הבאים לדעת שפעם חנינו ב"עלמון דבלתיימה" או ב"דפקה"?

מחקרים בתחום הזיכרון מגלים שהמוח שלנו צריך "נקודות ציון" כדי להבין ולהפנים חוויות. כמו שכשמספרים לחבר על טיול לא סתם אומרים "היה כיף", אלא מתארים: "טיפסנו על ההר הזה, ראינו את הנוף המדהים, ואז התחיל לרדת גשם..." הפרטים הקטנים הופכים את הסיפור לבעל משמעות.

גם במסע של עם ישראל היו כל מיני תחנות: היו רגעים קשים כמו בקברות התאווה, כשכולם התלוננו ורצו לחזור למצרים. היו רגעים מדהימים כמו ברפידים, כשראו נס של מים יוצאים מסלע. והיו סתם תחנות שנראו משעממות, אבל היו חלק מהדרך.

בדיוק כמו בחיים שלנו: יש ימים קשים, יש הצלחות גדולות, ויש סתם ימים רגילים. אבל בסוף כל תחנה, גם אם היא נראית חסרת משמעות ברגע שהיא מתרחשת, היא חלק מהמסע שמוביל אותנו להיות מי שאנחנו.

**נשים פורצות דרך – "לַטּוֹב בְּעֵינֵיהֶם תִּהְיֶינָה לְנָשִׁים"** (לו, ו)

בנות צלופחד, שכבר הופיעו בפרשת פינחס, מוזכרות שוב בפרשתנו. חז"ל מגלים שהן נישאו רק בגיל ארבעים כי חיכו למצוא בעל ראוי להן (בבא בתרא קיט ע"ב). למרות גילן המאוחר, נעשה להן נס וילדו.

חמש הנשים המיוחדות האלו היו חלק משרשרת ארוכה של נשים פורצות דרך בעם ישראל: מרים הנביאה, שהצילה את משה והובילה את נשות ישראל בשירה אחרי קריעת ים סוף; דבורה הנביאה ששפטה את ישראל תחת התומר; ברוריה, אשת רבי מאיר, שחכמים העריכו מאוד את חוכמתה והביאו את דבריה בתלמוד; שרה שנירר שהקימה את "בית יעקב" וחוללה מהפכה בחינוך הבנות; ופרופ' נחמה ליבוביץ', שמהפכת לימוד התורה שלה – בשיטת השאלות המאתגרות והעיון המעמיק – השפיעה על דורות של לומדי תורה, גברים ונשים כאחד.

## מספרים ש...

**להיות תייר – "אֵלֶּה מַסְעֵי"** (לג, א)

איש עסקים עשיר מארה"ב הגיע פעם לעיר ראדין שבפולין, והשתוקק מאוד לפגוש שם את החפץ חיים, מגדולי החכמים והפוסקים בדורות האחרונים. אך כשהגיע לבקרו נחל אכזבה. הוא ראה בית פשוט ביותר. כמעט ללא רהיטים, ללא חפצים יקרי ערך, שספרים רבים גודשים אותו מכל עבר. החפץ חיים ישב בחדרו ליד שולחן עץ פשוט ועליו מפה ועששית, בשלידו מיטת ברזל אחת ושני כיסאות עץ פשוטים.

אותו יהודי עשיר שוחח עם החפץ חיים והתרשם עמוקות מאישיותו וחוכמתו, ולפני שנפרדו לא יכול היה להתאפק ושאל אותו: "כבוד הרב, איך זה שלתלמיד חכם עצום שכמותו יש כל כך מעט חפצים? אין כאן כמעט שום דבר בעל ערך. איך אתה חי כך?"

"ואיפה החפצים שלך?" השיב לו החפץ חיים בשאלה.

"אוהו", אמר העשיר, "לי באמת אין כאן הרבה חפצים, כי אני רק תייר כאן. באתי לזמן מסוים, ובסוף אחזור לביתי הגדול באמריקה".

"גם אני רק תייר כאן", ענה לו החפץ חיים.

## פותחים ראש

### שאלות לדיון סביב השולחן

**מסע החיים – "אֵלֶּה מַסְעֵי בְנֵי יִשְׂרָאֵל"** (לג, א)

התורה מפרטת 42 תחנות במסע במדבר. האם אתם נוהגים לתעד את "תחנות המסע" שלכם בחיים? האם יש ערך בזכירת הרגעים הקשים והכישלונות, או שעדיף להתמקד רק בהצלחות? מה דעתכם על התופעה של הצגת "החיים המושלמים" ברשתות החברתיות?

**עידוד התרבות – "וְנָתְנוּ לַלְוִיִּם מִנַּחֲלַת אֲחֻזָּתָם"** (לה, ב)

הלוויים קיבלו במתנה ערים ומתנות מיוחדות שאפשרו להם להקדיש עצמם לעבודת הקודש. האם לדעתכם נכון שהמדינה תיתן סיוע כלכלי, הטבות מס או דיור מוזל לאנשים שתורמים לחברה בתחומי הרוח והתרבות – לומדי תורה, אמנים, סופרים, מדענים? האם יש הבדל בין התחומים? האם הדבר צריך להיות מותנה בקריטריונים כלשהם?

**פשע בשגגה – "עָרֵי מִקְלָט תִּהְיֶינָה לָכֶם וְנָס שָׁמָּה רֹצֵחַ מַכֵּה נֶפֶשׁ בִּשְׁגָגָה"** (לה, יא)

כיצד יש להתייחס למי שעשה פשע בשגגה – למשל, נהג בחוסר תשומת לב או בעייפות, נרדם על ההגה ופגע קשות במישהו או שלא הקפיד על הוראות הבטיחות בצבא ונפלט כדור וכדומה? האם יש דרך כלשהי ליישם את הרעיון של גלות לערי מקלט גם בימינו?

ח ו מ ש

# דברים

# דברים

## לספר את הסיפור מחדש

"אמא נפטרה כשהייתי בת 12", מספרת נועה (29), "אבא עבד סביב השעון בשתי משרות כדי לפרנס אותנו. בבית הייתי צריכה להיות 'אמא קטנה' לשני האחים שלי — להכין ארוחות, לעזור להם בשיעורי הבית, להשכיב אותם לישון. במשך שנים הרגשתי שלקחו לי את הילדות. בכיתה י"א, כשכולן יצאו למסע לפולין, נשארתי בבית כי לא היה לנו כסף. הייתי מסתכלת על החברות שלי שהולכות לחוגים ולקניון, ושוקעת ברחמים עצמיים.

עד שיום אחד, בשיחה עם ענבל, היועצת בתיכון, היא אמרה משפט שטלטל אותי: 'את יודעת שאת מנהלת בית שלם ועדיין מצטיינת בלימודים? יש לך יותר כישורי ניהול מרוב המבוגרים שאני מכירה'.

פתאום ראיתי את החיים שלי בעיניים אחרות — לא כסיפור של ילדה שלקחו לה את הילדות, אלא של נערה שגילתה בתוך עצמה כוחות שלא ידעה שיש לה. היום אני רואת חשבון מצליחה, מנהלת צוות של 12 עובדים, והיכולת לנהל משימות מורכבות פשוט זורמת לי בדם".

"כל פעם שהייתי צריך לדבר מול הכיתה, זה היה סיוט", משתף אלעד (28), היום מנחה קבוצות מבוקש. "הפנים שלי היו מאדימות, הקול רעד, והמילים נתקעו בגרון. תלמידים היו מתחילים לצחקק ולהתלחשש, והמורים, מתוך רחמים, היו מוותרים לי על הצגת העבודות. עם הזמן דבקה בי תווית הביישן של השכבה, והתחושה שמשהו לא בסדר אצלי רק התחזקה. ואז, בשיעור תנ"ך, למדנו על משה רבנו שהיה 'כבד פה'. המורה הסביר שדווקא בגלל זה הוא היה מנהיג מיוחד — כי הקשיב יותר מאשר דיבר. פתאום התחלתי לחשוב על הרגישות שלי באופן אחר — לא כחולשה, אלא כיכולת מיוחדת לקלוט דברים שאחרים מפספסים. התחלתי להתנדב בקו חם לנוער, ושם דווקא הרגישות והשקט שלי הפכו ליתרון. היום אני מנחה קבוצות תמיכה לבני נוער, ומלמד אותם שלפעמים מה שנראה כמו החיסרון שלנו, יכול להיות המתנה הכי גדולה שקיבלנו".

### לראות את התמונה הגדולה

בשנת 1962 ביקר נשיא ארה"ב ג'ון קנדי במרכז החלל בקייפ קנוורל בפלורידה. בעודו מסייר במסדרונות המרכז, הבחין הנשיא באיש ניקיון מבוגר מטאטא את הרצפה. קנדי עצר, התקרב אליו ושאל בחיוך: "מה אתה עושה פה, אדוני?"

איש הניקיון הזדקף, הביט בנשיא בגאווה וענה: "אני עוזר לשגר אדם לירח, מר נשיא."

קנדי היה המום. הוא ציפה לתשובה פשוטה כמו "מנקה את הרצפה", אבל איש הניקיון ראה את התמונה הגדולה יותר. הוא לא התייחס לעצמו כסתם "מנקה רצפות", אלא כשותף במשימה היסטורית. אותה רצפה בדיוק יכולה להיות סתם רצפה, או חלק ממסע האדם לירח. ההבדל היה רק בדרך שבה הוא בוחר לספר את הסיפור.

### משקפיים שונים

מטפלים קוראים לזה "ריפריימינג", ובעברית: מִסְגּוּר מחדש. זו טכניקה פסיכולוגית וטיפולית המשמשת לשינוי נקודת המבט על מצב או אירוע, על ידי סיפור מחדש של הסיפור. קצת כמו לקחת תמונה, לשים לה מסגרת חדשה ואז לגלות שהיא נראית אחרת לגמרי.

כך למשל, במקום לומר "אני נכשל בכל מבחן", אפשר לומר "אני לומד מכל טעות ומשתפר".

במקום "אני תמיד פוחד לדבר", לומר "אני שוקל כל מילה בקפידה".

אותה מציאות בדיוק, אבל סיפור אחר לגמרי.

והנה דבר מדהים: כבר לפני אלפי שנים, משה רבנו עשה את זה בספר דברים. הוא

חוזר על לא מעט סיפורים שאנחנו כבר מכירים מחומשים קודמים, אבל מביט עליהם במשקפיים אחרים.

למשל, כשהוא מספר שוב את סיפור המרגלים, הוא לא מתמקד בכישלון ובעונש כמו בספר במדבר. במקום זאת הוא מרחיב את האחריות מהמרגלים אל כלל העם ומספר סיפור על הזדמנות שהחמצנו – הזדמנות להראות אמונה בה' ודבקות במשימה שהוא נתן לנו.

גם כשהוא מספר על הנדודים במדבר, הוא לא מציג אותם כעונש מר ומתסכל, אלא כמסע חינוכי מופלא שבנה את האמונה בה': "וְזָכַרְתָּ אֶת כָּל הַדֶּרֶךְ אֲשֶׁר הוֹלִיכְךָ ה' אֱ־לֹהֶיךָ... לְמַעַן עַנֹּתְךָ לְנַסֹּתְךָ לָדַעַת אֶת אֲשֶׁר בִּלְבָבְךָ" (ח, ב).

זה כוחו של סיפור חדש – הוא לא מחליף את העובדות, אלא משנה את משמעותן.

אותן ארבעים שנה במדבר יכולות להיות סיפור של עונש או סיפור של צמיחה.

אותו כישלון יכול להיות "הוכחה שאני לא מסוגל" או "שלב בדרך להצלחה".

אותו קושי יכול להדהד את השאלה "למה דווקא לי?" או "אילו כוחות הקושי מגלה בי?"

ואולי זו אחת המתנות יקרות הערך שמשאיר משה לעם לפני שהוא נפרד מהם – הכוח הכי גדול שלנו הוא לא לשנות את מה שקרה, אלא את הסיפור שאנחנו מספרים על מה שקרה: האם זה סיפור של כישלון או סיפור של צמיחה?

## אתגר השבוע

בחרו אירוע מאתגר שחוויתם לאחרונה. כתבו על דף שני סיפורים שונים לגמרי על אותו אירוע בדיוק, אחד שמתמקד בקושי ובתסכול, ואחד שמתמקד בהזדמנות ובצמיחה.

קראו את שניהם בקול ושימו לב איך כל גרסה משפיעה על התחושות שלכם.

## מִבְזָק: הפרשה ב־20 שניות

נאומו הגדול של משה רבנו בשבועות האחרונים לחייו ◂ מצוות ירושת הארץ ◂ העמדת השופטים ◂ תזכורת על סיפור חטא המרגלים ◂ המסעות בעבר הירדן בדרך לכניסה לארץ ◂ המלחמות בסיחון ובעוג ◂ נחלת שניים וחצי השבטים בעבר הירדן ◂ חיזוק העם ויהושע מנהיגו.

## מספרים ש...

### עזוב, חבל לנסות

**"אַחֵינוּ הֵמַסּוּ אֶת לְבָבֵנוּ לֵאמֹר עַם גָּדוֹל וָרָם מִמֶּנּוּ"** (א, כח)

"עוד ארבעה כדורים!" צעק המפקד, כשהשמש של אמצע היום צרבה את עורפם של החיילים במטווח. המחלקה הייתה מחולקת לארבע קבוצות, וכשקבוצה אחת התאמנה, הוקצתה לשאר מנוחה בסככה המאולתרת בצד.

הצמא נעשה בלתי נסבל. דוד, שזה עתה סיים את תורו במטווח, החליט לנסות את מזלו בברזייה הישנה שניצבה בקצה המגרש. הוא סובב את הידית אך שום דבר לא קרה. ניסה שוב, הפעם בכוח רב יותר – אותה תוצאה. במשך כמה דקות הוא לחץ, סובב ודחף, אך הברז סירב לשתף פעולה.

בדרכו חזרה לסככה, הבחין דוד באחד מחבריו הצועד לכיוון הברזייה.

"אל תטרח, אחי", קרא לעברו, "הברז תקוע. ניסיתי כל מה שאפשר."

החייל עצר, הביט בדוד, בברזייה, ואז בדרך הארוכה שעליו לצעוד תחת השמש הקופחת. "נו טוב", מלמל, והסתובב בחזרה.

המחזה חזר על עצמו כשקבוצה נוספת סיימה את המטווח. החיילים הצמאים פנו לכיוון הברזייה, אך נעצרו כששמעו את הקריאות מהסככה: "אל תבזבזו את האנרגיה! הברז מקולקל לגמרי!"

דניאל היה בקבוצה האחרונה. כשסיים את המטווח, החל לצעוד לכיוון הברזייה בצעדים נחושים.

"דניאל, תאמין לי", קרא דוד, "חבל לך על הזמן. ניסינו הכול".

אך דניאל המשיך ללכת, כאילו לא שמע דבר. החיילים בסככה עקבו אחריו בחוסר עניין. "גם הוא יחזור עוד מעט עם ידיים ריקות", אמר מישהו.

אבל להפתעת כולם, לאחר רגע נראה דניאל משתמש בברזייה. המים זרמו!

החיילים הצמאים קמו בבת אחת וזינקו לכיוון הברזייה. "איך הצלחת?" שאל דוד בתדהמה, "ניסינו כל מה שאפשר!"

דניאל חייך והוציא מאוזניו שני אטמים קטנים. "סליחה", אמר בשלווה, "לא שמעתי אותך. אמרת משהו?"

## הידעת?

**ממגמגם לנואם – "לֹא אִישׁ דְּבָרִים אָנֹכִי"** (שמות ד, י)

כשאלוקים הודיע למשה שהוא נבחר להנהיג את העם, משה ניסה להתחמק: "כִּי כְבַד פֶּה וּכְבַד לָשׁוֹן אָנֹכִי" (שמות ד, י) – "איך מגמגם כמוני יוכל להוביל את העם?".

והנה מתברר שכעבור שנים האיש הזה נושא סדרת נאומים מרשימה שממלאת כמעט חומש שלם בתורה.

להבדיל, סיפור דומה התרחש במאה העשרים. המלך ג'ורג' השישי (1895–1952), שסבל מגמגום חמור מילדות, נאלץ להנהיג את בריטניה בימי מלחמת העולם השנייה. בעזרת המטפל ליונל לוג, שפיתח שיטה ייחודית המשלבת תרגילי נשימה וקצב, הצליח המלך להתגבר על הגמגום. נאומיו ברדיו בזמן ההפצצות על לונדון, במיוחד בתקופה הקשה של ה"בליץ" (1940–1941), היו למקור חוסן והשראה לעם האנגלי, והוכיחו שאפשר להתגבר על מגבלות הדיבור גם בנסיבות המאתגרות ביותר.

## למה לחזור? — "הוֹאִיל מֹשֶׁה בֵּאֵר אֶת הַתּוֹרָה הַזֹּאת" (א, ה)

ידוע שכל מילה בתורה מדויקת ויש מה ללמוד ממנה. אז למה משה חוזר בספר דברים על סיפורים ומצוות שכבר נאמרו בחומשים קודמים?

התשובה היא: הדור החדש. משה כבר לא עומד מול שבטי העבדים שיצאו ממצרים ונדדו ארבעים שנה במדבר, אלא מול דור הבנים שעומד להילחם על הארץ ולהקים בה את ממלכתו. לשם כך יש לחדד ולהדגיש נקודות מסוימות שרלוונטיות למצב החדש.

בגלל החזרה על הרבה מהסיפורים והמצוות, חז"ל כינו את ספר דברים "משנה תורה". כאלף שנים מאוחר יותר השתמש הרמב"ם גם הוא בשם הזה עבור חיבורו ההלכתי הגדול, כפי שביאר בהקדמתו: "אדם קורא תורה שבכתב תחילה, ואחר כך קורא בזה ויודע ממנו תורה שבעל פה כולה". כלומר, הספר הזה הוא השני לתורה (כמו "משנה למלך"), וכולל בתוכו את תמצית התורה שבעל פה, כהמשך לתורה שבכתב.

לא כולם אהבו את המהלך הזה. חלק מחכמי דורו חששו שהספר יהפוך לקיצור דרך, שאנשים יפסיקו להתאמץ וללמוד את התלמוד המקורי. האם הם צדקו? זו כבר שאלה לדיון משפחתי בשולחן השבת...

## העם הקטן־גדול — "וְהִנְּכֶם הַיּוֹם כְּכוֹכְבֵי הַשָּׁמַיִם לָרֹב" (א, י)

נתון מפתיע: העם היהודי מונה כיום כ־15 מיליון איש בלבד — פחות מחמישית אחוז מאוכלוסיית העולם.

איך קרה שעם שהיה אמור להיות "ככוכבי השמיים" ו"כחול אשר על שפת הים" נעשה כה זעיר?

התשובה טמונה בשילוב של כמה גורמים היסטוריים: רדיפות והשמדות שפגעו בנו קשות (בשואה לבדה נרצחו כשליש מבני העם), התבוללות מסיבית (במאה ה־20 איבדנו מיליוני יהודים שהתבוללו) וריבוי טבעי נמוך יחסית בקרב יהודי התפוצות.

מעניין שדווקא היום המגמה התהפכה — שיעור הילודה היהודי בישראל (ממוצע של 3.1 ילדים למשפחה) גבוה באופן ניכר מהממוצע במדינות המערב (1.7).

והנה עוד אפשרות: אולי ההבטחה האלוקית התייחסה לא רק לכמות אלא לאיכות. כמו הכוכבים שנראים לנו קטנים אך גודלם האמיתי עצום, כך העם היהודי, למרות מספרו הקטן, השפיע על העולם באופן דרמטי: כ־22% מזוכי פרס נובל הם יהודים, ותרומתו של העם היהודי למדע, לרפואה, לכלכלה ולתרבות העולמית עצומה ביחס לגודלו.

## פותחים ראש

### שאלות לדיון סביב השולחן

**משפט צדק** — "וָאֲצַוֶּה אֶת שֹׁפְטֵיכֶם בָּעֵת הַהִוא לֵאמֹר שָׁמֹעַ בֵּין אֲחֵיכֶם וּשְׁפַטְתֶּם צֶדֶק" (א, טז)

מה דעתכם על מערכת המשפט במדינת ישראל בהשוואה למערכות מקבילות בעולם? האם לדעתכם קיימות בארץ אפליות משפטיות על רקע דתי, עדתי, לאומי או מגדרי? כיצד קרה שמדינתנו של העם היהודי שופטת על בסיס יסודות מהחוק האנגלי, הטורקי, הגרמני ואחרים, ופחות לפי החוק העברי? מה הדרך לשנות את המצב?

**איזה פחד!** — "אַחֵינוּ הֵמַסּוּ אֶת לְבָבֵנוּ... וָאֹמַר אֲלֵכֶם לֹא תַעַרְצוּן וְלֹא תִירְאוּן מֵהֶם" (א, כח—כט)

מה גורם לאדם לפחוד מדבר מסוים? האם יש משהו שאתם פוחדים ממנו (המוות, רופא שיניים, לדבר לפני ציבור, חושך, כלבים, ג'וקים)? האם יש דבר חיובי שהפחד תורם לחיים? במה הוא פוגע בהם? האם יש שיטה להתגבר על פחדים?

**פרנסה — מהשמיים או מן הארץ?** — "כִּי ה' אֱ־לֹקֶיךָ בֵּרַכְךָ בְּכֹל מַעֲשֵׂה יָדֶךָ" (ב, ז)

אם הפרנסה כבר נקצבה לנו מראש, מדוע בכלל לצאת לעבוד? אם אדם יעבוד קשה יותר, האם באמת ישיג יותר ממה שנגזר עליו? איפה עובר הגבול הדק בין "הַשְׁלֵךְ עַל ה' יְהָבְךָ" (תהילים נה, כג) לבין ההשתדלות האנושית? האם יש רגע שבו השתדלות יתרה הופכת למעין "חוסר אמונה"? ומה קורה כשאדם בוחר במקצוע פחות מכניס בגלל שליחות או משמעות — האם הוא "מפסיד" את שנקצב לו?

# ואתחנן

## 24 שעות של נצח

"יואב, אחי הקטן, מחכה כל השבוע שתבוא שבת", מספרת ענבל (16). "בשבילו זה היום הכי כיף — משחקים, חברים, סעודות משפחתיות. אבל בשבילי זה היום הכי שחור. כל השבוע אני בטלפון — ווטסאפ, טיקטוק, אינסטגרם. כשמגיעה שבת אני מוצאת את עצמי מסתובבת בבית כמו רוח רפאים, לא מוצאת מה לעשות. אימא מציעה לי לקרוא ספר ואני מסתכלת עליה כאילו היא נחתה מהמאדים. ת'אמת, ניסיתי פעם. אבל אחרי שתי דקות התחלתי לרחף. אפילו כשאני יושבת עם חברה ורק מדברת אני מרגישה מוזר, כאילו שכחתי איך מעבירים את הזמן בלי המסכים. בסוף אני מבלה את רוב השבת בשינה. כאילו החיים שלי בהשהיה, ואני רק מחכה שמישהו ילחץ על play במוצאי שבת".

"מאז שאני זוכר את עצמי חלמתי להיות עצמאי", אומר עידו (29). "לפני שנתיים סוף־סוף פתחתי מסעדה — 'ההמבורגרים של עידו'. לא תיארתי לעצמי כמה זה יהיה קשה ואיזו תחרות מטורפת יש בתחום. תבין, ההורים שלי מסורתיים — לא שומרים הכול. אבל בשבת הם בשום אופן לא עובדים. זה עיקרון קדוש. אבל החודש, כשראיתי את המספרים האדומים בבנק, כמעט נשברתי. המתחרים שלי גורפים את הכסף הגדול בשבת — זה היום הכי חזק בשבוע בוולט ותן־ביס.

בלילות אני שוכב ער ומתלבט — האם אני באמת יכול להרשות לעצמי לוותר על היום הכי משתלם בשבוע? ומצד שני, האם אני מסוגל לוותר על השבת?"

### סנאטור של שבת

דמיינו פוליטיקאי אמריקני שבמרוץ לתפקיד סגן נשיא ארה"ב, בשיא הלחץ והטירוף, פשוט... עוצר. מכבה טלפונים, מבטל פגישות וצועד ברגל מגבעת הקפיטול לביתו, כשניידת משטרה נוסעת לאיטה מאחוריו.

ג'ו ליברמן, הסנאטור היהודי שהתמודד לתפקיד בשנת 2000, הדהים את וושינגטון בהתעקשותו לשמור שבת. בספרו "מתנת המנוחה" הוא מספר דבר מפתיע: בעולם של פוליטיקאים ש"מתגמשים" לפי סקרים, דווקא העקרונות הבלתי מתפשרים שלו הפכו ליתרון וגרמו לאנשים להעריך אותו יותר.

"בעידן שבו אנשים זמינים 24/7", כותב ליברמן, "היכולת לעצור הכול ליום אחד היא לא מגבלה, אלא מתנה. ביום הזה אני לא 'כבוד הסנאטור', אלא פשוט יוסף ישראל בן חנן. יושב עם המשפחה, אוכל, לומד, מדבר וחושב. בלי טלפונים, מיילים או פגישות. זהו הסוד של העם היהודי — היכולת לעצור ולזכור מה באמת חשוב בחיים."

### מעבר למנוחה

המן הרשע, כבר לפני 2,500 שנה, זיהה את הנקודה הזו בדיוק. "זה עם עצלן", הוא התלונן לאחשוורוש, "מבזבז שביעית מחייו על מנוחה. כל פעם שצריכים לעשות משהו, הם מתחמקים: 'שבת היום, פסח היום...'"

ההיסטוריה מלאה בניסיונות לבטל את יום המנוחה השבועי ולהפעיל את גלגלי התעשייה ללא הפוגה. אבל משהו בנפש האנושית התקומם. בסופו של דבר, אפילו המהפכה התעשייתית והקפיטליזם הבינו: בני אדם צריכים יום מנוחה.

אבל השבת היהודית היא הרבה יותר מהפסקת קפה מתוחכמת. היא לא רק "שָׁמוֹר" — ממה להימנע, אלא גם "זָכוֹר" — מה כן לעשות. איזה תוכן חיובי ליצוק לתוך המרחב שנפתח בזמן.

ומעניין שבעוד באנגלית לכל יום יש זהות עצמאית — Sunday, Monday, Sturday — אצלנו הכול נע סביב ציר אחד: יום ראשון בשבת, שני בשבת, וכן הלאה. כי השבת היא לא עוד משבצת בשבוע, היא הציר המרכזי שסביבו מתנהלים החיים.

## להפסיק לדחוף את הקיר

בעולם המודרני שלנו הכול רץ, דוחף, לוחץ. הודעות מצפצפות, משימות מצטברות, פגישות רודפות זו את זו — ובאמת קשה לעצור. אבל אולי דווקא העצירה הזו היא המתנה הגדולה שהשבת מעניקה לנו. שישה ימים אנחנו יוצרים, בונים, מקדמים, משיגים, ובלי להרגיש מתחילים לחשוב שהכול תלוי בנו, שאנחנו מנהלים את העולם.

ואז באה השבת ומזמינה אותנו להרפות. לראות שהשמש זורחת גם בלי שנענה למיילים או נלחץ על ה"לייק".

לגלות שאפשר לנשום בלי התראות, בלי דד־ליינים, בלי ה"חייב".

לתת לנשמה להתמלא במשהו אחר — בשיחה אמיתית, במנוחה עמוקה, בקדושה שגדולה מאיתנו.

"אבל מה יהיה על הפרנסה?" שואל עידו מחנות ההמבורגרים בחשש אמיתי. "איך אפשר לסגור את העסק כשכל יום הוא קריטי להישרדות?"

על כך סיפר החפץ חיים משל נפלא על אדם ברכבת שתוך כדי נסיעה נעמד ודוחף בכל כוחו את קיר הקרון כדי להגיע מהר יותר. "אין בכך טעם", הסביר החפץ חיים בחיוך, "יש קטר שמושך את כל הקרונות. גם אם תדחוף עד מחר, לא תגיע דקה אחת מוקדם יותר". ובהקשר שלנו — הקב"ה הוא הקטר שמוביל את העולם. האם באמת נסייע לו לפרנס אותנו אם נגזול כמה שעות מהשבת?

השפת אמת מרחיב את המבט אף יותר. הוא מדייק שלא כתוב "ושמרו בני ישראל את יום השבת" אלא "את השבת",

כיוון ששבת אינה רק יום בלוח. היא נקודת הקודש שנמצאת במציאות — במקומות מיוחדים, באנשים מיוחדים, ובזמנים מיוחדים. וכשאנחנו שומרים על הנקודה הזו ונותנים לה מקום בתוכנו, היא מאירה את כל השבוע שלנו באור אחר לגמרי.

### אתגר השבוע

בחרו רגע אחד ביום, למשל בזמן ארוחת הערב, שבו אתם מכבים את הטלפון ומתנהגים כמו בשבת: שיחה נעימה בלי הסחות דעת, בלי לבדוק מה קורה בעבודה, בלי "רק לרגע לענות". תופתעו לגלות כמה השקט הקטן הזה משפיע ומרגיע.

## מספרים ש...

### לא חותם בשבת

מינוס ארבעים מעלות בסיביר. הרב גדליה משה גולדמן, הרבי מזוויהל, עומד רועד מקור ומתבונן בפתיתי השלג הנופלים. שבע שנים חלפו מאז שלח אותו סטלין לכאן באשמת "חתרנות". שבע שנים של עבודת פרך, רעב, מחלות וקור מקפיא עצמות. רבים לא שרדו את התופת הזו.

"גולדמן!" קול חד של קצין רוסי קטע את מחשבותיו. "יש לי חדשות טובות בשבילך ובשביל חברך היהודי. קיבלנו הודעה ממוסקבה. אתם משתחררים היום. אתם רק צריכים לחתום כאן".

"תודה רבה", השיב הרב בשקט, "אבל היום שבת, ואנחנו היהודים לא כותבים בשבת".

הקצין הביט בו בלא מאמין. "אתה לא נורמלי! אתה יודע כמה אנשים מתים פה כל יום? מי יודע מתי תהיה לך הזדמנות כזו שוב!"

הרב גולדמן הביט בשלג. "החזקתי מעמד עד עכשיו, אוכל להחזיק עוד קצת. אני לא בסכנת חיים מיידית".

הקצין ההמום פנה ליהודי השני, שלא היה כה מקפיד במצוות והגיש לו את הטופס לחתימה. אך כשזה ראה את הרב גולדמן לצידו, מצא בתוכו כוח שלא ידע שקיים: "גם אני לא חותם. אנחנו היהודים לא כותבים בשבת".

הקצין הרוסי היה בהלם.

במוחו של הרב גולדמן חלפה אז מחשבה: חברו נראה כחוש וחלש, ימים נוספים בסיביר עלולים לסכן את חייו.

"בעצם אני מוכן לחתום בשבילו", אמר לקצין, "עבורו זה פיקוח נפש".

הקצין נדהם מהמחזה. "אתה לא חותם בשביל עצמך אבל כן בשביל מישהו אחר? אתם היהודים פשוט משוגעים..."

כעבור רגע קט הקצין הניד בראשו בתימהון, לקח את הניירות וחתם בעצמו עבור שניהם. "קחו את המסמכים שלכם ולכו מפה, אתם לא נורמלים".

בשנת 1937 עלה הרב גולדמן לארץ ישראל, התיישב בירושלים וכיהן כאדמו"ר. אך את אותה שבת בסיביר, כשבחר בשמירת שבת על פני חירותו, הוא לא שכח לעולם.

## מִבְזָק: הפרשה ב־20 שניות

משה מתחנן להיכנס לארץ אך הותר לו רק לראותה מרחוק ◂ משה מסיים את הנאום ההיסטורי, וממשיך ל"נאום המצוות" – דבקות בה' ובמצוותיו וזהירות מעבודה זרה ◂ המצווה להבדיל ערי מקלט עבור רוצחים בשגגה ◂ כריתת הברית עם ה' ◂ חזרה על עשרת הדיברות ◂ קבלת עול מלכות שמיים – "שמע ישראל" ◂ שמירת המצוות בארץ ושכרן ◂ המאבק עם עמי כנען ותרבותם המקולקלת.

## שש מילים של נצח

**"שְׁמַע יִשְׂרָאֵל, ה' אֱ־לוֹהֵינוּ, ה' אֶחָד"** (ו, ד)

"יש לי מתנה בשבילכם", אמר הרב אריה, מנהל בית הספר, לתלמידי כיתה ז' שהתכנסו בחדרו לרגל בר המצווה שלהם. הם הביטו בו בסקרנות. "אני רוצה לתת לכם את המפתח להבנת משפט חשוב מאין כמותו. משפט שתגידו לפחות חמישים אלף פעם בחייכם: 'שמע ישראל ה' אלוקינו ה' אחד'".

שש המילים האלו אינן פסוק "רגיל". רש"י מסביר שזו קריאה לכל יהודי: שמע והאמן: ה', שהוא עכשיו אלוקינו לבדו, יהיה בעתיד אלוקי כל העמים, כי יום יבוא והעולם כולו יאמין בה' בעקבותינו.

המקובלים הוסיפו כאן עוד רובד: כששומעים את שני השמות השונים של ה' בפסוק – שם הוי"ה המבטא רחמים, ושם אלוקים המבטא דין – לומדים שמה שנראה לנו לפעמים כניגודים בעולם, מקורו באחדות אחת. גם מה שנחווה כדין וגם מה שנחווה כרחמים – הכול בא מאותו מקור: ה' אחד.

לאורך הדורות מילות הפסוק הזה היו האחרונות שיהודים בחרו לומר ברגע שמסרו את נפשם על קידוש השם: רבי עקיבא כשהרומאים סרקו את בשרו במסרקות של ברזל, קהילות שלמות בתקופת מסעי הצלב, יהודים על המוקד בימי האינקוויזיציה ובזמן מלחמת העולם השנייה בדרך לתאי הגזים.

לאחר השואה, זו הייתה דרכו של הרב יצחק הלוי הרצוג לזהות ילדים יהודים יתומים שהוסתרו במנזרים. מי שהגיב למילים האלו – זוהה כילד יהודי ושב איתו לישראל.

בשנת 2006, רב סרן רועי קליין הי"ד, סמג"ד בגולני, זעק "שמע ישראל" כשזינק על רימון כדי להציל את חייליו בקרב בבִּינְתּ ג'בֵּיל בלבנון.

"שמע ישראל" – שש מילים שמחברות את כל הדורות ואת כל הנשמות לאמת אחת גדולה.

"וזו המתנה שרציתי לתת לכם היום", אמר הרב אריה לתלמידיו אחרי שסיים את הסבריו. "לא סתם פירוש מילות התפילה, אלא הבנה של הסיפור שמאחורי המילים האלה, שיהודים אמרו לאורך כל הדורות. מעכשיו, כשתאמרו 'שמע ישראל', תזכרו שאתם חלק ממשהו גדול – שרשרת אמונה שהתחילה לפני אלפי שנים וממשיכה דרככם אל העתיד."

## הידעת?

### הגיע זמן הנחמה – "נַחֲמוּ נַחֲמוּ עַמִּי"

(ישעיהו מ, א)

פרשת ואתחנן נקראת תמיד בשבת שאחרי תשעה באב. שבת זו זכתה לשם מיוחד, "שבת נחמו", בגלל ההפטרה שקוראים בה. זו הפטרה שפותחת את סדרת "שבע דנחמתא" – שבע הפטרות של נחמה שקוראים בשבתות שבין יום חורבן המקדש ועד ראש השנה.

ההפטרה נפתחת במילותיו של ישעיהו הנביא: "נַחֲמוּ נַחֲמוּ עַמִּי יֹאמַר אֱ־לֹהֵיכֶם". למה "נחמו" פעמיים?

הרב קוק מסביר שמוטל עלינו לא רק לנחם יהודי בודד על צערו הפרטי, אלא לנחם את עם ישראל כולו על אלפיים שנות גלות וסבל. אחרי כל מה שהעם הזה עבר מצווה להשמיע לו כמה שיותר מילים מחזקות, אופטימיות וחיוביות שיתנו לו כוח.

המדרש מוסיף עוד נחמה: "נחמו נחמו עמי" – תתנחמו בזה שאתם עמי. הנחמה הגדולה ביותר היא שעל אף כל מה שעשינו ומה שקרה לנו – ה' עדיין אומר לנו "אתם העם שלי ואני אלוקיכם".

### שמור וזכור בדיבור אחד –

"שָׁמוֹר אֶת יוֹם הַשַּׁבָּת לְקַדְּשׁוֹ" (ה, יב)

עשרת הדיברות מופיעים בתורה פעמיים: בספר שמות ובספר דברים, וישנם כמה הבדלים ביניהם. למשל, בטעם מצוות שבת: בשמות הטעם הוא זכר לבריאת העולם, ואילו בדברים – זכר ליציאת מצרים.

הבדל בולט נוסף הוא "זכור" לעומת "שמור". חז"ל אומרים שאת שניהם ה' אמר בדיבור אחד – דבר שֶׁפֶּה אנושי לא מסוגל לבטא ואוזן לא מסוגלת לשמוע.

למעשה, שני הציוויים האלו הם שני צדדים של אותו מטבע: "שמור" אומר לנו מה לא לעשות, יוצר את המסגרת החיצונית של השבת, ואילו "זכור" ממלא אותה בתוכן חיובי – קידוש, סעודות שבת, לימוד תורה. בדיוק כמו בזוגיות: לא מספיק להימנע מלפגוע, צריך גם ליצור קרבה ואהבה.

**לשמוח במה שיש – "וְלֹא תַחְמֹד"** (ה, יח)

"אני פשוט חייב את זה!" – כמה פעמים אמרנו את המשפט הזה? בוהים בחלון ראווה בחנות, מסתכלים על המכונית החדשה בפרסומת, גולשים באינסטגרם ורואים את החופשה המושלמת של החברים – והלב נצבט. "למה להם יש ולי אין?!"

הדיבר העשירי, "לא תחמוד", הוא אולי המאתגר מכולם. תשע הדיברות הראשונות דורשות מאיתנו לעשות או לא לעשות משהו. אבל איך אפשר לצוות על הלב לא לחמוד? זה כמו לבקש מהעיניים לא לראות או מהאוזניים לא לשמוע.

ובעידן שלנו, כשהאלגוריתמים של הרשתות מזינים אותנו בתמונות מפתות, כשתעשיית הפרסום משקיעה מיליארדים כדי לגרום לנו להרגיש שחסר לנו משהו – האתגר הזה הפך לכמעט בלתי אפשרי.

רבי אברהם אבן עזרא (נולד בספרד לפני כ־900 שנה) נתן תשובה שמאירה את הנושא מזווית מפתיעה. כמו שאיכר פשוט לא חומד את בת המלך כי הוא מבין שהיא לא שייכת לעולמו, כך מי שבאמת מבין שאלוקים מחלק לכל אחד בדיוק את מה שהוא צריך, לא יחמוד את מה שיש לאחרים. הוא מבין שאם הדבר שהוא חומד היה באמת מתאים לו, הוא היה מקבל אותו, ואם הוא לא קיבל אותו – כנראה מוטב כך.

אולי זו הסיבה שדווקא הדיבר הזה חותם את עשרת הדיברות. הוא לא רק איסור נקודתי, אלא מפתח כללי לחיים מאושרים. במקום להתעסק במה שאין, כדאי ללמוד לשמוח במה שיש.

## פותחים ראש
### שאלות לדיון סביב השולחן

**מה יש בה?** – **"אֶעְבְּרָה נָּא וְאֶרְאֶה אֶת הָאָרֶץ הַטּוֹבָה אֲשֶׁר בְּעֵבֶר הַיַּרְדֵּן הָהָר הַטּוֹב הַזֶּה וְהַלְּבָנֹן"** (ג, כה)

בדיחה ידועה אומרת שמשה רבנו הסתובב עם בני ישראל ארבעים שנה במדבר כי הוא חיפש את המקום היחיד במזרח התיכון שאין בו נפט... ארץ ישראל אינה עשירה במיוחד במשאבי טבע. בַּמֶּה היא טובה יותר מאשר מקומות אחרים? האם לדעתכם היא יפה יותר מארצות אחרות? מה יש בה שעושה אותה לארץ הנבחרת?

**התגלתה חומרה חדשה** – **"לֹא תֹסִפוּ עַל הַדָּבָר אֲשֶׁר אָנֹכִי מְצַוֶּה אֶתְכֶם וְלֹא תִגְרְעוּ מִמֶּנּוּ"** (ד, ב)

איך מסתדרת הנטייה להוסיף גזֵרות וחומרות עם האיסור להוסיף על התורה? מה טוב בלהחמיר ולהוסיף סייגים, ומה החסרונות שיש בכך? מה הנטייה שלכם? באילו תחומים בחיים אתם נוהגים להחמיר?

**שבת** – **"שָׁמוֹר אֶת יוֹם הַשַּׁבָּת לְקַדְּשׁוֹ כַּאֲשֶׁר צִוְּךָ ה' אֱלֹקֶיךָ"** (ה, יב)

האם לדעתכם יש לחוקק חוקים שיחייבו שמירת שבת ציבורית במדינת ישראל ויטילו קנסות על העוברים על החוק? האם התערבות כזו מזיקה ועדיף להשאיר את הדבר לבחירה של האדם הפרטי ולהתמקד בהשפעה בתחום החינוכי?

האם אתם מקפידים לא לקנות במקום שפתוח בשבת? (חנות מזון, ספרים, תחנת דלק וכו').

כיום יש עדיין לא מעט בתי מסחר במדינת ישראל שפתוחים שבעה ימים בשבוע. מהי לדעתכם הדרך לשפר את מצב שמירת השבת במדינה?

# עקב

## אלוקי הדברים הקטנים

"אני לא מבין מה הבעיה", אומר רועי (16), "הכנתי את העבודה בהיסטוריה בדיוק לפי ההנחיות – שמונה עמודים על מלחמת העולם השנייה, עם מקורות ותמונות. אבל המורה החזירה לי אותה עם ציון 65 והערות על כל שורה שנייה – 'חסר תאריך מדויק', 'לא ציינת את שם העיר', 'שגיאות כתיב'. היא אפילו הורידה לי נקודות על כך שלא שמתי נקודה בסוף משפט!

נו באמת, מה זה משנה?! זו עבודה בהיסטוריה או בדקדוק?! העיקר שהבנתי את החומר והעברתי את המסר. למה להיתקע על כל הפרטים הקטנים האלה?"

"כשהתחלתי לעבוד בחנות", משתפת דינה (42), מוכרת בחנות בגדים, "חשבתי שהעיקר הוא לתת שירות טוב. אבל אמנון, הבעלים, מטריף אותי עם ההוראות שלו – הקפלים של כל חולצה חייבים להיות בדיוק באותו כיוון, התגים צריכים להיות בזווית מסוימת, אסור שיהיה אפילו גרגר אבק על המדפים. אתמול הוא העיר לי שהמרווחים בין הקולבים לא שווים... די! מי בכלל שם לב לדברים כאלה?! הלקוחות באים בשביל הבגדים, לא בשביל המרווחים בין הקולבים. לפעמים אני מרגישה שהוא פשוט רוצה לשגע אותי עם כל הדקדקנות הזאת".

### כשפרט קטן משנה הכול

זה היה בוקר שגרתי במרכז החלל קנדי בפלורידה. מעבורת החלל צ'לנג'ר נצצה בשמש הזורחת של 28 בינואר 1986, מוכנה לשיגורה העשירי. המסך הענק במרכז הבקרה הראה את כל המדדים במצב ירוק – מערכות ההנעה, החמצן, התקשורת. אלפי רכיבים מורכבים פעלו בהרמוניה מושלמת.

איש לא שם לב לאטם הגומי הקטן בטיל ההאצה הימני, שעלותו פחות מדולר.

שבעים ושלוש שניות לאחר ההמראה, התרחש האסון: לשונות אש פרצו מטיל ההאצה, ותוך רגעים אחדים המעבורת התפרקה לרסיסים מול עיניהם המזועזעות של אלפי צופים.

שבעת האסטרונאוטים שהיו על סיפונה, נספו באסון.

ועדת החקירה הממלכתית גילתה את האמת המטלטלת: הקור העז באותו בוקר גרם לאטם הגומי הקטן לאבד מגמישותו. הוא אִפשר לגזים הלוהטים לפרוץ החוצה ולגרום לאחד האסונות הגדולים בתולדות תעופת החלל. אומנם מהנדסים הזהירו מפני שיגור בתנאי קור, אך הדרגים הניהוליים העדיפו להתעלם מהפרט ה"קטן" הזה.

התברר שלפעמים דווקא הפרטים הקטנים, הם שעושים את ההבדל בין הצלחה מסחררת לאסון נורא.

### הגודל שבקוטן

"כל מה שצריך הוא אהבה ואמונה!" הכריז פאולוס באספה סוערת בעיר אנטיוכיה. התאריך היה המאה הראשונה לספירה ומאות אנשים הצטופפו כדי לשמוע את הבשורה החדשה של האיש שהיה פעם יהודי בשם שאול מתרסוס, והפך למטיף הנוצרי המשפיע בהיסטוריה ולמייסד הנצרות כפי שאנחנו מכירים אותה כיום.

"המצוות המעשיות שייכות לעבר!" קרא פאולוס בלהט, "הגיע הזמן לדת של רוח, של אידיאלים נשגבים. בלי להיכבל לפרטים הקטנים של מצוות וטקסים!" – נשמע לכם מוכר? זו טענה שנשמעה לא רק לפני אלפיים שנה, אלא גם בימינו: "באמת נראה לך שאכפת לאלוקים אם בירכתי או לא? אם אכלתי את זה או את זה? הרי הוא ברא מיליארדי גלקסיות, למה שיתעניין בפרטים כאלה קטנים?"

אבל זו טעות, ופאולוס החמיץ נקודה קריטית. אלוקים הוא לא רק אלוקי הבריאה הגדולה. הוא גם אלוקי הדברים הקטנים. הניסיון להגדיל אותו מעל הפרטים דווקא מקטין אותו. נכון שראש ממשלה שעסוק בניהול המדינה, לא יכול להתפנות לבעיות של אזרח בודד. אך זו לא גדולה אלא מגבלה. הוא בן אנוש, ויש לו רק 24 שעות ביממה וכוחות מוגבלים.

הגדולה האמיתית היא היכולת להיות גם למעלה וגם למטה, גם בשמיים וגם בארץ, להכיל את הכול ולהתייחס להכול. "מִי כַּה' אֱ-לֹהֵינוּ הַמַּגְבִּיהִי לָשָׁבֶת. הַמַּשְׁפִּילִי לִרְאוֹת בַּשָּׁמַיִם וּבָאָרֶץ" (תהילים קיג, ה–ו).

ומה קרה לניסוי של פאולוס, אתם שואלים? ובכן, מתברר שדווקא הדת שדיברה על ותרנות נאצלה עד כדי "הגשת הלחי השנייה", הפכה במהלך ההיסטוריה לאחת האלימות והאכזריות ביותר ושפכה דם כמים. דת של רעיונות גדולים בלי פרטים קטנים אולי נשמעת טוב על הנייר, אבל יש בה חיסרון קריטי — היא לא מתאימה לבני אדם. אין לה אפשרות אמיתית לרומם את האדם ולתקן את חייו.

לכן כשהתורה אומרת בפרשה "וְהָיָה עֵקֶב תִּשְׁמְעוּן" (ז, יב), רש"י מסביר שהכוונה דווקא למצוות ה"קטנות", אלו שאדם דש בעקביו. כי התורה מבינה שדווקא הדקדוק בפרטים הקטנים הוא שמחולל בסופו של דבר את השינוי הגדול.

## הסימפוניה המושלמת

העיקרון הזה נכון בכל תחום בחיים:

שחקן כדורסל מקצועי מתאמן שעות על אותה תנועת קליעה בסיסית.

פסנתרן וירטואוז חוזר אינספור פעמים על אותם תרגילי אצבעות פשוטים.

לוחם בסיירת מתַרגל שוב ושוב את אותן פעולות בסיסיות של פירוק והרכבת נשק.

כי ברגע האמת, דווקא השליטה בפרטים הקטנים היא שעושה את ההבדל.

ועם זאת, יש כמובן גם סכנה בכיוון השני.

אדם עלול לשקוע בפרטים ולאבד את התמונה הגדולה. להיות כמו ספורטאי העסוק כל כך במדידת הדופק והקלוריות, עד שהוא שוכח ליהנות מהמשחק עצמו; או כמו מתפלל הטרוד בדקדוקי הלכה ושוכח שהוא מדבר עם אלוקים.

השלמות האמיתית היא ביכולת לחבר את שני העולמות — להיות כמו הקב"ה: "המגביהי לשבת" וגם "המשפילי לראות". לראות את התמונה הגדולה בלי לזלזל בפרטים הקטנים, ולדייק בפרטים הקטנים בלי לאבד את המבט הרחב.

זה הסוד של החיים המלאים: הראש בשמיים והרגליים נטועות עמוק באדמה.

## אתגר השבוע

בחרו משימה אחת שאתם עושים באופן קבוע – שיעורי בית, תפילה, ספורט וכדומה – והשבוע תנו תשומת לב מיוחדת לפרטים הקטנים שבה.

עם זאת, אל תשכחו מדי פעם להרים את הראש ולשאול את עצמכם: "מה המטרה הגדולה שלשמה אני עושה את זה"?

## מספרים ש...

### בסך הכול נקודה

"למה היהדות כל כך עסוקה בפרטים קטנים ולא רלוונטיים?" כך נפתח המייל שקיבלתי מנועם, תלמיד בישיבה תיכונית, "כמה גרם מצה חייבים לאכול בליל הסדר, איך לחתוך סלט בשבת ואפילו באיזה סדר לקשור את שרוכי הנעליים. אני מרגיש שזו ממש קטנוניות אובססיבית. באמת אני לא מבין מה רוחני בזה ואיך זה מקרב אותנו לאלוקים? ואגב", הוסיף בסיום המייל, "כבר שלחתי לך את השאלה הזו לפני שבוע ולא קיבלתי תשובה. אולי סוף סוף מצאתי שאלה שאין לך מענה עליה?"

השבתי לו מייד: "נועם היקר, האמת היא שכבר עניתי לך. ממש ביום שקיבלתי את שאלתך שלחתי תשובה. אבל כנראה לא קיבלת אותה. ומעניין, כי התשובה שלא הגיעה אליך – היא בעצמה התשובה לשאלתך!"

"מה זאת אומרת?", הגיע המייל החוזר.

הסברתי: "כשהקלדתי את כתובת האימייל שלך, שכחתי להוסיף נקודה לפני ה־"com". רק נקודה קטנה. שטות, לא? לא טעיתי בשמך, בכותרת או במסר – רק נקודה אחת קטנטנה הייתה חסרה. אתה לא חושב שהאימייל היה אמור להגיע? שזו קטנוניות מצידו של האינטרנט לא להעביר את ההודעה בגלל דבר כל כך זניח?"

נועם הגיב: "נו באמת, אתה הרי יודע שאין מה לעשות – במייל כמו במייל, דיוק זה הכול. נקודה אחת לא במקום – והכול הולך לאיבוד".

"נכון", עניתי לו, "וכך בדיוק גם בעבודת ה' שלנו. המצוות הן כמו כתובת מדויקת ששולחת את המסר הרוחני שלנו אל ה'. לפעמים נדמה לנו שאם חסר 'פרט קטן' זה לא משנה. אבל בדיוק כמו במייל – הפרטים הקטנים הם מה שמבטיח שהמסר יגיע ליעדו. כי הנקודה היא לא רק נקודה, אוסף פיקסלים על המסך. יש לה משמעות. ואם לאינטרנט יש חוקים, לתורה ולמצוות על אחת כמה וכמה. אם אתה רוצה להבין למה נקודה אחת משנה את כל המסלול באינטרנט – תלמד על תפעול הרשת. אם אתה רוצה להבין למה פרט קטן במצווה יכול לשנות את כל המשמעות – תלמד תורה".

בעבור רגע קיבלתי מנועם מייל תגובה: "יפה מאוד. אז... יצא שבעצם כבר ענית לי – פעמיים!"

## מִבְזָק: הפרשה ב־20 שניות

בעקבות שמירת המצוות תבוא ברכה: גשמים בעיתם ושפע בארץ ◄ לא לפחד מעמי כנען ולהתרחק ממעשיהם הרעים ◄ לזכור את ה' ומצוותיו בארץ ולהודות על השפע ◄ תזכורת לחטא העגל ולמסעות במדבר ◄ מצוות אהבת ה' ולימוד תורה ◄ פרשת "והיה אם שמוע" (שנאמרת כל יום בקריאת שמע) – שכר המצוות ואזהרה מפני עזיבתן.

## הידעת?

### תודה על בטן מלאה –
**"וְאָכַלְתָּ וְשָׂבָעְתָּ וּבֵרַכְתָּ אֶת ה' אֱ־לֹהֶיךָ"** (ח, י)

שמתם לב שברכת המזון שונה משאר הברכות? בעוד שרוב הברכות נאמרות לפני הפעולה (לפני שמדליקים נרות, מניחים תפילין וכו'), כאן התורה מצווה לברך דווקא אחרי שאכלנו ושבענו.

למה? כי ברגע השובע, כשהבטן מלאה והכול נראה מובן מאליו, אדם עלול להרגיש ש"כֹּחִי וְעֹצֶם יָדִי עָשָׂה לִי אֶת הַחַיִל הַזֶּה". זה בדיוק הרגע שבו התורה אומרת: עצור, חשוב מאיפה באמת הגיע כל השפע הזה, ותודה.

- מה שמרתק הוא שברכת המזון צמחה עם ההיסטוריה שלנו, ממש כמו עץ שמוסיף טבעות שנה אחר שנה:
- במדבר: לפני כ־3,300 שנה, כשהלחם ירד מהשמיים, תיקן משה את הברכה הראשונה – "הזן את העולם".
- בארץ ישראל: כשנכנסו לארץ והתחילו לעבד אדמה, הוסיף יהושע את הברכה השנייה – "על הארץ הטובה". הלחם נראה כבא מהאדמה, אבל יהושע הזכיר: גם האדמה היא מתנה.
- בימי המלוכה: כ־400 שנה לאחר מכן, כשירושלים פרחה, תיקנו דוד ושלמה את הברכה השלישית – על ירושלים ובניין המקדש.
- אחרי החורבן: אלף שנה לאחר מכן, בזמן השלטון הרומאי, כשגופות יהודי ביתר ניתנו לקבורה, תיקנו חכמי יבנה את "הטוב והמטיב" – ברכה שמוצאת טוב אפילו בתוך הקושי.

ברכת המזון היא היחידה שלכל הדעות חיובה מהתורה – אולי כי היא לא רק על האוכל שאכלנו, אלא על כל הסיפור הגדול שהביא אותנו עד הלום.

### עיניים לשמיים – "לֹא כְאֶרֶץ מִצְרַיִם הִוא" (יא, י)

במצרים העתיקה החקלאות הייתה פשוטה וקבועה – הנילוס עלה על גדותיו והשקה את השדות. הנהר סיפק כ־85% מהמים במצרים ועד היום 95% מאוכלוסייתה חיה בצמוד אליו.

ארץ ישראל, לעומת זאת, תלויה בגשם – תופעה שאי אפשר לצפות או לשלוט בה. למה ה' בחר דווקא בארץ כזו עבור עם ישראל?

כי במצרים אדם יכול לחיות כל חייו בניתוק ובלי לשאת עיניו לשמיים. בארץ ישראל, כל פעם שהשמיים מתקדרים בעננים, אנו נזכרים שיש מישהו למעלה.

יתרה מזו: בארץ ישראל יש קשר ישיר בין ההתנהגות המוסרית של העם לבין הברכה שיורדת מהשמיים. כשעם ישראל הולך בדרך הטוב – "וְנָתַתִּי מְטַר אַרְצְכֶם בְּעִתּוֹ". כשהוא סוטה מהדרך – "וְעָצַר אֶת הַשָּׁמַיִם וְלֹא יִהְיֶה מָטָר". זו ארץ שבה כל טיפת גשם היא תזכורת: איך אנחנו מתנהגים? מה המעשים שלנו? זו ארץ שמחנכת להסתכל לא רק למעלה, אלא גם פנימה.

### המהפכנים שבחרו להצטרף – "וַאֲהַבְתֶּם אֶת הַגֵּר" (י, יט)

להיות גר זו בחירה מהפכנית. בעולם העתיק, מי שעזב את עמו ודתו נחשב בוגד. גם כיום, גרים מתמודדים עם אתגרים גדולים: משפחה שלא תמיד מבינה, קהילה שלעיתים מסתייגת וזהות מורכבת.

אך מתוך האומץ הזה צמחו כמה מדמויות המופת של עם ישראל: רות המואביה, שממנה יצא דוד המלך; אונקלוס הגר, מחבר התרגום הארמי לתורה; רבי עקיבא, מגדולי התנאים, שעל פי המסורת היה בן גרים; הרוזן ולנטין פוטוצקי, בן אצולה פולנית שהתגייר והוצא להורג על קידוש השם במאה ה־18.

תהליך הגיור אינו קל. הוא כולל לימוד מעמיק של תורה והלכה, אימוץ אורח חיים יהודי, וטבילה בפני בית דין.

כלפי מי שעבר את כל התהליך הזה יש ציווי מיוחד של התורה לאהוב אותו ולהימנע מלפגוע בו. ציווי זה חוזר בתורה בצורות שונות לא פחות משלושים ושש פעמים (בבא מציעא נט ע"ב), יותר מכל מצווה אחרת.

## פותחים ראש

## שאלות לדיון סביב השולחן

### המצוות ה"קלות" – "וְהָיָה עֵקֶב תִּשְׁמְעוּן אֵת הַמִּשְׁפָּטִים הָאֵלֶּה" (ז, יב)

רש"י: "את המצוות הקלות שאדם דש בעקביו תשמעון". מה הן המצוות הקלות? האם יש באמת מצוות חשובות יותר וחשובות פחות? האם יש סוג של מצוות שאנשים נוהגים לזלזל בהן? למה? האם יש מצוות שאנשים מקפידים עליהן במיוחד? מה מאפיין אותן? מהי המצווה שאתם הכי אוהבים לקיים? עם איזו קשה לכם במיוחד?

### היחס לזרים – "וַאֲהַבְתֶּם אֶת הַגֵּר כִּי גֵרִים הֱיִיתֶם בְּאֶרֶץ מִצְרָיִם" (י, יט)

מדוע במדינת ישראל יש כל כך הרבה עובדים זרים? מדוע עשרות אלפי מהגרי עבודה מנסים להסתנן אליה כל הזמן?

מה לדעתכם יש לעשות עם ילדיהם שחלקם נולדו בארץ, לומדים בבית ספר ישראלי ודוברים עברית שוטפת?

האם תתעקשו להעסיק עובד ישראלי אף על פי שהוא גובה מחיר כפול מאשר עובד זר?

### לחץ בינלאומי – "לֹא יִתְיַצֵּב אִישׁ בִּפְנֵיכֶם, פַּחְדְּכֶם וּמוֹרַאֲכֶם יִתֵּן ה' אֱלֹקֵיכֶם עַל פְּנֵי כָל הָאָרֶץ" (יא, כה)

אחד הדברים המשפיעים על מדיניות החוץ והפנים של ישראל הוא "לחץ בינלאומי". אומנם דוד בן־גוריון, ראש הממשלה הראשון, הכריז בשעתו "לא חשוב מה יאמרו הגויים, חשוב מה יעשו היהודים", אך בפועל יש השפעה רבה לעמדת העולם.

עד כמה לדעתכם מדינת ישראל צריכה להתחשב בדעתן של מדינות אחרות בעת התנהלותה? מה הדרך לחזק ולהשפיע על ראש ממשלה שנתון ללחצים רבים מבחוץ?

# ראה

## מה נכנס לי לצלחת?

"אני לא מבין למה ההורים שלי עושים מזה כזה עניין", אומר רועי (15). "אז נכנסתי עם החברים לפיצה 'נפולי' אחרי הסרט. זה לא שאכלתי שם משהו לא כשר — סתם פיצה מרגריטה ופסטה ברוטב עגבניות. המקום לא מקבל תעודת כשרות כי הוא פתוח בשבת, אבל הם לא מערבבים שם בשר וחלב ולא משתמשים בשום דבר טרף. החברים שלי בכלל לא מבינים את כל העניין — 'מה זה משנה אם יש תעודה או אין? אתה רואה בעיניים שזה אותם מרכיבים בדיוק. למה להסתבך?' ובאמת, מה כבר יכול להיות לא בסדר בסתם פיצה?"

"תראה מה קורה לנו", אומרת נעמי (35), דיאטנית קלינית. "אני רואה את זה כל יום בקליניקה — אנשים שכל החיים שלהם סובבים סביב אוכל. או שהם אוכלים בלי שליטה, או שהם עסוקים בדיאטות אובססיביות. יש לי מטופלת שמצלמת כל ארוחה לאינסטגרם, ומטופל שקונה רק מותגי אוכל יוקרתיים. בשבוע שעבר הגיעה אליי נערה שפיתחה הפרעת אכילה אחרי שעקבה אחרי יותר מדי תוכניות בישול. פעם אוכל היה פשוט דלק לגוף, היום הוא הפך להיות תחליף לכל דבר — לאהבה, לריגוש, להצלחה. אולי הגענו למצב שבו האוֹכֶל אוֹכֵל אותנו?"

### הרבה יותר מרעב

מחקר שנערך על ידי פרופ' בריאן וונסינק מאוניברסיטת קורנל בניו יורק מצא שאדם ממוצע מקבל כ־200 החלטות הקשורות לאוכל בכל יום! לא רק מה לאכול, אלא גם מתי, באיזה קצב, כמה, איפה, עם מי.

מתברר שהאוכל תופס הרבה יותר מקום בחיינו מאשר סתם מילוי צורך בסיסי של רעב.

ברומא העתיקה הגיעו לשיאים של עיסוק באוכל — משתאות פאר שנמשכו שעות, עם מנות אקזוטיות ויקרות. אבל הייתה להם בעיה: לאדם יש רק קיבה אחת. לא תאמינו, אבל הפתרון שלהם היה חדר מיוחד להקאה כדי שיוכלו לרוקן את הקיבה, ולהמשיך לאכול...

גם היום, תרבות שלמה נבנתה סביב אוכל: מסעדות, בתי קפה, תוכניות בישול בטלוויזיה, משלוחים מהירים עד הבית.

ובלי להרגיש נוצר כאן דבר והיפוכו: מצד אחד — תעשייה שלמה שמפתה אותנו לאכול יותר ("להגדיל את המנה בשקל?") ומשלוחי בזק שיביאו אלינו את האוכל חם וטרי הביתה בתוך דקות. ומצד שני — תעשייה אדירה של דיאטות והרזיה ("אמא חוזרת לג'ינס", "אבא חטוב" ועוד).

### מֵעֵבֶר לצלחת

בואו נקפוץ רגע לראשית ההיסטוריה. מתברר שכבר מהרגע הראשון האוכל תפס מקום מרכזי אצל האנושות.

הדבר הראשון שאלוקים אומר לאדם הראשון הוא לאכול. "מִכֹּל עֵץ הַגָּן אָכֹל תֹּאכֵל" (בראשית ב, טז).

המצווה הראשונה והעבירה הראשונה בהיסטוריה האנושית — שתיהן קשורות לאכילה — מכל עצי הגן לאכול ומעץ הדעת לא לאכול.

זה לא מקרי. התורה מבינה שאוכל הוא הרבה יותר מסתם דלק לגוף. אוכל הוא המקום שבו אנחנו **פוגשים את העולם בצורה הכי אינטימית**. כשאנחנו אוכלים, אנחנו לוקחים משהו מבחוץ והופכים אותו לחלק מאיתנו. לאוכל יש גם כוח עצום **לחבר בין אנשים**. "גדולה לגימה שמרחקת את הקרובים ומקרבת את הרחוקים",

אומרים חז"ל (סנהדרין קג ע"ב). ארוחות משפחתיות הן לפעמים המקום היחיד שבו כולם מתכנסים לשיחה אמיתית, וזו הסיבה למה זוגות יוצאים לדייט דווקא במסעדה או בבית קפה. יש לאוכל כוח לחבר בין לבבות.

בדיוק בגלל זה חכמים גם תיקנו איסור על אכילת פת של גויים ובישוליהם. הם הבינו שסביב שולחן האוכל נוצרת קרבה שעלולה להוביל להתבוללות.

## מאחורי תעודת הכשרות

יש סיבה טובה למשגיח הכשרות שמסתובב שם במטבח. חשבו על זה רגע: בעולם שלנו, כשכל מנה פשוטה מורכבת מעשרות רכיבים שעברו מסע ארוך ומורכב לצלחת, "לסמוך על העיניים" זה כמו לזהות וירוס בלי מיקרוסקופ.

אפילו פיצרייה קטנה וחביבה מסתירה עולם שלם של שאלות: האם מישהו ניפה את הקמח מתולעים? האם הפרישו חלה מהבצק ותרומות ומעשרות מהירקות? ומה קורה בדיוק כשיש אינטרס כלכלי ולחץ להוזיל עלויות, איך נדע שלא "התגנבו" לתפריט רכיבים זולים יותר שאינם כשרים?

רק מערכת חיצונית ובלתי תלויה של השגחה יכולה להבטיח שמה שעולה על הצלחת שלנו, באמת ראוי להיכנס לגוף ולנפש שלנו.

## העגבנייה הקדושה

המרגלים כינו את ארץ ישראל "אֶרֶץ אֹכֶלֶת יוֹשְׁבֶיהָ" (במדבר יג, לב). הם פחדו שהחומריות "תאכל" אותם. אבל יהושע וכלב הפכו את התמונה – "כִּי לַחְמֵנוּ הֵם" (במדבר יד, ט) – אנחנו נאכל אותם. זו בסופו של דבר השאלה המכריעה: מי אוכל את מי – האם החומר ישתלט עלינו, או שאנחנו נקדש ונרומם אותו.

ויש עוד רובד. בברכת מעין שלוש אנחנו אומרים על ארץ ישראל "לאכול מפריה ולשבוע מטובה". רבי יואל סירקיס, אחד מגדולי הפוסקים בפולין במאה ה־16, חושף בספרו "בית חדש" סוד עמוק: "קדושת הארץ הנשפעת בה מקדושת הארץ העליונה היא נשפעת גם בפירותיה... באכילת פירותיה אנו ניזונים מקדושת השכינה וטהרתה" (אורח חיים סימן רח).

במילים אחרות, עגבנייה שגדלה בארץ ישראל היא לא כמו עגבנייה מספרד או מקליפורניה – יש בה קדושה.

כללי הכשרות שמופיעים בפרשה לא באו למנוע מאיתנו הנאה, אלא לתת לנו כלים לקדש את האכילה. הברכות לפני ואחרי האכילה וחוקי הכשרות מזכירים לנו שאפשר לקחת פעולה גשמית כמו הכנסת מזון לגוף ולהפוך אותה למפגש עמוק ומלא משמעות עם העולם ועם מי שברא אותו.

## אתגר השבוע

בחרו ארוחה אחת השבוע – ארוחת ערב משפחתית או אפילו כריך בהפסקה – והפכו אותה לארוחה מוּדַעַת. בלי טלפונים, בלי טלוויזיה, בלי אכילה על הדרך. שימו לב לטעמים, לצבעים, למרקמים. ברכו בכוונה. חשבו על המסע המופלא שעשה כל מרכיב בצלחת עד שהגיע אליכם. ואם אתם אוכלים עם אחרים – נסו לנהל שיחה אמיתית, לא על אוכל.

## מִבְזָק: הפרשה ב־20 שניות

הברכה והקללה התלויות בשמיעתנו לדבר ה׳ ◄ איסור עבודה זרה והחובה לאבד אותה ◄ בית המקדש במקום אשר יבחר ה׳ ◄ היתר שחיטת חולין ואיסור אכילת דם ◄ נביא שקר, עיר הנידחת, מסית לעבודה זרה ◄ מאכלות אסורים ודיני כשרות ◄ איסור התגודדות ושריטה למת – "בנים אתם לה'" ◄ ענייני חסד: מעשר שני, ביעור מעשרות, שמיטת כספים, נתינה לעני והענקה לעבד ◄ מצוות הצדקה ◄ שלושת הרגלים – ראיית פני ה׳ במועדים.

## כשנייר נעשה קדוש

בשנת 2005, ימים אחדים לפני פינוי גוש קטיף ומסירת השטח לערבים, התעוררה שאלה כואבת: מה לעשות עם בתי הכנסת ב־21 היישובים שהיו שם?

הממשלה תכננה להרוס אותם כדי שלא יחוללו בידי האויב. אבל הרב ישי בר־חן מאלי סיני עתר לבג"ץ: איך אפשר להרוס בית כנסת?! הרי התורה אומרת בפרשתנו "וְאִבַּדְתֶּם אֶת שְׁמָם מִן הַמָּקוֹם הַהוּא. לֹא תַעֲשׂוּן כֵּן לַה' אֱלֹהֵיכֶם" (יב, ג–ד). מה שעושים לעבודה זרה – להרוס ולאבד – אסור לעשות לדברים שבקדושה!

בסופו של דבר ההחלטה הייתה להותיר את בתי הכנסת על תילם, עם שלט המכריז על קדושת המקום, ולמרבה הצער הם הועלו באש על ידי המחבלים זמן קצר אחר כך. אבל העיקרון היהודי נשמר: אנחנו לא מחריבים בידינו דבר שיש בו קדושה.

זו גם הסיבה שיש "גניזה" – קבורה מכובדת של כתבי קודש, כדי לשמור עליהם מביזיון.

פעם, כשספרים היו נכתבים ביד והיו נדירים, השאלה הייתה מצויה פחות. אבל היום, אחרי המצאת הדפוס והוזלת ייצור הספרים, אנחנו ממש מוצפים בהמון דפים עם דברי תורה – מחברות, עלוני שבת, דפי לימוד, עיתונים עם מדור תורני ועוד.

מה עושים איתם כשכבר לא צריכים אותם? זורקים לפח? מעבירים למִחזור? שמים בגניזה?

התשובה תלויה בנתונים:

- אם יש בטקסט את אחד משבעת השמות של ה׳ – חייבים לגנוז.
- אם יש רק דברי תורה בלי שמות קדושים והדפים הודפסו לשימוש חד־פעמי, כגון עלוני שבת – לדעת רוב הפוסקים צריך להעביר לגניזה, אבל יש המקילים לעטוף אותם בשקית ולהניח באופן מכובד בפח או במִחזור, ובפרט אם מדובר בעלונים שהחלק התורני בהם זניח ורובם דברי חול.
- כיפה, ציצית, טלית, חנוכייה וכדומה אינם נחשבים תשמישי קדושה כמו תפילין או מזוזה, שחייבים גניזה, אלא תשמישי מצווה, שכאשר אינם שמישים יותר, מותר להניחם בפח באופן מכובד, עטופים בשקית.
- דף של חול שרשום עליו בס"ד או ב"ה – מותר לזרוק, כיוון שאלו רק ראשי תיבות שרומזים לכינוי של ה׳.

- דברי תורה שכתובים על מסך המחשב או בקובץ – מותר למחוק כיוון שאין זה כתב ממשי, אלא פיקסלים של אור שמוקרנים על המסך או מידע שמקודד במחשב.

אגב, בזכות המנהג של גניזה התגלו אוצרות היסטוריים מדהימים. המפורסם שבהם הוא "הגניזה הקהירית" שהתגלתה במאה ה־19: כ־400,000 מסמכים שהצטברו במשך 1,100 שנה בעליית הגג של בית כנסת בקהיר, כולל כתבי יד של הרמב"ם! ואפילו בימינו, ב־2011, נמצאה "הגניזה האפגנית" במערה ששימשה את הטליבאן, ובה מסמכים יהודיים עתיקים מלפני אלף שנה.

אז בפעם הבאה שאתם מתלבטים מה לעשות בדף שיש בו דברי תורה, זכרו: זה לא סתם נייר. יש דברים שהקדושה שלהם נשארת לנצח.

## הידעת?

### למה הכתובת מעורפלת? – "אֶל הַמָּקוֹם אֲשֶׁר יִבְחַר ה'" (יב, ה)

מוזר מאוד: במקום לכתוב בפשטות "הקימו את המקדש בירושלים", התורה חוזרת שוב ושוב על הביטוי המסתורי "המקום אשר יבחר ה'", כאילו מדובר בתחרות ריאליטי שהיעד הסופי שלה עדיין סודי.

מה העניין בהסתרה הזו? הרמב"ם מציע שלוש סיבות מאחורי "משחק המחבואים" הזה:

- למנוע מהאומות להילחם בכל כוחן על המקום המקודש;
- להגן על המקום מפני השחתה מכוונת של אויבים;
- למנוע מריבות בין שבטי ישראל – מי מהם יזכה בנחלה הקדושה.

רק כשהופיע דוד המלך – מנהיג חזק מספיק שיכול להתמודד עם האתגרים האלה – התגלה הסוד.

אבל אולי יש כאן גם מסר עמוק יותר לכל אחד מאיתנו: "המקום אשר יבחר ה'" אינו רק נקודה גיאוגרפית על המפה. הוא מייצג את הדרגה הרוחנית שאליה אנחנו שואפים להגיע. וכשמדובר בעלייה רוחנית, אין קיצורי דרך ולא מקבלים נ"צ מדויק בהתחלה. צריך לחפש, להתאמץ, לטהר את הלב – ורק בסופו של מסע פנימי אמיתי מתגלה המקום שה' בוחר בו. לא רק בגיאוגרפיה של העולם, אלא גם במפה הפנימית של הנשמה שלנו.

### מה רע בחזיר? – "זֹאת הַבְּהֵמָה אֲשֶׁר תֹּאכֵלוּ" (יד, ד)

למה התורה אוסרת לאכול חיות מסוימות? אם הן מזינות ונותנות "דלק" לגוף – מה משנה אם יש להן פרסה או שהן מעלות גרה?

חכמי ישראל נחלקו בשאלה זו. יש שראו בכך עניין בריאותי, ולדבריהם המאכלים הלא כשרים עלולים להזיק לגוף.

אחרים הדגישו את ההשפעה הנפשית: המזון שאנחנו אוכלים משפיע על אישיותנו ומידותינו. הגוף אולי נותר שלם, אבל הנפש ויכולת הקליטה הרוחנית נפגמת.

מעניין שהחיות הכשרות מתאפיינות בסימנים מיוחדים: הן מעלות גרה (תכונה של בעלי חיים צמחוניים שצריכים לעבל היטב את מזונם) ומפריסות פרסה (בניגוד לטורפים שיש להם טפרים חדים לקריעת טרפם). אולי התורה מרמזת לנו שעדיף להימנע מאכילת חיות טורפות ואכזריות, כדי שתכונותיהן לא יחלחלו לאישיותנו.

**המסע המוסרי של התזונה האנושית — "כִּי תְאַוֶּה נַפְשְׁךָ לֶאֱכֹל בָּשָׂר"** (יב, כ)

ידעתם שפעם כולנו היינו צמחונים? כשהאדם הראשון הסתובב בגן עדן, התפריט שלו היה 100% צמחוני. רק אחרי המבול, כשמשהו בנפש האנושית השתנה, הותר לנח ובניו לאכול בשר.

אבל התורה לא נתנה אור ירוק מוחלט. היא העניקה היתר מורכב, עטוף במערכת שלמה של מצוות שאומרות שגם כשאדם אוכל בשר, עליו לזכור את המחיר המוסרי: איסור אכילת דם, חובה לכסות את הדם כביטוי לבושה, מצוות שחיטה שממזערת סבל — כל אלה נועדו להזכיר לנו שארוחת הצהריים שלנו כרוכה בלקיחת חיים.

הרב קוק ראה בכך תהליך התפתחותי מרתק. הוא מסביר שהצמחונות מייצגת את המצב האידיאלי — עולם שבו אדם לא משביע את רעבונו על חשבון חיים אחרים. אבל — וזו הנקודה המעניינת — הרב קוק מוסיף הסתייגות: בעולם שבו בני אדם עדיין נוהגים באכזריות זה כלפי זה, יש משהו צבוע בהפגנת חסידות יתרה דווקא כלפי בעלי חיים.

עם זאת, הנביא ישעיהו מציע לנו הצצה לעתיד מרתק: יום יבוא והעולם יתעלה כל כך מבחינה מוסרית, עד שאפילו האריה — טורף מטבעו — יחזור להיות צמחוני: "וְאַרְיֵה כַּבָּקָר יֹאכַל תֶּבֶן" (יא, ז).

## פותחים ראש
### שאלות לדיון סביב השולחן

**עיר הקודש** — **"כִּי אִם אֶל הַמָּקוֹם אֲשֶׁר יִבְחַר ה' אֱ־לֹהֵיכֶם מִכָּל שִׁבְטֵיכֶם לָשׂוּם אֶת שְׁמוֹ שָׁם"** (יב, ה)

במשך אלפי שנים ניסו עמים רבים להשתלט עליה וצבאות רבים הקיזו את דמם כדי לכובשה. מה יש בה, בירושלים, שמשך אליה מיליונים ברחבי העולם לאורך אלפי שנים? מהי ירושלים בשבילכם? מה המקום בירושלים שאתם הכי אוהבים?

מדוע צריך שיהיה לעם דווקא מרכז רוחני אחד ואי אפשר שכל אחד במקום מגוריו יקים במה לעצמו ובה יקריב קורבנות לאלוקיו?

**עבודת אלילים** — **"פֶּן תִּדְרֹשׁ לֵאלֹהֵיהֶם לֵאמֹר אֵיכָה יַעַבְדוּ הַגּוֹיִם הָאֵלֶּה אֶת אֱלֹהֵיהֶם וְאֶעֱשֶׂה כֵּן גַּם אָנִי"** (יב, ל)

איך להבין את התופעה שמיליוני אנשים לאורך ההיסטוריה סגדו לפסלים של עץ ואבן או שייחסו כוחות אלוהיים לגרמי השמיים ולכוחות הטבע? האם זו טעות פרימיטיבית חסרת היגיון או שאפשר למצוא בכך נקודה אמיתית?

התורה מזהירה עשרות פעמים על עבודת אלילים. האם כיום, כשרוב האנושות כבר לא סוגדת לפסלים ולכוחות הטבע, עדיין יש משמעות לאזהרות הללו? האם בימינו יש משמעויות נוספות למושג "עבודת אלילים"?

**אלוקים ואנחנו** — **"בָּנִים אַתֶּם לַה' אֱ־לֹהֵיכֶם"** (יד,א)

מה המשמעות של האמירה שאנחנו בנים של ה'? כיצד אפשר להרגיש זאת בחיים? האם ישנן דרכים נוספות לתאר את מערכת היחסים בינינו לבין הקב"ה (עבדים, חיילים)? מה פשר העובדה שיש תיאורים שונים? מה מהם הוא הנכון?

**איך משתמחים?** — **"וְהָיִיתָ אַךְ שָׂמֵחַ"** (טז, טו)

עשרות מיליונים בעולם משתמשים בפרוזאק ובתרופות אחרות כנגד דיכאון. כיום קשה יותר למצוא אנשים השמחים באמת בחייהם ומרגישים מאושרים. מדוע? הרי אנו חיים בעידן של שפע. האם יש לכם טיפים ורעיונות כיצד אדם יכול לשמח את עצמו?

# שֹׁפְטִים

## אבל למה?

"אני לא מבין" אומר עידו (16), "אם מותר לי לאכול פיצה עם גבינה ומותר לי לאכול כריך עם נקניק, אז למה אסור לאכול אותם ביחד? זה בדיוק אותם מרכיבים! ואם יש סיבה אז למה לא להסביר? למה התורה קובעת בצורה משונה כזו 'לא תבשל גדי בחלב אימו' בלי שום הסבר משכנע?"

"ד"ר הרפז, המרצה שלי, תמיד אומר: 'אל תקבלו שום דבר כמובן מאליו'", מספרת נועה (23), סטודנטית למדעי המוח. "כל תיאוריה חייבת להיות מוכחת, כל מחקר צריך להיות מבוסס על נתונים. אז איך אני יכולה סתם לקבל מצוות בלי להבין את ההיגיון שמאחוריהן? בלימודים שלי אני חוקרת איך כל תא ותא במוח עובד, מפצחת את המנגנונים המורכבים ביותר – ופתאום באמונה אני אמורה פשוט לקבל הכול בלי להבין?"

### רוצה לדעת

"למה השמיים כחולים?" שאל הילד את אביו.

"האמת? אין לי מושג", ענה האב.

"ולמה השמש זורחת במזרח ושוקעת במערב?" תמה הבן.

"גם את זה אני לא יודע", השיב אביו.

"ולמה יש לגמל שתי דבשות?" הוסיף הילד להקשות.

"תאמין לי, אין לי שמץ של מושג", הייתה התגובה.

אחרי רגע של שתיקה אמר הבן:

"אבא, זה מפריע לך שאני שואל הרבה שאלות?"

"ממש לא", אמר האב בחיוך, "אם לא תשאל, איך תדע?"

### כשמסבירים יותר מדי

סקרנות היא דבר נפלא. הרצון להבין את העולם, לדעת איך דברים עובדים ולמה הם קורים – זה הכוח המניע את המדע, את הקִדמה ואת היצירה האנושית. כמו אותו ילד שלא מפסיק לשאול "למה", גם אנחנו רוצים להבין את מה שאנחנו עושים. במיוחד כשמדובר במצוות, שהן חלק כל כך משמעותי בחיים שלנו כאנשים מאמינים.

אך מעניין שדווקא בתחום הזה התורה שותקת. בעוד שבנושאים כמו הלכה, מוסר או פרשנות המדפים בספרייה התורנית מלאים וגדושים, כשמגיעים לטעמי המצוות – היבול הספרותי דל להפתיע. יש בתורה המון הוראות "מה" לעשות, אבל מעט מאוד "למה".

חז"ל נתנו לכך הסבר מפתיע. היו מקרים חריגים בהם התורה כן הסבירה את ההיגיון הפנימי של המצווה. למשל, בפרשה שלנו, בהלכות מלך נאמר "לֹא יַרְבֶּה לּוֹ סוּסִים" (יז, טז) כדי שלא יחזיר את העם למצרים שהייתה באותם הימים מעצמת סוסים. "לֹא יַרְבֶּה לּוֹ נָשִׁים" (יז, יז) כדי שלא יסירו את לבבו, בייחוד בגלל הנוהג הרווח של נישואים פוליטיים עם נסיכות זרות כדי לחזק בריתות בינלאומיות.

ודווקא בשתי המצוות האלו נכשל שלמה המלך, החכם מכל אדם. הוא קרא בתורה את הטעם ואמר לעצמו: "אני אביא סוסים ממצרים בלי להחזיר לשם את העם", "אני אקח הרבה נשים ואשאר חזק באמונתי".

הסוף ידוע: הוא כרת ברית עם מצרים ונשא את בת פרעה ונוצרה תלות כלכלית ותרבותית במצרים. ולעת זקנתו נשיו הצליחו "להטות את לבבו".

## גזירת מלך

הסיפור של שלמה ממחיש את הפרדוקס המעניין: אף שטעמי המצוות יכולים לעזור לנו להבין ולהתחבר, התורה בוחרת ברוב המקרים לא לפרט אותם.

מדוע? יש לכך שלוש סיבות מרכזיות:

1. **כשיש טעם, יש תנאי**

ברגע שאנחנו מבינים את הסיבה למצווה, אנחנו עלולים לחשוב שהיא תקפה רק כשהסיבה הזו רלוונטית. למשל, אם הטעם לכיבוד הורים הוא הכרת הטוב, מישהו עלול לחשוב שאם ההורים לא היו מספיק טובים אליו, הוא פטור מהמצווה. או אם הטעם לצדקה הוא לעזור לעניים, אולי במדינה מודרנית עם ביטוח לאומי ורווחה אין צורך במצווה.

2. **מעבר להבנה שלנו**

המצוות הן דבר אלוקי ששורשו הרוחני עליון מאוד. כשאנחנו מצמצמים אותן להסבר אנושי, אנחנו מורידים אותן לרמה של דבר שיכולנו להמציא בעצמנו. לכן כשספר החינוך מסביר את טעמי המצוות הוא מכנה זאת "משורשי המצווה". כלומר, ניסיון לגלות אחד מהשורשים של המצווה, מבלי להתיימר להקיף את כולה, כי בוודאי יש הרבה יותר ממה שהצלחנו להגיע אליו בהבנה האנושית שלנו.

3. **קבלת עול מלכות שמיים**

דווקא בקיום מצווה בלי להבין את טעמה יש מעלה מיוחדת. זו הזדמנות להראות אמון בקב"ה, לקיים כי הוא ציווה, ולא בגלל שזה משתלם לנו.

האם זה אומר שאסור לחקור ולחפש טעמים למצוות? ממש לא. יש ספרים חשובים שמנסים להסביר את טעמי המצוות והיו מגדולי ישראל שעסקו בכך רבות. אבל צריך לזכור: "טעם", כשמו כן הוא, כמו קצפת על העוגה. היא יכולה להוסיף טעם טוב, אבל העיקר הוא העוגה עצמה. ובמצוות — קודם מקיימים ללא תנאי את המצווה עצמה. לאחר מכן, כבונוס, משתדלים גם להבין.

## אתגר השבוע

בחרו מצווה אחת שאתם מקיימים באופן קבוע. במקום לעשות אותה "כי ככה צריך", נסו למצוא בה טעם שמדבר אליכם.

אבל זכרו כל הזמן שזו תוספת מומלצת, אבל לא הכרחית. את המצווה אנו מקיימים בכל מקרה, גם אם לא מצאנו עדיין הסבר שמספק אותנו.

## מִבְזָק: הפרשה ב־20 שניות

מצוות מינוי שופטים ◂ מצוות מינוי מלך ◂ ענייני כהונה ולוויה (לא מקבלים נחלה בארץ כשאר השבטים, מתנות כהונה, תורנות הקרבה) ◂ נבואה בישראל ◂ ערי מקלט לרוצח בשגגה ◂ איסור אוב וידעוני ודיני עדים וחקירות ◂ סדר יציאה למלחמה ודברי כוהן משוח מלחמה ◂ פרשיית עגלה ערופה כשנמצא הרוג ולא ידוע מי הרוצח.

## מיליארדים לפח – לא חבל?

הנתונים בלתי נתפסים: בישראל נזרקים מדי שנה כ־2.6 מיליון טון מזון בשווי של 23 מיליארד שקלים, שהם 37% מכלל ייצור המזון בישראל. זו כמות שיכולה להספיק להאכלת מיליוני אנשים!

מה יש לפרשת השבוע לומר על כך?

הקשיבו לפסוק: "כִּי תָצוּר אֶל עִיר יָמִים רַבִּים לְהִלָּחֵם עָלֶיהָ לְתָפְשָׂהּ, לֹא תַשְׁחִית אֶת עֵצָהּ" (כ, יט). מכאן נולד האיסור המפורסם של "בל תשחית", שאוסר על בזבוז והשחתה של דברים בעלי ערך. חז"ל הרחיבו את האיסור משעת מלחמה, לכל סוג של בזבוז, גם בחיים האזרחיים: מזון, אנרגייה, בגדים ומשאבים אחרים.

מעניין שדווקא בדורנו, כשהמודעות הסביבתית בשיאה, עולה שאלה חדשה בהקשר הזה: מה דין השימוש בכלים חד־פעמיים, שנראה כבזבוז והשחתה מובהקים? שימוש בכלי שעוד רגע ייזרק לפח. אבל פוסקי ההלכה רואים את התמונה באופן מורכב יותר: נכון, יש בכך צד של בזבוז והשחתה, אך מצד שני יש תועלת: חיסכון בזמן ובמים, שמירה על היגיינה באירועים גדולים ועוד. הרמב"ם ניסח את הכלל המנחה: "לא אסרה תורה אלא דרך השחתה" (משנה תורה, הלכות מלכים ומלחמותיהם ו, ח). כלומר, האיסור הוא דווקא כשההשחתה היא סתמית, ללא תועלת. כשיש בה מטרה ורווח לאדם, הדבר עשוי להיות מותר, ובכל מקרה יש לבחון היטב את הנתונים מה התועלת לעומת ההפסד.

### מה אפשר לעשות בבית כדי למזער השחתות מיותרות?

- במטבח: מתכננים קניות בחוכמה, משתמשים בשאריות ותורמים עודפים לנזקקים.
- בבית: חוסכים במים וחשמל – מכבים מכשירים ותאורה כשאין בהם צורך.
- בכלים חד־פעמיים: משתמשים במידה, לא בהפרזה ומעבירים למִחזור בקבוקי פלסטיק וזכוכית ריקים.
- בארון: במקום לזרוק בגדים, מעבירים הלאה או ממחזרים.

מצוות "בל תשחית" היא לא רק הלכה, אלא גם דרך חיים. היא מלמדת אותנו להעריך את מה שיש לנו, להיות צרכנים נבונים ולחיות מתוך אחריות לסביבה. כיום, בעידן של צריכה מוגזמת, זו לא רק מצווה – זו הדרך שלנו להציל את העולם מבזבוז ומהרס מיותרים.

## הידעת?

**מה הקשר בין אדם לעץ? – "כִּי הָאָדָם עֵץ הַשָּׂדֶה"** (כ, יט)

אתם יודעים? מה מצחיק? הפסוק המפורסם הזה, שהפך לשירים יפים ולציטוט שגור, בא בכלל לומר את ההפך ממה שחושבים. פשט הכתוב בא דווקא להבדיל: העץ אינו אויב שלך במלחמה, ולכן אל תשחית אותו. אבל דווקא מהדימוי הזה למדו חכמים שיש גם קווי דמיון מרתקים בין האדם לעץ:

שניהם בעלי שורשים, אך בכיוונים הפוכים: העץ נטוע באדמה למטה, ואילו שורשי האדם – נשמתו – יונקים מלמעלה.

שניהם נושאים פירות: העץ – תפוחים ותמרים, האדם – מעשים טובים וילדים.

שניהם מתחילים מגרעין קטן שחייב "למות" כדי להתחדש – הזרע נרקב באדמה כדי לצמוח לאילן, והאדם צריך לעבור משברים כדי לגדול באמת.

אז בפעם הבאה שתעברו ליד עץ, כדאי להביט בו רגע ארוך. אולי תגלו בו משהו על עצמכם?

**צא להציל חיים! – "לֹא תוּכַל לְהִתְעַלֵּם"** (דברים כב, ג)

בעוד שבמדינות רבות בעולם אין חובה חוקית להציל אדם בסכנה, החוק בישראל, בעקבות התורה, מחייב זאת. המצווה הזו, שמופיעה בעוד מקומות בתורה, מתורגמת להנחיה המעשית "לֹא תַעֲמֹד עַל דַּם רֵעֶךָ" (ויקרא יט, טז) והיא גם אחת הסיבות שהופכות את השירות בצה"ל למצווה – אין להיות אדיש כאשר היחיד נמצא במצוקה, וכל שכן כאשר עם שלם נמצא בסכנה עלינו להתגייס לעזרתו.

העיקרון המקודש הזה ליווה את העם היהודי לאורך הדורות, ממשה רבינו שמושיע את העבד העברי מידי הנוגש המצרי, דרך הצלת יהודים בשואה ועד לדור שלנו, כאשר בבוקר שמחת תורה, ז' באוקטובר, המונים מיהרו לקחת את הנשק, להיפרד לשלום ממשפחתם ולנסוע דרומה כדי לעזור ולהציל את מי שעוד אפשר.

**והתחזית למחר – "תָּמִים תִּהְיֶה עִם ה' אֱלֹקֶיךָ"** (יח, יג)

"תגיד לי, מה יהיה בעתיד שלי?" – כמה פעמים בהיסטוריה האנושית נשאלה השאלה הזו?

מאז ומעולם חיפש האדם להציץ מעבר למסך הזמן: מהאצטגנינים במצרים העתיקה, דרך חוזי הכוכבים בימי הביניים, ועד קוראות בקפה ובקלפים בימינו. יש משהו בנו שמתקשה להשלים עם אי־הוודאות של העתיד.

אבל הנה באה התורה עם הוראה מפתיעה. "תמים תהיה עם ה' אלוקיך" – ורש"י מבאר: "התהלך עמו בתמימות ותצפה לו, ולא תחקור אחר העתידות". כלומר, המצווה היא לחיות את ההווה, להתמקד בעשייה עכשיו. לא לבזבז אנרגייה על ניסיונות לפצח את המחר.

אבל האם באמת יש אנשים שיכולים לחזות את העתיד? כאן נחלקו חכמי ישראל:

הרמב"ם שלל זאת מכול וכול. לדעתו כל העניין הוא הבל גמור והטעיה של אנשים תמימים שמנוצלים על ידי רמאים.

לעומתו, היו מגדולי ישראל שהכירו באפשרות קיומם של כוחות ושל יכולות מסוימות לחזות עתידות, אך הדגישו שהתורה אסרה להשתמש בהם.

המעניין הוא ששתי הגישות מובילות לאותה מסקנה: לא זו הדרך שבה אנחנו אמורים לבנות את חיינו. במקום לנסות לצפות את העתיד, אנחנו נקראים לחולל אותו בידיים שלנו.

## מספרים ש...

**"צֶדֶק צֶדֶק תִּרְדֹּף"** (טז, כ) **—**
**אז מי באמת מרמה?**

בכפר קטן גרו זה לצד זה אופה וחלבן. בכל בוקר האופה היה מוכר לחלבן לחם, ובערב היה מוכר החלבן לאופה חמאה.

באחד הימים שם לב האופה שהחלבן לא נותן לו קילו חמאה כפי שסיכמו ביניהם, אלא מרמה ונותן כמות קטנה יותר. יום אחרי יום שקל האופה את הכמויות וראה שהוא תמיד מקבל פחות מקילו.

האופה התמלא כעס ותבע את החלבן לדין אצל שופט הכפר. הדיין שמע את טענת האופה והורה לחלבן להביא את מכשיר המדידה שלו. הביא החלבן את מאזני המשקל. האופה הניח את החמאה שמכר לו החלבן יום לפני כן על הכף, והדיין הניח משקולת של קילו בצד השני. היה ניכר בבירור שהכף של המשקולת כבדה יותר.

"רואה?" רתח האופה, "זה שוקל פחות מקילו, והוא מוכר לי את זה במחיר של קילו!"

הדיין התבונן במאזניים וביקש מהחלבן: "הראה לי בבקשה את המשקולת שאתה משתמש בה".

"אינני משתמש במשקולת", ענה החלבן.

"אז מה אתה מניח על הכף השנייה?" תמה הדיין.

הסתכל החלבן על חברו "את קילו הלחם שמכר לי חברי בבוקר".

## פותחים ראש
### שאלות לדיון סביב השולחן

**מה עושה בג"ץ?** — **"שֹׁפְטִים וְשֹׁטְרִים תִּתֶּן לְךָ בְּכָל שְׁעָרֶיךָ"** (טז, יח)

האם חשוב שיהיה למדינה מוסד כמו בג"ץ? מה אמור להיות תפקידו? כיצד לדעתך צריכים שופטיו להיבחר: באופן דמוקרטי על ידי העם, על ידי הכנסת או כמו שמקובל היום על ידי ועדה מצומצמת (שלשופטים הנוכחיים יש בה ייצוג רב)? מה מעמדו של בג"ץ במדינת ישראל היום? האם כוחו הוא גדול או קטן מכפי שהוא אמור להיות?

**לדבר על זה?** — **"וּבִעַרְתָּ הָרָע מִקִּרְבֶּךָ"** (יז, ז)

יש הטוענים שחשוב לפרסם בתקשורת על אירועים שליליים ופשעים. לעומתם יש הסוברים שפרסומים כאלו רק מגבירים ומעצימים את ההתרחשות השלילית (ובמיוחד כשמדובר באלימות מינית ובהתאבדויות). מה דעתכם? האם כאשר מדובר באיש ציבור שסרח ההתייחסות צריכה להיות שונה? האם יש לדחוף לשיח ציבורי, משפחתי או כיתתי על תופעות חריגות וסוטות, או שעצם ההתעסקות בכך בעייתית?

**עושים אפליה** — **"בֵּין דָּם לְדָם"** (יז, ח)

האם לדעתכם במדינת ישראל ישנה אפליה בין מגזרים, עדות וקבוצות אוכלוסייה (דתיים, מתנחלים, ערבים, נשים, מזרחיים, נכים וכדומה)? האם ראוי לעשות אפליה מתקנת בקבלה למוסדות אקדמיים, מקומות עבודה וכדומה למגזרים מקופחים?

**איך למשול נכון?** — **"אָשִׂימָה עָלַי מֶלֶךְ כְּכָל הַגּוֹיִם אֲשֶׁר סְבִיבֹתָי"** (יז, יד)

וינסטון צ'רצ'יל, ראש ממשלת בריטניה אמר פעם שדמוקרטיה היא צורת משטר גרועה ביותר, אך עדיין היא טובה יותר מכל האחרות. מה דעתכם על צורת השלטון הדמוקרטית? מה היתרונות והחסרונות שלה? האם הייתם רוצים שבמדינת ישראל יהיה סוג אחד של משטר?

# כי תצא

## איזה יופי

"אני כבר לא יכולה עם אתרי ההיכרויות האלה", נאנחת דנה (32). "הכול שם כל כך שטחי. גובה, משקל, צבע עיניים, סגנון לבוש. כאילו זה מה שחשוב באמת. אתמול מישהו 'הוריד לי כוכב' כי בתמונה הראשית שלי, אני עם משקפיים. חברה שלי אמרה לי 'תעלי תמונה מהחתונה של אחותך, כשהיית עם איפור ושיער'. אבל זו לא אני! אני רוצה שיראו אותי כמו שאני ביום־יום, שיתחברו לאישיות שלי, לא לתמונה מבוימת".

"כשאני נכנס לבית הכנסת שלנו אחרי השיפוץ", מספר עזרא (68), הגבאי הוותיק של בית כנסת אוהל שלמה, "הלב שלי מתרחב. הריהוט החדש, נברשות הקריסטל, השיש על הקירות – הכול כל כך מכובד ומרומם. כשאני רואה את העיניים הנוצצות של האורחים הרבים שמגיעים לבית הכנסת, אני יודע שהמגבית האחרונה שעשינו כדי לממן את השינוי הייתה אומנם יקרה אבל מוצדקת. בית ה' צריך להיות יפה ומרשים!".

### אדוני הנשיא

זה היה ערב סתווי בשיקגו, 1960. אמריקה כולה הייתה מרותקת לעימות הטלוויזיוני בין שני המועמדים לנשיאות. בצד אחד של האולפן ישב ג'ון קנדי, סנאטור צעיר ומלא קסם אישי, עורו שזוף והוא לבוש בחליפה כהה. מולו התיישב ריצ'רד ניקסון, סגן הנשיא המכהן, שרק התאושש ממחלה. פניו היו חיוורות, וחליפתו האפורה כמעט נבלעה ברקע האפור שמאחוריו. גם כשהזיעה החלה לנטוף על מצחו הוא דחה את המאפרת שניסתה לעזור.

למוחרת התפרסמו הסקרים שגילו דבר מעניין: מי שצפה בעימות בטלוויזיה היה משוכנע שקנדי היה טוב יותר, אך מי שהאזין לעימות ברדיו, העניק את הניצחון לניקסון.

ההסבר היה פשוט: ניקסון, המנוסה והבוגר, היה רהוט ומשכנע יותר בתוכן דבריו. אך קנדי, למרות חוסר ניסיונו, הקרין כריזמה וביטחון מול המצלמות ונראה מרשים יותר. שישה שבועות לאחר מכן נערכו הבחירות לנשיאות. מי לדעתכם ניצח?

ניחשתם נכון: ג'ון קנדי, בן ה־43, הפך לנשיא המעצמה הגדולה בעולם.

באמריקה, כך מתברר, חשוב יותר להיראות טוב מאשר להיות טוב.

### המרוץ אחרי היופי

בואו נחזור רגע אחורה. הכול התחיל עם פרי, ולא סתם פרי, אלא היפה ביותר בגן עדן. "וַתֵּרֶא הָאִשָּׁה כִּי טוֹב הָעֵץ לְמַאֲכָל וְכִי תַאֲוָה הוּא לָעֵינַיִם" (בראשית ג, ו). החיצוניות, היופי, המראה – כל אלה משכו את העין ופיתו את הלב, והובילו את אדם וחווה אל החטא הראשון בהיסטוריה.

מאז ועד היום המתח הזה בין חוץ לפנים מלווה אותנו בכל אשר נפנה. בקניית לבוש, בעיצוב הבית, בבחירת בן זוג ובהחלטות רבות שאנו מקבלים מידי יום.

מה יש לתורה לומר על כך?

במבט ראשון יש כאן סתירה: מצד אחד, שלמה המלך קובע נחרצות: "שֶׁקֶר הַחֵן וְהֶבֶל הַיֹּפִי" (משלי לא, ל). החיצוניות היא שקר והעיקר הוא "יראת ה'".

מצד שני, התורה עצמה מדגישה את יופיין של האמהות – "וְהַנַּעֲרָ טֹבַת מַרְאֶה מְאֹד" (בראשית כד, טז), וחכמים אף קובעים שאסור לאדם לקדש אישה עד שיראנה (קידושין מא ע"א).

מספרים שבערב אחד בלונדון של תחילת המאה ה־20, נפגשו הרקדנית איזַדורה דאנקן והמחזאי ג'ורג' ברנרד שו. דאנקן פנתה אליו ואמרה בחיוך: "ג'ורג', דמיין מה יקרה אם נתחתן... איזה ילד מושלם יכול היה להיות לנו – עם היופי שלי והשכל שלך!"

שו השיב מייד: "רעיון מעניין, איזדורה. אבל מה אם יקרה בדיוק ההפך, והוא יקבל את היופי שלי והשכל שלך?!"

## יפה מבפנים, יפה מבחוץ

מהו באמת היחס הנכון ליופי? התשובה טמונה בברכה מיוחדת שאנו מברכים פעם בשנה: ברכת האילנות. היא נאמרת בתחילת חודש ניסן ואנו מודים בה על היופי של הפריחה המרהיבה של עצים.

אבל שימו לב: ההלכה קובעת שיש לברך דווקא על פרחיו של עץ פרי. המסר: היופי האמיתי הוא כשהחיצוניות משרתת מטרה, כשהיא מבטאת תוכן פנימי.

זה גם היה הסוד של בית המקדש – המקום הקדוש בעולם – שהיה גם אחד מהמבנים היפים בתבל. הזהב והארגמן לא היו קישוט סתמי, אלא ביטוי חיצוני לקדושה הפנימית.

ייתכן שזה גם מה שהתורה רוצה לבטא בתיאור המראה החיצוני של האימהות: זה לא היה יופי ריק, אלא השתקפות של אישיותן האצילה ונשמתן הגדולה.

## השלמות האמיתית

נחזור אלינו: בעולם שלנו, ובמיוחד בעידן הוויזואלי של הרשתות החברתיות, קל מאוד להתבלבל בין עיקר לטפל. המראה החיצוני הפך לעיקר, ואנשים נשפטים בשנייה אחת לפי התמונה שלהם. כמה מצער לראות איך מעריצים ומחקים דמויות מפורסמות רק בגלל המראה החיצוני שלהן, בלי להתעניין כלל באישיותן. כאילו שכחנו את אזהרתו של שלמה המלך: "נֶזֶם זָהָב בְּאַף חֲזִיר – אִשָּׁה יָפָה וְסָרַת טָעַם" (משלי יא, כב).

היהדות מדריכה אותנו לחתור לשלמות אמיתית בכל המישורים. לא להתעלם מהיופי החיצוני, אבל גם לא להיות שבויים בקסמו. בעולם של אינסטגרם ופילטרים, יחצ"נות אגרסיבית ומציאות מדומה, חשוב לזכור שיופי אמיתי הוא הרבה יותר ממה שהעין רואה. הוא נמצא בחיבור העמוק בין החיצוני לפנימי, בין המראה לתוכן, בין הצורה למהות. כשהחיצוניות והפנימיות משלימות זו את זו, נוצר יופי שלם, כזה שמאיר החוצה ומשקף את האיכות הפנימית.

## אתגר השבוע

בחרו שני דברים בחיים שלכם: אחד שבו אתם משקיעים הרבה ב"נראות" (למשל חדר, בגד או חפץ), ואחד שבו אתם משקיעים בעיקר בתוכן. נסו להפוך את היוצרות לשבוע: השקיעו קצת יותר ביופי החיצוני של הדבר ה"פנימי", וחפשו את העומק והמשמעות בדבר ה"חיצוני". תופתעו לגלות איך שני הצדדים האלה יכולים להשלים זה את זה.

## מִבְזָק: הפרשה ב־20 שניות

אשת יפת תואר ◄ בן סורר ומורה ◄ דיני אישות ומשפחה ◄ מצוות בין אדם לחברו (השבת אבֵדה, טעינה, ריבית, לשון הרע ועוד) ◄ מצוות איסור והיתר (כלי גבר על אישה, כלאיים, נדרים ועוד) ◄ צדק חברתי ומשפט ◄ צדקה ויחס לחלשים ◄ הלכות צבא ומלחמה ◄ הלכות מסחר ויושר עסקי ◄ זכירת עמלק

## הידעת?

**לא היה ולא נברא – "כִּי יִהְיֶה לְאִישׁ בֵּן סוֹרֵר וּמוֹרֶה"** (כא, יח)

התורה מתארת מקרה מטלטל: נער בן 13 שגונב כסף מאביו ואימו כדי לקנות בשר ויין. ההורים מתלוננים עליו בפני בית הדין ודינו נגזר למוות.

זהו תיאור מזעזע, בייחוד אם אנחנו זוכרים שמדובר בהתנהגות של מי שנראה בסך הכול מתבגר מרדן.

כאן באים חז"ל עם קביעה מפתיעה: "בן סורר ומורה לא היה ולא עתיד להיות" (גמרא סנהדרין עא ע"א). כלומר, התורה מתארת מקרה שמעולם לא התרחש וגם לא יתרחש!

מה הטעם, אם כן, בסיפור דמיוני שכזה? למה התורה מטריחה אותנו לשמוע על סיפורים לא מציאותיים?

חז"ל אומרים: "דרוש וקבל שכר" – כלומר, טמונים כאן מסרים חינוכיים יקרי ערך לחיים שלנו שכדאי לאמץ. מה למשל?

א. לא לזלזל בהתחלות. "ירדה תורה לסוף דעתו של בן סורר ומורה" – חשוב לזהות התנהגויות מסוכנות בראשיתן ולטפל בהן בזמן. כמו שן שמתחילה לכאוב או מנוע שמתחיל לחרחר. אם לא נטפל בבעיה בתחילתה, זה יהיה קשה שבעתיים לעשות זאת לאחר מכן.

ב. המסר השני והמפתיע הוא שהתורה דורשת ששני ההורים יהיו שווים זה לזה אפילו בקולם, תנאי שנדמה כבלתי אפשרי.
הרש"ר הירש מסביר זאת באופן סמלי: רק כשיש אחדות חינוכית בין ההורים, והם מדברים "בקול אחד", אפשר להצליח בחינוך. כשכל אחד מושך לכיוון אחר, התוצאה היא בלבול חינוכי וילד שמאבד את הגבולות שלו.

ג. ולבסוף המסר החשוב מכול: לעולם אין להתייאש מילד. העובדה שהמקרה הזה "לא היה ולא יהיה" מלמדת שתמיד יש תקווה. כל ילד, גם המרדן ביותר, נושא בתוכו נשמה טהורה שמחכה להתגלות.

**למי שייך הארנק הזה? — "הָשֵׁב תְּשִׁיבֵם לְאָחִיךָ"** (כב, א)

בימי בית המקדש מי שמצא אבדה הביא אותה ל"אבן הטוען" — מקום מיוחד בירושלים ששימש תחנה להחזרת אבדות. בעת העלייה לרגל הוא היה מכריז, והמאבד היה נותן סימנים ומקבל את אבדתו.

מאז השתנו כמה דברים. כיום יש אנשים המכריזים על אבדה ברשתות החברתיות או בקבוצות ווטסאפ מקומיות — "מי שכח תיק תפילין הבוקר בקו 402 מירושלים לבני ברק?" ישנם גם דפי פייסבוק ייעודיים ואתרים כמו "דבר האבד" או "המרכז הארצי להשבת אבדה", ההופכים את השידוך בין המוצא למאבד למשימה מהירה וקלה.

ומה קורה כשלא מוצאים את הבעלים? תלוי במקרה: חפץ שאין בו סימן מזהה, כמו שטר כסף בודד — המוצא זוכה בו מייד.

אם יש בו סימן (כמו שם רקום על טלית או חריטה אישית על טבעת), המוצא צריך להכריז על האבדה למשך זמן מסוים. אם לא נמצאו הבעלים, הוא רשאי להשתמש בו, ואם יום אחד יופיעו הבעלים, הוא יחזיר להם את שוויו.

**גם לארנב כואב! — "לֹא תִרְאֶה אֶת חֲמוֹר אָחִיךָ אוֹ שׁוֹרוֹ נֹפְלִים בַּדֶּרֶךְ וְהִתְעַלַּמְתָּ מֵהֶם, הָקֵם תָּקִים עִמּוֹ"** (כב, ד)

מיליוני בעלי חיים משמשים בכל שנה לניסויים במעבדות ברחבי העולם. עכברים, חולדות, ארנבים וקופים עוברים ניסויים הכרוכים בכאב וסבל ניכרים: הזרקת חומרים, ניתוחים, חשיפה לחומרים רעילים. לרוב הם מומתים בסוף התהליך.

יש כאן דילמה מוסרית: מצד אחד, הניסויים הללו תרמו לפיתוח תרופות מצילות חיים, חיסונים, וטיפולים רפואיים פורצי דרך. רוב התרופות שאנחנו משתמשים בהן כיום עברו ניסויים בבעלי חיים. מצד שני, נגרם כאן סבל רב ליצורים חיים.

התורה מלמדת אותנו עיקרון: "צער בעלי חיים" — אסור לגרום סבל מיותר ליצורים חיים. הפרשה קובעת שכשאדם רואה בהמה כורעת תחת משא מכביד, עליו למהר לפרוק ממנה את המשא. חז"ל הרחיבו את העניין ואסרו כל צורה של גרימת סבל לבעלי חיים ללא צורך.

אך מה אם יש בכך תועלת לאדם? הפוסקים קבעו שככל שהתועלת לאדם גדולה יותר, כך מותר לגרום יותר צער לבעלי חיים. לכן, ניסויים לפיתוח תרופות מצילות חיים מותרים, אך יש להקפיד על מזעור הסבל ככל האפשר. לעומת זאת, התעללות בבעלי חיים לצורך בידור — למשל מלחמות שוורים, קרב דמים אכזרי שעדיין מצוי בכמה מקומות באירופה — אסורות.

בשנים האחרונות מתפתחות שיטות חלופיות, כמו הדמיה ממוחשבת ושימוש ברקמות מעבדה, שעשויות יום אחד להחליף סופית את השימוש בבעלי חיים בניסויים.

## מעקה דיגיטלי: מחסומים בדרך להגנה

תודו שזה מפתיע: הרי התורה איננה "האגודה לתרבות הדיור". מה פתאום היא דואגת לעניינים בטיחותיים כמו "וְעָשִׂיתָ מַעֲקֶה לְגַגֶּךָ" (כב, ח)?

התשובה היא שהתורה מלמדת כאן עיקרון ערכי חיוני לחיים: הגנה מונעת. זה נכון בתחום הפיזי ומתבטא בעשיית מעקה לגג, סורגים לחלונות וחגורת בטיחות בעת נהיגה, אבל לא פחות מזה בתחום הרוחני שזקוק גם הוא להגנות.

אלא שכאשר מדובר בעולם הדיגיטלי נראה שרבים נרדמו בשמירה. המחקרים מראים שחשיפה לתכנים לא ראויים ברשת משפיעה לרעה על הנפש. מעבר לנזק הרוחני החמור של פגיעה בקדושה ובצניעות ועיוות התפיסה ביחס לקשר האינטימי בין גברים לנשים, אצל ילדים ובני נוער שנחשפו לתכנים לא ראויים מתפתחים קשיים רגשיים, חרדות, ובעיות בריכוז בלימוד ובתפילה. הפגיעה הזו עמוקה ולעיתים בלתי הפיכה.

אלא שמשום מה רוב האנשים לא "עושים מעקה" לאינטרנט ואינם משתמשים באפליקציית סינון בעת גלישה ברשת.

למה? הנה שבעת התירוצים הנפוצים (וגם למה הם לא באמת נכונים):

**1. "כי זה הורס את הטלפון"**
ממש לא! עשרות אלפי אנשים משתמשים באפליקציית ההגנה והמכשיר שלהם ממשיך לתפקד נהדר. נתקלת בבעיות ספציפיות במכשיר שלך? פנה לשירות הלקוחות ויעזרו לך.

**2. "כי זה סתם חוסם דברים ללא הצדקה ומפריע בגלישה"**
טכנולוגיית הסינון אכן לא מושלמת, אבל בשנים האחרונות היא השתכללה מאוד. אפשר גם לבחור רמת סינון מותאמת אישית, ואם אתר מסוים נחסם בטעות – פונים לתמיכה ומבקשים לפתוח את הגישה אליו. גם חגורת בטיחות מעצבנת לפעמים, אבל מי שמעדיף לחיות, לא יוותר עליה.

**3. "כי זה עולה כסף"**
ברור! כמו כל דבר שווה בחיים. אגב, יש גם אפשרויות חינמיות אבל הן פחות טובות. השאלה היא כמה שווים החיים הנקיים שלנו וכמה אנחנו מוכנים להשקיע למענם?

**4. "לא היה לי זמן לסדר את זה"**
חלש... יש כלל בחיים: למה שחשוב – מוצאים זמן. התקנת אפליקציית הגנה לוקחת 2 דקות. בערך כמו סרטון ממוצע בטיקטוק.

**5. "אני מאמין בחינוך, לא בבריחה"**
בדיוק! וכך בדיוק מתחנכים – משתמשים בכלים יעילים כדי להגן על עצמנו. זו לא בריחה, אלא התמודדות אחראית.

**6. "מי שרוצה – תמיד ימצא דרך לעקוף את הסינונים"**
ייתכן, ועדיין ההגנה מפחיתה משמעותית את החשיפה האקראית לתכנים מזיקים. כמו מגן בכדורגל – הוא לא מונע הכול, אבל מציל מהמון פגיעות.

**7. "אני לא צריך את זה"**
94% מבני הנוער נחשפים בלי כוונה לתכנים בעייתיים ברשת. מאיפה הביטחון שדווקא אתה תהיה החריג?

ולסיום, הרשת היא כמו כביש סואן שבכל יום קורות בו תאונות. הגוף שלנו חשוב לנו ואנחנו עושים הרבה כדי לשמור עליו. האם הנפש שלנו שווה פחות?

## פותחים ראש
### שאלות לדיון סביב השולחן

**אני והמשפחה** – **"וְיָלְדוּ לוֹ בָנִים... וְהָיָה הַבֵּן הַבְּכֹר"** (כא, טו)

מה ההשפעה שיש למיקום של הילד בתוך המשפחה על אופיו? האם בכורים באמת אחראים יותר? האם הבן הצעיר נוטה להיות מפונק? איך משפיע על ילד להיות בן יחיד בין אחיות או בת יחידה בין אחים? האם זה משנה את האופי, את היחס למשפחה, את הדרך שבה הוא תופס את עצמו?

**גברים ונשים** – **"וְלֹא יִלְבַּשׁ גֶּבֶר שִׂמְלַת אִשָּׁה"** (כב, ה)

האם אתם מזהים הבדלים מהותיים בהתנהגות בין בנים לבנות? עד כמה ההבדלים הללו נובעים מטבע מולד, ועד כמה הם תוצר של חינוך והשפעה סביבתית? כיצד משפיע לימוד בכיתה מעורבת על ההישגים הלימודיים של בנים ובנות? ומה ההשלכות על התפתחותם החברתית והרגשית?

**הוצאת שם רע** – **"וְשָׂם לָהּ עֲלִילֹת דְּבָרִים וְהוֹצִא עָלֶיהָ שֵׁם רָע"** (כב, יד)

כיצד אתם מגיבים כשמישהו מספר לכם דברים שליליים על אדם שאתם מכירים? האם התגובה שלכם משתנה כשהמספר הוא אדם מוכר ומכובד? האם נכונה האמירה ש"אין עשן בלי אש", או שלעיתים שמועות רעות הן באמת עלילות שווא? בעידן התקשורת המיידית, מתי ראוי שהעיתונות תפרסם את שמו ותמונתו של חשוד: מרגע המעצר, אחרי הגשת כתב אישום או רק לאחר הרשעה בבית המשפט? וכשכבר נגרם נזק מהוצאת שם רע, האם וכיצד ניתן לתקן אותו?

# כי תבוא

## לאן נעלמה השמחה?

"אני חייב להודות", אומר יואב (28), מנהל מדיה חברתית, "לפעמים אני מרגיש כמו שקרן מקצועי. בכל יום אני מעלה תמונות וסרטונים של אנשים מחייכים, צוחקים, חוגגים. 'תגידו צ'יז', 'תעשו פרצוף שמח', 'בואו נצלם את זה שוב, הפעם עם יותר אנרגיה'.

אבל כשאני חוזר הביתה בערב ומסתכל על עצמי במראה, אני שואל: מתי בפעם האחרונה אני הרגשתי שמחה אמיתית? לא כזו בשביל הצילום, אלא כזו שבאה מבפנים?"

"נראה לי שניסיתי הכול", נאנחת אילנה (45), פסיכולוגית ואם לשלושה. "יוגה, מדיטציה, סדנאות מודעות, ספרי העצמה. בארון התרופות שלי יש ויטמינים, תוספי תזונה וצמחי מרפא שאמורים 'להעלות את מצב הרוח'. אני יודעת שיש לי חיים טובים – משפחה אוהבת, קריירה מספקת, בריאות. אבל משהו חסר. כאילו השמחה האמיתית, הפשוטה, שהייתה לי פעם כילדה צוהלת ועליזה, הלכה לאיבוד בדרך. והאירוניה היא שאני, שעוזרת לאחרים להתגבר על עצבות ודיכאונות ולמצוא משמעות בחייהם, לא מצליחה למצוא את המפתח לשמחה בשביל עצמי".

### הליצן העצוב

ג'וזף גרימלדי כונה "מלך הליצנים" של לונדון במאה ה־19. מדי ערב הוא הצחיק אלפי אנשים בהופעותיו שהיו מבריקות ומשעשעות. ולמרות זאת בחייו הפרטיים האיש סבל מדיכאון עמוק. יום אחד, כשפנה לרופא מפורסם בלונדון, הציע לו הלה, שלא זיהה אותו: "יש תרופה פשוטה לבעיה שלך: לך לראות את ההופעה של הליצן המפורסם גרימלדי. הוא בטוח ישמח אותך!"

גרימלדי הביט ברופא בעיניים עצובות ואמר: "אבל דוקטור, אני הוא גרימלדי".

הסיפור הזה ממחיש את הפרדוקס של העידן המודרני: מעולם לא היו כל כך הרבה אמצעים להיות שמחים, ובו בזמן כל כך הרבה אנשים עצובים. מחקרים מראים שלמרות השפע והנוחות, שיעורי הדיכאון בעולם המערבי מטפסים משנה לשנה. עשרות מיליוני אנשים נוטלים תרופות נוגדות דיכאון, ורבים אחרים מחפשים מזור בשלל טכניקות ושיטות לשיפור מצב הרוח.

### הכי טבעי בעולם

מחקרים בפסיכולוגיה התפתחותית מגלים תופעה מעניינת: תינוקות וילדים קטנים מחייכים וצוחקים הרבה יותר ממבוגרים.

מדוע? התשובה פשוטה: הם חווים את הרגע. עוד לא הצטברו אצלם דאגות, ציפיות ותסכולים. כל גילוי קטן הוא סיבה להתפעלות וכל הפתעה – מקור לשמחה.

זה בדיוק מה שמלמד אותנו הפסוק "וּלְיִשְׁרֵי לֵב שִׂמְחָה" (תהילים צז, יא) – שמחה היא הדבר הכי טבעי בעולם לאדם שליבו ישר.

למה? משום שכשמסתכלים על המציאות בעיניים פקוחות, רואים שיש כל כך הרבה על מה לשמוח! כל נשימה היא נס, כל בוקר הוא מתנה חדשה וכל פגישה עם אדם היא הזדמנות.

כמה חבל שאת היכולת הפשוטה הזו לשמוח, שהייתה לכולנו פעם כשהיינו ילדים, דווקא בתור מבוגרים אנחנו נוטים לשכוח.

פרשת כי תבוא מוסיפה לכל זה חידוש נוסף: לא רק שראוי לאדם לשמוח – "וְשָׂמַחְתָּ בְכָל הַטּוֹב אֲשֶׁר נָתַן לְךָ ה' אֱלֹהֶיךָ" (כו, יא), אלא עליו לדעת שהיעדר שמחה הוא שורש לצרות: "תַּחַת אֲשֶׁר לֹא עָבַדְתָּ אֶת ה' אֱלֹהֶיךָ בְּשִׂמְחָה וּבְטוּב לֵבָב מֵרֹב

כֹּל – וְעָבַדְתָּ אֶת אֹיְבֶיךָ" (כח, מז–מח). מי שלא ידע לשמוח בטוב שיש לו, עלול חלילה לאבד אותו.

"אבל רגע", שואלים אנשים, "זה לא הוגן! איך אפשר לצוות עלינו מה להרגיש? איך אפשר לדרוש שנהיה שמחים כשיש כל כך הרבה קשיים בחיים?"

## לגלות את השמחה מחדש

התשובה טמונה בהבנה שהשמחה היא כמו שריר. ככל שנפעיל אותו – כך הוא יתחזק יותר.

ולשם כך כדאי להשתמש בכמה כלים:

1. **להתמקד בחיובי**
בחיים יש טוב ורע מעורבבים. הבחירה שלנו היא באיזו זווית להסתכל על הדברים. חז"ל לימדו "איזהו עשיר? השמח בחלקו" (אבות ד, א). העושר האמיתי טמון ביכולת לראות את הטוב שכבר יש לנו.

2. **כוח האמונה**
כשאדם מאמין שיש משמעות לכל מה שקורה ושיש מישהו למעלה שמנהל את העולם ודואג לו, הוא מסוגל לשמוח גם בתוך הקושי, וכדברי רבי עקיבא: "כל מה דעביד רחמנא – לטב עביד" (ברכות ס ע"ב).

3. **לבחור בשמחה**
האר"י הקדוש העיד על עצמו שכל מה שהשיג בחוכמת הקבלה היה בזכות השמחה שלו בקיום המצוות. לא סתם אמר רבי נחמן מברסלב "מצווה גדולה להיות בשמחה תמיד". זו לא המלצה, אלא מצווה, וקיומה תלוי רק בנו.

4. **לצאת מעצמנו**
הדרך הבטוחה ביותר לשמחה היא לשמח אחרים. כשאנחנו יוצאים מהבועה של עצמנו ומאירים לאחרים, האור הזה מאיר חזרה גם אותנו.

ולסיום, כשאדם חוגג יום הולדת נוהגים לשאול אותו, "באיזה גיל אתה?"

למילה 'גיל' יש בעברית עוד משמעות מלבד Age: גיל פירושו גם **שמחה**. ואם כן כששואלים אדם מה הגיל שלו, בעצם השאלה איננה רק "בן כמה אתה?" אלא "כמה שמחה צברת בחייך? כמה העיניים שלך בורקות והלב שלך צוהל כשאתה קם לבוקר חדש?"

כי יהודי שחי נכון וצועד בדרך שאלוקים התווה לו – כל שנה, הגיל־השמחה שלו צריכים לגדול ולצמוח.

## אתגר השבוע

בחרו יום אחד והפכו אותו ל"יום של שמחה מודעת". קחו פנקס קטן (או אפילו הערות בטלפון) ותעדו כל רגע טוב שחולף בדרככם – מהקפה הראשון, דרך המבט החם שקיבלתם בתור לקופה ועד הרגע המתוק שבו הראש פוגש את הכרית בלילה. בסוף היום תגלו אוצר שלם של רגעים טובים שבדרך כלל חולפים מתחת לרדאר של התודעה שלנו.

ואולי זו ההזדמנות להתחיל לאסוף את הרגעים האלה באופן קבוע, ולגלות מחדש את השמחה שתמיד הייתה שם?

## מִבְזָק: הפרשה ב־20 שניות

הבאת ביכורים וקריאת הווידוי שכולל הודאה לה' על הטוב שהשפיע על עם ישראל מראשית ההיסטוריה ועד היום ◄ מצוות ביעור מעשרות ◄ ציווי על מעמד הברית בשכם מול הר גריזים והר עיבל אחרי שניכנס לארץ ◄ רשימת הברכות והקללות ◄ חיזוק לשמירת הברית עם ה'.

## הגילוי שהרעיד את עולם המחקר

"ספר יהושע הוא אגדה", "אין שום הוכחות היסטוריות לכיבוש הארץ" – כך טענו במשך שנים חוקרים רבים שראו בסיפורי התנ"ך אוסף של מיתוסים דמיוניים.

עד שהגיע הגילוי המדהים בהר עיבל. במה מדובר?

בפרשתנו מצווה משה את בני ישראל: "וְהָיָה בַּיּוֹם אֲשֶׁר תַּעַבְרוּ אֶת הַיַּרְדֵּן... וּבָנִיתָ שָּׁם מִזְבֵּחַ לַה' אֱ-לֹהֶיךָ" (כז, ב–ה).

ספר יהושע מספר שאכן כך היה: מייד אחרי כיבוש יריחו והעי, בנה יהושע מזבח בהר עיבל (יהושע ח, ל).

אבל היכן המזבח הזה? האם באמת התקיים?

בשנת 1980 יצא פרופסור אדם זרטל, ארכיאולוג מאוניברסיטת חיפה, למחקר נרחב בהרי השומרון. זרטל, שגדל בקיבוץ חילוני של השומר הצעיר, לא חיפש דווקא את המזבח. אבל מה שהוא מצא על פסגת הר עיבל הותיר אותו המום: מבנה אבנים מרובע ענק, בדיוק במקום המתואר בתנ"ך. הממצאים היו מדהימים: בניגוד למזבחות כנעניים שהיו עגולים, זה היה מרובע. האבנים לא היו מסותתות – בדיוק כפי שהתורה מצווה – "לא תניף עליהן ברזל". נמצאו שם שרידי עצמות של בעלי חיים טהורים בלבד, ובשונה ממקדשים כנעניים – לא היה זכר לפסלים או צלמיות של אלילים.

התיארוך של הממצאים היה מדויק: סוף המאה ה־13 לפני הספירה – בדיוק התקופה של כניסת בני ישראל לארץ!

"אם זה באמת מזבח יהושע", אמר פרופסור לארי סטייגר מאוניברסיטת הרווארד בארה"ב, "כולנו צריכים לחזור לגן הילדים".

במילים אחרות: כל מה שחשבנו שאנחנו יודעים על התקופה הזו צריך לחשוב מחדש.

ומעניין שדווקא זרטל החילוני הוא שזכה לגילוי המרעיש. "ואולי טוב שכך", אמר בחיוך, "לפחות אי אפשר להאשים אותי שיש לי אג'נדה דתית".

האמונה שלנו בתורה לא תלויה בממצאים ארכיאולוגיים. ובכל זאת, כשרואים איך פסוקי התורה קמים לתחייה מתוך האדמה אחרי 3,300 שנה, קשה שלא להתרגש.

## הידעת?

**תהלוכת הזהב – "וְלָקַחְתָּ מֵרֵאשִׁית כָּל פְּרִי הָאֲדָמָה"** (כו, ב)

הצלילים נשמעו למרחוק. החלילים ניגנו, הפעמונים צלצלו, ותהלוכה מרהיבה התקרבה לירושלים. בראשה שור שקרניו מצופות זהב וראשו עטור בענפי זית; אחריו צעדו נושאי הביכורים בבגדי חג: העשירים עם סלי זהב וכסף מעוטרים, העניים עם סלי נצרים עדינים. בכל סל היו מונחים בגאווה שבעת המינים: ענבים סגולים, תאנים בשלות, רימונים אדומים, זיתים, תמרים, ושיבולי חיטה ושעורה. כך נראָה טקס העלאת הביכורים.

התורה הדגישה שצריך להביא דווקא את הפירות הראשונים. למה?

מחקרים פסיכולוגיים מגלים שאנשים מייחסים ערך רגשי עצום ל"ראשון" – הפרי הראשון שהבשיל, היצירה הראשונה, ההצלחה הראשונה, וכמובן הילד הראשון. בנתינת הפירות הַבִּכּוּרִים נדרשת נדיבות מיוחדת.

בימינו, בחג השבועות, חקלאים רבים חוגגים את מסורת הביכורים. בקיבוצי עמק יזרעאל, למשל, מקשטים טרקטורים בפרחים ומביאים את ראשית התוצרת החקלאית בתהלוכה ססגונית. לצד סלי הפירות המסורתיים אפשר למצוא גם ביכורים מודרניים – זני פירות ייחודיים שפותחו בישראל ופיתוחים חקלאיים חדשניים.

**עם יחיד ומיוחד – "וַה' הֶאֱמִירְךָ הַיּוֹם לִהְיוֹת לוֹ לְעַם סְגֻלָּה"** (כו, יח)

סגולה היא אוצר יקר שהמלך שומר בכספתו המיוחדת. מה הופך את עם ישראל לכזה?

חז"ל מציינים שלוש תכונות שמאפיינות אותנו: "רחמנים, ביישנים וגומלי חסדים" (יבמות עט ע"א), ולא קשה לראות זאת במציאות:

יחידת החילוץ הישראלית נחשבת לאחת המובילות בעולם. בכל אסון טבע – מרעידת האדמה בהאיטי ועד הצונאמי באינדונזיה – הצוותים הישראליים היו מהראשונים להגיע ולהציל חיים. המומחיות והמסירות שלהם זיכתה אותם בהכרה בינלאומית כאחת מחמש יחידות החילוץ הטובות בעולם.

בישראל גם פועלים מאות גמ"חים שמסייעים בסכומים של מיליארדים כל שנה ופועלים במגוון תחומים: החל מהלוואות ללא ריבית ועד להשאלת ציוד כמו שמלות כלה, כלי אוכל לשמחות, ציוד רפואי.

אפילו הביישנות, שנראית כחיסרון, מתבטאת בעדינות ובצניעות – בהעדפה לתרום בשקט, בלי פרסום ומצלמות.

לצד זה יש המכנים את ישראל "סטארט-אפ ניישן" – אומת החדשנות והיזמות: חברות ישראליות רבות מפתחות טכנולוגיות חדישות שמטרתן לעזור לאנשים – מפיתוח תרופות ועד פתרונות למשבר המים העולמי.

ואולי זו המשמעות העמוקה של "עם סגולה" – לא רק אוצר שמור בכספת, אלא אוצר שנועד להשפיע ולהאיר.

**שתי נבואות, שני חורבנות – "וֶהֱפִיצְךָ ה' בְּכָל הָעַמִּים"** (כח, סד)

אחד הדברים המרתקים בתורה הוא שהיא לא רק מספרת את העבר, אלא גם מתארת את העתיד בדיוק מדהים. הביטו בפרקי התוכחה: שני קטעים דרמטיים המופיעים בשני ספרים שונים: האחד בפרשת בחוקותיי שבספר ויקרא והשני בפרשתנו.

הרמב"ן, ענק התורה מספרד, שעלה לירושלים החרבה לפני כ־800 שנה, מפענח פה תעלומה: שתי התוכחות האלה אינן כפילות. הן צופות שני אירועים שונים בהיסטוריה היהודית – את חורבן בית ראשון ואת חורבן בית שני.

התוכחה בפרשתנו, שחזתה את חורבן בית שני, מתארת מציאות שהעם היהודי חי בה כמעט אלפיים שנה:

- "וֶהֱפִיצְךָ ה' בְּכָל הָעַמִּים מִקְצֵה הָאָרֶץ וְעַד קְצֵה הָאָרֶץ" – הפיזור העולמי שלנו, מסין ועד אמריקה.
- "וְהָיִיתָ לְשַׁמָּה לְמָשָׁל וְלִשְׁנִינָה בְּכֹל הָעַמִּים" – ההשפלות והרדיפות שעברנו בגלות.
- "וְעָבַדְתָּ שָּׁם אֱלֹהִים אֲחֵרִים" – גזרות השמד וההמרה בכפייה שרבים נאלצו להתמודד איתן.

והנה עובדה מעניינת: אין בתורה פרשת תוכחה שלישית. היו שראו בכך רמז עדין לדברי חז"ל שאחרי שנשוב לארץ מהגלות השנייה, לא יהיה עוד חורבן שלישי.

ואכן, הנחמה כבר כאן, נפרשת לנגד עינינו: "וְשָׁב ה' אֱ־לֹהֶיךָ אֶת שְׁבוּתְךָ" (ל, ג) – מילים עתיקות שמיתרגמות למציאות של קיבוץ גלויות בימינו, כשיהודים מארבע כנפות תבל שבים למולדתם העתיקה.

## פותחים ראש
## שאלות לדיון סביב השולחן

### עין טובה – "וְשָׂמַחְתָּ בְכָל הַטּוֹב אֲשֶׁר נָתַן לְךָ ה'" (כו, יא)

מה הם חמשת הדברים הכי טובים שיש לכם בחיים? מתי בפעם האחרונה יצא לכם להגיד לה' תודה עליהם?

האם לדעתכם למרבית האנשים טוב יותר או רע יותר בחיים? האם בני אדם יודעים להעריך את מה שיש להם? מה גורם לאנשים מסוימים לראות תמיד את "חצי הכוס הריקה"? איך אפשר לְפַתֵּחַ מבט שיראה את הטוב והחיובי שיש בחיים שלנו?

### הורים וילדים – "אָרוּר מַקְלֶה אָבִיו וְאִמּוֹ" (כז, טז)

האם לדעתכם מערכות היחסים שיש היום בין הורים לילדים שונות ממה שהיו לפני דור או שניים? במה?

מה עושים כאשר יש חילוקי דעות בין הבן או הבת לבין ההורים על נושאים שונים – שעת חזרה הבית, סגנון לבוש, מקום לימודים? כיצד מגיעים להכרעה?

### אלימות וירטואלית – "אָרוּר מַכֵּה רֵעֵהוּ בַּסָּתֶר" (כז, כד)

מה דעתכם על תופעת הטוקבקים – האפשרות להגיב בחופשיות על כל כתבה, טור או מאמר? מה הצדדים הטובים והרעים שיש בה? האם יש לה השפעה על השיח הציבורי ועל היחסים בין אנשים מעבר לגבולות האינטרנט? האם לדעתכם יש להתנות רישום שם ומקום מגורים בכתיבת טוקבק או שמוטב לאפשר זאת בעילום שם? אם הייתם צריכים לנסח כללים להתבטאות ראויה בטוקבקים, מה הייתם אומרים? ואחרון חביב: מי יודע איך אומרים טוקבק בעברית?

# נצבים

## החופש לבחור

"בשיחה עם דליה היועצת", נאנח רועי (17), "היא פתחה את התיק שלי: 'הנה, בדיוק כמו גלעד אחיך — גם הוא היה מתקשה להתרכז, גם הוא היה קופץ באמצע השיעור'.
כשעשיתי אבחון והתברר שיש לי ADHD בדיוק כמוהו, כולם אמרו 'אה, עכשיו הכול מובן'. ניסיתי פעם להשקיע בלימודים, אבל אחרי כמה כישלונות הבנתי שאין טעם. כנראה זה גדול ממני. הרי ראיתי מה קרה עם אחי — הוא בקושי סיים בגרות, והיום עובד במשרה פשוטה.
אז מה, זה התסריט שנכתב גם בשבילי?"

"אני מפחדת להתחתן", מודה שירה (34), עורכת דין. "לפני שנה הכרתי מישהו מדהים, אבל ברחתי. וזה לא סתם פחד מעורפל — אני חיה עם תחושה כמעט ודאית שהעתיד שלי כבר נכתב מראש. תראה, ההורים שלי התגרשו כשהייתי בת עשר, וסבתא שלי התגרשה לפניהם. זה כמו שושלת... והמחקרים? הם רק מחזקים את החשש הזה. סטטיסטית, ילדים להורים גרושים מתגרשים בעצמם בסבירות גבוהה פי שניים!
אני יודעת שיש אנשים שיגידו שזו רק סטטיסטיקה ושאני יכולה לשנות את זה, אבל אני מרגישה שאני מנסה להילחם נגד זרם אדיר.
זה משתק אותי גם בדברים אחרים: בעבודה אני לא מעיזה לקחת תיקים גדולים מדי, בחברויות אני תמיד שומרת מרחק בטוח. כאילו יש איזה קול קבוע בראש שאומר: 'אל תתאמצי יותר מדי, מה שכתוב בהיסטוריה המשפחתית שלך — זה מה שיקרה גם לך'".

### האשליה של החופש

האם באמת יש לנו בחירה חופשית? ברוך שפינוזה, הפילוסוף היהודי־הולנדי בן המאה ה־17, טען שלא. "בחירה חופשית היא אשליה", הוא כתב, "בדיוק כמו שאבן שנזרקה באוויר חושבת שהיא 'בוחרת' ליפול".

לדבריו, כל מה שאנחנו עושים הוא תוצאה הכרחית של דברים שקרו לפני כן. גם אם נדמה לנו שזה פרי ההחלטה שלנו, זוהי אשליה.

בימינו נשמעים גם אנשי מדע התומכים בגישה הזו. חוקרי מוח מראים איך החלטות מתקבלות במוח שלנו עוד לפני שאנחנו מודעים אליהן, וגנטיקאים מדברים על "הגן של התוקפנות" או "הגן של החרדה". כאילו הגורל שלנו נקבע על ידי הכרומוזומים שלנו עוד לפני שנולדנו.

אבל איך מסבירים את התופעה המדהימה של תאומים זהים אבל שונים? זהו סיפור שחוזר על עצמו שוב ושוב: שני אחים שנולדו באותו רגע, עם אותם גנים בדיוק, גדלו באותו בית, קיבלו אותו חינוך, ובכל זאת בחרו בדרכים שונות לחלוטין. האחד הפך למדען שמפתח תרופות מצילות חיים, השני בחר להיות אמן. אחד בנה קריירה בהייטק, השני הקים חווה אורגנית. אותם גֵּנִים, אבל חיים שונים לגמרי. כי הגנים יכולים בוודאי להשפיע, אבל לא להכתיב.

### הכוח לבחור

וזו התפיסה המהפכנית שהיהדות מציבה בפני העולם: "הכול בידי שמיים חוץ מיראת שמיים" (ברכות לג ע"ב). אכן יש לנו נטיות מולדות ואכן הסביבה משפיעה עלינו. אבל בסופו של דבר הבחירה הסופית נמצאת לגמרי בידיים שלנו.

וזה גם המסר של התורה בפרשתנו: "הַחַיִּים וְהַמָּוֶת נָתַתִּי לְפָנֶיךָ, הַבְּרָכָה וְהַקְּלָלָה — וּבָחַרְתָּ בַּחַיִּים!" (ל, יט).

שימו לב: לא כתוב "והחיים יבחרו בך" או "הגנים יכתיבו לך". כתוב "ובחרת" — אתה תבחר!

הרמב"ם מדגיש: "רשות לכל אדם נתונה: אם רצה להטות עצמו לדרך טובה ולהיות צדיק — הרשות בידו. ואם רצה להטות עצמו לדרך רעה ולהיות רשע — הרשות בידו" (משנה תורה, הלכות תשובה ה, א). גבוה או נמוך, ג'ינגי או בלונדיני — זה לא תלוי בך. אבל איזה בן אדם תהיה, מה תחליט בנוגע לחייך — זה כבר לגמרי בידיים שלך.

האמונה הזו היא יסוד היהדות, ובלעדיה אין משמעות למצוות, לשכר ולעונש ולכל המאמץ שלנו להשתפר.

## לשנות את גורל

סיפורו של רבי עקיבא ממחיש זאת באופן מדהים. לפי הנתונים היבשים, גורלו היה חתום מראש: רועה צאן פשוט, בן ארבעים, לא יודע לקרוא פסוק. מה הסיכוי שמאדם כזה יצא משהו? בטח גם אז, כמו היום, הוא שמע את האמירות: "זה מאוחר מדי בשבילך", "אין סיכוי", "עזוב, תישאר במה שאתה טוב בו".

אבל רבי עקיבא בחר אחרת. כשראה מים ששחקו אבן, הבין: אם טיפות רכות יכולות לחצוב בסלע קשה, גם אני יכול לשנות את עצמי.

והוא התחיל ללמוד את האל"ף בי"ת עם ילדי הגן, למרות הלעג והבושה. וכך צעד אחר צעד, בחירה אחר בחירה, הפך להיות גדול חכמי התורה שבעל פה ומורם של עשרים וארבעה אלף תלמידים.

אולי לא במקרה דווקא הוא, האיש שהפך את גורלו על פיו, נבחר להיות הצינור המרכזי של התורה שבעל פה. סיפור חייו מלמד אותנו שני דברים חשובים: אף פעם לא מאוחר מדי לבחור מחדש. והיחיד שבו הדבר תלוי באמת, הוא אתה. רק אתה.

זה מה שהתורה רוצה מאיתנו: אל תיכנעו לתכתיבים של הגנים, של הסביבה, של הסטטיסטיקה. אל תתנו למישהו אחר לכתוב את הסיפור שלנו. "ובחרת בחיים" — קחו את המושכות לידיים שלכם!

## אתגר השבוע

זַהוּ דבר אחד בחיים שלכם שאתם מרגישים ש"נגזר" עליכם. תכונה שירשתם, הרגל שקשה לשנות, פחד שמלווה אתכם וכדומה. כתבו אותו על פתק, ומתחתיו רשמו: "זו לא גזירת גורל. זו הבחירה שלי". כל בוקר השבוע, לפני שאתם מתחילים את היום, הביטו בפתק ושאלו את עצמכם: "איך אני בוחר/ת היום?"

## מִבְזָק: הפרשה ב־20 שניות

משה מחדש ברית עם ישראל לפני הכניסה לארץ ◄ הוא מזכיר את הניסים והנפלאות שעברו במדבר והעם נקרא לשמור על התורה ולהימנע מעבודה זרה ◄ בפני העם עומדת הבחירה בין טוב לרע: "החיים והמוות נתתי לפניך, ובחרת בחיים" ◄ בפרשת נצבים יש 40 פסוקים בלבד, והיא נקראת תמיד בשבת שלפני ראש השנה

## הידעת?

**כמו עוף החול – "אַתֶּם נִצָּבִים הַיּוֹם כֻּלְּכֶם"** (כט, ט)

בשנת 70 לספירה, כשהרומאים החריבו את בית המקדש, הם טבעו מטבע מיוחד: "יודיאה קפטה" – יהודה הכבושה. הם היו בטוחים שזה הסוף של העם היהודי, שהוא הובס סופית.

אבל הם טעו. לאורך ההיסטוריה, אימפריות אדירות ניסו לרסק את עם ישראל. השנים חלפו, וכולן אבדו ונכחדו. רק העם היהודי חי וקיים. מארק טוויין, הסופר האמריקאי שחי לפני כ־150 שנה, כתב בהשתאות: "היהודי ראה את כולם, ניצח את כולם ועוד איננו מראה סימני התדרדרות, גם לא תופעות של זִקנה, לא תשישות ולא אובדן תנופה. ערנותו לא בהתה וחוכמתו לא פגה".

זהו המסר בפסוק "אתם נצבים היום כולכם" – אחרי כל הקללות והייסורים העם היהודי חי וקיים. כמו עוף החול האגדי, שקם לתחייה מתוך האפר, כך עם ישראל שואב כוח מהנצח וצומח מחדש אחרי כל משבר.

**מי קובע? – "לֹא בַשָּׁמַיִם הִוא"** (ל, יב)

בבית המדרש התנהל ויכוח סוער. רבי אליעזר טען שהוא צודק, ולהוכחת דבריו חולל שורת ניסים: עץ חרוב נעקר ממקומו, מים זרמו לאחור, ובת קול משמיים הכריזה שהוא צודק.

אבל רבי יהושע קם על רגליו והכריז: "לא בשמיים היא" – התורה ניתנה לבני אדם, ועליהם להכריע בה.

זהו עיקרון מהפכני: הקב"ה מסר את התורה בידינו, והיא צומחת מתוך הדיונים של חכמי ישראל. הרמב"ם פסק שאפילו נביא אינו יכול להכריע בהלכה.

ולמרות זאת לפני כ־800 שנה חי בצרפת רבי יעקב ממרויש, שכתב ספר מיוחד: "שו"ת מן השמיים". הוא שאל שאלות הלכתיות וקיבל תשובות בחלום. זהו ספר יוצא דופן ושונה מכל שאר השו"תים שמבוססים על דיונים "ארציים" במקורות הלכתיים. אך גם הוא הדגיש בהקדמה לספרו שאלו רק הצעות לדיון, ולא פסקי הלכה מחייבים.

**קרוב, לא קל – "כִּי קָרוֹב אֵלֶיךָ הַדָּבָר מְאֹד"** (ל, יד)

שימו לב לדיוק מופלא: משה לא אומר שקיום התורה קל, אלא שהוא קרוב. מה ההבדל? '

קל לאכול גלידה או לצפות בסרט.

קרוב הוא דבר שמחובר לעומק הנשמה.

לא קל להיות יהודי. זה דורש מאמץ והתמדה, אבל זה "קרוב" – זו האמת הפנימית שלנו. הרב שניאור זלמן מלאדי, המכונה "בעל התניא", הקדיש את ספרו להסביר איך זה עובד: כשאדם עושה מצווה, הוא לא עושה דבר זר, אלא מגלה את מי שהוא באמת. כמו נגן שמתאמן שעות – זה קשה, אבל האימון מוציא ממנו את הכישרון המוזיקלי שכבר קיים בתוכו.

## מספרים ש...

### הטוב והרע שמגיעים משמיים

**"רְאֵה נָתַתִּי לְפָנֶיךָ הַיּוֹם אֶת הַחַיִּים וְאֶת הַטּוֹב וְאֶת הַמָּוֶת וְאֶת הָרָע"** (ל, טו)

אישה אחת עלתה לראש בניין גבוה, אך הדלת נסגרה ובטעות היא ננעלה שם. כל מה שהיה עימה היה קופסה ובה תכשיטים שהורישה לה אמה לפני שנפטרה.

האישה צעקה בכל כוחה, אבל אף אחד מההולכים על האדמה לא שמע אותה ממרום גובהה.

הסתכלה האישה על קופסת התכשיטים שלה ונתמלאה בעצב. היא ידעה כי תיאלץ לוותר עליהם כדי למשוך את תשומת לבם של העוברים והשבים, אחרת תישאר תקועה לנצח.

אדם אחד צעד לתומו ברחוב כשלפתע פגעה בראשו טבעת. הוא הסתכל עליה וראה שהיא נוצצת ויפה. בלי לחשוב פעמיים הכניס אותה לכיסו.

כעבור שניות ספורות פגעה בו עוד טבעת. גם היא נראתה יקרה והוא מיהר להכניס אותה לכיסו.

כך טבעת, עגילים, צמיד נפלו על ראשו בזה אחר זה, והוא התלהב והכניס את כל התכשיטים לכיסו, מבלי לטרוח לרגע להרים עיניים לשמיים ולברר מהיכן הכול מגיע.

בתסכול רב על כך שאיבדה את תכשיטיה לשווא השליכה האישה את קופסת הפח אל הרחוב, והיא פגעה בראשו של האיש והכאיבה לו. הוא מייד הרים את ראשו למעלה וצעק בזעם: "מי זרק את זה?!"

## פותחים ראש

### שאלות לדיון סביב השולחן

**נסתר וגלוי** – **"הַנִּסְתָּרֹת לַה' אֱ־לֹהֵינוּ וְהַנִּגְלֹת לָנוּ וּלְבָנֵינוּ עַד עוֹלָם"** (כט, כח)

האם אתם מרגישים שהאנשים הסובבים אתכם באמת מכירים אתכם? האם הם מודעים גם לצדדים הפנימיים והנסתרים שלכם? האם יש סודות שאתם מסתירים מבני אדם? תנו דוגמה למשהו על עצמכם שמרבית האנשים שמכירים אתכם לא יודעים. האם קרה פעם שמשהו שגיליתם לפתע על אדם אחר שינה את היחס שלכם אליו?

האם אתם מסכימים לאמירה שבין בני זוג אין סודות, או שגם אצל איש ואישה נשואים יש דברים שכל אחד שומר לעצמו?

**עושים תשובה** – **"וְשַׁבְתָּ עַד ה' אֱ־לֹהֶיךָ וְשָׁמַעְתָּ בְקֹלוֹ"** (ל, ב)

אילו אסוציאציות עולות לכם בראש כשאתם שומעים את המילה "תשובה"? אילו רגשות מתעוררים בליבכם (שמחה, עצב, תסכול, כבדות, אופטימיות, ייאוש וכו')?

מהם שלושת הדברים המרכזיים שהייתם רוצים לחזור בהם בתשובה? את התשובה הזו יענה כל אחד לעצמו.

מה הדברים המרכזיים שהציבור שאתם שייכים אליו צריך לשפר בשנה הקרובה? ומה עַם ישראל בכללו?

**מדור לדור** – **"וְהֵיטִבְךָ וְהִרְבְּךָ מֵאֲבֹתֶיךָ"** (ל, ה)

מה האתגרים הייחודיים של הדור שלנו, בשונה מדורות קודמים? כשאתם מסתכלים על החיים של סבא וסבתא שלכם – במה אתם מקנאים? האם בעיניכם העולם שלנו נמצא במסלול של השתפרות והתעלות או בהתדרדרות ונסיגה?

אם הייתה לכם אפשרות לחזור אחורה במכונת הזמן ולקפוץ לביקור בדור מסוים בעבר, לְמָתַי הייתם רוצים לחזור? האם הייתם רוצים להיוולד ולחיות אז בקביעות?

# וילך

## מי צריך את התורה שלי

"אוקיי, אני מבין שתורה היא דבר חשוב", אמר דביר (בן 15), "אבל למה דווקא אני?! הרי את דף הגמרא שאני שובר עליו את הראש כבר שעתיים, למדו לפניי תלמידי חכמים עצומים. נראה לך שאני יכול לחדש או להוסיף משהו על מה שלמדו כבר הרמב"ם או הגאון מווילנא?! לתורה שלי יש איזה ערך נוסף על כל מה שאמרו אלפי החכמים לפניי?!"

"כבר הרבה זמן אני מרגיש שמשהו לא בסדר איתי", שיתף איתמר, תלמיד שיעור ב' בישיבה גבוהה. "אני כאן כבר שנה וחצי, וכולם סביבי לומדים בהתלהבות, 'טוחנים' דפי גמרא, מתפלפלים בסוגיות. ואני? אני פשוט לא מתחבר לזה כמותם.

לעומת זאת, כשאני ניגש לתנ"ך או לספר אמונה — אני מרגיש שהלב שלי נפתח והנשמה שלי מתעוררת. מול הגמרא, גם אחרי שעות אני מרגיש יבש. ואני לא משקיע פחות או מתעצל להתאמץ. אני עובד קשה מאוד כדי להיות כמו כולם, אבל אולי אני פשוט לא מתאים לעולם הזה של הישיבה?"

### כינור אחד חסר

ארטורו טוסקניני היה גאון מוזיקלי ואחד מגדולי המנצחים בעולם. בסוף ימיו חי בניו יורק, ומדי שבוע הגיע אל ביתו סופר שהתמחה בכתיבת ביוגרפיות ועבד על סיפור חייו. פעם אחת הודיע טוסקניני שהפגישה השבועית תידחה: "יש משהו חשוב שאני חייב לעשות באותו ערב."

"מה זה?" התעניין הסופר.

"התזמורת הסימפונית של ברלין משדרת ברדיו קונצרט מיוחד עם יצירה של מוצרט", הסביר המנצח, "בעבר ניצחתי על התזמורת הזו ויש לי חיבה מיוחדת אליה. אני רוצה לשמוע את הביצוע".

הסופר התלהב. הנה הזדמנות לראות כיצד מאזין למוזיקה אחד מגדולי המנצחים בכל הזמנים! הוא ביקש רשות להצטרף וטוסקניני הסכים.

בערב הקונצרט ישבו השניים בסלון הדירה, עיניו של טוסקניני עצומות, כולו מרוכז בצלילים. ללא ספק הביצוע היה מרהיב.

כשהסתיים, פנה הסופר בהתלהבות: "וואו, איזה ביצוע מושלם!"

אך טוסקניני, שהיה אז כמעט בן תשעים, הניד בראשו ואמר בשקט: "לא, לא, כינור אחד היה חסר."

"חסר?!" נדהם הסופר, "איך אתה יכול לדעת דבר כזה ממרחק של אלפי קילומטרים, דרך שידור רדיו?! בתזמורת הברלינאית מנגנים יותר ממאה נגנים!"

טוסקניני רק משך בכתפיו, בטוח לחלוטין בקביעתו.

הסופר, שחשב שהמנצח הישיש טועה, התקשר למוחרת למנהל התזמורת בברלין. "איך היה הקונצרט אמש?" שאל.

"נהדר!", התמוגג המנהל, "הקהל הריע דקות ארוכות".

"ובכל זאת", התעקש הסופר, "משהו היה שונה הפעם?"

המנהל הרהר רגע ואז נזכר. "אלברטו לא היה. יש לנו תזמורת גדולה של מאה ועשרים נגנים, מתוכם 15 כנרים. אלברטו הכנר התקשר אליי חצי שעה לפני ההופעה ואמר שהוא חולה ולא יוכל להגיע".

הסופר היה בהלם. איך ייתכן שטוסקניני הצליח לעלות על פרט כזה?! איזה בן תמותה עשוי לשים לב שנגן אחד מתוך מאה ועשרים איננו?!

במפגש הבא שטח בפני בן שיחו את התמיהה. התשובה היתה חדה כתער:

"כשאתה ואני מאזינים לסימפוניה, ידידי, זה לא אותו דבר. אתה שומע אותה כאחד מן הקהל. **אני שומע אותה בתור המנצח.** וכבזה, גם כשכינור אחד איננו – אני מרגיש שמשהו פה לא שלם".

## איפה ספר התורה שלך?

המצווה האחרונה מתוך התרי"ג מופיעה בפרשה והיא מעניינת מאוד: "וְעַתָּה כִּתְבוּ לָכֶם אֶת הַשִּׁירָה הַזֹּאת" (לא, יט).

מה הכוונה? האם כל אחד צריך להפוך למשורר?

חז"ל למדו מכאן שיש מצווה לכל יהודי לכתוב לעצמו ספר תורה, שבו כלולה שירת "האזינו".

למה? האם לא מספיק שיהיה ספר מונח בבית הכנסת? למה כל יהודי צריך אחד משלו?

הרב קוק זצ"ל, הרב הראשי הראשון לארץ ישראל, מחבר זאת באופן עמוק למושג מוכר: "לימוד תורה לשמה" (אבות ו, א).

רוב האנשים מסבירים שהפירוש הוא לימוד לשם שמיים ולא למטרות כבוד או רווח כספי. יש בזה מן האמת, אך אם נקשיב למילים טמונה פה משמעות אחרת: לשמה – פירושו: לשם התורה!

הרב קוק מסביר שהתורה היא אור גדול ומופלא שצריך להופיע בעולם. אך הכלל הוא שהאור יכול להופיע רק דרך "כלים". והכלים הם אנחנו, בני האדם. אך בגלל השוני בין האנשים, כל מפגש של אדם עם התורה יוצר אור בגוון שונה וייחודי. רק דרך איסוף של כל הגוונים, כשכל אחד מוסיף את ה"אות" המיוחדת שלו – התורה מאירה את העולם באופן שלם.

קיבלתי לכך המחשה מעניינת בביקורי האחרון בחנות של ציוד תאורה. זה היה מחזה מרהיב: עשרות נברשות, פלורסנטים, נורות LED ומנורות, הציפו את המקום באור יקרות.

"איך קרה", תהיתי לעצמי, "שאותו חשמל זורם בכולן ובכל זאת כל גוף תאורה מפיץ אור אחר לגמרי?"

התשובה לכך פשוטה: החשמל הוא אותו חשמל, אבל המפגש בינו לבין כל מכשיר חשמלי או גוף תאורה – יוצר תפוקה אחרת לגמרי.

## העיניים של המנצח

וכך גם התורה. היא אחת, אבל היא זורמת דרך נשמות שונות. וכשאני לומד תורה בוקע ממני אור ייחודי, טביעת אצבע, צליל של כינור – שאין, לא היה ולא יהיה עוד כמותו בעולם.

נכון, יש כלים אחרים, גדולים וחזקים ממני, אבל אין עוד אחד כמוני. ולכן, גם אם נדמה לדביר שהלימוד שלו מיותר, עליו לדעת שה"מנצח" הגדול של העולם, חושב אחרת. הקב"ה מאזין לתזמורת העצומה של לומדי התורה לאורך הדורות, וכשחסר אפילו

כינור אחד – הוא מרגיש בכך והסימפוניה האינסופית של התורה נפגמת.

לאיתמר, שפחות נמשך לגמרא אבל העיניים שלו בורקות כשהוא לומד אמונה או תנ"ך, חשוב לומר: התורה היא גדולה ורחבה, ויש בה נתיבים רבים – מקרא, מדרש, משנה, גמרא, הלכה, מוסר, קבלה, חסידות ועוד. ובתוך התזמורת האלוקית לא כולם חייבים להיות "כינורות". יש חליל צד ויש טרומבון, יש תוף ויש מצלתיים. אתה לא צריך לנגן כמו אחרים. משימת חייך היא לחפש את "האות שלך בתורה" ואת הנתיב המיוחד שלך להתחבר אליה.

זו המשמעות העמוקה של המצווה האחרונה שמשה רבנו מסר לנו באהבה: כתבו אתם, כל אחד וכל אחת, את ספר התורה המיוחד שלו, וכך, ביחד, התורה תופיע בעולם בשלל צבעיה.

## מספרים ש...

### מהכלא לקוריאה: הסוד שכולם מחפשים

"מה לדעתך קורה לאסירים אחרי שהם משתחררים מכאן?" שאל אותי מנהל אחד מבתי הכלא הגדולים בארץ, אחרי שיעור שהעברתי במדרשה שבכלא.

"יש לנו נתונים מאד עגומים", המשיך ולא חיכה לתשובתי, "יותר מ־70% מהאסירים חוזרים אלינו. הם יוצאים, ומייד נופלים שוב למעגל הפשע. המכרים הוותיקים כבר מחכים לו בפינה: 'מושיקו, ברוך הבא! יש לנו שוד בשבוע הבא, אתה מצטרף?'"

ואז מנהל הכלא חשף בפניי תובנה מעניינת: "יש רק קבוצה אחת שהמספרים אצלה שונים לגמרי – אלה שהשקיעו בלימוד תורה בזמן שהותם כאן והתחזקו מבחינה רוחנית. כשהם עוזבים את הכלא, יש סיכוי גבוה שלא נראה אותם פה שוב לעולם". כעבור רגע של מחשבה הוסיף: "תראה, אני לא אדם דתי, אבל אם זה היה תלוי בי, הייתי מחייב את כל האסירים לשמוע שיעורי תורה. זה היה פותר הרבה מבעיות הפשע של המדינה".

מעניין שלא רק בין כותלי הכלא מגלים את כוחה של התורה. לא מזמן קראתי על משלחת מדרום קוריאה שנחתה לביקור בישיבות בישראל. הם הגיעו ממדינה מתקדמת עם כ־50 מיליון תושבים, שרוחשים הערצה רבה לעם היהודי. הם מרותקים מ"העם המבריק" שזכה בפרסי נובל יותר מכל עם אחר, ובטוחים שהם גם יודעים את הסיבה לכך: לימוד הגמרא, שלטענתם מחדד את המוח היהודי. בעקבות זאת הם תרגמו את הגמרא לקוריאנית והיום בבתים רבים ברחבי המדינה האסייתית יש גמרא. לא מעט אימהות מקריאות לילדיהן סיפורים ממנה לפני השינה, בתקווה שזה יפתח את שכלם ואולי יום אחד יהיו מוצלחים כמו היהודים.

המשלחת הנ"ל הסתובבה בהיכלי הישיבות, התבוננה בלומדים, וניסתה לפצח את סוד החוכמה היהודית. כשנפגשו עם אחד מראשי הישיבות ושאלו כיצד הגמרא משפיעה על הלומדים הוא חייך ואמר: "זה נכון שהלימוד מחדד את המוח ומפתח את החשיבה, אבל זה לא העיקר. התורה בעיקר הופכת אותנו לאנשים טובים יותר. היא פועלת לא רק על הראש, אלא גם על הלב."

כי התורה אינה רק מערכת חוקים או תרגילי חשיבה. היא מתווה דרך שלמה לחיים, שמעצבת אותנו מבפנים ומשנה לא רק את מה שאנחנו יודעים, אלא את מי שאנחנו.

## אתגר השבוע

בחרו יום השבוע, ולמדו חצי שעה תורה בדרך המיוחדת לכם. לימוד גמרא בעיון, תנ"ך בהעמקה, הלכה או אמונה – בחרו את הלימוד שהנשמה שלכם מתחברת אליו.

אחרי הלימוד, נסו לכתוב במחברת חידוש קטן משלכם – תובנה או הארה שהגיעה אליכם בזמן הלימוד. זהו חלקכם הייחודי, גם אם הוא קטן וצנוע, בתזמורת הגדולה של לומדי התורה.

## מִבְזָק: הפרשה ב־20 שניות

משה רבנו נפרד מעם ישראל לפני מותו ומעביר את ההנהגה ליהושע ◂ ה׳ מצווה על משה לכתוב את התורה ולהנחיל אותה לדורות הבאים ◂ משה מזהיר את העם שלא יפנו לעבודה זרה אחרי מותו ◂ הוא מצווה עליהם לקרוא את התורה כל שבע שנים בטקס מיוחד בחג הסוכות – "הַקְהֵל" ◂ העם נקרא לשמור על הברית עם ה׳ ולהיות נאמן לתורה ◂ פרשת וילך היא הקצרה בפרשיות התורה ויש בה 30 פסוקים.

## הידעת?

**כשהעם היהודי מתחבר מחדש –**

**"הַקְהֵל אֶת הָעָם הָאֲנָשִׁים וְהַנָּשִׁים וְהַטַּף... לְמַעַן יִשְׁמְעוּ וּלְמַעַן יִלְמְדוּ"** (לא, יב)

דמיינו לעצמכם את הרגע הזה: ירושלים הומה אדם. המונים – מזקנים ועד תינוקות – נוהרים למקדש. המלך עולה על במה מיוחדת בעזרה, ובידו ספר תורה עתיק. דממה משתררת, וקולו מהדהד בחלל כשהוא קורא בפרשיות נבחרות. עיניים דומעות, לבבות פועמים, ותחושה של התעלות שאין דומה לה.

זהו מעמד "הקהל" – אירוע־על לאומי שהתקיים פעם בשבע שנים, בחג הסוכות שאחרי שנת השמיטה.

אתם יודעים מה מיוחד בעיתוי הזה? לאחר שנה שלמה של שמיטה, שבה עזבו החקלאים את שדותיהם והתמקדו בלימוד תורה, ולפני החזרה לשש שנים נוספות של עבודת האדמה העם נדרש לחדש את הברית עם ה׳: "זִכְרוּ, גם כשאתם חוזרים לעמול כאן למטה, תמשיכו להיות מחוברים למעלה".

זה לא היה שיעור תורה רגיל – לזה היו בתי מדרש כל השנה. המעמד הזה נועד למשהו עמוק הרבה יותר: להזכיר לעם שמה שמחבר ביניהם אינו רק האדמה המשותפת או השפה העברית, אלא הצעידה יחד בדרך התורה והברית המיוחדת עם הקב"ה.

**היורש – "וַיִּקְרָא מֹשֶׁה לִיהוֹשֻׁעַ וַיֹּאמֶר אֵלָיו לְעֵינֵי כָל יִשְׂרָאֵל חֲזַק וֶאֱמָץ"** (לא, ז)

תארו לעצמכם שאתם בשיא הקריירה, מלאי ניסיון וחכמה, ודווקא עכשיו מודיעים לכם שהגיע הזמן לפרוש ולהעביר את המושכות למישהו אחר. מתסכל, לא?

זה בדיוק המצב שמשה רבנו ניצב בפניו. הוא לא היה זקן חלש. התורה מעידה שגם בגיל מאה ועשרים "לֹא כָהֲתָה עֵינוֹ וְלֹא נָס לֵחֹה". אך דווקא בשיא כוחו הוא נדרש להעביר את התפקיד ליהושע תלמידו.

מנגד, יהושע ניצב בפני אתגר מפחיד – להתמודד עם האובדן של מורו האהוב, להיכנס לנעליו של המנהיג הגדול בהיסטוריה ולכבוש ארץ מלאה באויבים כדי להנחילה לעם ישראל.

האופן שבו משה ביצע את "העברת המקל" הוא שיעור מאלף במנהיגות. הוא לא קרא ליהושע לשיחה פרטית, אלא מוריש את ההנהגה "לעיני כל ישראל" בהצהרה פומבית שהעניקה ליהושע את הגיבוי והמינוי הרשמי לעיני העם. משה לא הזכיר את הישגיו שלו או את הקשיים שצפויים ליהושע, אלא התמקד בעידוד ודחיפה קדימה – "חזק ואמץ".

חז"ל נתנו דימוי מרתק להבדל בין שני המנהיגים: "פני משה כפני חמה, פני יהושע כפני לבנה" (בבא בתרא עה ע"א). משה זרח כשמש באור מקורי, יהושע שיקף בירח את אור רבו. עם זאת לעיתים דווקא תלמיד יכול להגיע למקומות ולהשפיע בדרכים שאפילו רבו הגדול לא היה מסוגל להן.

**מצווה לקנות ספרים? – "וְעַתָּה כִּתְבוּ לָכֶם אֶת הַשִּׁירָה הַזֹּאת"** (לא, יט)

המצווה האחרונה בתורה היא שכל אדם מישראל חייב לכתוב לעצמו ספר תורה (או לשכור סופר שיכתוב עבורו). בימי קדם, טרם המצאת הדפוס, זו הייתה הדרך היחידה להבטיח שלכל יהודי תהיה גישה לתורה.

אך מה המשמעות של מצווה זו בימינו, כשספרי תורה ומקורות יהודיים זמינים בכל בית ואפילו בכל טלפון חכם?

הרא"ש, רבי אשר בן יחיאל, מגדולי הפוסקים במאה ה־13, הציע חידוש מהפכני לזמנו: המצווה מתקיימת גם ברכישת ספרי קודש – תנ"ך, משנה, גמרא, הלכה ומחשבה. כי הרי מה המטרה האמיתית? לא עצם הכתיבה אלא היכולת ללמוד תורה.

וכמובן, כדאי להשקיע בספרים יפים ונוחים ללימוד. כמו שהגמרא אומרת על הפסוק "זֶה אֵלִי וְאַנְוֵהוּ" – הִתְנאה לפניו במצוות. ספר שנעים לדפדף בו, לומדים בו יותר.

וכאן מגיעה השאלה המסקרנת לעידן שלנו: האם רכישת מנוי לאפליקציית תורה או תרומה לאתר המנגיש לימוד לציבור הרחב נחשבת לקיום המצווה? ייתכן שזו בדיוק הדרך המודרנית לקיים את אותה מטרה עתיקה – להפוך את התורה לזמינה יותר לכל יהודי באשר הוא.

## פותחים ראש

## שאלות לדיון סביב השולחן

**עקשנות** – "כִּי אָנֹכִי יָדַעְתִּי אֶת מֶרְיְךָ וְאֶת עָרְפְּךָ הַקָּשֶׁה" (לא, כז)

האם עקשנות היא תכונה טובה או רעה? האם עם ישראל הוא עקשן במיוחד? במה זה מתבטא? על מה בחיים הייתם מתעקשים ולא מוכנים לוותר בשום פנים? האם יש דרך לשכנע אדם עקשן לשנות את דעתו?

**הקהל במאה ה־21** – "הַקְהֵל אֶת הָעָם הָאֲנָשִׁים וְהַנָּשִׁים וְהַטַּף" (לא, יב)

מה ההבדל בין לימוד אישי ללימוד בקבוצה או בחברותא?

האם אתם מעדיפים ללמוד לבד או עם אחרים? מדוע?

בעידן האינטרנט, המפגשים הפיזיים הגדולים התחלפו בהתכנסויות וירטואליות – קהילות פייסבוק, קבוצות וואטסאפ, שיעורים מקוונים. האם הם יכולים להחליף את חוויית ה"הקהל" שבה כולם נוכחים פיזית במקום אחד? מה אנחנו מרוויחים ומה מפסידים במעבר הזה?

**נבואה מטרידה** – "וְקָם הָעָם הַזֶּה וְזָנָה אַחֲרֵי אֱלֹהֵי נֵכַר הָאָרֶץ" (לא, טז)

ה' מודיע למשה שעם ישראל עתיד לחטוא אחרי מותו. האם יש ערך בידיעה מראש על קשיים ואתגרים עתידיים? האם עדיף לפעמים לא לדעת את העתיד? כיצד לדעתכם השפיעה הידיעה הזו על משה בימיו האחרונים? מה הייתם עושים אם הייתם יודעים שהפרויקט שאתם עמלים עליו שנים עתיד להיכשל?

# האזינו

## המסך שמפריד בינינו

"זה קרה אתמול", נאנחת עדי (16). "ישבנו כל החברות בפיצה ופתאום קלטתי שחמש דקות חלפו ואף אחת לא אמרה מילה. כולן שקועות במסכים. בכיתה זה אותו דבר – אנחנו יושבות מול המורה, אבל האצבעות מתחת השולחן מקלידות בטירוף. פעם הייתי רצה לחוג פסנתר פעמיים בשבוע, עכשיו ויתרתי. אפילו בלילה אני ישנה עם הטלפון מתחת לכרית ומתעוררת בשתיים לבדוק התראות. הציונים צונחים ואימא אומרת שהיא לא מצליחה 'לתפוס' אותי כי אני תמיד נמצאת במקום אחר".

"הילד שלי בן 9, לא נותן לנו מנוחה", משתף דני (42). "'אבא, לכולם בכיתה כבר יש סמארטפון, רק אני ואמיר בלי'.

בדקתי: חצי מהכיתה כבר מחזיקים בטלפון חכם, כולל כמה מחבריו הטובים. אשתי דבורה מתנגדת בתוקף, אבל אני תוהה – אולי באמת הוא כבר צריך? אני רואה איך הוא כמעט מאבד שליטה כשמגיעים בני דודים שלו לביקור והוא מתמגנט לטלפונים שלהם. במקומי, מה הייתם עושים?"

### הכול במכשיר אחד

זה פשוט בלתי נתפס כמה הרבה נכנס בכל כך מעט. מכשיר קטן במשקל 180 גרם נעשה רב־תכליתי במידה שקשה לתאר: הוא מכיל טלפון, מצלמה, מחשב, טלוויזיה, רדיו, מוזיקה, מחשבון, שעון, ספר, פנס, מפות ומכשיר ניווט, משחקים, קניות ותשלומים, חדשות, ספורט וכושר, ואנחנו רק בהתחלה. בתוך עשור הפך הטלפון החכם ממכשיר יוקרה שהחזיקו בו אנשים אמידים במיוחד, לחלק בלתי נפרד מחיינו.

איפה נמצאת הבעיה? לא בטכנולוגיה עצמה. היא מדהימה ומועילה. הבעיה היא בדפוסי השימוש שהתפתחו: נתונים מראים שמחצית מבני הנוער בישראל משתמשים בסמארטפון יותר מארבע שעות ביום. במחקרים עדכניים נמצא שבממוצע אנו בודקים את הטלפון כ־110 פעמים ביום – כלומר, פעם בכל 8 דקות...

צעירים רבים מדווחים על תופעת FOMO (Fear of Missing Out) – פחד מוחשי להחמיץ משהו חשוב שקורה ברשת. תחושה זו מניעה אנשים לבדוק את הטלפון שוב ושוב ושוב, בתדירות כפייתית.

### ביחד, אבל כל כך לבד

שרי טרקל, חוקרת בכירה במכון הטכנולוגי של מסצ'וסטס בארה"ב טבעה את המושג "לבד ביחד" לתיאור פרדוקס מוזר: ככל שאנחנו מחוברים יותר דיגיטלית, כך אנחנו מתנתקים יותר מהסובבים אותנו פיזית. אנו מוקפים באנשים, אבל כל אחד צולל לעולם נפרד במסך שמולו. המגעים שלנו עם אנשים נעשים רדודים – הודעה קצרה מחליפה שיחה עמוקה, אימוג'י מחליף חיבוק אמיתי. נוצרת אשליה של קרבה, אך למעשה הקשרים נעשים שטחיים.

יתרה מזו, חוקרי מוח מזהירים שהחשיפה המתמדת להתראות ולגירויים דיגיטליים משנה את אופן תפקוד המוח. הוא מתרגל לקבל תגמול מיידי של סיפוק עם כל התראה, וכך בהדרגה אנו מאבדים את היכולת להתרכז לאורך זמן.

מחקר מאוניברסיטת סטנפורד הראה שאפילו כשהטלפון כבוי, אם הוא נמצא בטווח הראייה שלנו, יכולת הקשב והריכוז שלנו יורדת בכ־20%.

ועוד לא אמרנו מילה על תופעת "מנותקי מוּדָעוּת" – אנשים שבוהים בטלפון בזמן

הליכה, כולל בחציית כבישים, ולא שמים לב לבור בדרך או לרכב שמגיח מעבר לפינה...

## הצדדים האפלים ברשת

לצד כל אלה קיימות בעולם הדיגיטלי גם סכנות של פגיעה ממשית. בריונות רשת ושיימינג (בִּיּוּשׁ, בעברית) הפכו לתופעות נפוצות, בייחוד אצל ילדים ובני נוער, והשפעותיהן הרסניות.

סכנה נוספת היא חשיפה מהירה לתכנים בלתי הולמים — מאלימות ועד תכנים פורנוגרפיים — שזמינים מאוד ברשת.

הבינה המלאכותית שדרגה עוד יותר את האפשרות לייצר זיופים ותרמיות שקשה מאוד לזהות. ברשתות החברתיות בולטת גם תופעת "זיוף המציאות" — הצגת חיים מושלמים וגופים מושלמים, מה שגורם לרבים, ובייחוד לצעירים, לפתח דימוי עצמי שלילי ותחושת חוסר סיפוק מחייהם.

## סדר בעולם הפכפך

כאן מופיע ביטוי מיוחד בפרשת השבוע. התורה מכנה זאת "דור תהפוכות" (לב, כ), כאילו צפתה מראש את עידן המסכים המסחרר שלנו. חשבו רגע: אנחנו הדור הראשון בהיסטוריה האנושית שחווה עשרות מהפכות טכנולוגיות בחייו. סבא שלי השתמש באותה טכנולוגיה מילדותו ועד זקנתו. אני? החלפתי כבר שישה טלפונים, ארבעה מחשבים ועברתי דרך עידן הקלטות, הדיסקים, הדיסק־און־קי, הענן והבינה המלאכותית. והילדים שלי? הם ירכבו על גלי שינויים מהירים עוד יותר.

"תהפוכות" — איזו מילה מדויקת לחיינו הדיגיטליים. המוח שלנו מזפזפ מפוסט לסרטון, מהודעה קולית לסטורי, מאפליקציה לאפליקציה, בקצב שהטבע לא הכין אותנו אליו. לא פלא שיכולת הקשב הממוצעת התקצרה לשמונה שניות — פחות מקשב של דג זהב!

וכאן הגיע הרגע לעצור ולשאול: איך נמצא עוגנים בעולם של תנועה מתמדת? כיצד נוכל להתחבר באמת לאדם שיושב מולנו, כשעיני כולנו נמשכות למסך שמבטיח לנו "חיבור" מדומה וקל יותר?

המפתח אולי טמון בפסוק הסמוך — "הֲלוֹא הוּא אָבִיךָ קָּנֶךָ" (לב, ו). בעולם שבו כל אפליקציה חדשה דוחקת את קודמתה, אנחנו זקוקים לנקודת אחיזה יציבה, לחיבור למקור, למשהו שלא משתנה כל שלושה חודשים.

זו אולי המתנה הגדולה של השבת — ההזמנה להתנתק מהמלאכות, מהריצה המתמדת, מהצורך להיות מחוברים לכול, מלבד לעצמנו, למשפחתנו, ולבורא עולם. להתחבר דווקא על ידי התנתקות.

## אז מה עושים? תכל'ס!

אז האם אחרי כל הדיבורים על סכנות המסך, המסקנה היא שעלינו לחזור לעט נובע ויונים נושאות מכתבים? ממש לא. התפתחות הטכנולוגיה היא דבר חיובי וחלק מהשכלול המתמיד של העולם. המסכים יכולים להיות כלי מועיל ומעצים — כשאנחנו שולטים בהם ולא הם בנו.

הסוד הוא פשוט: בעולם של תהפוכות, אנחנו זקוקים לאיים של יציבות, לזמנים של שקט, של התבוננות פנימה, של חיבור אמיתי לעצמנו, למשפחתנו, וכמובן גם לבורא העולם.

הנה כמה כללים מעשיים שיעזרו לשמור על איזון בריא:

1. בחירה מודעת: בכל פעם שאתם מרימים את הטלפון, שאלו: "למה עכשיו? מה המטרה?" אל תעשו זאת מתוך הרגל או שעמום.
2. זמנים נקיים ממסכים: קבעו זמנים נקיים: ארוחות משפחתיות, שעה לפני השינה, שבתות וחגים. האוויר הנקי הזה חיוני לנפש.
3. הטלפון לא במיטה: אל תשאירו את הטלפון ליד המיטה בלילה. השתמשו בשעון מעורר רגיל. הדבר ישפיע השפעה עצומה על איכות השינה.
4. חזרה למיומנויות "ישנות": בנו מחדש יכולות שאבדו: שיחה פנים אל פנים, קריאת ספר מודפס, טיול בטבע, יצירה. החיים האמיתיים עשירים הרבה יותר מגלילה אינסופית ברשתות החברתיות.
5. סביבה בטוחה לילדים: לפני מתן טלפון חכם לבני נוער, ודאו שהותקנו מנגנוני הגנה ראויים. קבעו מראש כללי שימוש ברורים, כולל זמני שימוש מוגדרים.

6. משפחה לפני מסכים: צרו אזורים בבית שבהם אין מסכים כלל, וקבעו פעילויות משפחתיות שהן אזור חופשי ממסַכים.

אדם חכם אמר פעם שסמארטפון הוא משרת מצוין אבל אדון נוראי. וזו בדיוק השאלה המרכזית: מי באמת שולט במי?

אנחנו מאמינים שהתשובה תלויה בכל אחד מאיתנו. יום אחר יום, בחירה אחר בחירה.

## אתגר השבוע

התקינו אפליקציה שעוקבת אחרי זמן המסך שלכם (כמו Screen Time באייפון או Digital Wellbeing באנדרואיד). במשך שבוע, אל תשנו את הרגלי השימוש שלכם, רק תנו לאפליקציה לאסוף נתונים.

בסוף השבוע, התבוננו בסטטיסטיקה: כמה זמן סך הכול ביליתם במסך? אילו אפליקציות גזלו את רוב הזמן?

האם התוצאות הפתיעו אתכם? האם יש פער בין הזמן שחשבתם שאתם מבלים במסך לבין המציאות?

התשובות עשויות להפתיע, ואולי אף לזעזע, אבל זהו הצעד הראשון בדרך להחזרת השליטה לידיים שלנו.

## הסכם משפחתי: שימוש חכם בטלפון חכם

אנו ההורים ואני הנער/ה, מבינים שהטלפון החכם הוא כלי רב עוצמה וחשוב, שיכול להיות מועיל או מזיק – תלוי בדרך השימוש בו. כדי לוודא שהוא ישרת אותנו ולא להפך, אנו מסכימים על הכללים הבאים:

**מצד ההורים:**

1. אנחנו נותנים לך את המכשיר מתוך אמון בך וביכולתך להשתמש בו באחריות. הטלפון שלנו, והוא ניתן לך בהשאלה כי אנו סומכים עליך שתדע להשתמש בו באופן נכון.
2. נשתדל להיות דוגמה אישית ולהקפיד בעצמנו על שימוש מאוזן. לא נענה לטלפון בזמן ארוחות משפחתיות, ונהיה נוכחים באמת בזמן שיחה איתך.
3. לא ניכנס למכשיר שלך ללא ידיעתך, אלא במקרים חריגים של דאגה לשלומך או חשש שנעשה במכשיר שימוש שעלול לפגוע בך.
4. אנחנו נעזור לך לחשוב על חלופות מעניינות למסכים: חוגים, ספרים, מפגשים חברתיים, בילויים ופעילויות משפחתיות.

**מצד הנער/ה:**

1. אשתף אתכם בסיסמה למכשיר. זו אינה פגיעה בפרטיות, אלא מנגנון הגנה שנועד לשמור על ביטחוני.
2. לעולם לא אכתוב או אשלח דברים שלא הייתי אומר פנים אל פנים, ולא אשתתף בקבוצות שבהן פוגעים באחרים.
3. אשמור על שעות שינה בריאות. הטלפון יונח בטעינה מחוץ לחדר כשעה לפני השינה (בשעה _______).
4. בזמני משפחה – ארוחות, טיולים, או אירועים משפחתיים – הטלפון יישאר בצד או בבית.
5. בבית הספר אתמקד בלמידה ובחברים, ולכן המכשיר יישאר מושתק בתיק בזמן הלימודים.
6. לא אחשוף פרטים אישיים ברשת, ולא אאשר חברויות מאנשים שאיני מכיר במציאות.
7. אני מבין שאתם דואגים לי ואעשה מאמץ לענות לכם תמיד כשאתם מתקשרים. אם לא אוכל לענות, אשלח הודעה קצרה ואחזור אליכם בהקדם.
8. אדאג לכך שהטלפון לא ישתלט על זמני הפנוי ואקדיש זמן גם לתחביבים, חברים, ספורט וקריאה.
9. אני מסכים/ מסכימה להתקנת "חגורת בטיחות" – אפליקציה לניהול זמן וסינון תכנים במכשיר, ולא אעקוף או אשנה את ההגדרות ללא אישור.
10. לא אצפה בתכנים לא ראויים (לא צנועים, אלימים וכדו'), ולא אשתמש במכשיר באופן המנוגד להסכמת ההורים.

**הגבלות זמן ותוכן:**

זמן מסך יומי: _______________ שעות (לא כולל שימוש לימודי)

אפליקציות מאושרות: ________________________

תוכנת סינון: ______________

זמן יומי נקי ממסכים: בשעות ____–____

אנו מאמינים שנוכל לעמוד בהסכמות שלנו, ואם יהיו קשיים, נתמודד איתם יחד. אם נראה שהגבולות לא נשמרים, נשוחח וננסה להבין מה קרה, ואיך אפשר לתקן.

הפרה של הכללים שהסכמנו עליהם תוביל להגבלה בשימוש במכשיר ובמקרים חמורים אף להפסיק את השימוש בו.

אנו מאמינים שתוכל ליהנות מהמכשיר בדרך חיובית ומועילה ולהפיק ממנו תועלת רבה.

חתימות: הורים: _____________ נער/ה: _____________ תאריך: _____________

## מִבְזָק: הפרשה ב־20 שניות

ביום האחרון לחייו משה משורר את שירת האזינו שנועדה להיות עדות לדורות הבאים על קורותיהם: ההתנחלות בארץ, נפילה לחטאים, גלות קשה ולבסוף נקמה באויבי ישראל וגאולה.

## הידעת?

**כשהנוחות הופכת למכשול — "וַיִּשְׁמַן יְשֻׁרוּן וַיִּבְעָט"** (לב, טו)

זה אולי מפתיע, אבל לפעמים ההצלחה מסוכנת יותר מהכישלון. קחו למשל את האימפריה הרומית: היא לא קרסה בתקופות של רעב, מגפות או מלחמות. היא התפרקה דווקא בשיא עושרה. ההיסטוריון אדוארד גיבון ניתח זאת כך: ככל שאזרחי רומא התרגלו למותרות ולנוחות, כך נשחקה יכולתם להתמודד עם אתגרים אמיתיים.

את אותה תופעה מגלים היום בפסיכולוגיה המודרנית: אנשים שנאלצו להתמודד עם קשיים פיתחו חוסן נפשי גדול יותר מאלה שדברים באו להם בקלות. במחקרים עדכניים מצאו שדווקא ילדים ממשפחות עשירות מדווחים על יותר חרדה ודיכאון מילדים ממעמד הביניים.

גם בעידן הדיגיטלי אנחנו פוגשים פרדוקס מעניין: השפע הבלתי נגמר של אפשרויות יוצר תופעה שהפסיכולוגים מכנים "שיתוק בחירה" — ככל שיש יותר אפשרויות, אנשים פחות מסוגלים לבחור ולהתחייב. כמו לעמוד מול מקרר מלא ולהרגיש שאין מה לאכול...

אולי לכן משה מזהיר את עם ישראל עם המילים החדות: "וַיִּשְׁמַן יְשֻׁרוּן וַיִּבְעָט". הוא מזכיר לנו שדווקא הנוחות והשפע — ולא המחסור — הם שמציבים בפנינו את הניסיון הגדול ביותר. כשהכול זמין, קל לשכוח מאיפה הגענו ולאן אנחנו הולכים. האתגר האמיתי שלנו הוא לא להתמודד עם מחסור, אלא דווקא עם השפע. לזכור שמאחורי כל הטוב הזה יש מטרה גדולה יותר מסתם נוחות זמנית.

**סוד החיים הארוכים — "וּבַדָּבָר הַזֶּה תַּאֲרִיכוּ יָמִים"** (לב, מז)

נכון לשנת 2022, ישראל נמצאת במקום החמישי בעולם בתוחלת חיים, עם ממוצע מרשים של 83 שנים; מעל ארה"ב, בריטניה וגרמניה. כשמחשבים רק את האוכלוסייה היהודית, המספר מטפס ל־84.5 שנים, ומציב את ישראל בשלישייה המובילה בעולם.

החוקרים מייחסים את אריכות החיים לתזונה טובה, מערכת בריאות מתקדמת וקהילתיות חזקה. אבל מעבר לכל הסיבות המוחשיות, הבטחת התורה מדברת בעד עצמה: "לְמַעַן יִרְבּוּ יְמֵיכֶם וִימֵי בְנֵיכֶם עַל הָאֲדָמָה" (יא, כא) — חיים בדרך התורה בארץ ישראל הם המרשם הבטוח לאריכות ימים.

עוד נתון מעניין: למרות המתחים והאתגרים הביטחוניים, ישראל מדורגת בעשירייה הראשונה במדד האושר העולמי. מתברר שהחיים בארץ לא רק ארוכים יותר, אלא גם מאושרים יותר.

## אין כמו סבא וסבתא – "שְׁאַל אָבִיךָ וְיַגֵּדְךָ, זְקֵנֶיךָ וְיֹאמְרוּ לָךְ" (לב, ז)

אצל רוב בעלי החיים, אין קשר בין הפרט לבין "נכדיו". אריה דואג לגוריו ונשר לגוזליו, אך אין לו קשר אל הצאצאים שלהם.

אצל בני האדם, הסיפור שונה. סבים וסבתות מעניקים תמיכה רגשית, כלכלית וחינוכית, ומעבירים חוכמה וניסיון לדורות הבאים. לא במקרה ברכת "ישימך אלוקים כאפרים וכמנשה", שהורים רבים מברכים בה את ילדיהם בכל ליל שבת, התחילה דווקא אצל סבא יעקב שבירך את נכדיו.

מחקרים מראים שקשר קרוב עם סבים וסבתות מחזק את החוסן הנפשי של ילדים, משפר את מיומנויותיהם החברתיות ומפחית התנהגויות סיכון בגיל ההתבגרות.

ביהדות, קריאת שמות על שם סבים מסמלת את המשכיות הדורות – אצל אשכנזים רק לאחר פטירתם, ואצל ספרדים גם בחייהם.

הפסוק שמופיע בפרשה "שְׁאַל אָבִיךָ וְיַגֵּדְךָ, זְקֵנֶיךָ וְיֹאמְרוּ לָךְ" אינו רק קריאה להעברת ידע, אלא סוד הכוח של עם ישראל. זו מסורת של חוכמה מצטברת, שמחברת עבר, הווה ועתיד.

## פותחים ראש
### שאלות לדיון סביב השולחן

**לדעת להקשיב** – "הַאֲזִינוּ הַשָּׁמַיִם וַאֲדַבֵּרָה וְתִשְׁמַע הָאָרֶץ אִמְרֵי פִי" (לב, א)

האם אתם אנשים שאוהבים יותר לדבר או להקשיב? נתקלתם במצב שבו אדם כביכול שומע אתכם, אבל הוא לא באמת מקשיב לכם? ממה זה נובע? איך נוכל לפתח בעצמנו הקשבה אמיתית?

**היסטוריה** – "זְכֹר יְמוֹת עוֹלָם בִּינוּ שְׁנוֹת דֹּר וָדֹר" (לב, ח)

האם אתם מוצאים ערך בלימודי היסטוריה? האם אפשר על ידי מבט להיסטוריה של עם ישראל להעריך מה הולך לקרות לו בעתיד? האם מעניין אתכם לשמוע מהורים או מסבא וסבתא על ההיסטוריה המשפחתית שלכם? מה זה נותן לכם?

**עושר** – "וַיִּשְׁמַן יְשֻׁרוּן וַיִּבְעָט שָׁמַנְתָּ עָבִיתָ כָּשִׂיתָ" (לב, טו)

האם הייתם רוצים להיות עשירים? מה הסיכון שכרוך בזה? איפה לדעתכם הניסיון יותר גדול – בעוני או בעושר? אם הייתם זוכים פתאום בהרבה מאוד כסף, מה הייתם עושים בו?

# וזאת הברכה

## אשריך ישראל!

"השבוע חזרנו מהטיול השנתי שלנו בחו"ל", מספר איתן (בן 15) בעיניים בורקות. "וואו! הספקנו לבקר בחמש מדינות שונות וזה היה מדהים לראות נופים מהממים ולפגוש אנשים מעניינים מתרבויות אחרות. אבל דווקא המסעות האלה העלו אצלי שאלה: למה אנחנו היהודים מתייחסים לעצמנו כעם הנבחר? בכל מקום שביקרתי פגשתי אנשים נחמדים ואנשים מעצבנים, חכמים וטיפשים. מה שבטוח הוא: כל עם חושב שהוא מיוחד ומוצלח – היפנים, הרוסים, הצרפתים. ועִם כל החוצפה הישראלית והשחצנות שאני רואה בטיולים, קשה לי להאמין שדווקא אנחנו באמת יותר טובים מאחרים".

"אני רופאת ילדים ותיקה", אומרת שרה (בת 64), "ובמהלך הקריירה הארוכה שלי עקבתי אחרי עשרות מחקרים רפואיים פורצי דרך שהגיעו מישראל. תמיד הדהים אותי לראות את הכמות הרבה, באופן לא פרופורציונלי, של מדענים יהודים בתחומי המחקר.
אך אמא שלי ניצולת שואה והיא חינכה אותי לזהירות מפני תחושת עליונות לאומית. הרי גם הנאצים ראו בעצמם גזע עליון.
אז מה באמת ייחודי בעם היהודי? ואיך מסבירים את התופעה הזו בלי להישמע גזענים?"

### כשאתה נקלע לצרה

זה קרה ביום שישי בשעה לפני כניסת שבת. בחור ישראלי נסע על כביש מהיר במיאמי בארה"ב, כשלפתע הבחין באדם חובש כיפה עומד ליד רכב עם אורות מהבהבים ומנופף לעזרה.

"יש פה יהודי שנתקע", מלמל לעצמו ובלם בחדות, "חייבים לעזור לו".

הוא זיהה מייד את הבעיה: פנצ'ר. הוא היה מיומן בזה, ובתוך חמש דקות החליף את הגלגל והרכב היה מוכן לנסיעה.

"זהו, סע לשלום. שתהיה לך שבת שלום", אמר לנהג.

האיש הביט בו במבט מבולבל.

"Good Shabbos", ניסה שוב באנגלית. אך האיש עדיין לא הבין.

"רגע, אתה לא יהודי?" תהה הבחור.

"No", אמר האיש בפרצוף נבוך.

"אז מה הכיפה הזו עושה על הראש שלך?" התפלא הבחור.

"אה", חיוך עלה על פני האיש, "שמי ריקרדו ואני איטלקי. לפני שסבתא שלי נפטרה היא נתנה לי את הבד הזה ואמרה: 'ריקרדו, בכל פעם שתהיה בצרה, שים את הבד הזה על הראש. בטח יעבור שם איזה יהודי שיעזור לך".

### העם ששובר את כל הכללים

האם באמת יש משהו מיוחד בעם היהודי? הנתונים מדברים בעד עצמם: הם פורסים סיפור מדהים בשלושה היבטים: כישרון, קיום והשפעה, שביחד יוצרים תמונה מרהיבה שקשה להסביר באופן רציונלי.

נתחיל מהכישרון.

ורק נציין נתון מדהים: את ההישגים הללו גרף העם היהודי במאה השנים הקשות ביותר בתולדותיו, תחת רדיפות, גירושים ושואה.

### פרדוקס ההישרדות

נמשיך: איזה עם אחר שרד 2,000 שנות גלות, פוגרומים, אינקוויזיציה ושואה, ואחרי כל זאת חזר לארצו ושפתו המקורית והקים מדינה מפוארת ומשגשגת?

לאורך ההיסטוריה ניסו אימפריות אדירות להשמיד את העם היהודי: מצרים, בבל, יוון, רומא, ספרד, גרמניה הנאצית. כולן נעלמו, ואנחנו עדיין כאן.

על אסטלת מרנפתח שנכתבה על ידי פרעה הרביעי לפני 3,200 שנה נכתב: "ישראל הוּשַׁם, אין זרע לו". מתברר שהאזכור הראשון של עם ישראל מחוץ למקרא היה... הספד. אבל במציאות: מי שהספיד את העם היהודי, הוא זה שמספידים אותו בסוף, ועם ישראל חי וקיים. כל הניסיונות לכלותנו כשלו, כל הצוררים מצאו את עצמם בסופו של דבר בפח הזבל של ההיסטוריה, ועם ישראל קם לתחייה, שב לארצו, וכל הנבואות על קיבוץ הגלויות הולכות ומתגשמות לנגד עינינו.

## המהפכה התרבותית

ולא סיימנו עדיין: מי שינה את העולם יותר מהעם היהודי? עשרת הדיברות הפכו לקוד המוסרי הבסיסי של רוב האנושות. רעיונות כמו בריאת האדם בצלם אלוקים, קדושת החיים, האחריות לחלש, יום מנוחה שבועי וצער בעלי חיים — הם תרומה יהודית לאנושות.

במאה האחרונה, יהודים הובילו מהפכות בכל תחום: בפסיכולוגיה (פרויד, אדלר, פרנקל), בפיזיקה (איינשטיין), בכלכלה התנהגותית (כהנמן וטברסקי) ובפילוסופיה (ברגסון, פופר).

אפילו המהפכה הקומוניסטית הייתה רוויה בהשפעה יהודית, עד כדי כך שבמזרח אירופה כינו זאת "יודיאו־קומוניזם". בפוליטיקה המודרנית, יהודים כיהנו כראשי ממשלות במדינות רבות: איטליה, אוסטריה, צרפת, רוסיה, אוקראינה, רומניה, ניו זילנד, פרו ועוד.

הרב קוק, הרב הראשי הראשון לארץ ישראל, כתב לפני כמאה שנה שאף שלא היה תחום שבו לא השפענו ותרמנו לעולם, הכישרון הגדול שלנו הוא דווקא בתחום הרוחני. כל ההשפעות האחרות רק נלוות לבשורה העיקרית שהענקנו לעולם — האמונה בא־ל אחד והאחריות לתיקון עולם.

## אחריות, לא התנשאות

האם כל זה הופך אותנו ל"עם נבחר" ומתיר לנו להתנשא? ודאי שלא. ישנו הבדל ענק בין המושג היהודי "עם סגולה" לבין תורת הגזע הפסולה של הגרמנים:

הנאצים ראו בעצמם עם עליון שנועד לשלוט באחרים ולדרוס אותם. היהדות רואה בייחודה אחריות להיות "אור לגויים". אלוקים אמר לאברהם "וְנִבְרְכוּ בְךָ כֹּל מִשְׁפְּחֹת הָאֲדָמָה" (בראשית יב, ג) — ממך יצא העם שיביא ברכה וטוב לעולם. ממש כמו הבן הבכור במשפחה, שיש לו אחריות כלפי אחיו הקטנים, להיות להם דוגמה ומופת ולהוביל אותם. לא זכות יתר לנצל אותם, חלילה.

ואולי משום כך מילותיו האחרונות של הרועה הנאמן, כשהוא נפרד מעמו האהוב היו: "אַשְׁרֶיךָ יִשְׂרָאֵל, מִי כָמוֹךָ עַם נוֹשַׁע בַּה'" (לג, כט). למרות כל התלונות והמרידות שגרם לו העם במשך ארבעים שנה, כשמשה מסכם את שליחותו, מסקנתו היא: אשריך ישראל! דעו את גדולתכם, הכירו בייחודכם, זכרו את המשימה שלכם והביאו ברכה וטוב לעולם.

## אתגר השבוע

בחרו משהו אחד שאתם אוהבים בעם ישראל — תכונה, מאפיין או הישג — ועקבו אחריו השבוע. ראיתם מעשה חסד, התנדבות או יצירתיות? כתבו עליהם בפתק קטן.

בסוף השבוע תופתעו לגלות כמה דברים נפלאים קורים מסביבכם שמעידים על הסגולה המיוחדת של העם שלנו.

מספרים ש...

### אתם של ישראל?

בבוקר 7 באוקטובר יצאו מביתם בשדרות אודיה ודולב סוויסה עם שתי בנותיהם – רומי בת ה־6 וליה בת ה־3. הנסיעה המשפחתית השגרתית הפכה לסיפור בלהות כשהורי המשפחה נרצחו באכזריות בידי מחבלי חמאס ב"טבח שמחת תורה".

בתוך הרכב הסתתרה רומי מתחת לסדין במושב האחורי, מגוננת בגופה על ליה, אחותה הקטנה. שעות ארוכות של חרדה עברו עליהן. רומי הקטנה, שהפכה בן רגע לאחראית היחידה על חייהן, ניצלה רגע של דממה. ביד רועדת הרימה קצת את הסדין והציצה החוצה. כשראתה דמויות מתקרבות – אזרה אומץ וקראה לעזרה.

"אתם מהמשטרה?" שאלה בלחישה. יאיר מאיר אבינועם, איש שב"ס שהגיע למקום, התקרב אל הרכב והשיב בעברית: "כן, מהמשטרה, בואי."

אבל דעתה של רומי לא נחה. היא עדיין חשדה שמדובר במחבלים מתחזים. דבר מה עמוק בתוכה, אינטואיציה ילדותית טהורה, גרם לה לשאול שאלה נוספת – שאלה שכל מי ששמע אותה מאז נחרד עד דמעות: "אתם של ישראל?"

"כן, חמודה", השיב יאיר בָּרוּךְ, "אנחנו של ישראל".

"קחו אותנו!" התחננה, והוא הרגיע: "אנחנו ניקח אתכן, בואי."

ואז הוסיפה רומי, ילדה בת 6 שבדקות ספורות התבגרה בשנים: "אני כאן עם תינוקת!"

יאיר וחבריו חילצו את הילדות ונמלטו איתן דרך רחובות מופגזים אל מקום מבטחים.

ומאז שאלתה של רומי מהדהדת באוויר העולם: "אתם של ישראל?" כי בתוך הגיהינום שנפער סביבה, מבלי שתבין ממש את המתרחש, הלב הקטן והטהור שלה חש באופן אינטואיטיבי שיש כאן מאבק בין אור לחושך, בין טוב לרע. ובעיניה הילדותיות, החלוקה הייתה פשוטה וברורה: אלה "של ישראל" – ואלה שלא.

בשאלתה התגלתה אמת עמוקה: "ישראל" אינו רק שם מקום או עם, אלא סמל לשייכות לצד הטוב, לחסד, לחיים. רומי הקטנה, בלי לדעת, ביטאה בשלוש מילים את מה שאנחנו מתאמצים להסביר בספרים שלמים – את המהות העמוקה של מי אנחנו באמת.

## מִבְזָק: הפרשה ב־20 שניות

משה מברך את שבטי ישראל לפני מותו, כל שבט לפי ייחודו ועניינו ◄ הוא עולה להר נבו ורואה את הארץ המובטחת מרחוק ◄ משה, עבד ה׳, נפטר בגיל מאה ועשרים שנה ונקבר בגיא מול בית פעור, ואיש אינו יודע את מקום קבורתו עד היום הזה ◄ בני ישראל מתאבלים שלושים יום ◄ יהושע בן נון מתמנה ונוטל את ההנהגה ופרשה זו חותמת את חמשת חומשי התורה ◄ פרשת וזאת הברכה נקראת תמיד בשמחת תורה ומייד כשמסיימים מתחילים מחדש מבראשית. חזק חזק ונתחזק!

## הידעת?

**המנהיג שנותר מאחור – "וַיֹּאמֶר ה' אֵלָיו, זֹאת הָאָרֶץ... וְשָׁמָּה לֹא תַעֲבֹר"** (לד, ד)

זה היה רגע בלתי נתפס: משה רבנו, אחרי 40 שנה של מסירות נפש במדבר, עולה להר נבו, ורואה את הארץ המובטחת – מרחוק. דווקא הוא נשאר בחוץ. גדול המנהיגים בהיסטוריה לא זוכה להגיע עם עמו לקו הגמר.

למה? חכמינו מציעים לכך כמה תשובות:

האחת: כדי שלא יהפכו אותו לאלוהים. הקב"ה רצה שנזכור תמיד שגם המנהיג הגדול ביותר הוא אנושי ופגיע. "רב לך" (ג, כו) – גם לך יש "רב" ולא כל מה שרצית תקבל ממנו.

השנייה: ללמדנו ש"לא עליך המלאכה לגמור". לפעמים תפקידנו רק להתחיל ולהניח תשתית, ומישהו אחר ישלים. משה הניח את היסודות לעם ישראל, ותלמידו השלים את המשימה.

השלישית: משה התאים להנהגה ניסית שהייתה נכונה לדור המדבר. בארץ מתאימה הנהגה אחרת, טבעית יותר, ולזה מי שמוכשר יותר הוא יהושע.

הרביעית: זו אולי המרגשת מכולן. "הקברניט לא נוטש את הספינה". משה נשאר עם דור המדבר כדי שלעתיד לבוא, בתחיית המתים, יוכל להיכנס איתם יחד לארץ; כמו רועה נאמן שלא מפקיר את צאנו.

**הקבר הנעלם – "וְלֹא יָדַע אִישׁ אֶת קְבֻרָתוֹ עַד הַיּוֹם הַזֶּה"** (לד, ו)

מוזר. בעוד קבריהם של אבות האומה הפכו למוקדי עלייה לרגל, קברו של האיש החשוב ביותר בהיסטוריה נותר עלום.

אך דווקא היעדרו של קבר משה יצר מציאות מרתקת: בניגוד למנהיגים אחרים שקבריהם הפכו למוקדי פולחן או האדרה אישית, משה השאיר אחריו רק את מורשתו – התורה. חז"ל מסבירים שהקב"ה הסתיר את קברו כדי שלא יהפוך לאתר עבודה זרה, ולצד זה אין ספק שהדבר גם מתאים מאוד לאישיותו של מי שהתורה מעידה עליו שהיה העניו באדם. כמו בחייו כך גם במותו, הוא היה מעדיף שלא יעשו עניין, לא ממנו ולא מקברו, אלא יתמקדו רק בתורת ה' שנמסרה לנו על ידו.

**שמונת האחרונים** – "**וַיָּמָת שָׁם מֹשֶׁה עֶבֶד ה'**" (לד, ה)

שמונת הפסוקים האחרונים בתורה מספרים על מותו של משה. אבל אם משה כתב את התורה, איך הוא יכול היה לכתוב על מותו שלו?

התלמוד (בבא בתרא טו ע"א) מביא מחלוקת מרתקת בעניין:

לפי רבי יהודה, יהושע כתב את שמונת הפסוקים האחרונים.

רבי שמעון חולק על כך בתוקף: "אפשר ספר תורה חסר אות אחת?!" לדעתו, משה כתב את הפסוקים האלה בדמעות, לפי הכתבה אלוקית מיוחדת.

אבל מעבר לשאלה ההלכתית, מסתתר כאן מסר עמוק. אם משה כתב את הפסוקים האחרונים בדמעות – אין זה רק מעשה טכני, אלא ביטוי למסירות עד הרגע האחרון. מנהיג אמיתי משלים את שליחותו, גם כשליבו כואב. והדמעות הללו היו של כאב על הפרידה, אך אולי גם של שמחה על ההישג. משה ידע שלא ייכנס לארץ בעצמו, אך הוא הצליח להותיר אחריו עם מגובש ומוכן לצעד הבא. משה כבר לא יהיה נוכח בגופו, אבל עם ישראל ימשיך לצעוד הלאה בדרך שמשה סלל בפניו.

וכך גם בחיים: יש רגעים שבהם אנו מסיימים שליחות, אך יודעים שהשפעתנו תמשיך. הפרק האישי נסגר, אך הסיפור הגדול ממשיך לעבר הנצח.

## פותחים ראש – שאלות לדיון סביב השולחן

### נפרדים – "**וַיָּמָת שָׁם מֹשֶׁה עֶבֶד ה'**" (לד, ה)

מה הרגע המכונן ביותר שזכור לכם מפרידה ממורה או ממנהיג משמעותי בחייכם? איזה מסר או ערך שהעביר ממשיך ללוות אתכם? מה דעתכם על האמירה ש"לכל אדם יש תחליף"? האם יש דמויות שבאמת אי אפשר למלא את מקומן?

### להסתכל מלמעלה – "**וַיַּרְאֵהוּ ה' אֶת כָּל הָאָרֶץ**" (לד, א)

מתי לאחרונה לקחתם צעד אחורה כדי להביט "מלמעלה" על החיים שלכם? איך זה השפיע על הדרך שבה התייחסתם לאתגרים ולהחלטות שעמדו בפניכם? האם אתם מצליחים לראות את התמונה הגדולה של חייכם, או שאתם נוטים יותר להיתקע בפרטים היומיומיים? מה עוזר לכם להרים את המבט ולראות את הכיוון הכללי?

### מורשת לדורות – "**תּוֹרָה צִוָּה לָנוּ מֹשֶׁה מוֹרָשָׁה קְהִלַּת יַעֲקֹב**" (לג, ד)

מה המורשת המשפחתית החשובה ביותר שקיבלתם מהוריכם? איזה ערך אתם רוצים להעביר הלאה לילדיכם? כיצד מאזנים בין שמירת מסורת לבין התחדשות והתאמה לזמן הנוכחי? האם יש דברים שעדיף "להשאיר מאחור" ודברים שחיוני להמשיך הלאה?